港口理货"1+X证书"制度系列教材
"十四五"职业教育国家规划教材

港口理货职业技能等级认证教材

（中级）

中国理货协会　组织编写
青岛港湾职业技术学院　主　编

人民交通出版社股份有限公司
北　京

内 容 提 要

本书根据理货从业人员的业务需求,从理货职业基础和理货职业技能两部分共 18 个项目全面清晰地阐述了理货从业人员应掌握的基础知识和具备的业务技能。

本书内容丰富、特色鲜明,涵盖了职业道德、货物管理、港口业务、理货技能、理货英语、运营管理、智能理货等内容,鲜明地阐述了船方、港方、货方交接中理货人员应具备的业务素质和所从事的业务内容。

图书在版编目(CIP)数据

港口理货职业技能等级认证教材:中级 / 中国理货协会组织编写;青岛港湾职业技术学院主编. — 北京:人民交通出版社股份有限公司, 2021.8(2024.9 重印)

ISBN 978-7-114-17519-0

Ⅰ.①港… Ⅱ.①中…②青… Ⅲ.①货物运输—港口管理—职业技能—鉴定—教材 Ⅳ.①U695.2

中国版本图书馆 CIP 数据核字(2021)第 145601 号

港口理货"1+X 证书"制度系列教材

Gangkou Lihuo Zhiye Jineng Dengji Renzheng Jiaocai (Zhongji)

书　名：	港口理货职业技能等级认证教材(中级)
著　作　者：	青岛港湾职业技术学院
责任编辑：	赵瑞琴
责任校对：	孙国靖　龙　雪
责任印制：	张　凯
出版发行：	人民交通出版社股份有限公司
地　　址：	(100011) 北京市朝阳区安定门外外馆斜街 3 号
网　　址：	http://www.ccpcl.com.cn
销售电话：	(010) 59757973
总 经 销：	人民交通出版社股份有限公司发行部
经　　销：	各地新华书店
印　　刷：	北京武英文博科技有限公司
开　　本：	787×1092　1/16
印　　张：	20.5
字　　数：	525 千
版　　次：	2021 年 8 月　第 1 版
印　　次：	2024 年 9 月　第 2 次印刷
书　　号：	ISBN 978-7-114-17519-0
定　　价：	46.00 元

(有印刷、装订质量问题的图书由本公司负责调换)

港口理货职业技能等级认证教材（中级）编审委员会

策　　划：周灌中　严　戈

审　　稿：吴广河　许向阳

主　　编：佟黎明　李君楠　陈　芳　冷　燃

副 主 编：蓝贤钢　秦　雯　刘　敏

编写人员：刘洪新　柴洁琼　李　先　王　峰
　　　　　魏本超　武　君　王凤林　荐红江
　　　　　季　琼　罗　鹏　刘　超　赵　庆
　　　　　王进博　毕艳亮　刘梅茹　穆连军

前　　言

　　国务院印发的《国家职业教育改革实施方案》（简称"职教20条"）提出，在职业院校实施"学历证书+若干职业技能等级证书"制度（简称"1+X证书"制度）试点工作。"1+X证书"制度既是职业教育改革的一项重大制度设计，也是职业教育作为类型教育的特色体现。实施"1+X证书"制度试点是"职教20条"的重要改革部署，是完善职业教育和培训体系、深化"三教"改革、促进"产教融合、校企合作"的重要抓手。职业技能等级证书是"1+X证书"制度设计中的重要内容。X是一种新型证书，其"新"体现在两个方面：一是X与1是相生相长的有机结合关系，X要对1进行强化、补充和拓展；二是X不仅是普通的培训证书，也是推动"三教"改革、学分银行试点等多项改革任务的一种全新的制度设计，将在深化办学模式、人才培养模式、教学方式方法改革等方面发挥重要作用。

　　港口理货"1+X证书"制度以港口理货行业岗位群的需求和职业技能等级标准为依据，对学习者职业技能进行综合评价，认证等级划分充分兼顾企业职级划分和院校人才培养定位的需要，分为初级、中级和高级三个级别，分别对应仓储理货业务基础作业、仓储理货业务操作与管理及仓储理货企业运营管理，涵盖仓储业务、库场理货业务和外轮理货业务等多个职系。

　　为了让广大师生更好地把握港口理货"1+X证书"制度要求，中国理货协会和青岛港湾职业技术学院依据港口理货职业技能等级标准和考核大纲，联合开发了"港口理货'1+X证书'制度系列教材"及网络课程配套资源。系列教材分初级、中级、高级，包括："职业基础"和"职业技能"，其中"职业基础"部分为初级、中级、高级等级认证的通用必修内容，"职业技能"部分根据职业等级标准的要求分为初级、中级、高级各等级必修内容。

　　该系列教材具有如下主要特色：

　　强化职业基础。将职业道德、职业礼仪、自我管理及沟通合作等职业基础要求前置于院校培养中，强化服务意识与职业健康安全意识培养，提升学生创新思维、就业能力、工作能力、持续学习能力，使其打下良好的职业基础，守住职业底线。

　　聚焦港口理货核心技能。将仓储管理、理货交接、调度作业、运营管理等相对成熟的行业培训模块与学校教学内容融合；强化应对作业中突发状况的处理能力和应变能力，以适应港口理货作业的突发性、不确定性因素；注重信息化、智能理货等的新技术和新应用，将新技术、新应用融入课程中，将行业未来3年的技能需求前置于培训中。

对接行业标准和专业教学标准。对接港口理货职业技能等级标准，有机衔接教育部港航专业教学标准，准确定位并充分发挥X对1在核心技能、综合职业素养及新技术、新工艺、新规范和新要求等方面的强化、补充、拓展作用。融入行业标杆企业岗位需求，促进专业对接产业、职业岗位，课程内容对接职业标准，教学过程对接工作过程，探索技能证书与学历证书的有效衔接与融通。

面向岗位作业需求。以岗位实践及工作内容为导向，全面系统地培植理货从业人员应具备的基础理论和职业技能。将基础理论与职业技能完美融合，从工作岗位技能需求角度考虑，将港口理货业务相关内容结合岗位技能以实践的形式进行培训，提高学生职业实践能力，帮助学生深刻地理解和掌握业务技能。

贴合"互联网+教育"培训模式。运用信息化技术辅助教与学，化解知识、技能教学中的重难点，依托网络学习平台，运用课件、微视频、动画、案例等数字资源辅助知识与技能中重点、难点的教与学。网络学习平台将持续更新，提供更丰富的行业前沿资源，拓展学习者视野，多维度提高学习效果。

青岛港湾职业技术学院、珠海城市职业技术学院、滨州职业学院、广东科学技术职业学院、中国外轮理货总公司、中联理货有限公司、青岛外轮理货有限公司、珠海外轮理货有限公司等对本系列教材的编写提出了宝贵建议。在此，谨向支持本系列教材编写的有关单位和参与教材编写的专家、学者表示感谢！

为进一步提升本书质量，欢迎广大使用者和专家提出宝贵意见和建议。

编　者
2021年5月

目 录

第一部分 职业基础

项目一 职业道德与职业健康安全认知 ·· (3)
  任务一 职业道德与服务意识认知 ·· (3)
  任务二 理货职业健康与安全管理 ·· (7)

项目二 港口理货基础与业务认知 ·· (11)
  任务一 理货基本概念认知 ·· (11)
  任务二 组织环境认知 ·· (13)

项目三 水运货物管理 ·· (19)
  任务一 货物常识认知 ·· (19)
  任务二 货物质量管理 ·· (26)
  任务三 散装货物 ··· (28)
  任务四 集装箱货物 ·· (30)

项目四 港口装卸生产组织 ·· (38)
  任务一 港口装卸生产组织概述 ·· (38)
  任务二 港口货物装卸搬运工艺 ·· (40)
  任务三 港口装卸生产组织与管理 ·· (44)

项目五 国际海上货物运输 ·· (49)
  任务一 国际海上货物运输概述 ·· (49)
  任务二 国际班轮货物运输 ·· (53)
  任务三 提单与海运单 ·· (55)

项目六 船舶原理与配载 ··· (59)
  任务一 船舶基础知识 ·· (59)
  任务二 杂货船舶配载 ·· (68)
  任务三 集装箱船舶配载 ··· (78)

项目七 国际船舶代理实务 ·· (90)
  任务一 了解国际船舶代理人的业务和分类 ······································ (90)
  任务二 估算备用金 ·· (94)

任务三　办理港口代理业务…………………………………………………………（101）
　　任务四　理清船舶代理与理货的关系…………………………………………………（108）
项目八　进出境报关报检实务………………………………………………………………（110）
　　任务一　海关概述………………………………………………………………………（110）
　　任务二　对外贸易管制制度……………………………………………………………（112）
　　任务三　进出口通关和保税制度………………………………………………………（115）
　　任务四　进出口商品检验鉴定…………………………………………………………（119）
项目九　理货英语……………………………………………………………………………（122）
　　Unit 1　Port……………………………………………………………………………（122）
　　Unit 2　Cargo Ship……………………………………………………………………（127）
　　Unit 3　Types of Cargo………………………………………………………………（131）
　　Unit 4　Loading and Unloading………………………………………………………（135）
　　Unit 5　Cargo Tallying…………………………………………………………………（140）
　　Unit 6　Counting………………………………………………………………………（145）

第二部分　职业技能

项目一　货物出入库管理……………………………………………………………………（151）
　　任务一　库场作业计划执行与管理……………………………………………………（151）
　　任务二　货物交接业务与管理…………………………………………………………（158）
　　任务三　仓储装卸费用处理与管理……………………………………………………（164）
项目二　货运单证与质量管理………………………………………………………………（169）
　　任务一　货运单证管理…………………………………………………………………（169）
　　任务二　货运质量管理…………………………………………………………………（177）
项目三　理货市场开发与客户管理…………………………………………………………（184）
　　任务一　理货服务合同编制与审批……………………………………………………（184）
　　任务二　客户赔偿处理…………………………………………………………………（186）
项目四　船边理货……………………………………………………………………………（195）
　　任务一　理货人员职责和工作要求……………………………………………………（195）
　　任务二　参加配工会……………………………………………………………………（197）
　　任务三　理货依据的识别和读取………………………………………………………（198）
　　任务四　货物分票和混票处理…………………………………………………………（200）
　　任务五　理货………………………………………………………………………………（203）
　　任务六　理货交接…………………………………………………………………………（206）
　　任务七　溢短货物的处理………………………………………………………………（207）
　　任务八　残损货物的处理………………………………………………………………（212）

项目五　登轮签证 ……………………………………………………………………………（221）
　　任务一　签证和批注 …………………………………………………………………（221）
　　任务二　船方批注处理 ………………………………………………………………（223）
项目六　集装箱船舶理货操作 …………………………………………………………（230）
　　任务一　集装箱船舶理箱操作 ………………………………………………………（230）
　　任务二　场站装拆箱理货操作 ………………………………………………………（242）
项目七　理货单证缮制 …………………………………………………………………（248）
　　任务一　理货单证格式认知和填制规范 ……………………………………………（248）
　　任务二　理货单证缮制 ………………………………………………………………（252）
项目八　检验鉴定 ………………………………………………………………………（272）
　　任务一　船舶水尺计重 ………………………………………………………………（272）
　　任务二　易流态化固体散货取样监装 ………………………………………………（286）
项目九　智能理货 ………………………………………………………………………（301）
　　任务一　港口理货数字化与智能化 …………………………………………………（301）
　　任务二　集装箱智能理货 ……………………………………………………………（309）
参考文献 …………………………………………………………………………………（316）

第一部分

职业基础

项目一　职业道德与职业健康安全认知

任务一　职业道德与服务意识认知

子任务一　职业道德

良好的职业道德是每一个员工必备的基本品质,良好的职业修养是每一个员工必备的优秀素质,这两点既是企业对员工最基本的规范要求,同时也是每个员工担负起自己的工作职责的基础。

作为一个合格劳动者的前提条件是遵守职业道德。随着现代社会分工的发展和专业化程度的增强,市场竞争的日趋激烈,企业对从业人员的职业观念、职业态度、职业技能、职业纪律和职业作风的要求越来越高。员工要想在本岗位上有所作为,在事业上有所收获、有所发展,就必然要在遵守职业道德的前提下,提升业务素质。

一、职业道德的定义

职业道德的概念有广义和狭义之分。

广义的职业道德是指从业人员在职业活动中应该遵循的行为准则,涵盖了从业人员与服务对象、职业与职工、职业与职业之间的关系。

狭义的职业道德是指在一定职业活动中应遵循的、体现一定职业特征的、调整一定职业关系的职业行为准则和规范。

职业道德的含义包括以下8个方面:
(1)职业道德是一种职业规范,受社会普遍的认可。
(2)职业道德是长期以来自然形成的。
(3)职业道德没有确定形式,通常体现为观念、习惯、信念等。
(4)职业道德依靠文化、内心信念和习惯,通过员工的自律实现。
(5)职业道德大多没有实质的约束力和强制力。
(6)职业道德的主要内容是对员工义务的要求。
(7)职业道德标准多元化,代表了不同企业可能具有不同的价值观。
(8)职业道德承载着企业文化和凝聚力,影响深远。

二、职业道德的作用

职业道德是社会道德体系的重要组成部分,一方面具有社会道德的一般作用,另一方面又具有自身的特殊作用,具体表现为:
(1)调节职业交往中从业人员内部以及从业人员与服务对象间的关系。

(2)有助于维护和提高本行业的信誉。
(3)促进本行业的发展。
(4)有助于提高全社会的道德水平。

三、职业道德的特征

1. 职业性

职业道德的内容与职业实践活动紧密相连,反映着特定职业活动对从业人员行为的道德要求。每一种职业道德都只能规范本行业从业人员的职业行为,在特定的职业范围内发挥作用。每种职业都担负着一种特定的职业责任和职业义务。由于各种职业的职业责任和义务不同,从而形成各自特定的职业道德的具体规范。

2. 实践性

职业行为过程就是职业实践过程,只有在实践过程中,才能体现出职业道德的水准。职业道德的作用是调整职业关系,对从业人员职业活动的具体行为进行规范,解决现实生活中的具体道德冲突。

3. 继承性

职业道德是在长期实践过程中形成的,会被作为经验和传统继承下来。即使在不同的社会经济发展阶段,同一种职业因服务对象、服务手段、职业利益、职业责任和义务的不同而相对稳定,职业行为的道德要求的核心内容将被继承和发扬,从而形成了被不同社会发展阶段普遍认同的职业道德规范。

4. 多样性

由于各种职业道德的要求都较为具体、细致,因此其表达形式多种多样。不同的行业和不同的职业,有不同的职业道德标准。

5. 纪律性

纪律也是一种行为规范,但它是介于法律和道德之间的一种特殊的规范。它既要求人们能自觉遵守,又带有一定的强制性。换言之,它既具有道德色彩,又带有一定的法律色彩。就是说,一方面遵守纪律是一种美德;另一方面遵守纪律又带有强制性,具有法令的要求。例如,工人必须执行操作规程和安全规定;军人要有严明的纪律等。因此,职业道德有时又以制度、章程、条例的形式表达,让从业人员认识到职业道德又具有纪律的规范性。

四、职业道德的内容

美国著名的《哈佛商业评论》评出了9条职业人应该遵循的职业道德:①诚实;②正直;③守信;④忠诚;⑤公平;⑥关心他人;⑦尊重他人;⑧追求卓越;⑨承担责任。

概括而言,职业道德主要应包括以下几方面的内容:忠于职守、乐于奉献;实事求是、不弄虚作假;依法行事、严守秘密;公正透明、服务社会。

1. 忠于职守、乐于奉献

敬业奉献是从业人员的职业道德的内在要求。随着市场经济的发展,对从业人员的职业观念、态度、技能、纪律和作风都提出了新的更高的要求。

2. 实事求是、不弄虚作假

实事求是,不光是思想路线和认识路线的问题,也是一个道德问题,而且是职业道德的核心。必须办实事,求实效,坚决反对和制止工作上弄虚作假。

3.依法行事、严守秘密

坚持依法行事和以德行事"两手抓"。一方面,要大力推进国家法治建设,进一步加大执法力度,严厉打击各种违法乱纪的现象,依靠法律的强制力量消除腐败滋生的土壤。另一方面,要通过劝导和教育,启迪人们的良知,提高人们的道德自觉性,把职业道德渗透到工作的各个环节,融入工作的全过程,增强人们的道德意识,从根本上消除腐败现象。严守秘密是职业道德的重要准则,要保守国家、企业和个人的秘密。

4.公正透明、服务社会

公平、公正是做人、做事最基本的道德要求,优质服务是职业生命力的延伸。

子任务二 服务意识

服务意识有强烈与淡漠之分,有主动与被动之分。有强烈展现个人才华、体现人生价值的观念,就会有强烈的服务意识;有以公司为家、热爱集体、无私奉献的风格和精神,就会有强烈的服务意识。认识越深刻服务意识越强烈。

一、服务意识的定义

服务意识是指企业全体员工在与一切企业利益相关的人或企业的交往中所体现的为对方提供热情、周到、主动的服务的欲望和意识。即自觉主动做好服务工作的一种观念和愿望,它发自服务人员的内心。

二、服务意识的意义

服务意识是人类文明进步的产物。具有服务意识的人,能够把自己利益的实现建立在服务别人的基础之上,能够把利己和利他行为有机协调起来,常常表现出"以别人为中心"的倾向。因为他们知道,只有首先以别人为中心、服务别人,才能体现出自己存在的价值,才能得到别人对自己的服务。拥有服务意识的人常常会站在别人的立场上,急别人之所急,想别人之所想;为了别人满意,不惜自我谦让、妥协、甚至奉献、牺牲。这都只是表象,实际上,多为别人付出的人,往往得到的才会更多。这正是聪明人的做法。缺乏服务意识的人,则会表现出"以自我为中心"和自私自利的价值倾向,把利己和利他对立起来。在这些人看来,要想满足自己的需要,只有从别人那里偷来、抢来或者骗来,否则,别人不会主动为自己付出。

三、服务意识的提升

1.确立职业意识和职业精神

有了职业意识,就会拥有一个平衡的心理和平常的心态,就会减少工作中的攀比心理和工作中的烦恼,工作中就会有一个好的心情。有了这种意识,就要扮演好自己的岗位角色,做好工作,是自己的本分,是职责所在和要求。

2.确立规则意识

一是认真履行岗位工作职责。每个岗位都有自己的工作要求和职责,要认真完成岗位所赋予的工作任务,按岗位做好本职工作。

二是要遵守劳动纪律。这是提高服务意识和服务质量的重要内容。

3.确立底线意识

底线意识就是在工作中要增强责任心和责任感,对工作要认真、负责、细心,坚决杜绝低级错误和重大差错。

4.确立团结协作的大局意识

同事之间要互相帮助,互相支持,团结协作。工作中要发扬风格,不要过分计较,尤其是在关键时刻、重要时刻,要有大局意识,要能顶上。

5.追求卓越

追求卓越,追求一流,这是更高层次的要求,就是在履行职责的同时,要提高工作质量和工作效率。工作中既有主动性、积极性,又有创造性。

四、理货人员的服务意识

2020年11月1日中国理货协会、中国外轮理货有限公司、中联理货有限公司等联合发布了《理货行业服务规范》。该规范适用于从事港口理货服务的机构和人员,标准对服务原则及行为自律都提出了具体的要求。

(一)服务原则

1.实事求是原则

理货工作应以事实为依据,客观、公正、如实地反映货物的数量和集装箱的位置、箱号、施封状况等情况,维护委托方合法权益。

2.现场交接原则

理货人员应现场采集货物交接的真实信息,据此划分交接双方责任。

3.一次签单原则

港口理货业务经营人应确保现场理货结果准确无误,委托方对理货结果一次签字确认。港口理货业务经营人不得随意变更理货单证的结果。

(二)行为自律

(1)以诚信为本,高效率、高质量完成理货业务。

(2)为委托方保守商业秘密,不利用该商业秘密为自己或他人谋取不正当利益。

(3)不虚构事实增加委托方的开支。

(4)遵守公共关系准则,合法执业。通过公平竞争,提高市场竞争能力。

(5)不捏造、散布虚假事实,损害同行商业信誉。

(6)不以不正当的低廉价格,或在账外暗中给付他人佣金、回扣等不正当竞争方式开展业务。

(7)不滥用市场支配地位或与经营者达成垄断协议排除、限制竞争。

(三)理货员的文明服务

工作中做到效率高一点;标准严一点;微笑长一点;态度好一点;做事多一点;理由少一点;脾气小一点;服务全一点。

确保6个"零"服务目标:

(1)确保货物"零"失窃。在货物保管上,采取技防和人防相结合手段,实现监管完美无漏洞服务。

（2）确保信息传递"零"失误。在服务协调上，客户、开发部、库场队相互配合，实现流程完美无障碍服务。

（3）确保司机"零"投诉。在市提过衡上，司磅员热情、心细、手快，实现单证完美无差错服务。

（4）确保装车"零"耽误。在市提装车上，理货员现场盯靠，随时协调机械，实现装车完美无间隙服务。

（5）确保班列"零"延误。在铁路疏运上，理货员从备料到装车，实现交付完美无终端服务。

（6）确保转水班轮"零"延时。在水路运输上，理货员加强组织、全程盯靠、精确估水，实现进度完美无异议服务。

任务二 理货职业健康与安全管理

一、职业健康概述

1.职业健康定义

职业健康是对工作场所内产生或存在的职业性有害因素及其健康损害进行识别、评估、预测和控制的一门科学，其目的是预防和保护劳动者免受职业性有害因素所致的健康影响和危险，使工作适应劳动者，促进和保障劳动者在职业活动中的身心健康和社会福利。

职业健康是研究并预防因工作导致的疾病，防止原有疾病的恶化，主要表现为工作中因环境及接触有害因素引起人体生理机能的变化。定义有很多种，最权威的是1950年由国际劳工组织和世界卫生组织的联合职业委员会给出的定义：职业健康应以促进并维持各行业职工的生理、心理及社交处在最好状态为目的；并防止职工的健康受工作环境影响；保护职工不受健康危害因素伤害；并将职工安排在适合他们的生理和心理的工作环境中。

职业病：指劳动者在职业活动中，因接触粉尘、放射性物质和其他有毒、有害物质等因素而引起的疾病。

职业病危害：指对从事职业活动的劳动者可能导致职业病的各种危害。

职业病危害因素：指职业活动中影响劳动者健康的各种危害因素的统称。

职业病禁忌症：指劳动者从事特定职业或者接触特定职业病危害因素时，比一般职业人群更易于遭受职业病危害和罹患职业病，或者可能导致原有自身疾病病情加重，或者在作业过程中诱发可能导致对他人生命健康构成危险的疾病的个人特殊生理或者病理状态。

2.影响职业健康的因素

一般影响职业健康的因素分为化学因素、物理因素及环境危害因素。详见表1-1-1。

职业健康的影响因素　　表1-1-1

化学因素	油漆	长期大量使用劣质油漆，产生有机废气，在此工作环境下，会导致人员大脑细胞受损
	杀虫水	对肌体神经系统存有毒性，会引起神经麻痹、感觉神经异常
	试验室化学品	试验室使用的多种化学试剂、试验材料、试验用品中有大部分对人体是有害的，严重威胁长期工作在这种有害物质种类多的试验环境中人员的身体健康和生命安全

续上表

化学因素	煤气	与血红蛋白结合而造成组织缺氧,导致急性中毒,对人体伤害极大
	天然气	有麻醉作用,导致神经功能紊乱,表现为急性中毒与慢性危害
	汽油、柴油	易燃,对机体的神经系统有选择性损害
	二氧化碳灭火剂	在低浓度时对呼吸中枢呈兴奋作用,浓度大时则产生抑制甚至麻痹作用
	六氟丙烷、七氟丙烷灭火剂	当浓度达到10%以上,会出现不适,时间长了会有生命危险
	乙醇	在生产中长期接触高浓度乙醇可引起鼻、眼、黏膜刺激症状,以及头痛、头晕、疲乏、易激动、震颤、恶心等
	六氟化硫	SF_6在放电作用下能分解出多种有毒物质,引起乏力、记忆力差、咽痛、胸闷
	氮气	空气中氮气含量过高,使吸入气氧分压下降,引起缺氧窒息
	氧气	常压下,当氧的浓度超过40%时,有可能发生氧中毒,严重时可致失明
	乙炔	具有弱麻醉作用,高浓度吸入可引起单纯性窒息
物理因素	噪声	长期处于噪声环境会产生头昏、耳鸣等症状,还可能造成永久性失聪
	照明照度	照明度高或低,均会对视力造成不良影响,造成视觉疲劳、视力下降
	温度	高温作业对循环系统、消化系统、泌尿系统、神经系统等均会产生影响
	振动	长期从事手传振动作业,可致手麻、手胀、手痛、手胀多汗、手臂物理和关节疼痛等,甚至导致手臂振动病(职业病)
	空气质量	在室内空气质量差的环境里,人们会引起皮肤过敏、喉咙痛、呼吸道发干、头晕、易疲劳等症状
		室外空气污染可使易感人群症状程度加剧,使心脏病和肺病患者症状显著加剧、运动耐受力降低,并出现严重症状
环境危害因素	光污染	电焊器、医疗消毒等人工紫外光源,可导致电光性皮炎或电光性眼炎
	工业废料	废弃电缆电线、电气设备含重金属,污染土壤环境
		空调制冷剂氯氟烃和保温层中的发泡剂氢氯氟烃,破坏大气臭氧层
		废打印机、复印机硒鼓含多种重金属和有机污染物,难降解,威胁生态环境
		废电池中的汞溢出进入土壤或水源,通过农作物进入人体,损伤人的肾脏
		绝缘油、车辆里的废机油为危险废物,难以自然分解,渗入土壤后短期内无法修复,渗入地下水后污染饮用水源
		润滑油:急性吸入可出现头晕、恶心,引起油脂性肺炎或接触性皮炎
		计算机、照相机、摄像机、液晶显示器等含有汞、铅、镉和铬化物。汞主要损坏肾脏和破坏脑部;六价铬能穿过细胞膜被吸收产生毒性,引起支气管哮喘,损坏DNA
	生活垃圾	衍生的大量病菌,处理不当很容易引起各种疾病的传播和蔓延
	自然资源消耗	电力系统建立与操作应避免消耗过多自然资源,如土地资源、水资源等
	排放物	生活废水、汽车尾气、厨房油烟、人体排放物、设备热量等产生危害因素并污染环境、威胁人体健康

3.职业健康的法律法规

为了预防、控制和消除职业病危害,防治职业病,保护劳动者健康及其相关权益,促进经济社会发展,国家制定和颁布了以下一系列的法律法规。

(1)《中华人民共和国职业病防治法》;
(2)《职业病分类和目录》;
(3)《职业健康检查管理办法》;
(4)《职业病诊断与鉴定管理办法》;
(5)《使用有毒物品作业场所劳动保护条例》。

二、理货职业健康

为了预防、控制和消除职业病危害,防治职业病,加强职业健康监护管理,保护劳动者的健康,不断增强职工的职业卫生意识,全面提高职工的健康水平,企业根据工作岗位的性质制定了相关的职业健康管理制度或方案。职业健康管理一般涵盖职业病危害因素分布、强制性职业健康检查项目及周期、职业健康检查分类及各部门职责等。

1.职业病危害因素分布(表1-1-2)

理货职业病危害因素表　　　　　　　　　　表1-1-2

序　号	危害因素名称	序　号	危害因素名称
1	粉尘	5	汽油、二氯乙烷
2	高温、寒冷	6	三氯乙烯、酸
3	噪声	7	有毒性的货物
4	二氧化碳		

2.强制性职业健康检查项目及周期(表1-1-3)

强制性职业健康检查项目及周期表　　　　　　　　　　表1-1-3

序号	接触职业危害因素	上岗前必检项目	在岗期间必检项目	在岗期间职业健康检查周期
1	粉尘	血常规、尿常规、血清ALT、心电图、后前位X射线高千伏胸片、肺功能	心电图、后前位X射线高千伏胸片、肺功能	粉尘浓度不符合国家卫生标准2~3年一次;粉尘浓度符合国家卫生标准4年一次
2	噪声	纯音听阈测试、血常规、尿常规、血清ALT、心电图	纯音听阈测试、心电图	1年
3	高温	血常规、尿常规、血清ALT、心电图、血糖	血常规、尿常规、血清ALT、心电图、血糖	1年,应在高温季节到来之前进行
4	汽油	血常规、尿常规、血清ALT、心电图、后前位X射线高千伏胸片、肺功能、口腔	血常规、尿常规、血清ALT、心电图、后前位X射线高千伏胸片、肺功能、口腔	1年

续上表

序号	接触职业危害因素	上岗前必检项目	在岗期间必检项目	在岗期间职业健康检查周期
5	二氯乙烷	常规、尿常规、血清 ALT、心电图、后前位 X 射线高千伏胸片、肺功能	常规、尿常规、血清 ALT、心电图、后前位 X 射线高千伏胸片、肺功能	1 年
6	三氯乙烯	常规、尿常规、血清 ALT、心电图、后前位 X 射线高千伏胸片、肺功能	常规、尿常规、血清 ALT、心电图、后前位 X 射线高千伏胸片、肺功能	1 年
7	酸	常规、尿常规、血清 ALT、心电图、后前位 X 射线高千伏胸片、肺功能	常规、尿常规、血清 ALT、心电图、后前位 X 射线高千伏胸片、肺功能	1 年

3.职业健康检查分类

职业健康监护分为上岗前检查、在岗期间定期检查、离岗时检查、离岗后医学随访和应急健康检查五类。一般将最后一次在岗期间的健康检查（在离岗前的 90 日内进行）视为离岗时检查。

4.各部门职责

（1）人力资源部负责新入职员工职业危害告知。

（2）安全环保部负责对新入职员工、员工在岗期间、离岗员工的职业健康体检，负责应急健康检查，负责对职业病患者在离岗后需进行的医学随访检查。同时履行告知的义务。

项目二　港口理货基础与业务认知

任务一　理货基本概念认知

一、港口理货相关定义与术语

1.理货(Tally)
指在货物储存、装卸过程中,对货物的分票、计数、清理残损、签证和交接的作业。

2.物品/货物(Goods)
指经济与社会活动中实体流动的物质资料。

3.仓储(Warehousing)
指利用仓库及相关设施设备进行物品的入库、存贮、出库的活动。

4.托运人(Consigner)
指货物托付承运人按照合同约定的时间运送到指定地点,向承运人支付相应报酬的一方当事人。

5.承运人(Carrier)
指本人或者委托他人以本人名义与托运人订立货物运输合同的人。

6.保管(Storage)
指对物品进行储存,并对其进行物理性管理的活动。

7.货垛(Goods Stack)
指为便于保管和装卸、运输,按一定要求被分类堆放在一起的一批物品。

8.堆码(Stacking)
指将物品整齐、规则地摆放成货垛的作业。

9.装卸(Loading and Unloading)
指物品在指定地点以人力或机械实施垂直位移的作业。

10.搬运(Handling Carrying)
指在同一场所内,对物品进行水平移动为主的作业。

11.检验(Inspection)
指根据合同或标准,对标的物的品质、数量、规格、包装等进行检查、验证的总称。

12.理货业务(Business of Tallying)
指收集、整理货物信息,理清货物数量,检查货物表面状况,分清货物标志和残损,编制货物实际积载图,办理货物交接手续,出具理货单证等相关证明,提供相关信息等相关服务工作。

13.理货依据(Base of Tallying)

指委托方及港口、货主相关方提供的,反映经港口装卸等作业的船舶所载货物名称、数量、标志等信息的单证(纸质或电子信息)。

14.理货单证(Tally Documents)

指港口理货业务经营人出具的,载有船舶理货及相关信息的单证、文件(包括纸质和电子信息)。具体包括理货计数单、溢短/残损单、理货证明书、理货报告、船舶出口记载图等单证、文件。

15.理货人员(Tally Clerks)

指从事理货业务的相关工作人员。

16.港口理货业务经营人(Port Tally Company)

指在港口区域内从事理货业务的经营人。

17.委托方(Client)

指船东及其代理人、货主及其代理人、港口经营人等理货服务的采购委托方。

二、理货业务简介

理货工作是水上货物运输必须具备的基本业务。理货是指货物在运输和交接的过程中,根据运输单证和货运规章制度办理货物的交接、清理,分清原残、工残,签证和指导货物的装卸、堆码、清点货运票据等业务的总称。

理货工作的任务是:认真贯彻货运规章制度,严格执行货运交接制度。在货物的验收、运输、装卸、交付或保管过程中,切实做到收发正确,交接清楚,实事求是地反映货物的实际数量和货物外表状态与质量。

理货工作是一项脑力和体力结合的生产现场的管理工作,是为船舶的港口装卸货物提供理货服务的工作。由于各国理货机构宗旨不同,因此各国理货具有不同的性质。有些国家和地区的理货机构是以提供服务为手段,以营利为目的,这种理货就具有雇佣和服务的性质。有些国家的理货机构是以实事求是为原则,以保障社会利益为目的的,这种理货就具有公正性。

我国外轮理货属于后者,具有以下4种性质:

(1)公正性:指以中间人的身份独立公正地对承、托双方交接的货物数字和状态,作出实事求是的判断确认,并出具理货证明,据以划分承、托双方责任。

(2)服务性:指理货服务针对外贸和国际海上货物运输,服务于委托方,但又不受委托方的约束、授意和暗示,不偏袒委托方的利益。

(3)涉外性:指理货本身在外国船上进行,又与外国人打交道,包括与外国海员和外国企业家、商人进行业务交往。

(4)国际性:指船舶理货至少要由两个国家或地区的理货机构共同完成,而且一个国家或地区理货机构工作好坏,将直接牵连另一个国家或地区的理货机构。

各国理货机构对船舶的理货,有的是委托性的,有的是强制性的,这取决于国家的规定。根据我国交通运输部的规定,外贸船舶在我国港口装卸计件货物时,实行带有强制性的理货。

我国现阶段的理货工作,按其性质大致可分为两种。

(一)公正性理货

公正性理货指航行于国际航线的船舶,以及需要理货的收发货人或国内外各单位,委托理货公司代表船方或货方或各委托方担任理货交接。理货公司所提供的单证具有公正性质,这是基于理货公司"严守公正立场,遵循实事求是原则,维护委托方正当权益"的宗旨。理货单证经船方签字承认即为有关部门承认,但理货公司只证明货物交接当时的实际情况,并不承担货物溢短、残损责任,这种理货纯属委托代理理货。

(二)责任性理货

责任性理货又称交接性理货,指理货人员代表本单位对货物进行验收、交付、清点数量和货种、检查残损等交接工作和签署商务票据等,作为划清交接责任的依据,交接双方在交接前后各自承担货物数量和质量方面的责任。我国水路运输系统中的港、航部门,为了交接货物分别配备了港口理货和船舶理货。

港口理货指港口库场设立库场理货和在货物装卸交接现场设立现场理货。港口理货是代表港口经营人办理港口作业委托人交运货物的验收和到达港口的货物向作业委托人交付,或将库存货物、现装货物代表港口经营人交给承运人,以及向到达船舶接收货物。

船舶理货指运输船舶上由船员兼负理货的责任,代表承运人在起运港接收港口经营人的交货装船或托运人的交货装船,在到达港将运到的货物交给港口经营人或收货人。

港口理货和船舶理货,均属交接性理货。

三、理货人员相关职责

(一)库场理货

主要职责是根据作业流程的规定,完成出入库场的货物检验、装卸、堆码、苫盖、理货、保管;缮制货垛牌、入库货物账簿、货物台账;正确使用并维护库场管理(理货)系统;根据业务的需求,编制库场堆存计划、库场作业计划、杂项作业计划;对进出口货物库场工作程序、火车作业库场工作程序、库场资源及库场管理(理货)系统等资源进行管理和优化。

(二)船舶理货

主要职责是理清货物件数,分清货物标志和残损情况;编制舱口理货单证,指导和监督货物的装舱积载、隔票以及分票卸船工作;以船边为边界进行货物交接,保持现场理货工作的顺利进行,报告现场理货情况;审核理货单证,整理和保管全船的单证资料,做好单船记录和交接工作;编制全船性的理货单证,办理全船性的货物交接和签证工作。

任务二 组织环境认知

港口是水上运输与陆上运输的衔接点和枢纽。只有通过港口的换装作业,才能完成水陆运输的转换。货物在港口的装卸作业、船舶与车辆的运输量的差别,以及船舶到港与车辆到港时间的不一致等都需要港口提供场地进行货物作业和存放。港口中这种满足货物周转作业、存放的场地和设施就是港口库场。

一、港口库场的管理组织

(一)库场的组织

港口库场的作业和货物保管是港口生产的重要组成部分,库场工作的好坏直接影响到港口的生产质量和水平。库场管理的组织要根据港口的规模、特性和生产任务量,依据科学、高效、精简的企业管理原则进行安排和组织。

目前在国内,港口库场有多种管理组织形式。有在港区经理(作业区主任)直接领导下的总仓库长组织方式;有在港区业务部、货运部(科)、仓储公司领导下的分仓库长组织方式;有在装卸队或者机械队主任领导下的仓库组库场组织方式。

无论库场的地位怎样,库场的内部组织大都基本相同或相差不大。

(二)库场岗位责任

1.仓库长的职责

(1)掌握全港区库场设备及运用情况,会同计划、调度、业务部门编制年、月度堆存计划,充分利用库场设备,采取措施加速货物周转,保证库场畅通。

(2)负责库场管理、业务、安全有关的规章制度、指标的制定,并组织执行,随时检查、汇报。

(3)负责库场设备的检查、养护、添置、修缮计划的制定,并监督执行。

(4)负责库场安全管理,督促安全制度的执行,检查和处理有关安全隐患。严格执行库场保卫制度,督促做好防盗、防火、防台、防汛工作,防止损坏事故发生。

(5)参加港区生产会议,汇报货物、仓容情况,提出库场及理货工作意见。

(6)督促、检查库场管理人员,严格执行货物收、发、保管制度;正确填制、批注、统计、保管和传递各种单证报表。审核有关报表和统计资料、文件,审阅业务纪录。

(7)组织员工开展业务学习,制定员工培训计划并督促执行。经常检查和总结库场管理工作,提出奖勤罚懒和分配意见,总结推广先进经验。

(8)负责对事故的分析、责任追究和提出改进和预防措施。

(9)做好部门经济核算,开展增收节支工作。

(10)协调与港口其他部门的工作,处理库场的对外纠纷。

(11)完成公司经理安排的其他工作。

2.码头仓库长(段长、片主任)

承担本管理区间的与总仓库长相同的职责。完成总仓库长安排的其他工作。

3.值班仓库长

(1)负责本班的库场领导工作。召开班前会议,安排本班的工作,提出注意事项和安全质量要求,督促和检查本班工作。

(2)认真做好交接班工作,接班前详细了解上一工班的工作进度,接受本班的计划任务,掌握整体工作进度,部署本班工作。

(3)代表仓库与调度、单船指导员、工组组长、船方及船方理货联系工作,协调矛盾。遇到特殊情况,修改库场计划并与其他部门协调。

(4)督促库场管理、理货人员检查货物,合理使用库场,提高库场的利用率。发现货物损害或状态不良,及时与货主、船方联系解决。

（5）按照库场技术、使用定额及货种、规格，正确计算仓容，确定货物堆存位置。制定下一班库场工作计划。

（6）检查安全工作，发现违反制度，会造成人身安全或者危及货物、设备的现象，应及时纠正或制止。

（7）下班前带队全面检查库场情况，总结工作情况，查清和处理事故。

（8）协助分码头仓库长的库场管理工作，做好本班员工的工作考评。

（9）领导本班员工做好增产节支工作，降低成本支出。

4.仓库管理员

1）交接员

船舶靠泊后，登轮索取货物运单、交接清单、船舶装载图、分舱单及各类记录等有关货运单据；核对无误后，分发给有关人员，分舱单不够时制作副本分发。

负责本班内理货单证的核对、汇总，货物装卸完毕与船货方办理交接、签证手续。制作报表和货账。

与收货人、承运船方办理货物交接、单据交接。有货物损害时填写货运记录。

2）理货员

库场收货时清理点算货物数量，检查货物状态。

认清或安排好货位，指挥码垛或提货，督促码垛质量和搬运操作安全。

核对货物数量、质量，区分辨别货物和货物分标志、分规格。

指挥货垛垫垛、货物苫盖和库场清扫；地脚货收集、记录、立账和交付。

货物计量和理货交接，填制现场理货记录。发现货物状态不良，编写现场记录。

货物作业完毕，检查作业线路，制做货垛牌并张挂。

直取货物在船边理货，指挥装驳、装车，协助办理现场交接，签发车辆出门证。

参与货物保管、检查、盘点工作。

完成仓库长交办的其他工作。

3）库管员

库场安全检查，巡查货物、货垛。

保持库场的清洁。

货物苫垫材料的保管、使用准备和用完收集。

检查库场的防火、防水等工作。

4）日班仓库员（专库仓库员）

货物入库时，凭运单与入库联对货物理货，进行"六核对"，核对货名、件数、标志、提单号、收货人、船名航次、签发收货凭证。

出库场货物凭单发货，按车开出门证。每日填写出库日报。

充分和合理使用库场，安排好货位，指挥堆垛，监督堆垛质量，挂好货垛牌。

经常检查和核对货物，损坏及时处理，按时填报库场月结存报表。

做好库场的清洁卫生、安全保卫、防火防水工作。

上班时全面检查库场，下班时做好"三关一挂"（关门、窗、电，挂好钥匙）。

5）库场设施管理员

负责库场设施的日常维护和使用。

根据生产管理需要，对于堆场的整修、规划及新场地的开辟等问题及时提出合理化报告。

对库场设施要登记造册,做到账目清晰、设施齐全、心中有数、不缺不漏。

及时与业务主管部门联系,做好库场设施的维护工作。

经常对库场设施巡回检查,发现损坏做好记录,及时向主管部门和队部汇报,协助维修人员对库场设施的维修或更换。

按时完成队领导交办的各项工作。

6)库场检算员

执行上级部门有关货账管理规章。

负责办理进出船舶有关单据、报表的登记、核对事项,汇制总账,对进口货物立账管理。

负责大宗货物数字的核对,并收集、检查货物移动、销缺、出库等单证资料,批销总账。

负责办理溢缺、抵补等事宜。

负责核对原始记录,处理一般货账差错事项,查核账货不符问题。对于出现的差错或存在的问题,要及时上报处理。

负责保管车船总账资料。

二、理货公司管理组织

(一)理货公司各部门职能及服务程序

我国的理货公司主要有中国外轮理货总公司(中外理)和中联理货有限公司(中联理),下设各相关部门。

1.理货公司商务部

1)职能简介

理货公司商务部是公司理货市场营销、商务拓展的部门。主要职责是:开发理货市场;洽谈签订业务合同;督促各部门严格按合同办事,检查理货合同中有关理货操作及财务费收内容的落实情况;协调解决落实过程中出现的问题;建立和维持良好的客户关系;征求和收集客户的意见及要求,受理客户的投诉;统计分析理货市场数据,为公司制定业务发展战略提供决策依据。

2)服务程序

(1)向客户推广和宣传本公司的业务范围及为客户提供理货业务的法律依据,以财政部、交通运输部颁布的理货费率为依据,结合地区的理货费率市场价格水平,经与客户商谈,及公司合同评审程序评审后,由公司总经理或其授权人签署理货合同。

(2)客户委托的理货业务在常规理货业务范围内,则按照总公司《业务章程》及《理货规程》正常操作,财务部按正常费率打单收费。

客户对理货业务有特别要求,且符合国家法律法规规定,商务部将及时向理货部发出详细的书面操作备忘录,迅速将客户的要求传达到理货操作现场,以便迅速、准确地执行合同,满足客户的要求。根据合同中的费收条款,会同公司财务部完成理货费收工作。

(3)合同到期前一个月,做好各方面的准备工作,争取顺利续签合同。

(4)定期走访客户,征求意见,不断完善和提高对客户的服务水平。

2.理货公司财务部

1)职能简介

理货公司财务部是理货费用结算部门,具体负责理货账单的制作、传送及理货费用的结算。

2) 服务流程

(1) 制作、复核理货账单。

(2) 按规定时间将理货账单送往结算方；受理结算方退单；与有关部门配合解决退单问题；积极定期或不定期地与客户核对往来账；按客户的要求提供电子理货费报表；定期拜访客户。

(3) 按双方协商时间进行理货费结算；超时理货费问题转告有关部门；每月末进行应收款清查，并将结果通报主管部门。

3. 理货公司理货部

1) 职能简介

理货公司理货部在公司客户服务活动中是主要的操作部门。理货部下设两个部门：客户服务部和理货操作部。

客户服务部的主要职责是：收集客户资料；根据商务部与委托理货客户签订的合同要求，制定《客户服务操作指南》（以下简称《操作指南》）；跟踪实施情况和完成理货服务（产品）交付；与客户建立稳定的沟通渠道，收集客户意见，满足客户合理要求。

理货操作部的主要职责是：按照客户服务部提供的《操作指南》，根据港口生产作业计划派出合格的理货人员，保质保量按时地完成理货服务。

2) 服务程序

商务部在对外签订合同时，如客户有特殊要求，根据需要及时与理货部沟通。客户服务部在接到客户服务要求后，及时回复商务部，将理货部制定的《操作指南》提交商务部。

客户服务部在接到商务部的客户服务内容和财务部费用结算单证和传送要求后，立即将《操作指南》向理货操作部进行落实。同时建立客户服务部和理货操作部与客户的联系渠道，以书面形式告知联系人和电话。客户服务部在合同签订之后，立即建立客户服务档案。制定走访和意见收集和反馈方案。理货操作部在接到《操作指南》后立即组织相关人员落实和执行，并随时与客户操作部门、港口调度部门保持联系，了解和掌握船舶具体位置和作业时间。

(1) 理货操作部下属的各办事处在接到客户船舶在港作业计划后，进行作业派班，合理、合适、合时地安排理货人员上岗，并向理货组长和理货员下达理货船舶或货物的作业指令，执行确定的《操作指南》。

(2) 办事处主任、业务人员应严格检查和监督理货组长、理货员是否按照《操作指南》的要求在现场进行理货服务。

(3) 理货服务结束后，办事处主任和业务人员应对理货组长和理货员的理货单证进行审核，并按照《操作指南》的要求向有关方面实施初次交付。

(4) 客户服务部业务人员应对有条件进行过程检验和最终检验的理货服务过程和理货质量进行主动检验。

(5) 客户服务部业务人员应做好理货结果的复查、收集、统计和分析等工作，并就理货情况和发生的问题与客户进行沟通、征求意见。完善《操作指南》，提高服务质量。

4. 理货公司行政人事部

负责做好公司人事、劳资、文档、培训及宣传、后勤等方面的工作，为公司的管理运作提供有力的保障。

(二)船舶理货人员的岗位职责

1.业务员

负责对现场理货业务进行监督、检查和指导,协助理货长处理疑难、重大业务问题。

业务员的工作职责如下:

(1)指导理货人员工作,协助解决工作中的问题。

(2)监督、检查理货人员执行理货规章制度和完成理货任务等情况。

(3)负责对外联络事宜,保持现场理货工作的顺利进行。

(4)总结理货工作经验,提出合理化建议,报告现场理货情况。

(5)完成领导交办的其他的事宜。

2.理货长

是单船理货的组织者、指挥者和实施者。

理货长的工作职责如下:

(1)贯彻落实领导布置的任务和提出的要求,重大业务问题及时请示汇报。

(2)领导和管理本船的理货员,布置和检查各舱的理货工作,指导和帮助理货员处理工作中的问题。

(3)掌握各舱的理货情况和进度,保持与船方和其他单位现场人员的工作联系,保证各舱理货工作的顺利进行。

(4)审核理货员制作的理货单证,整理和保管全船的单证资料,做好单船记录和交接工作。

(5)编制全船性的理货单证,办理全船性的货物交接和签证工作。

3.理货员

是舱口理货的责任者。

理货员的工作职责如下:

(1)执行理货长布置的任务和要求。

(2)理清货物件数,分清货物标志和残损情况。

(3)编制舱口理货单证。

(4)指导和监督货物的装舱积载、隔票以及分票卸船工作。

(5)坚守舱口岗位,以船边为边界进行货物交接。

项目三　水运货物管理

任务一　货物常识认知

子任务一　货物分类

货物(cargo 或 goods)指由运输部门承运的各种原料、材料、产品、商品及其他物品的总称。货物分类指为满足人们生产、加工、流通、贸易和其他生活的需要,从不同的角度用不同的标准对货物进行分类。现代运输方式主要包括铁路运输、公路运输、水路运输、航空运输和管道运输等。各种运输方式都可以从各自的层面按照不同的标准对货物进行分类。在此,我们主要学习水路运输货物分类。

一、按照货物的形态分类

(一)散货(Bulk Cargo)

指以重量进行货物交接,运量大、无标志、无包装、不易计算件数的货物。包括固体散货和液体散货。

(1)固体散货(Solid Bulk Cargo):不进行包装,以粉、末、粒、渣、饼、块、球团等形态直接装船进行散装运输的货物。

(2)液体散货(Liquified Bulk Cargo):不进行包装以液体状态直接装船进行散装运输的货物。

(二)件杂货(Break Bulk Cargo)

指主要以件数进行交接,有时辅助以重量的货物。一般批量较小、票数较多,有标志,包装不一,性质各异。按照包装形式又分为:包装货物(Packed Cargo)、裸装货物(Unpacked Cargo 或 Non Packed Cargo)和成组货物(Unitized Cargo)。

(1)包装货物(Package Cargo):装入各种包装容器或进行捆装的货物。如:箱装、桶装、袋装、捆装货物等。

(2)裸装货物(Unpacked Cargo):运输中不加包装而在形态上却自成件数的货物。如汽车、木材、机械设备等。

(3)成组货物(Unitized Cargo):将若干件个体的包装物货物集合在一起,组合成为一个独立的单元进行运输的货物。常见的成组货物形式有:托盘货物、网络货物、集装袋货物、集装箱货物四种。

二、按照货物的清洁程度分类

(一)清洁货物(Clean Cargo)

指在运输中本身不易变质、清洁干燥、对其他货物无污染,本身也不能被污染的货物。

例如:纸浆、茶叶、棉纺织品、陶瓷、玻璃制品等。

(二)污秽货物(Dirty Cargo)

指本身无包装或包装不良,受损时能对其他货物造成污染损害的货物。主要有:
(1)易扬尘货物:矿粉、煤炭、水泥等粉末颗粒状的货物。
(2)易潮解货物:食糖、食盐、化肥等具有吸湿性并易溶于水的货物。
(3)易融化货物:石蜡、肥皂、香脂等熔点低的货物。
(4)易渗油货物:小五金、豆饼等。
(5)易渗漏货物:桐油、酒、盐渍肠衣等液体货物。
(6)散发强烈异味货物:化肥、鱼粉、油漆、烟叶、大蒜等。
(7)带虫害病毒货物:生皮、废纸、活的有生动植物等。

三、按装运的要求分类

(一)普通货物(General Cargo)

在运输、装卸、保管时没有特殊要求的货物。

(二)特殊货物(Special Cargo)

由于货物本身的性质、重量、体积、价值等方面与一般的货物不一样,需要在运输、装卸、保管时采取特殊措施的货物。

(1)危险货物(Dangerous Cargo):具有燃烧、爆炸、腐蚀、毒害、放射性等危险性质,在运输过程中容易造成财产毁损和人身伤亡的货物。如汽油、农药、黄磷、强的无机酸与碱等。

(2)笨重长大件货物(Heavy Cargo, Bulky and Length Cargo):又叫重大件货物,指单件重量、体积超过一定标准的货物,以致在运输、保管和装卸过程中不能使用一般方法与设备的货物。

(3)贵重货物(Valuable Cargo):本身价值很高的货物。如金银、玉器、首饰、货币、名贵药材、古董字画、历史文物、精密仪器等。

(4)易腐冷藏货物(Perishable Cargo and Reefer Cargo):常温条件下易腐烂变质或需按指定的某种低温条件运输的货物。

(5)有生动植物货物(Live Stock and Plants Cargo):又称活的货物,指在运输中,需要不断地照料以维持其生命不至于死亡的动植物货物。如活的猪牛羊、树苗、花卉等。

(6)邮件货物(Mail Cargo):国际间的邮件、包裹等货物。要求交货迅速,以便能及早送达收件人的手中。

四、按货物的积载位置分

(一)舱面货物(On Deck Cargo)

又叫甲板货物,指运输时装载在船舶露天甲板上的货物。如原木、藤及其制品、经货主同意的有生动植物货物等。

(二)舱内货物(Hold Cargo)

指装入舱内进行运输的货物。适合装运清洁的、怕湿的、怕晒的货物。如食糖、棉花、茶叶等。舱内货与甲板货相比,在运输途中可能遭遇的风险较小。

(三)舱底货物(Bottom Cargo)

又称压载货物,指运输时装载于船舱底部的货物。一般是比重大或有污染性且坚实、不怕压、不怕潮的货物。如钢材、桐油、矿石等。

(四)深舱货物(Deep Tank Cargo)

指装入船舶吃水最深的舱内进行运输的货物。一般为液体货物、污秽货物,如石油、矿石等。

(五)房间货物(Locker Cargo)

指装入保险房间或其他小舱室的货物。如贵重货物、涉外货物、邮件等。

(六)冷藏舱货物(Refrigerated Cargo)

指装入冷藏舱内进行运输的货物。如易腐货物、冷藏货物等。

(七)非一般货舱货物(Non-Cargo Hold Cargo)

指装入件杂货船的油柜、水柜以及通道、穿堂等非舱室场所的货物以及冷藏舱装入的非冷藏货物。

子任务二 货 物 性 质

货物发生质量变化的现象很多,主要有物理、化学、机械、生物性质引起的变化。研究货物的性质,就是要通过货物质量变化的现象,找出其变化的实质,掌握质量变化的科学规律,以期在运输中减少或避免产生货损货差,以此提高货物运输质量。

一、货物的物理性质

货物的物理性质是指货物受外界湿、热、光、雨等因素的影响而发生物理变化的性质,货物发生物理变化时,虽不改变其本质,但能造成货物质量降低。在水运中,货物发生物理变化的形式主要有货物的吸湿、散湿、吸味、散味、挥发、热变、溶化、凝固、膨胀、冻结等。

(一)吸湿和散湿

货物吸湿是指货物具有吸附水蒸气或水分的性质,是运输中货物常发生质量变化的一个重要原因。货物吸湿主要有两个因素:一是货物的成分与结构,二是货物本身的水汽压与周围空气中的水汽压关系。

(二)挥发

货物挥发是指液体货物表面能迅速汽化变成气体散发到空间去的性质。如汽油、酒精等。

(三)热变

货物热变是低熔点货物在超过一定温度范围后引起形态变化的性质。

货物在受热后,成分上未发生质的变化,形态上却产生了变化,如软化、变形、粘连、融化等,造成货垛倒塌及沾污其他货物,影响货物装卸作业等。如松香、橡胶、石蜡等。

二、货物的化学性质

货物的化学性质,是指货物的组成在一定条件下发生化学变化。在运输中,货物发生了化学变化,意味着货物质量起了变化。常见的化学变化的形式主要有氧化、燃烧、爆炸、腐蚀等。

(一) 氧化

氧化是指货物与空气中的氧或与能放出氧的物质发生的反应。氧非常活泼,易与物质发生氧化反应而使物质变质,甚至发生危险事故。易于氧化的物质很多,如金属类、油脂类、自燃类货物等。

(二) 燃烧

燃烧是指两种或两种以上的物质之间发生相互作用,生成新的物质并产生光和热的过程。物质引起燃烧或继续燃烧,必须同时具备三个条件,即可燃物、助燃物(氧或氧化剂)和达到燃点,三者缺一不可。气体可燃物能直接燃烧并产生火焰,液体和固体可燃物通常先受热变成气体后才能燃烧而产生火焰。

(三) 爆炸

爆炸是指物质产生非常迅速的化学或物理变化而形成压力急剧上升的一种现象。分为物理性爆炸、化学性爆炸和核爆炸。爆炸的特点是反应速度极快,放出大量的热和气体,产生冲击破坏力。

(四) 腐蚀

腐蚀是指某些货物具有的能对其他物质产生破坏的性质。引起腐蚀的基本原因是由于货物的酸性、碱性、氧化性和吸水性所致。如金属及其制品能被酸碱盐所破坏;烧碱($NaOH$)能和油脂作用,灼伤人的皮肤;浓硫酸能吸收植物水分,使之碳化。

三、货物的机械性质

货物的机械性质是指货物形态、结构在外力作用下发生变化的性质。在水运中,货物发生机械变化的形式主要有破碎、变形、渗漏、结块等。

(一) 破碎

破碎是由于货物质脆或包装强度弱,当承受较小的外力作用时容易造成破损的性能。在运输中,易碎货物除要求包装牢靠,加填适当材料进行缓冲和标上储运指示标志,提示在搬运中轻拿轻放、稳吊稳铲、避免摔、抛、滑、滚等野蛮操作。码垛不宜过高,重货不应堆在其上,注意绑扎加固,防止货物倒塌,堆装位置应选便于作业、防振动、防下沉处。

(二) 变形

变形主要指具有可塑性货物受外力作用后发生的变形。这类货物虽不易碎裂,但受到超过货物所能承受压力就会引起变形,影响质量。如橡胶、塑料、皮革等。橡胶塑料在高温条件下受重压、久压更易变形。在运输中,易变形的货物堆装时要注意堆垛整齐,堆装高度不宜过高,尤其是不宜在上面压重货。装卸搬运要避免摔、抛、撞击,机械作业要稳铲、稳吊、隐放,防止受外力作用造成变形。

(三) 渗漏

渗漏主要发生在液体货物中。由于货物包装容器质量有缺陷,封口不严,灌装不符合要求,搬运时撞击、跌落等或受高温作用致使货物发生渗漏现象。在运输中,应加强对液体货物包装容器的检查和高温时的防暑降温措施,装卸搬运要使用合适的机具,船舱内紧密堆装不留空隙,以避免引起碰撞而造成货物渗漏。

(四)结块

结块主要发生在粉粒晶体状货物中。由于装载时堆码超高或受重货所压以及在水湿、干燥、高温、冷冻等因素影响下造成结块。如水泥、食糖、化肥等。货物结块不仅对货物的质量有损害,而且在装卸中造成货物包装断裂和损坏,散货难以卸货。在运输中,应控制货物结块,在堆码中勿久压重压,装卸保管中不宜用水喷洒货物,以免造成货物结块。

四、货物的生物性质

在运输中,货物发生生物变化的形式主要有酶、呼吸、微生物、虫害的作用等。

(一)酶的作用

酶又称酵素,是一种生物催化剂。酶的作用在生物变化中占有重要地位。一切生物体内物质分解与合成都要靠酶的催化来完成,它是生物新陈代谢的内在基础。

(二)呼吸的作用

货物呼吸是一种分解有机成分的生物化学反应,这种反应能产生水分与热量。影响呼吸强度的因素有含水率、温度、氧的浓度。糖类在氧气含量充足情况下被分解为二氧化碳、水分和热量。在缺氧的情况下,糖类被分解生成乙醇、二氧化碳和热量,生成的水分和热量又能为微生物的活动创造有利条件,最终出现霉烂、腐败等严重质量问题。在运输中,应合理通风并尽量控制有关因素,使货物进行微弱的有氧呼吸,以利货物的安全保管。

(三)微生物的作用

微生物的种类很多,造成货损的微生物主要有细菌、酵母菌和霉菌三大类。微生物的生存条件一般是中温(25~35℃)、高湿。所以,控制货物的含水率和环境的温湿度,调节氧气的浓度,尽可能地创造干燥和低温的条件,是防止微生物作用的有效措施。同时,还要保持环境卫生,防止货物感染。

(四)虫害的作用

虫害对有机体货物危害性很大,害虫不仅蛀蚀货物,造成破碎、孔洞、发热、霉变等危害,而且害虫的分泌物、粪便、尸碱能沾污货物,影响卫生质量,甚至使货物完全丧失食用或种用价值。虫害作用一般与环境温湿度、氧气浓度、货物含水率有关系,为防止虫害,应控制有关因素并做好防感染工作。

子任务三 货物运输包装

运输包装是指在货物流通、运输、装卸和保管过程中起保护货物、方便储运功能的包装,又叫大包装、外包装。

一、货物运输包装的作用

尽管货物包装有一定的重量和体积,在运输中会浪费运输工具相当的载重量和载货容积,而且包装费用还会加大货物的销售成本,但货物包装仍得到货方和运输方的高度重视,因为包装确实起着很大的保护作用。运输包装的作用主要如下:

(1)防止货物内部或外部遭受水湿、污染、机械损伤等破坏,保证质量完好。

(2)防止货物撒落、泄漏、丢失、短缺,保证数量完整。

(3)避免由于货物本身性质所引起的危险。

(4)便于货物装卸、搬运、堆码等,一定条件下有利于提高船舶等运输工具装载空间的利用率。

(5)便于理货、计数、交接,提高装卸运输效率,加快车船、货物的周转。

二、货物运输包装的分类

货物运输包装按包装形式和包装材质可分为以下几种:

(一)箱类包装

由天然木板或胶合板或瓦楞纸板等材料制成。木板箱较为坚实,适用于包装各种较重的货物,甚至大型的机械设备。纸板箱坚实程度较差,仅适用于包装较轻的货物。

(二)袋类包装

袋类包装可以由麻织料、塑料、牛皮纸、布料、化纤织料等制成,不同材料的包装袋都能满足防止货物撒漏的要求,同时具有不同程度的防潮功能和坚韧强度。

(三)捆类包装

捆类包装又分为捆包类、捆卷类和捆筒类、捆扎类。捆包装有棉花、生丝、禽毛、纸张等货物。捆卷装有盘元、钢丝、电缆、轮胎等货物。捆筒装有筒纸、油毛毡、六角网、草席等货物。捆扎装可分两类,一类是长度短、体积小的捆扎货,如耐火砖、瓷砖、金属铸锭等货物;另一类是长度长,体积大的捆扎装,如各种金属线材、管材等货物。

(四)桶类包装

桶类包装是一种圆柱形密封式包装,属于这种包装的有钢制桶、胶合板桶、纸板桶、塑料桶和鼓形木桶等。它们分别适合于装载块状或粉状固体、糊状固体、液体以及浸泡于液体中的固体物质。桶类包装的顶盖有移动式和非移动式两种,其中非移动式的桶顶部或桶腰部有一定口径的开孔。不论是对桶盖或是对桶孔,均有严格的密封要求。

(五)裸装类包装

通常将不加包装而成件的货物称为裸装货,常见的有机械设备、卡车、火车头、成套设备、钢轨、钢板及大青石等货物。这类货物多数属于重大件货物。

(六)成组包装

成组包装是指按货物成组的标准所构成的包装。这种包装通常附有成组设备(货板、网络等),并符合一定的重量和尺度要求。

(七)其他类包装

是指除了箱、袋、捆、桶四种基本包装以外的其他形式的包装,如筐、篓、坛、瓮、罐、瓶等。

三、货物运输包装的制作要求

为了实现运输包装的功能,保证水运货物的质量完好和数量完整,货物运输包装应遵循"坚固、经济、适用、可行"的原则。基本要求如下:

(1)要根据货物的理化性质、结构形态,选择适宜的包装容器、材质和封口。

(2)要有一定的强度,经得起水运中正常的碰撞、震动、挤压等外力冲击。包装的封缄、捆扎应严密、坚固。

（3）包装内应有适当的衬垫。根据货物性质选择适当的衬垫材料进行缓冲、防潮、防震，且与货物的性质不相抵触。

（4）要便于运输、装卸、堆码。包装的单件外形、重量、规格尺码要便于机械操作、人力搬运、装卸、码垛和理货计数等。

（5）要经济上合理，防止过分包装和过弱包装。合理选用材料、减轻包装重量，尽量选用用料少而容量大并且能多次重复使用的包装。

（6）包装外面的标志要做到牢固、清晰、正确、完整。符合国内和国际上的规定。

子任务四 货物标志

凡在货物或运输包装上，用颜料涂刷、印染、拴挂、粘贴等方法，以简单的图形、符号、文字和数字记载的有一定含意的记号，称为货物标志（Mark）。按照标志所起的作用不同，可分为运输标志、储运指示标志、危险货物标志和识别标志。

一、运输标志（Shipping Mark）

运输标志习惯上称为"唛头"，是货物运输包装标志的基本部分，由一个简单的几何图形和一些字母、数字及简单的文字组成。它是区别一批货物和其他同类货物的依据，其作用主要是在装卸、运输过程中让有关人员识别，以防错发错运，同时也便于收货人收货及办理通关手续。通常由收发货人代号、目的地名称或代号和批件号三部分组成。运输标志在国际贸易中还有特殊的作用，按《联合国货物销售合同公约》规定，在商品特定化以前，风险不转移到买方承担，而商品特定化最常见的方式就是在商品外包装上标明运输标志。

联合国欧洲经济委员会简化出口贸易程序工作组在国际标准化组织和国际货物装卸协调会的支持下，制定了标准化的运输标志，并向各国推荐使用。该标志为4行，每行的文字和数码不得超过17个字码，取消任何图形，因为图形不能用打字机一次做成，在采用电脑制单时尤为不便。

二、储运指示标志（Care Mark or Indicative Mark）

储运指示标志简称指示标志，按国内或国际规定，以特定的图案或简短的文字表示，其作用是反映货件的特点，提醒人们在运输、装卸、保管等过程中的注意事项，以保证货物的安全，所以又称为注意标志。

三、危险货物标志（Dangerous Mark）

危险货物标志用于指示危险货物的危险特性，通常以形象的图案及文字表示，比储运指示标志更鲜明醒目。其作用是反映货物的主要危险性质，告诫人们在运输、装卸、保管过程中引起足够警惕，并采取相应的防护措施，确保货物、运输工具以及人身安全。危险货物标志除了用图形表示外，还同时附有警戒性的简要文字，如"谨防漏气"（有毒气体）、"切勿坠落"（压缩气体、爆炸品）等。

四、识别标志

识别标志是关于包装物内所装货物情况的说明，目的是通知收货人装箱的内容，同时也便于海关查验。通常刷制在包装的侧面,一般包括货物的货号、颜色、毛重、净重、实际体积(长×宽×高)和生产国别等内容。

任务二 货物质量管理

子任务一 货物计量和积载因数

一、货物计量

货物的体积和重量,直接影响到运输工具的载重量和载货容积的利用程度,关系到库场堆放货物时如何充分利用场地面积和空间的问题,是承(托)运人之间计算运费的依据,也是港航方制订配积载和装卸货计划的重要依据。要准确掌握货物的体积和重量,必须对货物进行正确的丈量和衡重。

(一)货物丈量

1.货物丈量的原则

货物的丈量,也称量尺,是指测算货物外形尺度和计算体积。货物与水运相关的体积,要通过准确的计算,才能反映出正确的数值。货物的丈量与计算货物的实际体积有着明显的区别。所进行丈量的货物体积,不是以货物的实际体积为依据进行计算的,而是以货物在运输时对舱容的占用来确定的。

2.货物丈量的方法

货物的丈量体积是指货物外形最大处长、宽、高3个尺码组成的,立方体的体积=最大长度×最大宽度×最大高度,此方法称为满尺丈量,俗称"逢大量"法。

(二)货物衡重

货物衡重是指衡定货物重量的真实数据。货物的重量是耗费船舶载重吨的主要因素,水运企业凭以收取运费、制订配积载和装卸计划等。

1.衡制

货物的衡重工作通常使用的衡制,一种是公制单位,这是国际上通用的重量单位,如吨(Metric Ton),用 t 表示;一种是美制单位,美洲国家较多使用,如短吨(Short Ton),用 s/t 表示;一种是英制单位,欧美国家较多使用。如长吨(Long Ton),用 l/t 表示。

2.衡重方法

货物的重量可分为净重、皮重(包装重量)、毛重(净重+皮重),货物衡重应以毛重计算,无包装货物例外。衡重为计算运费、配积载之用,以毛重为基础,重量鉴定则为计算货价用,以净重为基础。

二、货物积载因数

货物积载因数是船舶等运输工具配积载工作中重要的货物资料。

(一)概念

货物积载因数(Stowage Factor,简写 S.F),是指某种货物每吨重量所具有的体积或在船舱货舱中正常装载时占有的容积。前者为不包括亏舱的货物积载因数,简称理论积载因数;后者为包括亏舱的货物积载因数,称为实际积载因数。

(二)重货与轻货的确定

重货(Heavy Goods)和轻货(Light Goods)的确定对计算运费、安排船舶配积载有着非常重要的意义。不同的业务部门确定重货与轻货的依据不同。

1. 国际航运计费业务

使承运人和托运人之间合理地结算运费,货物的计费吨分重量吨(W)和体积吨、尺码吨或容吨积(M)。重量吨为货物的毛重,公制以1t为1重量吨;体积吨为货物"满尺丈量"的体积,以$1m^3$为1体积吨。凡货物理论积载因数小于$1.1328m^3/t$或$40ft^3/t$的货物,称为重货,如金属制品、水泥、煤炭等,运费按重量吨计算;反之,称为轻货,如:茶叶、木材等,运费按体积吨计算。计费单位为"W/M"的货物,按重量吨与体积吨择大计算。

2. 船舶配积载业务

重货与轻货是按货物实际积载因数与船舶舱容系数相比较得来的。当货物实际积载因数小于船舶的舱容系数时,称为重货;反之,称为轻货。两者相近的为普通货。

子任务二 货物温湿度的控制

在水运中,由于外界环境温湿度随季节变化而变化,尤其是远洋运输的货物,因航行区域大,温湿度差别就更明显,给货物的质量和数量带来很大的影响,这种影响有时会很突出,甚至引起货物很大的损害。因此,控制与调节货舱与库房温湿度就成为保证货运质量的一个重要措施。

一、空气温湿度的基本概念

1. 空气温度

空气温度是指空气的冷热程度,简称气温。气温高低主要来源于太阳的热辐射。测定气温可使用温度计。衡量气温高低的尺度叫温标。目前国际上用得较多的温标有华氏温标和摄氏温标。

2. 空气湿度

空气湿度是指空气中水气含量的多少或空气干湿的程度。空气湿度常用如下表示:

(1)绝对湿度(Absolute Humidity):每立方米空气中实际所含水蒸气的量(或克数)。

(2)饱和湿度(Saturated Humidity):在一定温度条件下,每立方米空气里最多所能容纳的水蒸气的量。在一定的温度条件下,空气饱和湿度是一个固定不变的常数。

(3)相对湿度(Relative Humidity):是指一定温度条件下绝对湿度与饱和湿度的百分比,表示空气中实际水气量距离饱和状态的程度。相对湿度越大,表示空气中的水汽量越接近饱和状态,空气就越潮湿,货物就越易吸湿;反之,相对湿度越小,货物就越易散湿。

(4)露点温度(Dew Point Temperature):简称露点,是以温度表示湿度的概念。是指绝对湿度不变的空气,当温度下降时,所含的水蒸气就会逐渐达到饱和状态,呈饱和状态时的空气温度就是露点温度。如果温度继续下降,空气里多余的超饱和水蒸气就会凝结成水滴,出现"汗水"。下降的数值越低,则结露现象越严重。

二、温湿度的调节与控制

1. 通风

(1)防止"汗水"的通风。通过正确的方法进行通风,使舱内空气露点降低到不致使空气中水蒸气形成水滴的程度,或将相对湿度控制在一定程度,就可以消除或减轻舱内出汗的情况。

(2)防止温度上升的通风。引起舱内温度上升的原因很多,如机舱热源的传导,阳光照射,气温、水温上升的影响,货物发生氧化、呼吸作用及腐败发酵引起发热等。如不及时通风散热,可能使舱内温度不断上升。

(3)驱散有害气体的通风。凡是有生命的货物,如粮谷、水果、蔬菜、鸡蛋等,它们不断地进行呼吸,从空气中吸入氧气,呼出二氧化碳并放出微量的热和水分,从而使舱内空气中的氧气数量减少,二氧化碳增加,造成呼吸不足,妨碍正常生长而导致腐败变质。因此,有些有生命的货物在运输中需要进行通风换气,及时驱散有害气体。

2. 吸潮

当霉雨季节或阴雨天,库、舱内的湿度过高,又不宜进行通风散潮时,可使用吸潮剂,吸收库、舱内空气中的水蒸气,降低空气湿度。

3. 密封

密封就是把货物整库、整垛、整舱、整件的封闭起来。常用的密封材料有防潮纸(蜡纸、油纸)、油毛毡、塑料薄膜、稻谷壳等。

任务三 散 装 货 物

货物种类繁杂,由于篇幅限制不能详细一一介绍,本部分主要介绍矿石。

矿石是地层天然存在的可提取工农业所需物质的岩石、粉、粒等物的统称,是由一种或多种元素组成的有机化合物。

一、矿石的种类及成分

我国地藏矿产丰富,种类繁多,分类方法也很多种。有的将矿石分为:黑色金属(钢铁工业)矿石,如铁、锰矿石等;有色金属矿石,如铜、锌矿石等;稀有金属矿石,如金、银矿石等;分散元素矿石,如锗、镓矿石等;放射性矿石,如铀矿石和钍矿石等。有的将矿石分为金属矿石和非金属矿石等。

二、矿石与运输有关的性质

1. 比重大

无论哪一种矿石其比重都大于1,因而其积载因数都比较小。运输中把矿石称为重货,当利用杂货船装运矿石时,若各舱所装重量分配不当,容易破坏船体强度,对航行不利。若是少量运输,在积载时用作压舱货。

2. 自然倾角较大

矿石的自然倾角比较大,一般为30°~50°,说明矿石的流动性(散落性)较小,在一定的底面积上可以堆得较高。整船或大量装运矿石时,常利用这一特性,堆装成锥形,以提高船舶的重心。

3. 易散发水分

开采出来的矿石中含有不同程度的水分,经精选的矿石含的水分更多。因此,在空气的相对湿度较低时,这些水分易蒸发。所以,矿石不能与怕湿货混装在一舱。

4. 易扬尘

在运输中,矿石常保存着开采时带有的泥土杂质,随着水分的蒸发,泥土和杂质常破裂脱落,在装卸过程中极易飞扬。所以,运输中矿石被列为污染性污秽货物,不能与清洁怕污染的货物混装一舱。

5. 渗水性

一些经加工的精选矿粉中含有较多的水分,航行中受外力作用如船舶摇摆时,矿粉中的水分会渗离出来,在舱内形成水泥浆。这些水泥浆能随船舶倾侧而流动,有可能造成翻船事故,严重威胁航行安全。

6. 冻结性

含水率较多的矿石或矿粉,在冬季低温下易冻结,给装卸带来困难。

7. 自热性和自燃性

自热性是指矿物被氧化后发生化学变化产生自热的现象。自然界中具有自热性的矿物较多,如黄铁矿、硫黄铁矿、白铁矿、黄铜矿等硫化物矿物以及部分氧化物矿物均具有自热性。自燃性是指矿石受热后可燃烧的性质。自然界中具有自燃性的矿物不多,如自然硫、有机碳(如煤炭)等一般具有自燃性。

8. 瓦斯危害

金属矿石能散发其所吸附的挥发性气体,比较常见的有甲烷、乙烷、一氧化碳、二氧化碳和二氧化硫的混合物,具有毒性,并可燃烧。

9. 放射性

有些矿石如铀矿、钍矿石等具有放射性,对人体有害。运输时,要按做危险货物处理或做必要防护。

三、矿石的运输

装运矿石,除有专门的船舶外,一般也经常大量地使用普通杂货船。通常准许运输矿石的船舶要有特别坚固的结构和足够的双层底空间,还要有保证安全运输的技术设备。

(1)在装矿石以前,应仔细检查和清扫船舶的污水沟、排水系统,把污水沟盖堵严,以防止矿砂落入沟内。

(2)散运含水率在8%以上的精选矿粉时,考虑到渗水性(含水层),装舱,应安装纵向止移板以减少渗水后自由液面对船舶稳性的影响,当装运量较大时,更不能忽视渗水移动所造成的严重后果。我国交通运输部规定一般货船装运含水精选矿粉和矿产品的含水率不得超过8%。对于海运含水精选矿粉的船舶,在海上保险时,有专门的条款加以规定。在装运这类矿石时,船方应申请公证机构做监装等检验,并取得证明。

(3)矿石运输应注意选定航线,时刻注意海洋上的气象变化,避免在恶劣气象条件下航行,一旦面临较大的横向波浪或恶浪冲击船体,要避免较长时间在同一方向受波浪的打击,航行中应避免由于燃料、淡水不断消耗而出现船体发生倾斜的现象,同时要分析船体出现倾斜现象的原因以期及早恢复正浮。严禁在船体明显倾斜状态下继续航行。航行途中,应尽力在情况许可条件下进行舱内通风,同时应经常注意污水沟的变化,当污水增加时,应立即进行排水,查清污水增加的原因并采取措施。装运矿石后,其货堆在 24 小时内易发生变化,要特别加以注意,万一发生货堆倒塌或有移动现象,应及时采取安全措施。

任务四 集装箱货物

子任务一 集装箱的标准化

一、定义与结构

1.集装箱的定义

集装箱(Container)是一种货物运输设备,便于使用机械装卸,可长期反复使用。我国台湾和香港等地称为"货柜"或"货箱"。在运输实践中又分为 S.O.C.(Shipper's Own Container)和 C.O.C(Carrier's Own Container)两种情况来处理。国际标准化组织制定了集装箱规格,力求使集装箱标准化得到统一。标准化组织不仅对集装箱尺寸、术语、试验方法等做了一定的规定,还就集装箱的构造、性能等技术特征也做了某些规定。集装箱的标准化促进了集装箱在国际间的流通,对国际货物流转的合理化起了重大作用。

2.集装箱应具备的条件

根据国际标准化组织 104 技术委员会(International Organization Standardization Technical Committee 104,简称 ISO/TC104)的规定,集装箱应具备如下条件:

(1)具有耐久性,其坚固强度足以反复使用;

(2)便于商品运送而专门设计的,在一种或多种运输方式中运输无需中途换装;

(3)设有便于装卸和搬运,特别是便于从一种运输方式转移到另一种运输方式的装置;

(4)设计时应注意到便于货物装满或卸空;

(5)内容积为 $1m^3$ 或 $1m^3$ 以上。

3.集装箱结构

通用的干货集装箱是一个六面长方体,它是由一个框架结构,两个侧壁、一个端面、一个箱顶、一个箱底和一对箱门组成的。

4.集装箱各构件及其名称

国际标准集装箱的外形与结构通常如图 1-3-1 所示。集装箱由以下部件所构成:

(1)角配件(Corner Fitting):位于集装箱 8 个角端部,用于支承、堆码、装卸和拴固集装箱。角配件在 3 个面上各有一个长孔,孔的长度为 300~350mm,宽度为 100mm,尺寸与集装箱装卸设备上的旋锁相匹配。

(2)角柱(Corner Post):位于集装箱 4 条垂直边,起连接顶部角配件和底部角配件的支柱作用。

(3)上(下)端梁(Top/Bottom end Transverse Member):位于箱体端部连接顶部(或底部)

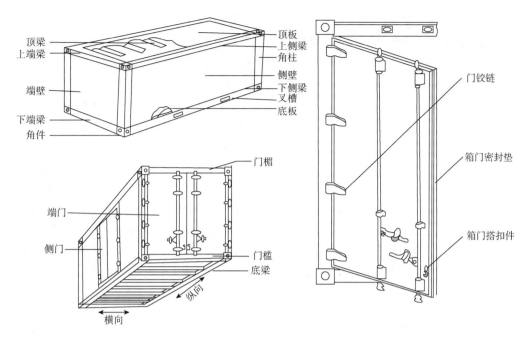

图 1-3-1 集装箱结构图

角配件的横梁。

(4)上(下)侧梁(Top/Bottom Side Rail):位于箱体侧壁连接顶部(或底部)角配件的纵梁。

(5)顶(底)板(Roof Sheet/Floor):箱体顶部(底部)的板。

(6)顶(底)梁(Roof Bows/Floor Bearers or Cross Member):支撑顶板(底板)的横向构件。

(7)叉槽(Fork Pockets):贯穿箱底结构,供叉举集装箱用的槽。

(8)侧(端)壁板(Side/End Panel):与上下侧(端)梁和角结构相连接,形成封闭的板壁。

(9)侧(端)柱(Side/End Posts):垂直支撑和加强侧(端)壁板的构件。

(10)门楣(槛)(Door Header/Door Sill):箱门上(下)方的梁。

(11)端(侧)门(End/Side Door):设在箱端(侧)的门。

(12)门铰链(Door Hinge):连接箱门与角柱以支承箱门,使箱门能开闭的一个装置。

(13)把手(Door Link Handle):开闭箱门用的零件,其一端焊接在锁杆上。抓住门把手使锁杆旋转,从而使锁杆凸轮与锁杆凸轮柱啮合,把箱门锁住。

(14)锁杆凸轮(Locking Bar Cams):门锁装置中的零件之一,与门楣上的锁杆凸轮座相啮合,用以锁住箱门。

(15)把手锁件(Door Locking Handle Retainer or Handle Lock):门锁装置中的零件之一,锁杆中央带有门把手,两端部带有凸轮,依靠门把手旋转锁杆。

(16)门锁杆托架(Door Lock Rod Bracket):门锁装置中的零件之一,焊接在门上用以托住锁杆的装置。

(17)箱门搭扣件(Door Holder):保持箱门呈开启状态的零件,分两个部分:一部分设在箱门下侧端部,另一部分设在侧壁下方相应的位置上。

二、集装箱标准化

集装箱标准化工作早在1933年就已开始了,当时欧洲铁路采用了"国际铁路联盟"的集装箱标准。1957年,美国霍尔博士首先发表了有关集装箱标准化的设想,并写了许多有关集装箱标准化的著作。1958年,美国标准协会、美国海运管理署、美国国际运输协会开始集装箱标准化工作。1959年美国国际运输协会建议采用 $8'\times8'\times20'$、$8'\times8'\times40'$ 型集装箱。1964年4月,美国标准协会采用了 $8'\times8'\times10'$、$8'\times8'\times20'$、$8'\times8'\times30'$、$8'\times8'\times40'$ 型集装箱为国家标准集装箱。

ISO/TC104是国际标准化组织下的一个专门制定集装箱标准的国际性技术委员会组织,下设3个分委会和8个工作组。分委会分别负责通用集装箱的国际标准化工作、专用集装箱的国际标准化工作和代码、标记和通讯的国际标准化工作。1961年ISO/TC-104成立后,首先对集装箱规格和尺寸等基础标准进行研究,并于1964年7月颁布了世界上第一个集装箱规格尺寸的国际标准,此后,又相继制定了集装箱箱型技术标准、零部件标准以及名词术语、标记代码等标准。目前,ISO/TC104共计已制定了18项集装箱国际标准。

在中国,1978年8月,颁布实施了第一个集装箱国家标准—集装箱规格尺寸国家标准(GB 1413—78)。为了加强中国集装箱专业领域内的标准化工作,又于1980年3月成立了全国集装箱标准化技术委员会。委员会成立后,共组织制定了21项集装箱国家标准和11项集装箱行业标准。

目前使用的国际集装箱规格尺寸主要是第一系列的4种箱型,即A型、B型、C型和D型,其尺寸和重量见表1-3-1。另外,为了便于计算集装箱数量,可以以20ft的集装箱作为换算标准(Twenty-foot Equivalent Unit,TEU),并以此作为集装箱船载箱量、港口集装箱吞吐量、集装箱保有量等的计量单位。其相互关系为:40ft = 2TEU,30ft = 1.5TEU,20ft = 1TEU,10ft = 0.5TEU。另外,实践中人们有时将40ft的集装箱作为换算标准(Forty-foot Equivalent Unit,FEU)。

第一系列集装箱规格尺寸和总重量　　　　　　表1-3-1

规格(英尺)	箱型	长 公制(mm)	长 英制(ft in)	宽 公制(mm)	宽 英制(ft in)	高 公制(mm)	高 英制(ft in)	最大总重量(kg)	最大总重量 LB
40	1AAA 1AA 1A 1AX	12 192	40'	2 438	8'	2 896 2 591 2 438 <2 438	9'6" 8'6" 8' <8'	30 480	67 200
30	1BBB 1BB 1B 1BX	9 125	29'11.25"	2 438	8'	2 896 2 591 2 438 <2 438	9'6" 8'6" 8' <8'	25 400	56 000
20	1CC 1C 1CX	6 058	19'10.5"	2 438	8'	2 591 2 438 <2 438	8'6" 8' <8'	24 000	52 900
10	1D 1DX	2 991	9'9.75"	2 438	8'	2 438 <2 438	8' <8'	10 160	22 400

三、集装箱类型

在集装箱运输的发展过程中,因所装货物的性质和运输条件不同而出现了不同种类的集装箱,它们适宜装载不同的货物。

1. 干货集装箱(Dry Cargo Container)

除冷冻货、活的动植物外,在尺寸、重量等方面适合集装箱运输的货物,几乎均可使用干货集装箱。这种集装箱式样较多,使用时应注意箱子内部容积和最大负荷。特别是在使用20ft、40ft 集装箱时更应注意这一点。干货箱有时也称为通用集装箱(General Propose Container,GP)。

2. 散货集装箱(Bulk Container)

散货集装箱主要用于运输啤酒、豆类、谷物、硼砂、树脂等货物。散装集装箱的使用有严格要求,如:每次掏箱后,要进行清扫,使箱底、两侧保持光洁;为防止汗湿,箱内金属部分应尽可能少外露;有时需要熏蒸,箱子应具有气密性;在积载时,除了由箱底主要负重外,还应考虑到将货物重量向两侧分散;箱子的结构易于洗涤;主要适用装运重量较大的货物,因此,要求箱子自重应较轻。

3. 冷藏集装箱(Reefer Container,RF)

冷藏集装箱是指装载冷藏货并附设有冷冻机的集装箱。在运输过程中,启动冷冻机使货物保持在所要求的指定温度。箱内顶部装有挂肉类、水果的钩子和轨道,适用于装载冷藏食品、新鲜水果或特种化工产品等。冷藏集装箱投资大,制造费用是普通箱的几倍;在来回程冷藏货源不平衡的航线上,常常需要回运空箱;船上用于装载冷藏集装箱的箱位有限;同普通箱比较,该种集装箱的营运费用较高,除因支付修理、洗涤费用外,每次装箱前应检验冷冻装置,并定期为这些装置大修而支付不少费用。

4. 敞顶集装箱(Open-top Container,OT)

敞顶集装箱实践中又称开顶集装箱,是集装箱种类中属于需求增长较少的一种,主要原因是货物装载量较少,在没有月台、叉车等设备的仓库无法进行装箱,在装载较重的货物时还需使用起重机。这种箱子的特点是起重机可从箱子上面进行装卸货物,然后用防水布覆盖。目前,开顶集装箱仅限于装运较高货物或用于代替尚未得到有关公约批准的集装箱种类。

5. 框架集装箱(Flat Rack Container,FR)

这是以装载超重货物为主的集装箱,省去箱顶和两侧,其特点是可从箱子侧面进行装卸。在目前使用的集装箱种类中,框架集装箱有独到之处,这是因为不仅干货集装箱,即使是散货集装箱、罐式集装箱等,其容积和重量均受到集装箱规格的限制;框架集装箱则可用于那些形状不一的货物,如废钢铁、卡车、叉车等。

6. 牲畜集装箱(Pen Container)

这是一种专门为装运动物而制造的特殊集装箱,箱子的构造采用美国农业部的意见,材料选用金属网,使其通风良好,而且便于喂食,该种集装箱也能装载小汽车。

7. 罐式集装箱(Tank Container,TK)

这类集装箱专门装运各种液体货物,如食品、酒品、药品、化工品等。装货时,货物由液罐顶部的装货孔进入;卸货时,货物由排出口靠重力作用自行流出,或者从顶部装货孔吸出。

8.汽车集装箱(Car Container)

这是专门供运输汽车而制造的集装箱。其结构简单,通常只设有框架与箱底,根据汽车的高度,可装载一层或两层。

四、集装箱标志

为了方便集装箱运输管理,国际标准化组织(ISO)拟订了集装箱标志方案。根据 ISO 790—73,集装箱应在规定的位置上标出以下内容:

1.第一组标记:箱主代码、顺序号和核对数

(1)箱主代码:集装箱所有者的代码,它由 4 位拉丁字母表示;前 3 位由箱主自己规定,并向国际集装箱局登记;第 4 位字母为 u,表示海运集装箱代号。

(2)顺序号:为集装箱编号,按照国际标准(GB 1836—85)的规定,用 6 位阿拉伯数字表示,不足 6 位,则以 0 补之。

(3)核对数:用于计算及核对箱主号与顺序号记录的正确性。核对数一般位于顺序号之后,用一位阿拉伯数字表示,并加方框框之以醒目。

核对数是由箱主代码的 4 位字母与顺序号的 6 位数字通过以下方式换算而得:

首先,将表示箱主代码的 4 位字母转化成相应的等效数字,字母和等效数字的对应关系见表 1-3-2。

核对数计算中箱主代码字母的等效数字　　　　表 1-3-2

字母	A	B	C	D	E	F	G	H	I	J	K	L	M
数字	10	12	13	14	15	16	17	18	19	20	21	23	24
字母	N	O	P	Q	R	S	T	U	V	W	X	Y	Z
数字	25	26	27	28	29	30	31	32	34	35	36	37	38

从表中可以看出,去掉了 11 及其倍数的数字,这是因为后面的计算将把 11 作为模数。

然后,将前 4 位字母对应的等效数字和后面顺序号的数字(共 10 位)采用加权系数法进行计算求和。

最后,以 S 除以模数 11,求取其余数,即得核对数。

2.第二组标记:尺寸代号和类型代号

(1)尺寸代号:由 2 位阿拉伯数字组成,用于表示集装箱的尺寸大小。例如:22 表示 20ft 长,8ft 宽和 8ft6in 高的集装箱。

(2)类型代号:由 2 位阿拉伯数字组成,说明集装箱的类型,其中 00~09 为通用集装箱,30~49 为冷藏集装箱,50~59 为敞顶式集装箱。

3.第三组标记:最大总重和自重

(1)最大总重(Max Gross):又称额定重量,是集装箱的自重和最大允许载货量之和。最大总重单位用公斤(kg)和磅(lb)同时标出。

(2)自重(Tare):是集装箱的空箱重量。

子任务二　集装箱货物种类

集装箱并非可以载运所有种类的货物,适合集装箱运输的往往是货价较高、具有承担较

高运费能力的货物,或者是根据货物特性应该、适宜以及可以用集装箱运输的货物;不适合用集装箱运输的是货价很低或者是根据货物特性不应该或不能装集装箱运输的货物。

一、根据货物运输的特点分类

根据集装箱货物运输的特点,集装箱货物可以分为以下4种类型。

(1)最适合于装集装箱的货物,也叫最适合集装箱化的货物(Prime-containerizable Cargoes)

这类货物的货价高,运费也高,货物的外形尺度、体积和重量以及特性使其最适合于装集装箱运输。这其中,有很多极易破损或被盗,如手表、照相机、电视机、光学仪器、小型电器,以及医药品、针织品等。

(2)适合于装集装箱的货物,也叫适合集装箱化的货物(Suitable-containerizable Cargoes)

这类货物的货价相对不高,运费也相对不高,但从其运费的承受能力和其性质特点来看,是适宜于装集装箱运输的货物。如瓦楞板、电线、电缆、袋装面粉、袋装咖啡、生皮、碳精、金属制品等。

(3)介于可装或不可装集装箱之间的货物,也叫边缘集装箱化的货物(Marginal-containerlzable Cargoes)

这类货物的货价和运价都较低,使用集装箱时,在物理性质及形态上是可行的,但在经济上不是十分合理,所以这类货物可以装集装箱运输,也可以不使用集装箱运输。如生铁、钢材、原木等。

(4)不适合于装集装箱的货物,也叫不适合集装箱化的货物(Unsuitable-containerlzable Cargoes)

这类货物由于物理形态和经济上的原因而不能使用集装箱运输。如货价较低的大宗散货,长度超过40ft(1 219.2cm)的金属构件、大型车辆、大型机电设备等,还有具有强烈异臭和污染性、会造成集装箱底及衬板严重污染的货物等。这类货物中的一些货物在大量运输时可使用专用船,其运输效率反而高于集装箱运输。这类货物中,除由于物理状态而不能装集装箱的货物外,还有其他由于经济上的原因而不应该装集装箱运输的货物,如废钢铁等,在运输实践中并非绝对不可装集装箱运输,当这些货物在运输过程中要经过多次转运时,还是有可能将它们通过集装箱进行运输的。

二、根据包装形式、规模、性质分类

根据包装形式、规模、性质分类的不同特征,集装箱货物主要可以分为以下7类:

(1)货板货:主要是指用专门的货板,将杂货组成以一个货板作为一个单位的货物。

(2)箱装货:主要是指用不同材料的箱子作为包装形式的货物,包括纸板箱、亮格箱和木箱等。另外这种箱装货还有大小箱型之分,一般,小型箱装货可以手动操作进行装拆箱作业,而大型箱装货一般用叉车进行装拆箱作业。

(3)袋装货:主要是指用各种材料制成的袋子作为包装形式的货物。

(4)滚筒货及线圈货:主要指滚筒状或是线圈形式的货物,如卷纸、卷钢、钢丝绳、电缆和轮胎等货物都是滚筒货或线圈货。

(5)桶装货:主要是指用不同材料的桶作为包装形式的货物,包括鼓形桶和木桶货两类,分别指液体和粉状的化学制品、酒精、糟浆和各种油脂货等。

(6)大件货:主要是指外部尺寸较大和重量大的货物。

(7)特殊货:主要是指超重货、大件货、冷藏货和危险品等。

子任务三 集装箱选择与检查

一、集装箱的选择

在集装箱货物装箱之前,应根据货物种类、性质、形状、包装、重量、体积以及有关的运输要求等选择适货的集装箱。通常,杂货集装箱、通风集装箱适合于普通杂货运输;敞顶集装箱、台架式集装箱、平台集装箱适合于重大件货物运输;冷藏集装箱、通风集装箱适合于冷冻、冷藏货物运输;罐式集装箱适合于散装液体货物运输;动物集装箱、通风集装箱适合于动、植物货物的运输;另外,杂货集装箱还可用来装运贵重货物和危险货物。

二、集装箱的检查

集装箱在装载货物之前,都必须经过严格检查。有缺陷的集装箱在运输、装卸过程中若出现问题,轻则会导致货损事故,重则会造成箱毁人亡的事故。不论是由货主负责装箱还是由承运人负责装箱,所选择的集装箱应具备以下基本条件:

(1)符合ISO标准。

(2)四柱、六面、八角完好无损。

(3)箱子各焊接部位牢固。

(4)箱子内部清洁、干燥、无味、无尘。

(5)不漏水,不漏光。

(6)具有合格的检验证书。

通常,对集装箱进行的检查包括箱子内部和外部检查、箱门检查、清洁检查以及附属件检查等。首先应察看内、外的六面有无损伤、变形、破口、漏水、漏光等现象,箱门、门锁是否完好;然后检查箱子有无残留物,有无污染、水迹、锈蚀异味等情况;最后还应检查台架式集装箱的支柱、平台集装箱和敞顶集装箱上部延伸用以加强的结构等附属件的功能是否处于良好状态。

1.外部检查

首先要检查集装箱外表面有无损伤,如发现表面有弯曲、凹痕、折痕、擦伤等痕迹时,则应在这些损伤处的附近严加注意,要尽量找出现其破口所在处,在该损伤处的内侧也要特别仔细地检查。

在外板连接处,若铆钉松动和断裂,容易发生漏水现象;箱顶部分要检查有无气孔等损伤,由于箱顶上有积水,如一有破损,就会造成货物湿损事故,而且检查时往往容易把箱顶的检查漏掉,因此要严加注意。对于已修理过的部分,检查时应特别注意检查其现状如何,有无漏水现象。

2.内部检查

人进入箱内,把箱门关起来,检查箱子有无漏光处,这样就能很容易地发现箱顶和箱壁四周有无气孔,箱门能否严密关闭。检查时,要注意箱壁内衬板上有无水湿痕迹,如发现水迹,则在四周严加检查,必须追究产生水迹的原因。对于箱壁或箱底板上突出的钉或铆钉头、内衬板的压条曲损,应尽量设法除去或修补,如无法去除或修补,应用衬垫物遮挡起来,以免损坏货物。

3. 箱门检查

要检查箱门能否顺利开启、关闭,开启时能否正常转动至270°,关闭后是否密缝;门周围的密封垫是否紧密,能否保证水密;还要检查箱门把手是否灵便,箱门能否完全锁上。

4. 附件检查

要检查固定货物时用的系环、孔眼等附件安装状态是否良好,板架集装箱上的立柱是否备齐,立柱插座有无变形。开顶集装箱上的顶扩伸弓梁是否齐全,有否弯曲变形,还应把板架集装箱和开顶集装箱上使用的布篷打开,检查其有无破损,安装用的索具是否完整无缺。另外,还要检查通风集装箱上的通风口能否顺利关闭,其储液槽和放水龙头是否畅通,通风管、通风口有否堵塞等。

5. 清洁状态检查

检查集装箱内有无垃圾、恶臭、生锈、污迹,是否潮湿,如这些方面不符合要求,就应向集装箱提供人提出调换集装箱,或进行清扫、除臭作业。无法采取上述措施时,则箱内要铺设衬垫或塑料薄膜等以防货物污损。特别需要注意的是集装箱用水冲洗以后,从表面上看好像已经干燥,但箱底板和内衬板里面却含有大量水分,这是造成货物湿损的重要原因之一。另外,箱内发现有麦秆、草屑、昆虫等属于动植物检疫对象的残留物时,即使箱内装的是与动植物检疫完全无关的货物,也必须把这些残留物彻底清除。

项目四　港口装卸生产组织

任务一　港口装卸生产组织概述

一、港口生产过程概述

(一)生产过程的组成

港口生产过程包括:生产准备过程、基本生产过程、辅助生产过程和生产服务过程4个方面。

(1)生产准备过程,是指基本生产活动之前所进行的全部技术准备和组织准备工作。如:编制装卸作业计划,设计装卸工艺方案,确定装卸地点、库场和接运工具,准备装卸机械和货运文件等。这些工作是确保基本生产过程得以顺利进行的前提。

(2)基本生产过程,是指货物在港的装卸过程,又称货物的换装过程,是货物从进港到离港所进行的全部作业的综合。基本生产过程包括:卸船、装船过程,卸车、装车过程,库场作业过程以及港内运输等。

(3)辅助生产过程,是保证基本生产过程正常进行所必需的各种辅助性生产活动。如装卸机械的维修与保养,装卸工属具的加工制造与管理,港口各项设施的维修及动力供应等。此外,在一条船或一列车装卸结束后所需要进行的码头、库场管理工作,均属辅助生产过程。

(4)生产服务过程,是为基本生产和辅助生产服务的各项活动。为基本生产服务的有理货、仓储和计量等业务;为船舶服务的有技术供应、生活必需品供应、燃料和淡水供应、船舶的检验与修理、压舱污水处理等;为货主服务的有货物鉴定、检验、包装等。在港口生产过程中,各种生产服务活动也是港口生产活动不可缺少的组成部分。

(二)生产过程组织的任务

(1)保持港口畅通,加速车、船、货周转。港口的畅通是保证各条运输线路畅通的关键,如果港口发生堵塞,就会立即在各条运输线路上反映出来,并将引起连锁反应。只有港口畅通无阻,才能够保证车、船、货的快速周转。

(2)保证按期、按时、安全优质地完成车、船装卸任务。车、船装卸是货物在港口实现换装的中心环节,也是生产过程组织的主要任务。它通过各种作业计划落实到具体的车、船、班组。当港口出现不平衡的时候,首先应当保证重点物资的运输,重点船舶的装卸。

(3)充分合理运用港口的能力和一切技术手段完成生产任务,并使劳动消耗降到最低,实现节能减排,这是生产过程组织的重要任务。港口生产过程的合理组织,不仅要在空间上使各区域和环节的任务与能力之间达到协调平衡,而且必须在时间上保持生产过程的各个阶段、各个环节、各个工序紧密衔接。

(4)保证与港口生产过程有密切关系的其他部门之间的组织配合与协调。这是保证港口生产顺利进行不可缺少的条件。港口生产过程从输入到输出,各个生产环节都涉及港、航、路、货等各个部门在技术、经济、管理、组织上的联系,没有相互之间的配合与协作,对港口生产过程实施有效的组织也是很难实现的。

(三)生产过程组织的基本原则

(1)保证生产过程的连续性。
(2)保证生产过程的协调性。
(3)保证生产过程在时间和空间上的均衡性。
(4)保证生产过程的经济性。

在港口生产过程的组织中,连续性、协调性、均衡性和经济性是相互联系的,只有各个方面的工作都抓好,才能组织好港口企业的生产过程。

二、船舶装卸作业组织

船舶装卸作业组织可分为大宗散货、件杂货、集装箱装卸作业组织三类。大宗散货装卸时由于货种单一,操作工艺变化不大,装卸机械化水平比较高,所以,组织装卸作业比较容易。随着集装箱码头管理系统的不断完善和升级,集装箱船舶作业效率大幅度提高,船舶在港停时大幅度缩短。件杂货船舶装卸作业组织由于货种、包装及性质不同,船型不同,受气象因素的影响也较大。因此,件杂货作业的组织难度大。

(一)船舶装卸作业组织的任务

一条船舶的装卸作业是由若干条装卸作业线组成的。一条装卸作业线又由若干个作业工序组成。因此,如果其中有一个工序发生故障或配合不好,就会使整条作业线中断或效率降低。所以组织好每个作业工序的生产是组织好装卸作业线的基础,组织好装卸作业线与装卸作业线之间的协调,又是组织好船舶装卸作业的重要内容。

船舶装卸作业组织的主要任务是:在确保人身安全、船舶与装卸机械不受损坏以及货物数量正确与完整无损的条件下,组织好每条作业线,充分发挥作业线的生产能力,并在此基础上平衡各舱口的装卸作业时间,最大限度地缩短船舶在港停泊时间。组织船舶装卸作业的主要依据是船舶的配积载计划(或配积载图)。

(二)船舶装卸作业组织应注意事项

1.作业前的准备工作

(1)根据货物操作过程,掌握货物动态。装船时,如按直接换装方案,要了解货物能否按计划运到船边;如按间接换装方案,则要了解货物是否已全部运抵港内,货物在库场内的堆放位置,是否与积载计划顺序协调。同时,还应了解在装船过程中,积载计划有无调整等,万一衔接不上须有应变措施;如按间接换装方案,则应了解所准备的库场容量是否足够,条件是否正常等。

(2)对外贸货要了解其所有有关手续是否办妥,避免因手续未办妥或手续不全而引起装卸工作中断。

(3)了解货物特征、装卸作业条件,分析可能发生的潜在事故,针对其特点,采取预防措施,以保证在装卸过程中的作业安全与质量。

(4)熟悉货物对装卸过程的要求、进行的时间及责任者,以便搞好协调工作。

(5)通过分析,确定重点舱,拟订出缩短重点舱装卸时间的具体措施。

(6)根据货种、配载及库场位置确定装卸工艺及装卸时间的具体安排。包括使用的装卸机械和吊货工具、工人的配备及机械运行路线的安排等。

2.作业过程中应注意的问题

(1)密切注意重点舱装卸进度,采取措施,缩短装卸时间。如在装船时,重点舱的货物还未运到,征求船方同意后,可以调整配载计划;卸船时,接运工具还未到达时,可以将货物先行入库;在辅助机械不足或劳动力不足的情况下,应首先满足重点舱作业线需要。同时也应注意非重点舱作业进度的控制,避免非重点舱转化为重点舱,导致船舶在港装卸时间的延长。

(2)严密监督主导环节装卸机械的运行。主导环节装卸机械效率,决定了作业线装卸效率,要采取有效措施加以提高;应避免用主导环节装卸机械做辅助作业。

(3)尽量减少作业中断时间。如驳船的调档、车辆和起重机的调动、吊货工具的更换等,尽量安排在工人吃饭或交接班时进行,以减少作业中断时间。

(4)尽量减少作业环节。减少作业环节就意味着减少作业中断的可能性;减少作业环节也意味着减少作业线工人数,使作业组织工作更简单些。

(三)船舶装卸作业组织原理

在一定的设备、劳力、装卸机械、库场和泊位能力的条件下,通过科学合理的组织船舶装卸作业就可以充分发挥港口设备能力和劳动力的效能,并在尽可能短的时间内完成船舶装卸任务。这是组织船舶快速作业的基本思想。

(1)合理安排船舶作业顺序的原理。

(2)集中力量组织装卸作业原理。

(3)船舶装卸作业平衡原理。

此外,还应注意:各舱装卸作业时间是根据货种、定额计算,在实际作业过程中,诸如装卸作业效率、舱时的利用等诸多因素会发生变化,有可能非重点舱转化为重点舱。要求现场生产组织者,要时刻掌握进度,防止非重点舱转为重点舱,引起船舶在港停时延长。

任务二　港口货物装卸搬运工艺

一、港口装卸工艺

(一)港口装卸工艺概念

所谓工艺,指社会生产中改变劳动对象所采取的方法。机械制造工艺就是机械加工的方法。在港口企业中,装卸工艺是指在港口实现货物从一种运载工具(或库场)转移到另一种运载工具(或库场)的空间位移的方法和程序;具体来说,装卸工艺是指按照一定的劳动组织形式,运用装卸机械及其配套工具等物质手段,遵照规定的技术标准和规范,完成货物在不同运输方式之间换装作业的方法和程序。

(二)装卸工艺过程及内容

1.换装作业

港口换装作业是港口最主要的生产作业形式,它是指货物从进港到离港在港口所进行的全部作业的综合,它是由一个或者一个以上的操作过程所组成的。而操作过程是指根据一定的装卸工艺完成一次完整的搬运作业的过程,它是港口基本的装卸搬运活动。

港口换装作业一般有两种形式。一种形式是货物先从船上卸入库场经过短期堆存,再由库场装上车辆(或船舶),或者按相反程序,这种形式一般简称为间接换装方案。另一种形式是货物由船上卸下直接装上车辆(或船舶),不再进入库场,或者按相反程序,这种形式简称为直接换装方案,或称直取作业。

在后一种情况下,货物在港口的换装作业是由一个操作过程组成的。而在前一种情况下,货物在港口的换装作业是由两个操作过程组成的。

由于船、车、港、货不平衡特点的影响,港口装卸作业大部分是以间接换装方式进行的。

采用间接换装,由于有库场作为换装作业的缓冲,因此,可以弥补各装卸作业环节生产的不平衡。

港口装卸工艺过程指货物从进港到出港所进行的全部作业的综合,它由一个或一个以上的操作过程组成。直接换装由一个操作过程就可完成,如:车→船;船→船。而间接换装需要两个或者两个以上操作过程完成,如:车→库(场)→船;船→驳→库(场)→车;车→库(后方)→库(前方)→船。

2.港口装卸工艺的内容

1)货物

货物是港口装卸工艺过程的作业对象。货物的包装、特性会影响工艺的选择。

2)工艺设备

港口装卸工艺设备包括装卸机械及其配套的工具,这些设备按照装卸工艺流程有机地组合与配套,构成完整的机械化系统。

3)港口工艺流程

港口工艺流程是指在一个操作过程中,货物的搬运按照一定的顺序,通过各种机械有机地衔接完成一次完整的搬运过程,它是由若干个作业工序组成的。如操作过程:船→场的工艺流程之一,船→门机→拖车→吊车→堆场。

4)港口工艺操作规程(工作标准)

工艺操作规程是各港口根据所装卸的货种和使用的机械设备,结合生产实际情况,规定各作业工序的作业人员在操作中应遵循的操作方法和应按照一定的技术标准和规范进行操作,如货物的堆码方法和标准、装车方法和标准、码舱方法和标准、机械运用规范、工具的使用标准、船舱的配载规范等。

5)港口生产控制

港口生产控制是港口生产控制(调度)部门对装卸机械化系统进行操纵、控制、调整和对人力资源的科学利用的总称。控制的目的是保证系统安全、优质、正常运转,保证系统按照要求的最佳技术、经济指标运行。它是维护工艺实施的保障,它要求确定出各作业环节的配工人数、配机台数、工具的种类和数量等,以保证作业环节之间的衔接和生产效率的一致性。

(三)港口装卸工艺设计的一般原则

国内外港口生产经验表明,合理的装卸工艺总是符合一些基本的原则。揭示这些原则将有助于人们去理解为什么这样的工艺要比那样的工艺合理。原则的存在无疑将激励人们对现行的生产方法进行不间断的深入的分析、思考,其结果终将促成设备和人力的更好利用。研究和制定装卸工艺一般应遵循以下原则:

(1) 系统协调原则。
(2) 安全质量原则。
(3) 尽量减少作业环节和装卸过程中的作业中断时间。
(4) 环境保护原则。
(5) 机械化高效作业原则。
(6) 充分利用工属具,提高装卸机械对货物的适应性。
(7) 装卸工艺管理的规范性原则。

二、件杂货码头装卸工艺

(一) 两种常见件杂货装卸工艺

在我国,件杂货装卸工艺最常见的有两种:

1) 船舶装卸设备→水平搬运机械组成的机械化系统

这种机械系统的优点是:对港口条件、码头泊位要求低,港口建设投资少,经营费用开支可减少。缺点是:必须依赖船舶的装卸设备,对未配备装卸设备的船舶,就无法作业。如船舶装卸设备效率较低,码头的装卸效率就受到很大制约。

2) 岸上装卸设备→水平搬运机械组成的机械化系统

这种机械系统的优点是:能对未配备装卸设备的船舶装卸作业。码头岸机的工作范围通常较大,便于向船舶外档 2~3 排驳船进行直取作业。便于在码头前沿 2~4 股铁路线进行直取作业,便于码头前沿堆场上的货物装卸。码头岸机一般能沿轨道移动,能在多泊位上装卸车、船,调动使用。如靠泊作业的船舶本身也配备装卸设备,则岸机能配合船吊,对重点船、重点舱进行装卸等。

(二) 件杂货港内货物 6 种操作过程

件杂货港内货物的操作过程通常可以归纳为以下 6 种:

(1) 船→船;
(2) 船→车;
(3) 船→场;
(4) 场→车;
(5) 车→车;
(6) 场→场。

不同的工艺流程应配备不同的装卸设备、装卸工具和进行人力安排。装卸船舶主要用船吊、门机;在库内作业时多采用叉车、铲车、电池搬运车、提升机、输送机;在货场作业时则以轮胎式起重机、门式起重机、龙门式起重机等。

三、集装箱码头装卸工艺

(一) 底盘车装卸工艺方案

底盘车装卸工艺方案最初用于美国海陆公司,所以又称为海陆方案。底盘车工艺方案是一种集装箱不落地的作业方式。

工艺流程:船→桥吊→底盘车→堆场,即在岸边用集装箱装卸桥(或滚装方式)将集装箱卸到底盘车上。底盘车开到场地排放,不卸车。出栈时,底盘车可直接将集装箱送到客户门上。

(二)跨运车装卸工艺方案

跨运车装卸工艺方案最早为美国马特松公司采用,所以又称"马特松方式"这种工艺方案在世界集装箱码头中所占比例较大。

工艺流程:船→桥吊→码头前沿(落地)→跨运车→堆场,即在岸边用集装箱装卸桥卸箱,放在码头前沿,然后跨运车将集装箱运至码头堆场,直接堆装。

(三)轮胎式集装箱龙门起重机工艺方案

轮胎式集装箱龙门起重机工艺方案,场地的利用效率比较高,在我国使用相当普遍。我国的大型集装箱码头,基本都使用轮胎式集装箱龙门起重机工艺方案。

工艺流程:船→桥吊→集卡→轮胎吊→堆场,即码头前沿用集装箱装卸桥卸箱,放在集卡上,集卡进行水平运输,将集装箱运至码头堆场,然后通过轮胎式集装箱龙门起重机堆码在堆场。

(四)轨道式集装箱龙门起重机装卸工艺方案

轨道式集装箱龙门起重机装卸工艺通常有以下两种形态:

第一种:船→桥吊→集卡→龙门吊→堆场;

第二种:船→桥吊→龙门吊→前方堆场。

第一种形态适用于码头后方堆场,工艺流程为集装箱装卸桥从船舶卸下集装箱,通过集卡水平运输到后方堆场,然后用轨道式集装箱龙门起重机进行堆场作业。第二种形态适用于码头前方堆场,集装箱装卸桥将集装箱从船上卸下后,直接与轨道式集装箱龙门起重机对接,完成集装箱堆场作业。

(五)集装箱叉车装卸工艺方案

集装箱叉车卸船工艺流程:船→桥吊→集装箱叉车→堆场,即集装箱装卸桥从船上卸下集装箱,放到码头前沿,然后通过集装箱叉车完成水平运输,到堆场完成堆放作业。

(六)集装箱正面吊工艺方案

工艺流程:船→桥吊→正面吊→堆场,即集装箱装卸桥从船舶上卸下集装箱,放到码头前沿落地,正面吊吊起集装箱进行水平运输,到堆场堆放。这一工艺属于落地作业方式,桥吊的生产率可提高。但正面吊水平行驶距离不宜过长,一般在50m以内比较合理。

(七)集装箱滚装装卸工艺方案

早期的滚装装卸,一般是用牵引车牵引底盘车到滚装船中指定位置,放下底盘车,牵引车返回。现在一般用专用底盘车或专用叉车等滚装机械,进行针对滚装船的滚装作业。

(八)自动化码头装卸工艺方案

集装箱自动化码头实现了岸边、运输道路、堆场无人化作业,它的工艺流程是自动化集装箱装卸桥卸下集装箱装到无人驾驶的自动导引运输车(AGV)上进行水平运输,将集装箱运至码头堆场,然后通过无人驾驶集装箱龙门起重机堆码在堆场。

任务三　港口装卸生产组织与管理

一、港口生产计划

(一)年度生产计划

年度生产计划是港口战略计划的具体实施计划。其具体任务是根据港口企业经营目标及运输市场的需要确定分货类吞吐量并在保证社会经济效益基础上对港口的装卸工作、堆存工作、疏运工作以及各项设施的利用进行综合平衡，充分发挥港口人力、物力、财力资源，提高经济效益，满足国家经济发展对港口生产的需求。

(二)月度生产计划

月度生产计划是年度生产计划的具体化，是为了保证年度计划的完成而制订的计划，它主要包括港口月度吞吐量计划和港口月度装卸工作计划。

1. 月度吞吐量计划

月度吞吐量计划，是由计划部门会同调度部门，根据月度货物托运计划、船舶计划、各航运单位的船舶运力资料，以及港口码头、库场、机械设备、集疏运能力等资料，经综合平衡后编制的。它反映了月度进出港口各类货物数量以及港口月度生产任务，是港口组织生产的主要依据。

2. 月度装卸工作计划

月度装卸工作计划，是为确保吞吐量计划的完成，在吞吐量计划确定后由港口计划部门或调度部门编制。它所包含的指标较多，且各港也不尽相同。它的指标主要有按自然吨计算的生产任务；有按操作吨计算的装卸工作量；也有一系列反映效率的各项指标，如工班(日)效率、劳动生产率等。总之，它是集中反映港口装卸作业量以及与装卸工作有关的各项数量与质量指标的计划。

(三)旬度生产计划

旬度生产计划是月度生产作业计划的具体化，是保证完成月度作业计划的重要手段。旬度作业计划基本上确定了船舶的装卸货种、数量、流向及靠泊码头等，它的主要指标有装卸自然吨、港口业务范围内的吞吐量、操作量、船舶平均在港停泊天数等。

(四)昼夜生产计划

1. 昼夜生产计划的作用

港口昼夜分班作业计划规定了昼夜内港口生产作业内容，它不仅规定该昼夜及每一班的工作量与工作性质，还规定了一定的组织方法，以及港口各种技术设备与劳动力的合理使用方法。它是港口各级生产调度部门进行生产组织和指挥的主要依据，是对港区昼夜 24 小时连续不间断生产的具体安排。在该作业计划中，不仅对本船的装卸顺序、作业地点、操作方法等都做了明确规定，而且对每艘船、每辆车的作业方法、使用的机械设备以及人力的配备等都做了合理安排。

2. 编制昼夜生产计划的基本原则

(1)保证作业的连续性。重点舱不应有中断，且整船的装卸时间应与重点舱装卸时间相等。

(2)重点作业的合理性。对于重点船和重点作业的确定,要做到合理、正确。重点的确定,关系到生产作业的全局,也关系到港、船、货三方的利益。

(3)计划编制的灵活性。港口的作业条件多变,昼夜作业计划要有一定的灵活性。当情况发生变化时,就可以主动改变部署,避免因某一环节脱节而使港口处于被动局面。

3.编制昼夜生产计划的步骤和要点

(1)深入现场,收集资料,了解情况。主要是了解在泊船舶实际装卸货物的情况,预计装卸完工时间,并与前次昼夜计划核对,以便从中分析变化情况和变化的原因。同时,还应掌握作业进度及存在问题,了解各舱所余货类和吨数;掌握港区的机械、劳力、库场能力及其他设备能力情况;联系铁路、代理等部门,了解下昼夜车、货动态,以便纳入计划。

(2)车、船、货的综合平衡和合理安排。对于在本昼夜不能完工而必须跨昼夜、跨班作业的,优先编入下昼夜分班作业计划,以保证作业不中断,前后计划衔接并减少船舶非生产性停泊时间。对于待装卸的在港船舶和计划内将要到港的待装卸船舶,可根据港口实际情况,纳入计划或不纳入计划,并安排其作业顺序。

(五)单船生产计划

1.单船生产计划的作用

单船生产是港口生产的基本单元,是港口装卸生产作业的基础,因而单船作业计划是港口装卸生产计划的基础。单船作业计划应详细规定船舶从抵港始到离港止的所有作业项目、作业程序和作业时间。

船舶从进港至离港的全部作业包括:联检、进港、装卸作业、技术作业、辅助作业、离港等项内容。

(1)联检即联合检查。是指海关、商检、边防、海事、卫生部门对船舶的安全设施、文件资料、船员、货物等进行联合检查,包括商检部门的检验和卫生部门的检疫。

(2)进港,包括办理入港手续、引水、租用拖轮、船舶靠泊等。

(3)装卸作业,是单船作业计划的主要内容,应按装卸作业计划的要求合理配置装卸作业线机械设备、人力和组织平行作业等。

(4)船舶技术作业,包括引水、靠离泊位、补充淡水和燃料、船用备品、船员食品以及各项技术供应等。

(5)辅助作业包括开关舱、洗舱、熏舱、排放压载水、办理货运文件、装卸作业的准备与结束后的整理工作等。

(6)离港,包括办理出港手续等。

单船作业计划对于压缩船舶在港停时,提高整个港口作业水平都有着重要作用。通过单船作业计划,把船舶装卸及其他作业项目有机地衔接起来,便于检查该船在港与装卸有关的一切作业进程,组织有关部门按单船作业进程协作配合,从而缩短船舶在港停泊时间,加速车、船和货物周转。

2.编制单船生产计划应注意的事项

(1)组织好船舶在港的各项作业,使这些作业能按顺序连续地进行,并尽可能地缩短各项作业的延续时间。

(2)可以平行进行的作业尽可能平行地进行。平行作业的含义包括:凡是可以与装卸作业同时进行的技术作业、辅助作业,应该安排平行进行;凡是辅助作业或技术作业及其各项目之间可以平行进行的应尽可能平行进行。例如利用船舶进港航行时间,在不影响安全航行的前提下进行开舱和准备好吊杆等工作,在装卸作业的同时完成船舶供应工作及船舶修理。又如移泊可以与清扫舱同时进行,供油与供水可以同时进行等。

(3)缩短装卸时间。装卸作业是船舶在港的主要作业,是船舶在港停时中延续时间最长的作业,也是缩短船舶停时潜力最大的作业。因此缩短船舶的装卸时间是缩短船舶在港停时的关键。而装卸时间的缩短主要在于解决好各个舱口之间的作业平衡问题。因为全船装卸作业时间的长短不是取决于所有舱作业时间的总和,而是取决于重点舱的装卸作业时间。在装卸作业过程中,重点舱有可能发生变化和转移,因此要缩短船舶装卸时间,必须平衡各舱口的作业时间使全船的装卸作业尽可能在最短的时间内完成。

3.编制单船生产计划的主要依据

(1)船舶预计到港时间。如果是在本港卸完货后装货的船舶,则是预计卸完货的时间。

(2)船舶积载图和配载图。在配积载图中应写明货种、数量、流向、包装、件重、理化性质、对运输和保管的要求以及货物在各舱的分布,出口货物要说明货物的动态和集中的安排,进口货物则应说明其操作过程及疏运的安排。

(3)船舶的性能资料。特别要注意与装卸有关的性能:总长、船首与船尾吃水、船宽、舱口数与结构形式(如舱盖类型、有无两层舱、有无尾轴弄等)、船舶吊杆类型、最大负荷、数量及其分布,是否有舷门等。

(4)船舶对辅助作业的要求。如要求补给燃料及其他供应品的种类和数量,对修理的要求等。

(5)水文、气象资料。预先测知船舶靠泊方向,特别要注意是否需要抢吃水作业,以便及时做好准备。

(6)各类定额资料。如起重机和运输机械的技术定额及生产定额,用人力或机械完成的各项作业定额,准备作业及结束作业的时间定额等。

4.单船生产计划的主要内容

(1)船舶作业时间,指船舶从进港至离港的各项生产活动的时间及总停泊时间;

(2)各舱的装卸时间;

(3)按照定额计算分舱分班作业量;

(4)船舶辅助作业及时间的安排;

(5)配机、配工计划;

(6)货物堆存计划,进口货物疏运计划,出口货物集港计划;

(7)车—船、船—船直取作业计划安排;

(8)完成任务应采取的安全措施等。

二、港口生产调度

(一)生产调度部门及作用

生产调度是港口生产作业计划的实施和执行。它包括:组织港口各个环节的生产;协调各种运输工具的衔接;调整能力与任务的平衡;检查、督促、掌握车船装卸作业进度;解决处理生产过程中出现的各种问题;沟通航运、铁路、公路、代理、货主等部门与港口之间,以及港口与交通系统之间的联系；完成生产过程从空间到时间的组织,对整个生产布局、生产动态、生产进度进行部署,指挥和控制。

(1)生产调度指挥系统是港口生产作业的组织部门。它是贯彻执行国家运输政策,协调、平衡和处理港口内部关系和外部关系的部门。

(2)生产调度指挥系统是港口生产指挥的中心。它是各级领导对港口生产活动实行集中统一指挥的强有力的工具。

(3)生产调度指挥系统是贯彻执行生产作业计划的有力保证。它将具体实施生产作业计划,昼夜不间断地对装卸生产进行指挥,组织港内各个环节的作业,做好生产能力与装卸任务的平衡,协调各种运输工具的衔接,掌握和检查车、船装卸作业进度,解决装卸生产过程中出现的各种问题,保证整个港口装卸生产均衡而有序地进行。

(二)生产调度的基本要求

1. 深入调查,掌握信息

生产调度要做到及时发现问题并正确迅速地解决问题,就要掌握港口生产情况,能发现和预见生产中可能出现的问题,明确了解措施是否可行和实施后的效果。要做到这点,必须建立有效的调度报告制度,使调度人员能及时掌握生产情况。调度人员也应尽可能深入现场,了解情况。

2. 集中统一,指挥有力

对港口生产进行集中统一指挥,建立一个强有力的调度指挥系统,明确规定各级调度机构及调度人员的职责与权限,做到责权利统一。

3. 突出重点,统筹兼顾

港口生产工作中的重点是指重点船、重点货物与重点作业,港口调度工作应全面地、周密地考虑生产有关的各种问题,但这不等于对所有作业都同等对待,平均配备资源,而要根据船舶、货物及其他有关情况确定港口生产中的重点,集中力量突破重点。

4. 加强预控,掌握主动

对生产的控制可以分为预先控制、现场控制与反馈控制3种类型。现场控制主要是指深入现场进行监督指导,反馈控制主要是建立有效的调度报告制度,同时也要做好预先控制,预见生产中可能出现的问题,掌握生产上的主动。

5. 健全制度,严格落实

调度工作制度包括各级调度部门和调度人员的岗位责任制、各类作业计划的编制与下达程序、调度值班制度、调度会议制度、调度报告制度等,这是做好调度工作的保证。

(三)生产调度部门的职责

1. 编制生产作业计划

根据生产任务,具体编制月度、旬度和昼夜生产作业计划,并全面组织计划的实施。

2. 合理调度配备生产资源

按照装卸工艺方案,合理利用劳动力、机械、泊位、库场及其他生产资源,充分发挥和扩大港口通过能力,努力缩短车、船在港停时。

3. 均衡组织生产

根据货物流向、货种、车船到港变化情况,平衡调整作业安排,组织均衡生产。

4.掌握装卸进度

掌握车、船装卸进度和货物集中情况,联系相关部门,抓好车、船、货衔接。

5.编制装卸方案

编制以专线、班轮、成组、集装箱转运、成套设备和长、重、大件为重点的装卸方案,并组织实施。

6.保证货运质量

落实安全生产及货运质量的要求,针对存在的问题,提出改进措施。

7.检查生产执行情况

负责向上级汇报安全、生产、货物运输质量等有关情况和存在的问题,监督、检查生产决议执行情况。

8.负责统计工作

负责日常生产快速统计和生产日报编制工作。

9.生产分析和总结

定期作出生产分析总结,总结推广先进经验,不断提高调度工作水平。

10.抓好港口集疏运作业

按计划组织集疏运作业,合理使用库场,努力扩大库场通过能力。

项目五　国际海上货物运输

任务一　国际海上货物运输概述

一、国际海上货物运输的特点

国际海上货物运输的特点主要有以下几个方面：
(1) 运输量大。
(2) 通过能力大。
(3) 运费低廉。
(4) 对货物的适应性强。
(5) 运输的速度慢。
(6) 风险较大。

二、国际海运组织

(一) 国际海事组织

1958年2月9日联合国在日内瓦召开海事大会，并于同年3月6日通过了成立"政府间海事协商组织"（IMCO）的公约，即《政府间海事协商组织公约》，该公约于1958年3月17日生效。1959年1月在伦敦召开的第一次大会期间，政府间海事协商组织正式成立。1982年5月22日，该组织更名为"国际海事组织"（International Maritime Organization，IMO）。

(二) 波罗的海国际海事协会

BIMCO成立于1905年，总部设在哥本哈根。协会成员有航运公司、经纪人公司以及保赔协会等团体或俱乐部组织。该协会的宗旨是保护会员的利益，为会员提供情报咨询服务；防止运价投机和不合理的收费与索赔；拟订和修改标准租船合同和其他货运单证；出版航运业务情报资料等。情报咨询是该协会的基本活动，其服务项目包括：解释租船合同条款或在发生争议时提供建议；提供港口及航线情况；提供港口费用和使费账单等具体资料。该协会在联合国贸发会议及国际海事组织中享有咨询地位。

(三) 国际海事委员会

国际海事委员会1897年成立于布鲁塞尔。它的主要宗旨是促进海商法、海运关税和各种海运惯例的统一。它的主要工作是草拟各种有关海上运输的公约，如有关提单、有关责任制、有关海上避碰、有关救助等方面的国际公约草案。国际上第一个海上货物运输公约——著名的《海牙规则》就是由该委员会1921年起草、并在1924年布鲁塞尔会议上讨论通过的。

三、国际海运船舶营运方式

目前国际海运船舶的营运方式可分为两大类,即定期船运输(班轮运输)和不定期船运输(租船运输)。

(一)班轮运输

班轮运输(Liner Shipping),也称定期船运输,是指班轮公司将船舶按事先制定的船期表(Liner Schedule),在特定航线的各挂靠港口之间,经常地为非特定的众多货主提供规则的、反复的货物运输服务(Transport Service),并按运价本(Tariff)或协议运价的规定计收运费的一种营运方式。

(二)租船运输

租船运输(Shipping by Chartering),又称不定期船运输,是相对于定期船运输而言的另一种远洋船舶营运方式。它和班轮运输不同,没有预先制定的船期表,没有固定的航线,停靠港口也不固定,无固定的费率本。船舶的营运是根据船舶所有人与需要船舶运输的货主双方事先签订的租船合同来安排的。

租船运输通常由租船人租用整船进行运输,而且根据租船人的不同要求,又分为不同的租船方式。主要有航次租船、定期租船、光船租船等方式。

四、海运地理与航线

(一)航线的概念及分类

1.航线概念

世界各地水域,在港湾、潮流、风向、水深及地球球面距离等自然条件限制下,形成的可供船舶航行的一定路径即称为航路。航线就是承运人在可供通行的航路中,根据主、客观条件的限制,为达到经济效益最大化而选定的营运线路。

航线的形成取决于:

(1)安全因素,指确定航线时应考虑自然界的种种可能影响船舶航行安全的因素。

(2)货运因素,指航线沿途所经地区当前或未来货物进出口的主要流向和流量。

(3)港口因素,指影响集装箱船舶靠泊和装卸的各种港口设施和条件。

(4)技术因素,指船舶航行时在技术上需要考虑的因素。

此外,国际间的政治形势以及沿途国家的关税法令、经济政策、航行政策等的变化都会影响到航运企业的营运成本、未来的收益水平,甚至会影响船舶的营运安全,因而也会影响企业对航线的选择。

2.航线分类

(1)按航程的远近分。

①远洋航线(Ocean-going Shipping Line),指航程距离较远,船舶航行跨越大洋的运输航线,如远东至欧洲和美洲的航线。我国习惯上以亚丁港为界,把去往亚丁港以西,包括红海两岸和欧洲以及南北美洲广大地区的航线划为远洋航线。

②近洋航线(Near-sea Shipping Line),是本国各港口至邻近国家港口间的海上运输航线的统称。我国习惯上把去往亚丁港以东地区的亚洲和大洋洲的航线称为近洋航线。

③沿海航线(Coastal Shipping Line),指本国沿海各港之间的海上运输航线,如上海/广

州,青岛/大连等。

(2)按航行的范围分:①太平洋航线;②大西洋航线;③印度洋航线;④环球航线。

(二)世界主要航线

1.太平洋航线

(1)以远东、东亚为起点:

①西行航线——北印度洋\地中海\西北欧航线;

　　　　　东南非\西非\南美东岸航线。

②南行航线——澳大利亚\新西兰\太平洋岛国航线;

　　　　　东南亚航线。

③东行航线——北美西岸航线(季节性航线);

　　　　　加勒比\北美东岸航线;

　　　　　南美西岸航线。

(2)以澳大利亚、新西兰为起点:

①东行航线——北美东岸\西岸航线;

　　　　　南美西岸航线。

②北美东西海岸与南美西海岸航线。

以上各航线中,以远东\东亚为起点的航线货运量最大,其中又以东行航线为最,同时也是增长最快的航线。西行和南行航线主要运送初级产品,但经过运河到地中海与西北欧的航线则多以集装箱货物为主。

2.大西洋航线

(1)以西北欧、欧洲为起点:

①西行航线——北美东岸航线;

　　　　　加勒比航线。

②南行航线——地中海\中东\远东\澳大利亚、新西兰航线;

　　　　　南美东岸\西非航线。

(2)以北美东岸为起点:

①东行航线——地中海\中东\亚太航线;

　　　　　好望角航线。

②南行航线——加勒比航线;

　　　　　南美东岸航线。

以上各个航线中,运量最大的是以西北欧\欧洲为起点的东行航线,其中又以到北美东海岸的航线运量最大,南行航线至地中海\中东\远东\澳大利亚及新西兰航线的运量居第二位。好望角航线以运输原料与石油为主,主要通行巨型油轮和铁矿船。

3.印度洋航线

(1)以海湾地区为起点:

①东行航线——远东航线。

②西行航线——欧洲\北美东岸航线。

(2)以南非为起点:

①东行航线——远东航线。

②西行航线—澳大利亚\新西兰航线。

(3)西行中继航线：

①远东—苏伊士运河\海湾航线。

②澳大利亚—苏伊士运河\海湾航线。

4.环球航线

(三)集装箱运输航线及主要港口

目前,世界上规模最大的三条集装箱航线是远东—北美航线,远东—欧洲、地中海航线和北美—欧洲、地中海航线。这三条航线将当今全世界人口最稠密、经济最发达的三个板块—北美、欧洲和远东联系起来。这三大航线的集装箱运量占了世界集装箱水路运量的大半壁江山。

(1)远东—北美航线。

远东—北美航线实际上又可分为两条航线,即远东—北美西岸航线和远东—北美东海岸、海湾航线。

①远东—北美西海岸航线。这条航线主要由远东—加利福尼亚航线和远东—西雅图、温哥华航线组成。它涉及的港口主要包括远东的高雄、釜山、上海、香港、东京、神户、横滨等和北美西海岸的长滩、洛杉矶、西雅图、塔科马、奥克兰和温哥华等。涉及的国家和地区包括亚洲的中国、韩国、日本和中国的香港、台湾地区以及北美的美国和加拿大西部地区。这两个区域经济总量巨大,人口特别稠密,相互贸易量很大。近年来,随着中国经济总量的稳定增长,在这条航线上的集装箱运量越来越大。

②远东—北美东海岸航线。这条航线主要由远东—纽约航线等组成,涉及北美东海岸地区的纽约、新泽西港、查尔斯顿港和新奥尔良港等。这条航线将海湾地区也串了起来。在这条航线上,有的船公司开展的是"钟摆式"航运,即不断往返于远东与北美东海岸之间;有的则是经营环球航线,即从东亚开始出发,东行线为:太平洋→巴拿马运河→大西洋→地中海→苏伊士运河→印度洋→太平洋;西行线则反向而行,航次时间为80天左右。

(2)远东—欧洲、地中海航线。

远东—欧洲、地中海航线也被称为欧洲航线,它又可分为远东—欧洲航线和远东—地中海航线两条。

①远东—欧洲航线是世界上最古老的海运定期航线。这条航线在欧洲地区涉及的主要港口有荷兰的鹿特丹港、德国的汉堡港、不来梅港,比利时的安特卫普港,英国的费利克斯托港等。这条航线大量采用了大型高速集装箱船,组成了大型国际航运集团开展运输。这条航线将中国、日本、韩国和东南亚的许多国家与欧洲联系起来,贸易量与货运量十分庞大。与这条航线配合的,还有西伯利亚大陆桥、新欧亚大陆桥等欧亚之间的大陆桥集装箱多式联运。

②远东—地中海航线由远东经过地中海到达欧洲。与这条航线相关的欧洲港口主要有西班牙南部的阿尔赫西拉斯港、意大利的焦亚陶罗港和地中海中央马耳他南端的马尔萨什洛克港。

③北美—欧洲、地中海航线。

北美—欧洲、地中海航线实际由三条航线组成,分别为北美东海岸、海湾—欧洲航线,北美东海岸、海湾—地中海航线和北美西海岸—欧洲、地中海航线。这一航线将世界上最发达与富庶的两个区域联系起来,船公司之间在集装箱水路运输方面的竞争最为激烈。

任务二　国际班轮货物运输

一、班轮运输概述

班轮运输也叫定期船运输,是指班轮公司将船按事先制定的船期表(Liner Schedule),在特定航线的各个既定挂靠港口之间,经常为非特定的众多货主提供规则的、反复的货物运输服务(Transport Service),并按运价本(Tariff)或协议运价计收运费的一种营运方式。

1.班轮运输主要关系人

(1)班轮公司

自己拥有或者自己经营船舶,班轮公司应拥有自己的船期表、运价本、提单或其他运输单据。也称为远洋公共承运人。

(2)船舶代理人

船舶运输辅助性企业,服务对象有船舶所有人、船舶经营人或者船舶承租人等。

(3)无船承运人

是以承运人身份接受托运人的货载,签发自己的提单或者其他运输单证,向托运人收取运费,通过班轮运输公司完成国家海上货物运输,承担承运人责任,并根据法律规定设立的提供国际海上货物运输服务的企业。

(4)海上货运代理人

接受货主的委托,代表货主的利益,为货主办理海上运输相关事宜。

(5)托运人

可以与承运人订立协议运价。

2.班轮运输船期表

班轮运输船期表(Liner Schedule)是班轮运输营运组织工作中的一项重要内容。班轮公司制定并颁布班轮运输船期表有多方面的作用。首先是为了招揽航线途经港口的货载,既为满足货主的要求,又体现海运服务的质量;其次是有利于船舶、港口和货物及时衔接,以便船舶有可能在挂靠港口的短暂时间内取得尽可能高的工作效率;再次有利于提高船公司航线经营的计划质量。

班轮船期表主要内容包括:航线、船名、航次编号、始发港、中途港、终点港的港名。到达(ETA)和驶离(ETD)各港的时间,其他有关注意事项等。

3.班轮运费

班轮运费是承运人为承运货物而收取的报酬,而计算运费的单价(或费率)则称班轮运价。班轮运价由基本费率(Basic Freight Rate)和各种附加费(Additionals or Surcharges)所构成。集装箱班轮运输的基本费率是包箱费率,附加费的种类很多,而且随着客观情况的变化而变化。

4.班轮公会(Freight Conference)与航线联盟

它们是由两个或两个以上在同一条航线上经营班轮运输的船公司,为避免相互间的竞争,维护共同利益,通过在运价和其他经营活动方面签订协议而组成的国际航运组织,有效保证了航运业的竞争秩序和行业利润。随着市场环境的变化,它们的管理重点也在不断的变化。

5.班轮运输的特点

(1)班轮运输最基本的特点是"四固定":固定航线、固定港口、固定船期和相对固定的运价。

(2)承运人和货主之间在货物装船之前通常不签订书面运输合同,双方的义务和责任豁免通常以承运人签发的提单背面条款为依据并受国际公约的制约。

(3)班轮公司对货物的责任期间是从货物装上船起至货物卸下船止。

(4)班轮公司负责装卸和理舱作业及全部费用,且不计算滞期费和速遣费。

二、班轮运输的货运程序

1.货物出运

(1)揽货:通过报刊、杂志刊登船期表。

(2)订舱:是托运人(包括其代理人,货代)向承运人(班轮公司,包括其代理人)申请货物运输,承运人对这种申请给予承诺的行为。

海上货物运输合同是一种服务有偿合同,而且是一种诺成合同。

2.装船与卸船

(1)货物装船

①集装箱班轮运输中,由于班轮公司基本上是以 CY/CY 作为货物的交接方式,所以集装箱货物的装船工作都会由班轮公司交给码头负责。

②在杂货班轮运输中,无论装船的形式是直接装船还是集中装船,托运人都应承担将货物送至船边的义务。而作为承运人的班轮公司的责任则是从装船时开始。责任界限和装船费用的分担仍然以船边货物挂上吊钩为界。

《中华人民共和国海商法》第 46 条规定:承运人对非集装箱装运的货物的责任期间,是指从货物装上船时起至卸下船时止,货物处于承运人掌管之下的全部期间。

(2)货物卸船

①在集装箱班轮运输中,同样由于班轮公司基本上是以 CY/CY 作为货物的交接方式,所以集装箱货物的卸船工作都会由班轮公司交给码头负责。

②在杂货班轮运输中,对普通货物,通常采取先将货物卸至码头仓库,进行分类整理后,再向收货人交付的所谓"集中卸船,仓库交付"的形式。

在杂货班轮运输中,不论采取怎样的卸船交货的形式,船公司的责任都是以船边为责任界限,而且卸货费用也是按这样的分界线来划分的。

一旦发生误卸时,应立即向各挂靠港口发出货物查询单,查清后应及时将货物运至原定的卸货港。因误卸而发生的补送、退运的费用由船公司负担,但对因此而造成的延迟交付或货物的损坏,船公司不负赔偿责任。

3.提取货物

(1)在班轮运输中,收货人先取得提货单,凭着提货单和有关单证向海关办理进口报关手续,海关放行后,再凭提货单到堆场、仓库等存放货物的现场提取货物。

(2)在使用提单的情况下,收货人要用提单从承运人那里换取提货单。

如果收货人不支付有关应支付的费用,那么承运人有权根据提单上的留置权条款的规定,暂时不支付货物。

如果收货人拒绝支付应付的各项费用而使得货物无法交付,船公司经卸货港所在地法院批准,对卸下货物进行拍卖,以拍卖所得的价款充抵应收取的费用。

(3)货已经到港,而买方还没有拿到提单。收货人会开具由银行签署的保证书,以保证书交换提货单后提货。

船公司对正当的提单持有人仍负有赔偿一切损失责任的风险。因此船公司会及时要求收货人在取得提单后及时交给船公司。

(4)货主必须自装货港开航后,在抵达第一个选卸港之前的一定时间以前把决定了的卸货港通知船公司及卸货港船公司的代理人,否则船长有权在任何一个选卸港将货物卸下。

如果收货人要变更卸货港,要向船公司提出申请。但变更后的卸货港必须是在船舶航次停靠的港口范围之内,而且要在船舶抵达原定的卸货港之前提出申请。

由于变更卸货港交付货物是在提单载明的卸货港以外的其他港口卸货和交付货物,所以收货人必须交出全套提单才能换取提货单提货。

任务三　提单与海运单

一、提单

(一)提单(Bill of Lading,B/L)的定义

《中华人民共和国海商法》第71条给提单下的定义是:"提单,是指用以证明海上货物运输合同和货物已经由承运人接收或者装船,以及承运人保证据以交付货物的单证"。

(二)提单的作用

(1)提单是海上货物运输合同的证明。
(2)提单是证明货物已由承运人接管或已装船的货物收据。
(3)提单是承运人保证凭以交付货物的物权凭证。

二、提单的种类

按不同的分类标准,提单可以划分为以下4种:

(一)按提单收货人的抬头划分

(1)记名提单(Straight B/L):是指提单上的收货人栏中已具体填写收货人名称的提单。记名提单一般只适用于运输展览品或贵重物品,特别是短途运输中使用较有优势,而在国际贸易中较少使用。

(2)指示提单(Order B/L):在提单正面"收货人"一栏内填上"凭指示"(To order)或"凭某人指示"(Order of…)字样的提单。

指示提单是一种可转让提单。提单的持有人可以通过背书的方式把它转让给第三者,而不须经过承运人认可,所以这种提单为买方所欢迎。指示提单在国际海运业务中使用较广泛。

(3)不记名提单(Bearer B/L,or Open B/L,or Blank B/L):提单上收货人一栏内没有指

明任何收货人信息或将这一栏空白,不填写任何人的名称的提单。这种提单不需要任何背书手续即可转让,或提取货物,极为简便,风险较大,故国际上较少使用这种提单。

《中华人民共和国海商法》第七十九条规定:"记名提单:不得转让;指示提单:经过记名背书或者空白背书转让;不记名提单:无需背书,即可转让。"

(二)按货物是否已装船划分

(1)已装船提单(Shipped B/L,or On Board B/L)。

(2)收货待运提单(Received for Shipment B/L)。

(三)按提单上有无批注划分

(1)清洁提单(Clean B/L)。

(2)不清洁提单(Unclean B/L or Foul B/L)。

(四)按签发提单的时间划分

1.倒签提单(Anti-dated B/L)

倒签提单是指承运人或其代理人应托运人的要求,在货物装船完毕后,以早于货物实际装船日期为签发日期的提单。当货物实际装船日期晚于信用证规定的装船日期,若仍按实际装船日期签发提单,托运人就无法结汇。为了使签发提单的日期与信用证规定的装运日期相符,以利结汇,承运人应托运人的要求,在提单上仍以信用证的装运日期填写签发日期,以免违约。在倒签的时间与实际装船完毕时间的间隔不长等情况下,取得了托运人保证承担一切责任的保函后,才可以考虑签发。

2.预借提单(Advanced B/L)

预借提单是指货物尚未装船或尚未装船完毕的情况下,信用证规定的结汇期(即信用证的有效期)即将届满,托运人为了能及时结汇,而要求承运人或其代理人提前签发的已装船清洁提单,即托运人为了能及时结汇而从承运人那里借用的已装船清洁提单。

3.过期提单(Stale B/L)

过期提单有两种含义,一是指出口商在装船后延滞过久才交到银行议付的提单。二是指提单晚于货物到达目的港,这种提单也称为过期提单。因此,近洋国家的贸易合同一般都规定有"过期提单也可接受"的条款(Stale B/L is acceptance)。

三、提单记载的内容

(一)正面

(1)托运人(Shipper),一般为信用证中的受益人。如果开证人为了贸易上的需要,要求做第三者提单(Thirdparty B/L),也可照办。

(2)收货人(Consignee),如要求记名提单,则可填上具体的收货公司或收货人名称;如属指示提单,则填为"指示"(Order)或"凭指示"(to Order);如需在提单上列明指示人,则可根据不同要求,作成"凭托运人指示"(to Order of Shipper),"凭收货人指示"(to Order of Consignee)或"凭银行指示"(to Order of ××银行)。

(3)被通知人(Notify Party),这是船公司在货物到达目的港时发送到货通知的收件人,有时即为进口人。在信用证项下的提单,如信用证上对提单被通知人有权具体规定时,则必须严格按信用证要求填写。如果是记名提单或收货人指示提单,且收货人又有详细地址的,则此栏可以不填。如果是空白指示提单或托运人指示提单则此栏必须填列被通知人名称及详细地址，否则船方就无法与收货人联系，收货人也不能及时报关提货，甚至会因超过海关规定申报时间被没收。

（4）提单号码（B/L NO），一般列在提单右上角，以便于工作联系和查核。发货人向收货人发送装船通知（Shipment Advice）时，也要列明船名和提单号码。

（5）船名（Name of Vessel），应填列货物所装的船名及航次。

（6）装货港（Port of Loading），应填列实际装船港口的具体名称。

（7）卸货港（Port of Discharge），填列货物实际卸下的港口名称。

（8）货名（Discription of Goods），在信用证项下货名必须与信用证上规定的一致。

（9）件数和包装种类（Number and Kind of Packages），要按箱子实际包装情况填列。

（10）唛头（Shipping Marks），信用证有规定的，必须按规定填列，否则可按发票上的唛头填列。

（11）毛重、尺码（Gross Weight，Measurement），除信用证另有规定者外，一般以公斤为单位列出货物的毛重，以立方米列出货物体积。

（12）运费和费用（Freight and Charges），一般为预付（Freight Prepaid）或到付（Freight Collect）。如 CIF 或 CFR 出口，一般均填上运费预付字样，千万不可漏列，否则收货人会因运费问题提不到货，虽可查清情况，但拖延提货时间，也将造成损失。如系 FOB 出口，则运费可制作"运费到付"字样，除非收货人委托发货人垫付运费。

（13）提单的签发，日期和份数：提单必须由承运人或船长或他们的代理签发，并应明确表明签发人身份。一般表示方法有：Carrier，Captain，或"As Agent for the Carrier：XXX"等。提单份数一般按信用证要求出具，如"Full Set of"一般理解成三份正本若干份副本。等其中一份正本完成提货任务后，其余各份失效。提单还是结汇的必须单据，特别是在跟单信用证结汇时，银行要求所提供的单证必须一致，因此提单上所签的日期必须与信用证或合同上所要求的最后装船期一致或先于装期。如果卖方估计货物无法在信用证装期前装上船，应尽早通知买方，要求修改信用证，而不应利用"倒签提单""预借提单"等欺诈行为取得货款。

(二) 背面条款

一般条款：定义条款、管辖权条款、首要条款、留置权条款、承运人责任期间条款、承运人赔偿责任限制与免责、货方责任条款（如发货人申报货物内容的责任等）、运费及其他费用条款、索赔通知与时效、危险品、运输方式与运输路线条款、通知与交付、共同海损条款、新杰森条款、双方有责碰撞条款、美国地区条款，等等。

集装箱提单所增加的条款：舱面货选择条款、铅封完整交货条款、货物检查权条款、海关启封检查条款、货主自行装箱的集装箱、承运人集装箱、特种箱、冷藏箱、保温箱，及分包人、赔偿、抗辩、免责与限制等条款。

件杂货提单所增加的条款：增加了舱面货、动物和植物、重货和笨件、选港货、散货、多于一个收货人的货物、棉花、木材、铁和钢、冷藏货、集装箱货、驳船费、熏蒸等条款。

四、海运单

海运单，是指证明海上货物运输合同和承运人接收货物或者已将货物装船的不可转让的单证。海运单的正面内容与提单的基本一致，但是印有"不可转让"的字样。有的海运单在背面订有货方定义条款、承运人责任、义务与免责条款、装货、卸货与交货条款、运费及其他费用条款、留置权条款、共同海损条款、双方有责碰撞条款、首要条款、法律适用条款等内容。

1. 海运单与提单的区别

(1) 提单是货物收据、运输合同、也是物权凭证,海运单只具有货物收据和运输合同这两种性质,它不是物权凭证。

(2) 提单可以是指示抬头形式,通地背书流通转让;海运单是一种非流通性单据,海运单上标明了确定的收货人,不能转让流通。

(3) 海运单和提单都可以作成"已装船"(Shipped on Board)形式,也可以是"收妥备运"(Received for Shipment)形式。海运单的正面各栏目格式和缮制方法与提单基本相同,只是海运单收货人栏不能做成指示性抬头,应缮制确定的具体收货人。

(4) 提单的合法持有人和承运人凭提单提货和交货,海运单上的收货人并不出示海运单,仅凭提货通知或其身份证明提货,承运人凭收货人出示适当身份证明交付货物。

(5) 提单有全式和简式提单之分,而海运单是简式单证,背面不列详细货运条款但载有一条可援用海运提单背面内容的条款。

(6) 海运单和记名提单(Straight B/L),虽然都具名收货人,不作背书转让,但它们有着本质的不同,记名提单属于提单的一种,是物权凭证,持记名提单,收货人可以提货却不能凭海运单提货。

2. 海运单的使用

在采用海运单的情况下,收货人在取得提货单之前,出具海运单副本及证明自己确实是海运单注明的收货人的证明材料,就可以拿到提货单。

项目六 船舶原理与配载

任务一 船舶基础知识

子任务一 船舶基本组成与主要标志

一、船舶的基本组成

船舶由主船体(main hull)和上层建筑(super structure)、舱室(hold)及其他配套设备(equipment)所组成。

(一)主船体

又称船舶主体,是指上甲板(或强力甲板)以下的船体,由甲板及船壳外板组成一个水密的船舶主体。其内部被甲板、纵横舱壁等分隔成许多舱室。

主船体由下列部分组成:

(1)外板:是构成船体底部、舭部及舷侧外壳的板,又称船壳板。

(2)甲板:是指在船深方向把船体内部空间分隔成层的纵向连续的大型板架。按照甲板在船深方向位置的高低不同,自上而下分别将甲板称为上甲板、二层甲板、三层甲板、双层底板等。

①上甲板:是指船体的最高一层全通(纵向自船首至船尾连续的)甲板。

②下甲板:上层甲板以下的甲板统称为下甲板。

③平台甲板:为强力甲板以下沿着船长方向布置并不计入船体总纵强度的不连续的甲板。

④双层底板:是指船舶内底板和船底板。

(3)舷侧:为主船体两侧的直立部分。

(4)船底:为主船体的底部结构,分为单底结构和双底结构。

(5)内底板:是指在双底上面的一层纵向连续甲板。

(6)舱壁:主船体内沿船宽方向设置的竖壁称为横舱壁,沿船长方向设置的竖壁称为纵舱壁。各层甲板与各舱壁将主船体分隔成各种用途的大小不同的舱室。这些舱室一般以其用途而命名。最前端的一道水密横舱壁称防撞舱壁或首尖舱舱壁。在防撞舱壁之前的舱室称为首尖舱,而在最后一道水密横舱壁之后的舱室称为尾尖舱。安置主机、辅机的处所称为机舱。

(7)船首、船尾和船中:主船体两舷舷侧在过渡至前后两端时,逐渐成线型弯曲接近并最终会拢。其中,前端的会拢部分称为船首,前端船壳弯曲部分称为艏舷;后端的会拢部分称为船尾,后端船壳弯曲部分称为艉舷。主船体垂线间长的中点称为船中。

（二）上层建筑

在上甲板以上，由一舷伸至另一舷的，或其侧壁板离舷侧板向内不大于4%船宽的围蔽建筑物称为上层建筑。包括船首楼、桥楼和船尾楼。如果不严格区分，可将上甲板以上的各种围蔽建筑物统称为上层建筑。

1. 船首楼（fore castle）

位于船首部的上层建筑，称为船首楼，船首楼的长度一般为船长的10%左右，超过25%船长的船首称为长船首楼。船首楼一般只设一层，其作用是减小船首部上浪，改善船舶航行条件，也可作为储藏室。

2. 桥楼（bridge）

位于船中部的上层建筑称为桥楼。桥楼的长度大于15%船长，且不小于本身高度6倍的桥楼称为长桥楼。桥楼主要用来布置驾驶室和船员居住处所。

3. 船尾楼（poop）

位于船尾部的上层建筑称为船尾楼。当船尾楼的长度超过25%船长时称为长尾楼，船尾楼的作用可减少船尾上浪，保护机舱，并可布置船员住舱及其他舱室。

4. 甲板室（deck house）

指宽度与船宽相差较大的围蔽建筑物，大型船舶的甲板面积很大，在上甲板的中部或尾部设有甲板室，因甲板室两侧的甲板是露天的，所以有利于甲板上的操作和便于前后行走。

5. 上层建筑的甲板

（1）罗经甲板：是船舶最高一层露天甲板，位于驾驶台顶部，其上设有桅桁、信号灯架、各种天线、探照灯和标准罗经等。

（2）驾驶甲板：是设置驾驶台的一层甲板，位于船舶最高位置，操舵室、海图室、报务室和引航员房间均布置在该层甲板上。

（3）艇甲板：是放置救生艇和救助艇的甲板，要求该层甲板位置较高，艇的周围要有一定的空旷区域，以便在紧急情况下能集合人员，并能迅速登艇。救生艇布置于两舷侧，并能迅速降落水中，船长室、轮机长室、会议室和接待室一般均布置在该层甲板上。

（4）起居甲板：在艇甲板下方，主要用来布置船员住舱及为生活服务的辅助舱室的一层甲板，大部分船员房间及公共场所一般均布置在该层甲板上。

（5）游步甲板：是在客船或客货船上供旅客散步或活动的一层甲板，甲板上有较宽敞的通道及供活动用的场所。

（三）舱室

1. 机舱（engine room）

机舱是用于安装主机、辅机及其配套设备的舱室，是船舶的动力中心。一般商船只设置一个机舱，机舱与货舱必须分开，因此，在机舱的前后端均设有水密横舱壁。机舱一般位于桥楼正下方的主船体区域。机舱位于中部的船舶称为中机型船；位于中部偏后的称为中尾机型船；位于尾部的称为尾机型船。

机舱内的双层底较其他货舱内的双层底要高，主要是为了和螺旋桨轴线配合，不使主机底座太高，减少振动。另外双层底高些可增加燃料舱、淡水舱的容积。

2. 货舱(cargo hold)

货舱一般内底板和上甲板之间,从船首尖舱舱壁至船尾尖舱舱壁的这一段空间,除用来布置机舱外,均用来布置货舱。

在两层甲板之间的船舱称为甲板间舱,最下层甲板下面的船舱称为底舱,货物的排列是从船首向船尾,一般货舱的长度不大于30m。

每一个货舱只设一个舱口。但有些船设有纵向舱壁,在横向并排设置2~3个货舱口,如油船、集装箱船和较大型的杂货船等。

货舱内的布置要求结构整齐,不妨碍货物的积载和装卸,通风管道、管系和其他设施都要安排在甲板横梁之下或紧贴货舱的边缘。

3. 液舱(liquid tank)

指用来装载液体的舱室如燃油、淡水、液货、压载水舱等。液舱一般设置在船的低处,为减小自由液面对稳性的影响,其横向的尺寸均较小,且对称于船舶纵向中心线布置。

(1)油舱(fuel oil tank):是储存主、辅机所用燃油的舱室,一般布置在双层底内,由于主机用的重油需要加温,为减少加热管系的布置,重油舱均布置在机舱附近的双层底内。

(2)滑油及循环滑油舱(lubricating oil tank):通常设在机舱下面的双层底内,为防止污染滑油,四周设置隔离空舱。

(3)污油舱(slop tank):是储存污油用的舱室,舱的位置较低以利外溢、泄漏的污油自行流入舱内。

(4)淡水舱(fresh water tank):淡水是生活用水和锅炉用水的统称。生活用水舱一般设置在靠近生活区下面的双层底内,也可布置在船舶尾尖舱内,锅炉用水舱则布置在机舱下的双层底内,为机舱专用。

(5)深舱(deep tank):是指双层底外的压载水舱、船用水舱、货油舱(如植物油舱)及闭杯闪点不低于60℃的燃油舱等。一般货船空载航行时,如打满压载水,仍难以达到适航水尺时,对稳性要求较高的船需另设深舱,既可用来装货,又可用来装压载水。深舱对称布置于纵向中心线的两侧,并水密分隔,以减小自由液面的影响。

(6)压载水舱(ballast water tank):是指专供装载压载水用以调整吃水、纵横倾和重心用的舱室。双层底舱、艏艉尖舱、深舱、上下边舱及边翼舱室均可作为压载水舱。

4. 隔离空舱(caisson)

它是一个狭窄的空舱,一般只有一个肋骨间距,专门用来隔开相邻的两舱室,如油舱与淡水舱,又如油船上的货油舱与机舱均必须隔离,隔离空舱又称干隔舱。

5. 锚链舱(chain locker)

位于锚机下方艏尖舱内,用钢板围起来的两个圆形或长方形的水密小舱,并与船舶中心线对称布置,底部设有排水孔。

6. 舵机间(steering gear room)

布置舵机动力的舱室,位于舵上方艉尖舱的顶部水密平台甲板上。

7. 应急消防泵舱(emergency fire pump room)

根据SOLAS要求,应急消防泵应设在机舱以外,一般位于舵机间内,要求在最轻航海吃水线时也能抽上水。

(四)配套设备

船舶的配套设备主要有:甲板设备、安全设备、通信导航设备、生活设施设备及各种管系设备。

二、船舶的主要标志

1.球鼻首和首侧推器标志

球鼻首标志(bulbous bow mark)为球鼻首船舶的一种特有标志,主要用于表明在其设计水线以下首部前端有球鼻型凸出体,并勘划于船首左右两舷重载水线以上的首部处。

对首部装有首侧推装置的船舶,均须绘有首侧推器标志(bow thruster mark),该标志勘划于船首左右两舷重载水线以上的首部处,并位于球鼻首标志的后面,以引起靠近船舶的注意。

2.船名和船籍港标志

每艘船都在船首两侧明显位置写上船名。船名一般写在船首楼中部,字的高度视字的多少及船的大小确定,5000 t 左右的船,中文字高为 1 m 左右,并在船名下面加注汉语拼音。每艘船在船尾明显位置还写上船名和船籍港,船名字高比船首小 10%~20%,船籍港字高为船名字高的 60%~70%。

3.甲板线

甲板线是一长 300mm、宽 25mm 的水平线,勘绘于船中的两舷侧,其上缘一般应经过干舷甲板上表面,向外延伸与船壳板外表面相交。

4.烟囱标志

烟囱标志是船公司自行规定的,各船公司规定本公司所有船舶烟囱颜色与标志图案,并且往往还规定船体各部分统一的油漆颜色,便于在海上及港内互相识别。

5.分舱标志及顶推位置标志

有的船在货舱与货舱之间的舱壁两侧舷外船壳上,绘有表示各货舱位置的分舱标志。

6.引航员登、离船位置标志

按 SOLAS 公约规定,大型船舶在其平行船体长度内(一般在船中半船长范围内)的两舷侧满载水线附近或稍低位置处勘绘引航员登、离船位置标志。该标志颜色与国际信号规则相同,为上白下红。

7.船舶识别号(IMO 编号)

按国际海事组织规定,100 总吨及以上的所有客船和 300 总吨及以上的所有货舱均应有一个符合国际海事组织通过的 IMO 船舶编号体系的识别号,即船舶识别号,用于识别船舶身份。该识别号除应按照规定载入相应证书外,还应在船舶适当位置永久、清晰地勘划。比较普遍的勘划位置是船尾船籍港标志的下方。

8.公司名称标志

公司名称标志有两种勘绘方式,一种是公司名称的全称,另一种是公司英文名称的缩写,勘绘于船舶左右两舷满载水线以上。

9.暗车标志

暗车标志是指在螺旋桨的正上方的船尾两侧满载水线以上明显处绘有车叶状的标志,

并加上简单的中文或英文警句,以引起对水下螺旋桨的注意。

子任务二　船　体　结　构

一、船体结构的作用

船舶由主船体、上层建筑和许多其他各种设备所组成。

主船体是指上甲板(upper deck)以下包括船底(bottom)、舷侧(broad side)、甲板(deck)、舱壁(bulkhead)和首尾(fore and aft)等结构所组成的水密(watertight)空心结构。这些结构全部由板材(deals and battens)和骨架(skeleton)组成,即由钢板、各种型钢、铸件和锻件等组成。

船舶受到重力、浮力、货物的负载、水压力、波浪冲击力、扭力(如斜浪航行、货载对纵中线左右不对称等)、冰块挤压力、水阻力、推力和机械振动力及坞墩反作用力等外力的作用,这些力的最终效果就是使船舶产生总纵弯曲、扭转、横向及局部变形。因此船体结构必须具有承受和抵抗上述各种变形的能力,即在保证船体纵向强度(longitudinal strength)、扭转强度(torsional strength)、横向强度(transverse strength)和局部强度(local strength)及坐坞强度(docking strength)的基础上,保持船舶的形状空间,保证船舶的水密,安装各种船舶设备和生活设施,载运旅客和货物。

二、船体结构的基本形式

船体结构由保持水密的外板、甲板板和支持它们的骨架构成。船体骨架又由纵横交错的构件组成,根据船体骨架中构件排列的方式,可将船体骨架形式分为横骨架式、纵骨架式和纵横混合骨架式三种。

(一)横骨架式船体结构(transverse framing system)

横骨架式船体结构是在上甲板、船底和舷侧结构中,横向构件尺寸小、排列密,纵向构件尺寸大、排列疏的船体结构。

对总纵强度要求不很高的中小型船舶常采用横骨架式船体结构。

(二)纵骨架式船体结构(longitudinal framing system)

纵骨架式船体结构是在上甲板、船底和舷侧结构中,纵向构件尺寸小、排列密,横向构件尺寸大、排列疏的船体结构。

这种形式的船体结构通常在大型油船和矿砂船上采用。

(三)混合骨架式船体结构(combined framing system)

混合骨架式船体结构,在上甲板和船底采用纵骨架式结构而在舷侧采用横骨架式结构,如从船体各部位受力特点来看,这种结构形式是合理的。

混合骨架式船体结构在大型干散货船中广泛采用。

三、船体外板

外板又叫船壳板,包括舷侧外板和船底板,其基本组成单位是列板。外板保证船体水密,使船舶具有漂浮及运载能力,它与船底骨架及舷侧骨架一起共同保证船体的强度和刚度。

1.列板(strake)的概念

外板由一块块钢板焊接而成,钢板的长边沿船长方向布置,长边与长边相接叫边接,其焊缝叫边接缝;短边与短边相接叫端接,其焊缝叫端接缝。

许多块钢板依次端接后就成为长条板,称为列板,若干列板组成外板,这样既能减少船长方向焊缝的数目,又可以根据船体上下位置的受力情况来调整列板的厚度。

2.列板名称

根据外板中的各个列板所处的位置,分别称为平板龙骨(plate keel)、船底板(bottom plating)、舭列板(bilge strake)、舷侧外板(side strake)和舷顶列板(sheer strake)。船底板是指由平板龙骨至舭列板之间的外板。舷侧外板系指从舭列板至舷顶列板之间的外板。在船首尾部,由于船体瘦削,某两列板会合并为一列板,这列板称为并板。

四、甲板板

从舱口边至舷边的甲板板,钢板的长边沿船长方向布置。这些板通常是首尾连接的,对船体总纵强度有利。在舱口之间及首尾端的甲板,由于不参与总纵弯曲且面积狭窄,可以将钢板横向布置。

甲板按其作用的不同可分为:强力甲板(strength deck)、舱壁甲板(bulkhead deck)、干舷甲板(free board deck)等。如果货舱内有多层甲板,又可分为上甲板(upper deck)、二层甲板(second deck)、三层甲板(third deck)等。受船体总纵弯曲力矩最大的一层甲板称为强力甲板。对于大多数船来说,上甲板就是强力甲板,它的厚度应是各层甲板中最厚的。

五、船底结构

船底结构是船体的基础,它参与总纵弯曲,承受水的压力,机器设备和货物的重力,坞墩和搁浅、触礁时的反作用力等。因此船底结构是保证船体总纵强度、横向强度和船底局部强度的重要结构。

船底结构有双层底结构和单层底结构两种类型。按骨架排列方式又可分为横骨架式和纵骨架式两种形式。

(一)双层底结构(double bottom construction)

双层底结构是指由船底板、内底板(inner bottom plating)、内底边板(margin plate)及其骨架(framing)组成的水密空间结构。船舶应尽可能从防撞舱壁(collision bulkhead)到尾尖舱舱壁(afterpeak tank bulkhead)设双层底。双层底内的油舱与锅炉给水舱、食用水舱之间,应设有隔离空舱。

(二)单层底结构(single bottom construction)

横骨架式单底结构的特点是结构简单、建造方便,但抗沉性和防泄漏能力差,目前主要用于小型船舶上。其主要构件有中内龙骨、旁内龙骨和肋板。

六、舷侧结构

舷侧结构是连接船底结构和甲板结构的侧壁部分,主要承受水压力、波浪冲击力及甲板货物或设备的重力等,是保证船体纵向强度、横向强度和舷侧水密的重要结构。

舷侧结构中的主要构件有:

(一)横向构件

舷侧结构中的横向构件统称为肋骨,按其所在位置和尺寸大小分为:

1. 主肋骨(main frame)

位于防撞舱壁与船尾尖舱舱壁之间、在最下层甲板以下船舱内的肋骨,由不等边角钢制成。

2. 甲板间肋骨(tweendeck frame)

位于两层甲板之间的肋骨,由不等边角钢制成。由于跨距和受力较小,因此尺寸也比主肋骨小。

3. 中间肋骨

位于水线附近两肋骨中间设置的短肋骨。

4. 强肋骨(web frame)

又称宽板肋骨,由尺寸较大的 T 形组合材或折边钢板做成。在横骨架式舷侧结构中,每隔几个肋位设一强肋骨,其作用是支持舷侧纵桁,保证局部强度,如机炉舱、舱口端梁处等。在纵骨架式舷侧结构中,强肋骨是唯一的横向构件,其作用是支持舷侧纵骨,保证横向强度。

5. 肋骨的编号方法

为便于在修造船中指明肋骨位置及海损事故后准确地报告受损部位,必须对肋骨进行编号。习惯上以舵杆中心线处的肋骨为 0 号,向船首依次为 1,2,3,…,向船尾依次为 -1,-2,…。

规范规定肋骨的最大间距不得大于 1m。

(二)纵向构件

1. 舷侧纵桁(side stringer)

是横骨架式舷侧结构中设置的纵向构件,通常由 T 形组合材做成,与强肋骨高度相同。其作用是支持肋骨。

2. 舷侧纵骨(side longitudinal)

是纵骨架式舷侧结构中主要的纵向构件,由尺寸较小的不等边角钢制成。其主要作用是保证总纵强度和支持外板。

(三)舷边(gunwale)

舷边是指甲板边板与舷顶列板的连接部位,因为它位于拐角处,所以应力较大。常用的舷边形式有两种:其一是舷边直角焊接法,其二是圆弧连接法。

(四)舷墙与栏杆

舷墙(bulwark)主要作用是保障人员安全,减少甲板上浪,防止甲板物品滚落海中。在露天干舷甲板以及在上层建筑和甲板室甲板的露天部分均应装设舷墙或栏杆。露天干舷甲板以及上层建筑甲板和第一层甲板室的舷墙或栏杆的高度应不小于 1m。舷墙不参与总纵弯曲,故在船中部应尽可能不将舷墙与舷顶列板相焊接。

栏杆(hand rail)的作用主要是保障人员安全,防止甲板上的物品滚落入海。栏杆的最低一根横杆距甲板应不超过 230mm,其他横杆的间距应不超过 380mm。

七、甲板结构

甲板结构须承受总纵弯曲应力、货物的负载和波浪的冲击力等外力的作用,是保证船体总纵强度、横向强度、保持船体几何形状及保证船体上部水密的重要结构。

按骨架结构形式的不同,甲板结构可分为横骨架式和纵骨架式。其主要组成部分有甲板、横梁、甲板纵桁(deck girder)、甲板纵骨(deck longitudinal)、舱口围板(hatch coaming)及支柱(pillar)等。

1. 甲板

甲板按其作用可分成:强力甲板、遮蔽甲板、舱壁甲板、干舷甲板和量吨甲板等。

2. 横梁

横梁(beam)是甲板结构中的横向构件,起着承受甲板货物、机器设备和甲板上浪时的水压力作用,同时还支撑舷侧,保证船体的横向强度。

3. 甲板纵桁与甲板纵骨

在横骨架式结构中,甲板纵桁用尺寸较大的T形组合材制成,主要用来支撑横梁。甲板纵骨是纵骨架式甲板结构中的重要构件,一般用不等边角钢制成,其间距与船底纵骨相同,主要用来保证总纵强度,此外,还有主要用来支撑横梁的甲板纵桁。

4. 舱口围板

舱口围板是指设置在露天甲板上(上甲板)货舱开口四周的纵向和横向并与甲板垂直的围板。其作用是保证人员安全,防止海水灌入舱内和增加甲板开口处的强度。

舱口角隅处的加强方法有两种:一种是将舱口围板下伸超过甲板;另一种是将围板分成两块,分别焊在甲板开口边缘的上下面,在下面用菱形面板加强。

5. 支柱

支柱是船舱内的竖向构件,由钢管或工字钢等制成。其作用是支撑甲板骨架,保持船体的竖向形状。货舱内的支柱数目应尽可能少,以免妨碍装卸货物。通常支柱设置在舱口的四周或用两根支柱设置在舱口端梁的中点。支柱的下端应支在船底纵桁与肋板的交叉点上,上端应支在甲板纵桁和横梁的交叉点上。

6. 梁拱和舷弧

梁拱(camber)是甲板在两舷与舷顶列板交点的连线与纵中剖面线的交点,至横剖面中线与甲板板交点的垂直距离,简称为甲板的横向曲度。梁拱可增加甲板的强度,便于排泄甲板积水和增加储备浮力。

在甲板的纵向上,首尾高而中间低所形成的曲线叫舷弧线(sheer curve)。在船长中点处舷弧线最低,从该点画一条与基线(base line)平行的直线,则舷弧线上任一点量至该线的垂直距离就称为该点的舷弧(sheer)。舷弧可增加储备浮力,便于甲板排水,减少甲板上浪和使船体外形更美观。其中位于首垂线处的舷弧叫首舷弧(fore sheer),位于尾垂线处的舷弧叫尾舷弧(after sheer),首舷弧是尾舷弧的2倍。

八、舱壁结构

(一)舱壁的作用

主船体内按船舶的设计和建造要求,设置了若干横向和纵向舱壁,将主船体分隔成许多舱室。这些舱壁的作用是:

(1)提高船舶抗沉能力。

(2)防止火灾蔓延。

(3)有利于不同货种的分隔积载。

(4)增加船体强度。

(5)液舱内的纵向舱壁可以减少自由液面对稳性的影响,液货船的纵向舱壁还可增强船体的总纵强度。

(二)舱壁的种类

舱壁按其作用可分为以下几种。

1.水密舱壁(watertight bulkhead)

是指自船底(船底板或内底板)至舱壁甲板(bulkhead deck),在规定的水压下能保证不透水的舱壁,它将主船体分隔成若干个水密舱室。水密舱壁主要有两种:一种是水密横舱壁(watertight transverse bulkhead),这种舱壁能保证船体因海损破舱进水时,防止海水漫延到相邻舱室,使船舶仍具有一定的浮性和稳性,从而提高船舶的抗沉性。其设置数量根据船长和船型的不同而异。万吨级船需设置6~7道水密横舱壁,其中位于首尖舱与货舱之间的横舱壁称首尖舱舱壁(fore peak tank bulkhead),是船舶最前面的一道水密横舱壁,又称防撞舱壁,也是船舶最重要的一道舱壁,其上不得开设任何门、人孔、通风管道或其他任何开口,压载水管通过防撞舱壁时,必须设有截止阀,并能在舱壁甲板上进行控制。位于船尾的最后一道水密横舱壁称为尾尖舱舱壁(after peak tank bulkhead)。另一种是水密纵舱壁(watertight longitudinal bulkhead),一般仅见于液货船的货舱区域,既可减少自由液面对稳性的影响,又增强船体的总纵强度。

2.液体舱壁(liquid bulkhead)

是液舱(油舱、水舱)的界壁,经常承受液体压力与振荡冲击力,因此舱壁板较厚且其上的骨架尺寸也较大,并保证水密和油密。

3.防火舱壁(fireproof bulkhead)

是分隔防火主竖区、在一定的火灾温度下和一定的时间内能限制火灾蔓延的舱壁。机舱和客船起居处所的舱壁应采用防火舱壁。

4.制荡舱壁(wash bulkhead)

是设在液舱内用于减少自由液面影响的纵向舱壁,其上开有流水孔。

九、首尾结构

1.船首结构的加强

船首结构(bow construcion)通常是指从首部船底平坦部分起向船首部分的船体结构。首部要受波浪、冰块的冲击和水阻力的作用,一旦发生碰撞,应有足够的强度保证船舶的安全,同时船壳外板在此会拢,其外形应尽可能减少水阻力。为此,需对船首结构的部分进行加强。

船舶的首部和尾部受总纵弯曲作用较小,而受局部作用力较大,如首部的波浪冲击力、碰撞力,尾部的转舵力、螺旋桨振动力等,因此首、尾部应做特别加强。

首柱位于船体最前端,是会拢船首外板、保持船首形状及保证船首局部强度的强力构件(strength member)。首柱有钢板焊接、铸钢和混合型首柱3种。

此外还需要对首尖舱内部、首尖舱外的舷侧以及船首底部进行加强。

2.船尾结构的加强

船尾结构(stern construction)通称是指尾尖舱舱壁以后的区域。该区域需承受水压力、车叶转动时的振动力和水动力、舵的水动力及车叶与舵叶的荷重等作用,因此必须对组成船尾结构的各部分进行加强。

尾柱(stern post)是船尾结构中的强力构件,它位于船尾结构下部的最后端,用来会拢两侧外板,并支撑和保护车叶与舵,同时承受它们工作时的振动力和水动力,因此尾柱可增强船尾的结构强度。

尾柱的上端应与尾肋板(transom floor)或舱壁(bulkhead)连接,底骨(sole piece)应向船首方向延伸至少3个肋距(frame spacing)并与平板龙骨(plate keel)连接。尾柱的形状比较复杂,一般采用铸造件,大型船舶尾柱可先分段铸造后再焊接装配。此外还需要对尾尖舱舱内和尾尖舱上面的舷侧加强。

十、防火结构

船舶建立有一整套完善的防火措施(fire precaution),这些措施主要包括:控制可燃物、控制热源(火源)及控制通风等,同时为防止船舶一旦发生火灾事故后能有效地控制火势的任意蔓延,SOLAS公约及我国规范均规定船舶在设计和建造时,就应采取一定的防火结构(fire structure),即用符合规定的耐火材料(refactory material)将船舶划分为若干个主竖区。

主竖区(main vertical zones)系指船体、上层建筑和甲板室以"A级分隔"分成的区段,它在任何一层甲板上的平均长度和宽度一般不超过40m。

防火分隔是指用于船舶防火分隔(fire resisting division)的舱壁和甲板,有A、B、C三种级别的分隔。

任务二 杂货船舶配载

子任务一 杂货船舶配载概述

一、配载概述

船舶配载是根据货物托运人提出的货物托运计划,依据货物的品种、数量、体积、重量,以及到达港口先后次序等因素,将货物正确合理地分配到船舶各个部位,并编制装货清单。它是船舶积载的依据。

配载图是以图的形式表明拟装货物受载于船舱位置的书面计划,亦称货物配载图。图上应标明每批货物的舱位、名称、件数、重量或体积、装货单号、装货港、中途港、目的港、装货起讫期、卸货港,以及用文字说明装卸、堆放、隔票、衬垫等注意事项。配载图需经船长或大副签字后方能生效。

编制货物配载图是杂货船积载的关键因素,它关系到船舶的航行安全和作业效率,以及货运质量。在编制过程中不仅考虑船舶的稳性、纵向强度和船舶的操作性能,还要在最大限度地利用船舶装载能力的情况下,减少中途港的倒舱,加速船舶周转,保证船期,提高营运效益。安全、优质、高效、经济是对船舶配载图的基本要求。

积载图是货物装船结束时,根据货物实际的装船位置绘制的示意图。在装船过程中,难免要对配载计划进行必要的变更和调整,所以货物装完后就需要重新绘制货物实际积载图。

二、配载基本要求

一份合理可行的配载计划应力求满足以下七项基本要求:
(1)充分利用船舶的装载能力。
(2)保证船舶具有适度的稳性。
(3)保证船舶具有适当的吃水差。
(4)满足船舶的强度条件。
(5)满足中途港货物装卸顺序的要求。
(6)便于装卸、缩短船舶在港停泊时间。
(7)保证货物的运输质量。

子任务二　杂货配载原则与要求

一、普通杂货的配载基本原则

1.保证船舶安全的原则

货物配置应确保船舶满足强度条件和适宜的稳性与吃水差要求。

2.保证货物运输质量的原则

通过合理地配载,为不同种类、不同包装形式的货物合理选择舱位与货位,并提出堆码、衬垫及隔票要求,对具有不同理化性的相忌货物进行合理的隔离配置,从而实现保证货物运输质量的要求。

3.提高船舶营运经济效益的原则

通过合理配载,以实现充分利用船舶的载货能力,方便货物装卸,缩短船舶在港停泊时间,保证中途港货物的顺利卸出,提高船舶营运效益之目的。

二、普通杂货的配舱顺序

普通杂货船应依据"先下后上、先远后近,先大后小,先特殊后一般"的配舱顺序,将装货清单中所列各种不同种类、不同积载因数,不同特性以及不同卸港的货物合理地配置在船上的各个舱室内。依据上述配舱原则,底舱的货应先配,上层舱的货后配;远程后卸的货先配,近程先卸的货后配;大宗货物先配,小批量零散货物后配;对舱位、货位有特殊要求的货物先配,一般货物后配。

综合考虑,应先配去终点港的、批量大又耐压的大宗货,这些货可配在底舱或二层舱最里面,同时优先考虑有特殊要求的货物,如怕热的货物,怕潮的货物以及气味货、扬尘污染货、易碎货等,将这些特殊货物先定装舱位置,然后再按港序由远到近安排各中途港货物。

三、普通杂货的舱位选择原则

在为不同种类的普通杂货选择舱位时应考虑以下原则:

1.上轻、清,下重、污

即积载因数较大的或较为清洁的货物,应配置在积载因数较小的或较脏的货物之上。

2.上脆弱、下牢固

就货物包装强度而言,包装脆弱的货物应配于包装牢固的货物之上。

3.小、软配首、尾,大、硬配船中

小件货、软包装货宜配于首、尾舱,而体积较大的硬包装货配于中部货舱较为适宜。

4.按装卸工艺合理选择舱位

货物舱位选择除应适应装货港的装卸工艺和设备外,还要考虑卸货的方便。

四、各类普通杂货的舱位选择

为各类杂货选择舱位的时候,除要满足卸货港顺序的要求外,还要使货物本身特性、包装类型等与货舱条件相适应,并要考虑其对周围其他货物的影响。

1.散装固体货物

这类货物的主要特点是无包装且多数具有易散发水分和易污染其他货物特性。

散装货物一般应整票选择大舱的底舱作为打底货,以利装卸。若因港序限制必须装在二层舱,则底舱货物上面应予铺盖,以避免开启底层舱盖时舱内的残留散货污染底舱的上层舱货物。装散货的舱室必须清洁、干燥并将污水沟、槽用麻袋铺垫。多票散货不宜配于同一舱室。因为散货一般属于潮湿货,所以不能与怕潮湿的货物同舱积载。

2.液体货物

散装液体货物应配于杂货船的深舱内,单独装载。对于有容器或包装的液体货物,应根据包装不同确定舱位。包装坚固、单件较重的大容器液体货应配在大舱底舱作为打底货,并且每层货物间衬垫一层木板,货堆高度不超过限高。若配于二层舱,大桶货在舱的四周一般只能堆1~2层高,其上空间配装小件货或轻货。包装不耐压的小容器液体货物,应配装在二层舱舱口四周或上甲板上,上面不得压其他货物,并在二层舱内的舱盖上加以铺盖,以防液体渗漏时流入底舱。当液体货较少时,应堆装在货舱的后部,以利减少破损后的污染面。

3.气味货物

气味货物一般可分为香性气味货、臭性气味货、刺激性气味货和特殊气味货。装载时气味货物不得与食品类货物和其他怕气味货物同舱积载。同类或气味不互抵的气味货物,应尽量集中配载,数量不多时,应尽量集中在首尾货舱。性质互抵、互相串味的气味货物则应分舱室积载。装于上甲板的气味货应尽量远离船员居住区。

4.食品类货物

食品类货物应配置于清洁干燥、无异味、无虫害、远离热源和通风良好的舱室。食品类货物不能与扬尘污染货同舱积载,也不能与气味货物、散发水分的货物以及危险货物同舱积载。

5.扬尘污染货

扬尘污染货装载时,应防止污染其他货物。扬尘污染货不能与怕尘、怕污染的货物同装一室或相邻堆装,应尽量先装后卸,最好配载于底舱的最底层,并尽量减少其堆装面积,以减少污染。装妥后应进行清扫铺盖,然后再装其他货物。对怕热的扬尘污染货,应配装在远离热源的舱室。袋装扬尘污染货,如数量不多时,应尽可能整票集中选配在底舱其他货物下面,装后铺盖帆布。如果由于卸货港顺序所限必须配于二层舱,应尽可能配于二层舱底部其他货物下面或与之扎位配装。

6.清洁货物

清洁货物不得与扬尘、污染货、油污货同舱室或紧邻堆装。装货前因按要求做好货舱的清洁工作,装载时应做好衬垫,以防止受污染。

7.易碎货物

易碎货物应配置在基础平稳、不受挤压、易于装卸的处所,如二层舱或底舱舱口下方及其他货物的上面,尽量后装先卸。易碎货物在舱内的堆码层数不能超高,其上不许再堆装其他货物。

8.贵重货物

贵重货物应尽可能配置在贵重货舱内。没有贵重货舱时,后卸港的贵重货物应配在二层舱深处,货位集中,并用其他货物作保护性隔堵。先卸港的贵重货应先装后卸,可配置于顶层的最上层。

9.危险货物

危险货物舱位的选择,各类危险货物之间、危险货物与其他货物之间的配置和隔离,必须严格按照《国际海运危险货物规则》(IMDG Code)的规定谨慎处理。危险货物选择舱位应遵循以下原则:一是一切危险货物应尽量远离热源、火源、电源,包括机舱、烟囱、蒸汽管道等;二是危险货物大多具有不同程度的毒性,应尽量远离船员生活区、工作场所、厨房、食品、空调系统等;三是危险货物尽可能安排在适于最后装,最先卸,并有利于监管和安全处理的舱位。

五、不同包装类型普通杂货的舱位选择

不同包装的货物的正确配载和装运对于保证货物运输质量及合理利用舱位,减少亏舱有重要的意义。各种包装的杂货堆装应遵循较强包装的货物在下,较弱包装的货物在上的原则。需要上下层堆装时,自下而上一般的次序应该是:裸装或桶装、捆装、箱装、袋装和易碎品。

1.袋装货物

袋装货物包括袋装谷物、大米、食糖以及袋装矿粉、矿砂、水泥及各种化肥等,多采用布袋、麻袋、纸袋、塑料袋、编织袋等包装,种类和大小各有不同。袋装货件较为松软,各个舱室均可堆装,但更宜配在形状不规则的首、尾货舱,以便留出中部货舱装载其他货物。袋装货物的顶层一般不宜堆装木箱货,除非必要时则应用木板衬垫后方能在袋装货上堆装木桶货。

2.箱装货物

箱装货物的装载位置因其包装形式的不同而选择的舱位也不同。

木箱货物比较结实耐压,大箱宜配装于中部大舱,如需装于二层舱时应考虑其高度,既要使之能装得进又不能造成过多的亏舱;小箱可配装于各个货舱,也可作为充分利用舱容的填充货。木箱的堆高一般不受限制,若需要在其上面堆装重货时,应在货堆表面铺木板衬垫,以分散压力。大小相同的箱子应"砌墙式"堆码,并紧密稳固。在货舱不规则的部位装载应先衬垫平整后再堆码。

木格箱不耐压。根据内装货物不同,可装配于上甲板、冷藏舱或普通舱内;较小的木格箱的限制堆高为5~7层箱高。

纸板箱一般不耐压。可配装于舱室的上层,多数堆装在其他货物的上层,其堆高一般不

受限制，也应以"砌墙式"堆码并紧密稳固。

3.桶装货物

桶装货物包括各种桶装植物油、矿物油、蜂蜜、肠衣、酒类、盐渍类货物以及各种化工产品等，其包装有金属桶、木桶、塑料桶、琵琶桶之分，形状有圆形桶和鼓形桶之分。大型桶装货物适宜选配在中部货舱底舱作打底货，或选配于二层舱底部舱口以外的其他处所，根据大桶的单重不同有一定的堆高限度。各种小桶货不能作打底货，一般应配装于二层舱货上甲板。内装流质货的货桶不应堆放于舱盖部位。

4.捆装货物

捆装货物有捆卷货物(如盘元、钢丝、绳索、电缆等)、捆筒货物(如筒纸、油毡、席子等)以及捆扎货物(如马口铁、耐火砖、瓷砖、金属铸锭、金属线材、管材、木材等)。捆卷、捆筒以及捆扎货物一般宜配置于舱形规整的中部货舱。金属类的捆卷、捆筒货除不耐压的矽钢卷外可作打底货，非金属类捆卷、捆筒不耐压，不能作打底货。较长的金属类捆扎货物应配置于舱口大、舱形规则的中部货舱，纵向配置，堆码要平整紧密。

5.裸装

裸装货物如钢轨、槽钢等，应作打底货，要求堆码平整和紧密，以利在其上堆放其他货物。

子任务三　杂货船舶配载要求

一、充分利用船舶的载货能力

船舶的载货能力主要包括船舶的载重能力、货舱的容量能力和船舶的其他装载性能。要充分利用船舶的装载能力，就要尽力实现满舱满载，使船舶的载重能力和容量能力都得到充分利用。主要途径是通过轻重货物的合理搭配，并通过合理使用舱面积载，合理配备航次燃料和淡水数量，清除船上的垃圾和废物，实现载货量的最大化和良好的营运经济效果。

二、保证船舶具有适度的稳性

船舶稳性是保证航行安全的重要性能，在配载工作中，要合理安排货物重量的垂向分布，来保证船舶的适度稳性。

三、保证船舶具有适当的吃水差

配载要通过合理安排货物的纵向分布来保证船舶的吃水差。

四、满足船舶的强度条件

配载要通过货物的合理配置，保证船舶的总纵强度、横向强度、扭转强度和局部强度不出现问题。

五、满足中途港货物装卸顺序的要求

1.保证中途港货物的顺利卸载

杂货船通常每个航次都要途经几个中途港，为了保证船舶在中途各港都能顺利卸载，在编制配载计划时，必须合理地确定货位和装舱顺序。一般的装舱顺序应是：后卸的货物先

装,先卸的货物后装;货位的安排应是按货物到港的反顺序,即在底舱由下往上安排,在二层舱由舱口四周向舱口安排,二层舱舱口位(即底舱舱口至二层舱舱口之间的货舱空间)处应安排先到港的中途港货物,而后到港的中途港货物应向二层舱舱口位四周及底舱的上层安排,目的港货物应配在二层舱的最里端或底舱的最下层。

当需要在底舱装载一部分先卸货时,该货舱二层舱舱口位处应配置先卸货,并保证当卸去这部分货物后能顺利地打开底舱的舱盖。通常为了有利于装卸工人的操作安全及防止货物倒垛,在离二层舱舱口位四周1m的范围内均不得堆装后卸货,而底舱的先卸货应配置在能顺利卸载的底舱舱口下方。为便于检查,将在二层舱舱口位四周1m以外可供配置后卸货物的最大货舱容积称为该舱的防堵舱容。而在该二层舱内实际配置的后卸货物体积称为防堵货物体积。为保证二层舱舱盖能在卸底舱先卸的货物时顺利打开,该二层舱内的防堵货物体积不能超过其防堵舱容。

当需要在甲板上装载部分货物且需堆积在舱盖部位时,舱盖部位只能配置先卸货,并应使其卸后能顺利地打开舱盖进行舱内的作业;后到港的甲板货只能配置在舱口两侧甲板上的适当场所,其堆装部位及绑扎均不得影响开舱及舱内作业的进行,也不得影响舱面先卸货物的顺利卸载。

2. 不同到、发港的货物的合理配载

如果先到港的货物为重货,后到港的货物为轻货,在底舱配置时,宜采用扎位堆装的方法即将后卸的轻货配装于货舱的后半部分,把先卸的重货配装于货舱的前半部分。舱口处可以为几个卸货港的货物所共占。这样既可以保证先卸的重货能在中途港顺利卸出,又能避免按通常配置方法配置的后卸轻货被其上的重货压损。在底舱采用扎位装载时,因舱室较高,应注意防止货堆倒塌。一般,底舱扎位宜先装靠后舱壁的轻货,并使货堆向后舱壁有一定的倾斜,呈梯形状,且不能深扎位。

3. 选港货和转船货的合理配载

所谓选港货是指货物装船时未确定运抵的目的港,只选定几个可能的卸货港的货物,按提单条款规定,在船舶到达第一个选卸港前的24~48h才通知其具体的卸货港。对于这样的货物,要求配置在各选卸港均能卸出的货位。由于选港货通常数量不大,最佳货位是二层舱舱口位四周以及底舱舱口处。

同一卸货港的转船货,一般批量都不大,在货物性质不互抵的情况下,应尽量将其集中配置在一起,以便于在转船港集中卸船或过驳,从而可以有效地避免错卸、漏卸或丢失等货损货差事故的发生。

4. 保证船舶在各中途港卸、装货物后的船舶纵向受力、稳性、吃水差均满足要求

船舶在各装货港装完货,或在各中途港卸完货而没有加装,或在中途港卸完货后又加装,仍应保证船舶纵向受力和变形不超过已确定的强度允许范围,同时具有适宜的稳性和吃水差。

船舶在中途港只卸不装,或者没有加装去目的港的货载时,应把运往目的港的货物尽量分散配于各舱,并将适量的货载配置于二层舱中,以保证在整个航程内,对船舶纵向受力、稳性、吃水差的要求都能得到满足。如果到某中途港的货载数量很大,则不论在该港是否加载,从保证船体纵向受力和缩短卸货时间考虑,都不应将中途港货物过分集中地配置于一两个货舱室内。

六、便于货物装卸、缩短船舶在港停泊时间

合理的配积载不但能给装卸带来便利,便于港口安全操作,还可以缩短船舶在港停泊时间,提高船公司经济效益。

(一)便于货物装卸和安全操作

在向各舱配置货物时应尽量考虑到装卸上的方便和操作上的安全。为此,在编制配载计划时应注意:

(1)单件重量较大的货物,除非能够使用舱内搬运、堆码机械进行作业,否则一般不宜配于舱口位四周深处,以减少繁重的舱内搬运。

(2)超长件货如需下舱,应配置在具有大舱口的货舱内以减少货物进出舱室的作业难度,对于接近船宽的超长件,在舱内应纵向配置,横向配置会给货物就位带来困难。

(3)为重大件货物选择货位时,应考虑装、卸港是否都有相应的起货设备,如果没有,应将重大件货物配置在本船重吊能直接吊装、吊卸的货位。

(4)在舱高较小的二层舱等舱室配置多种货物时候,宜用扎位堆装,不宜多层平铺。

(5)无论是底舱,还是二层舱,如果最上面一层货物需平铺堆放,至少应为其留出2m的空间高度,以使装卸工人能直立作业。

(6)配置在底舱舱口位四周的货物,其堆高不宜太高,应保证使用装卸机械能将最上层的货物方便地就位和卸出。

(7)同一舱室内不宜配置两种不同的散货,因为不论是平铺还是扎位都会给装卸及隔票带来困难。

(8)散装货常采用抓斗卸船,为提高抓斗的抓取量,减少人工操作工作量,散装货应尽量选配在船中部舱型规整且舱容较大的货舱。

(9)小批量货物尽量集中货位堆放,不宜整舱平铺以减少搬运和平整工作量。

(二)缩短船舶在港停泊时间

缩短船用在港停泊时间,主要从缩短装卸作业时间和缩短辅助作业时间这两方面来考虑。

1.缩短船舶装卸作业时间

(1)平衡各舱装卸作业时间。通常将船舶各货舱中所需装卸时间最长的货舱称为重点舱。在编制配载计划时,应考虑尽可能缩短重点舱的装卸作业时间。将那些装卸效率较高的货物配置在重点舱而将那些装卸效率较低的货物配置在非重点舱,以达到缩短重点舱装卸作业时间的目的。

(2)合理堆装、扩大作业面。在货舱高度较大的底舱,对批量较大的货物应采用平铺堆放的方式,以扩大作业面,便于工人和机械操作,加快装卸进度。对于装于最上层的货物,如平铺高度过小,将不利于装卸工人直立操作,因此需要改为和其他货物扎位堆装。此时,应考虑尽量扩大作业面。

2.缩短船舶辅助作业时间

(1)需要使用专用码头固定设备进行装卸的货物应尽量集中配舱,以避免船舶多次移泊。

(2)外档装船或卸船的货物,应争取配在同一舱内,以减少浮吊移动次数及调换吊杆里、外档作业的次数。如不能装在同一舱内,应考虑隔舱装载,以利船舶能方便地进出档。

(3)可以使用相同装卸设备和吊货工具的货物尽量配装于相邻货位,以减少调换装卸设备和吊货工具的时间。

七、保证货物的运输质量

(一)海上货运事故产生的原因

海上货运事故产生的原因有很多方面,与配积载有关的主要有以下几个方面:

1. 货物舱位选择不当

指货物的理化特性与所选配的舱位、货位条件不相适应。如将怕热、忌高温、易腐化的货物配置于机舱、加热管系等热源附近的舱位、货位;将忌湿、怕潮的货物配置于甲板或易产生汗水的舱内货位;将要求经常通风的货物配置于深舱或底舱等通风不良的舱位、货位等。其结果易造成货物的融化、水湿、发霉、变质,甚至发生危险。

2. 货物搭配、隔离不当

指将性质互不相容的货物临近配置,且未采取适当的隔离措施。如将扬尘污染货物配置在清洁货物附近;将气味货配置在怕异味的货物四周;散发水分的货物与忌潮湿的货物同舱混装,危险货物之间的不当隔离等。货物之间搭配、隔离不当有可能造成被污染、串味、破损、潮解,甚至引起燃烧、爆炸等严重事故。

3. 货物堆积、系固不当

指货物未按其自身特点及运输条件进行堆放、系固。如货物堆码不紧密,垛形及堆垛方式不符合货物要求;未给需要通风的货物留出通风道;未按要求对货物进行系固或系固方式不当等。货物堆积、系固不当可造成货物移位、倒塌,相互挤压甚至危及船舶安全。

4. 货物衬垫、隔票不当

指未按货物的特性及运输保管要求对其进行适当的衬垫与隔票。如应该衬垫的部位未加衬垫或衬垫方法不当;衬垫材料选择不合适等。对不同到港、不同货主的同种类、同规格、同包装的货物不予隔票或隔票方式、隔票材料选择不当等。货物衬垫不当可造成货物的汗湿、污染、压损、掺混或移动;货物隔票不当有可能引起货物的混票,造成货物错卸、漏卸。

(二)保证货运质量的措施

在编制货物配载计划时,应充分考虑货物的类型、包装、理化特性、卸货港序以及对运输的特别要求等,避免因配载不当而造成货损、货差,要通过合理选配货物舱位、正确解决货物忌装问题,以及正确合理的堆码、衬垫和隔票等手段来保证货运质量。

1. 正确选配舱位

对于不同目的港、不同种类的货物,应遵循"由下而上、先卸后装、先大后小、下重上轻、左右平衡""特殊货物先定位,忌装货物慎搭配"和"大硬配中,小软首尾,轻重大小合理大搭配"等基本原则,并结合具体货物和船舶具体条件,灵活运用。

如冷藏货应配于冷藏舱;危险货应远离机舱、驾驶台和船员住所;怕热的货物不宜配置于热源附近或温度较高的舱室;怕潮货应避开舱内易产生汗水部位(如露天甲板下、水线附近等);重量较轻、外表清洁、易碎货应配于上层,重量较重、扬尘污染货、耐压货应配于下层。后卸港、桶装液体货、重污货应选配于靠舱后壁等。

2. 正确解决忌装问题

性质互抵、不能配装在一起的货物称为忌装货。如将忌装货混装,不但会降低货物质量,而且可能会引起火灾和其他严重事故。

(1)对忌装货的隔离要求

在进行忌装货配载时,应按不同的隔离要求对其进行隔离:

①不相邻:是指至少不能相邻配装。即在同两种性质互抵的忌装货之间要用非互抵的货物隔开。如小五金(遇热包装外易渗防锈油)与丝绸、棉布等捆包装货物应要求满足不相邻的隔离要求。

②不同室:是指至少不能同室配装。即两种性质互抵的忌装货不得装于同一舱室内。如食品类货物与轻微气味货一般应满足不同室的隔离要求。

③不同舱:是指至少应隔室或不能同舱配装。即两种性质互抵的忌装货不得装于同一货舱内。即使分装于同一货舱的二层舱和底舱也不能满足此项要求。如潮湿货和怕湿货应满足不同舱的隔离要求。

④不相邻舱:是指至少不能邻舱配装。如散装有毒危险货与散装食品之间应满足不相邻舱的隔离要求。

(2)常见忌装货的隔离要求

①忌异味的货物与气味货物不得在同一货舱内积载;

②忌潮湿的货物与散发水分货物不得在同一舱室内配装;

③忌杂质的货物与扬尘污染货物不得在同一舱室内配装;

④忌油污的货物与含油脂货物及石油产品不得相邻混装;

⑤金属制品、棉花、棉制品、丝制品等与酸、碱、盐类货物不得在同一舱室内配装;

⑥水泥与食糖、氧化镁以及胺盐类货物不得在同一舱室内配装;

⑦化肥与碱性货物不得在同一舱室内配装;

⑧化纤及其制品与樟脑及含樟脑的货物不得在同一舱室内配装等。

3.合理堆码

合理堆码(stowage)是保护货物完好,保证船舶和货物安全,充分利用货舱舱容的重要措施之一。货物在船上的堆码方法,由于货物的性质与包装的不同各有不同的要求。总的来说,都必须遵循堆码整齐、稳固、防止挤压、倒塌、避免混票和便于通风等原则。

4.正确衬垫与隔票

(1)衬垫

为了保证货物运输质量和船体不受损伤,在船体与货物之间以及货物与货物之间有时需要加以衬垫(dunnage),其作用是防止货物受到水湿、撒漏、污染等损伤,并防止移动和损坏船体。

(2)隔票

为提高理货工作效率,减少货差,需在货物装舱时,对不同货主、不同卸货港和不同关单号的同种货物做好隔票(separation)工作。隔票用材料主要有帆布、油布、草席、竹席、隔票绳网、绳索、油漆、颜料及标志笔等。

子任务四 杂货船舶配载计划的编制

一、准备工作

在编制杂货船配载图前,应事先做好准备工作,以提高工作效率和尽可能减少在配载过程中出现的差错。准备工作的重点应放在充分了解和熟悉船、货、港、航的情况上。

(一)熟悉船舶情况和资料

(1)货舱尺度及结构特点:如各货舱的尺度、舱容、舱容中心距基线高度及距船中距离;各货舱的舱口尺度、舱口至前后舱壁和左右舷舱壁间的距离、各二层舱舱口容积、舱口位容积及防堵舱容的大小;轴隧、污水井、电缆、通风设备等舱内设备的位置;舱内平台、支柱、纵隔壁、横隔壁的位置等。

(2)装载条件:如舱底板和各层甲板的安全负荷量;可供使用的吊杆数及其最大安全负荷、最大舷外跨度;特种货物的适装货位;重大件货物的固定条件等。

(3)液体舱室资料:如各油水舱、压载舱、深舱的位置、舱容、舱容中心距基线高度及距船中距离等。

(4)各货舱舱容比及各货舱配货重量经验百分比。

另外,在进行船舶配载前,还应熟悉本船舶资料中的静水力曲线图、强度曲线图、吃水差比尺(或吃水差计算数值表)、临界稳性高度曲线图等常用图表的使用方法。

(二)熟悉航次货载情况

船舶每个航次的货载是以装货清单(cargo list)的形式正式通知船方的。通常,在装货清单上要写明拟装运货物的装货单号(S/O No.)、货名(description of goods)、重量(weight)、货物估计在舱内所占舱容(estimated spaces in holds)、件数及包装形式(number of packages)、目的港(destination)等。对于有特殊运输保管要求的货物及重大件货物、危险货物等,均在备注(remark)栏内加以说明。

(三)熟悉港口和航线情况

对于根据航行计划需要停靠的港口以及航经的海区,应该充分了解和熟悉以下情况:

1.港口及航线水深情况

如本航次船舶航经的海区及港口泊位的水深,有无浅水区及限制吃水;港口与航线对富余水深的要求、入泊限制吃水等。

2.港口有关装卸条件及规定

如码头是否有固定装卸设备,其装卸能力及装卸效率;是否可租用专用装卸车、船、吊以及使用专用装卸工具进行特种货物装卸;下舱铲车车高及其举重与举高能力;港口装卸作业方式;港口装卸部门对某些特种货物装卸、堆放有无特殊规定等。

3.航经海区的气候与气象情况

如风浪的频率及大小;平均气温及气温变化幅度等。

二、配载图的编制

在做好上述准备工作的基础上,可按下列步骤编制配载图:

(一)核定航次货运任务与船舶载货能力是否相适应

(1)审核装货清单上所列各票货物的重量、体积、尺码及全部货物的总重量、总体积是否正确。

(2)计算本航次的航次净载重量,查取船舶货舱总的包装容积。

(3)核对装货清单上所列货物的总体积与船舶的净载重量和货舱总容积是否相适应。

(二)确定航次货物在各货舱各层舱的重量范围

为减少货物配舱时的盲目性,在航次货重确定以后,应先根据船舶稳性、船舶强度条件及吃水差的要求来确定船舶各货舱、各层舱应配货物的重量范围。

(三)确定货物的舱位和货位,拟定初配方案

在进行货物初步配舱时,应着重考虑除了稳性、船体强度、最大吃水和吃水差以外的其他各项要求,即应根据货物的性质、轻重、包装、运输保管要求、货舱设备条件和船舶到港次序、装卸作业的条件和要求等因素来进行安排。

为使此项工作顺利进行,首先可将货物按其装、卸港序以及货物的性质、轻重、包装等进行归类,然后跟据货舱条件及各货舱应配货物的重量范围,从解决主要矛盾入手,灵活掌握各项配舱原则,并经适当调整,拟订初配方案,编制相应的配载草图。

(四)全面核对、检查初配方案

对初配方案需要核对、检查的内容包括:

(1)对照装货清单,核对配载草图上的每一票货物,防止漏配、重配和其他错误。

(2)对照各货舱所配货物的重量范围及各货舱包装容积,核对该舱所配货物的总重量、总体积是否符合要求。各舱所配货物的重量在不影响船舶安全的情况下,允许与应配货物重量范围稍有出入,但各舱配货所占舱容不得大于该货舱的包装容积。

(3)从货与货、货与货舱条件,货与装卸港以及便于装卸等方面检查货物的舱位、货位选择是否合适。例如,各舱所配货物是否性质互抵,装卸有无困难,中途港货物是否有被堵的情况等。

(4)检查甲板局部受力,重点是配置重货的部位是否满足局部强度条件。

(五)计算、校核船舶的稳性、纵向受力和吃水差

船舶在各种装载情况(包括离驶发港,到、离中途港,到达目的港)下的稳性、纵向受力、吃水和吃水差的计算、校核。油水的消耗、货物载荷的变化,都会对船舶的纵向受力、稳性、吃水差产生影响。因此,在拟定初配方案时就应考虑这些影响。如发现有不当,亦应予以调整,直至符合要求为止。

(六)绘制正式的配载图

经过全面地核对、检查、计算、校核、调整,认为初配方案已符合杂货船配载的基本要求,即可动手绘制正式的配载图。

正式的配载图是船舶货运的指导文件并具有一定的法律效力,要求其清晰、整洁、简明、易懂。

任务三 集装箱船舶配载

子任务一 集装箱船舶配载概述

一、集装箱船舶配载的定义

所谓集装箱船舶配载,就是指把预定装载出口的集装箱,按船舶的运输要求、码头的作业要求和货物运输的要求而制定的具体装载计划。配载为每一个待装船的出口集装箱确定了装到船上后的具体位置,配载的成果是通过配载图来体现的。集装箱船舶配载主要包括船公司预配和集装箱码头配载两大部分。

集装箱船舶积载则是执行配载图并将集装箱往船舶上堆积的过程,积载的成果是装船结束后的最终积载图。

由于各种因素的影响,积载的结果和最初配载的要求可能会有一定的差别。

二、配载程序

集装箱船舶的配载过程有下列几个程序:首先由船公司预配中心(或者是船舶代理或大副)根据船舶航次订舱情况,综合考虑船、港、货等要求,编制船舶航次在某装载港的集装箱预配图,然后将此图传送给集装箱装卸公司。

集装箱装卸公司的码头船长(terminal captain)或集装箱船舶配载员(计划员),根据预配图和装船集装箱在码头的堆积情况,在不违反预配图提出的配载原则下,按照船舶要求和码头作业要求,编制集装箱实际配载图。

实配图在得到船方审核确认后,集装箱装卸公司就按实配图进行集装箱装载。

子任务二 集装箱船舶预配原则

集装箱船舶预配是集装箱船舶配载的第一步,也是最关键的一个程序。在编制集装箱预配图时,必须保障船舶和货物的安全,满足船舶规范对船舶稳性、强度、吃水、吃水差、堆积负荷、绑扎和视线等各方面的要求;要在最大限度利用集装箱船舶提供的箱位情况下,减少中途港的倒箱,加速集装箱船舶的周转,保证班期,提高营运效益;要精益求精制作配载方案,并准备多种预案以应对各种情况,避免或减少倒箱的发生。

1. 充分利用集装箱船舶的装载能力,提高箱位利用率

集装箱船舶的最大箱容量,是在特定的条件下设计的,并不是在任何情况下均能承载它的最大箱容量,其中最主要的是受到船舶载重量的制约。如果载重量很大,箱位很难充分利用。

集装箱船在接近满载时候,努力提高配载计划编制的水平,合理确定不同卸货港轻重箱在舱内和舱面的配箱比例,减少因稳性不够而打入压载水的重量,是提高箱位利用率的主要措施。

充分利用箱位还包括合理安排框架箱、高箱、超限箱的位置等。

2. 保证船舶良好的稳性

一般来说具有12列集装箱宽的集装箱船舶,初稳性高度为1.0m左右,其横摇周期约为25s时较佳,而具有8列集装箱宽的小型集装箱船初稳性高度值在1.2m左右,其横摇周期为15s时较佳。

在预配时应全面考虑各类集装箱船的特性,采取不同的方法来保证适度的稳性。当GM值低时,可以这样调整:第一应将重箱配在下,轻箱配在上;第二应尽量将20英尺集装箱装舱内,40英尺集装箱装甲板。因为除在特殊情况下,两个20英尺集装箱一般比一个40英尺集装箱要重。

如果GM值过大,可以采用增加重箱在舱面的装箱比重,舱内采用反传统的上轻下重的配箱法,以及有意采取增大液舱自由液面的措施,以减小GM值,增大船舶摇摆周期,减缓船

舱横向摇摆。如果重箱少,轻箱多,此时重箱不宜全部配在舱下,更不应在甲板上不配箱,必要时,甚至可将舱内一些箱位空着不配集装箱,而将集装箱较多的配于甲板上,以求降低初稳性高度。

3.满足集装箱船舶的各种强度

(1)剪切强度:通常船舶剪力最大值发生在距船舶首或尾1/4船长附近,对集装箱船来说,这一规律特别明显。

(2)横向强度:集装箱船舶是由强固的横向框架结构来支持船壳体、甲板的,而且集装箱船舶都具有边压载水舱,使船壳外板内又加了一层壳板。在正常装载下,其横向强度是足够的。

(3)扭转强度:集装箱在配载中最基本的原则之一,就是在同一行中,对集装箱重量采取右舷和左舷对称配位,以尽可能消灭由于左右舷配位不对称所产生的横倾。防止和解决扭转变形的方法就是尽可能使集装箱重量在船舶横向方面左右对称。具体做法是,可将同卸港的同重量或近等重量的集装箱配在同行、同层上,左右对称,这样不但可保持船舶正浮,而且还可以减少船舶因左右不对称受力,而产生的扭转弯矩对船体结构的不利影响。

(4)局部强度:集装箱船上有两种局部强度:即单位面积的安全负荷和集装箱堆积负荷。

①集装箱船舶的单位面积安全负荷和其他船舶一样,是指舱底、甲板、平台甲板和舱盖每平方米所能承受的最大负荷,这个负荷主要是供船舶在积载非集装箱化的件杂货和大件货等使用。

②集装箱堆积负荷。

集装箱堆积负荷是集装箱船舶特有的,它是指堆放集装箱的四个底角件底座所能承受的最大负荷。集装箱堆积负荷又分为:舱底负荷和甲板负荷。甲板负荷通常是指舱盖负荷,但有的集装箱船舶还有平台甲板,如该平台甲板的堆积负荷与舱盖不一致时,船舶资料上会另有说明。堆积负荷除分为舱底负荷和甲板负荷外,又分20英尺集装箱堆积负荷和40英尺集装箱堆积负荷。在集装箱的配载过程中,无论是在甲板上或舱内,应注意每列集装箱的总重量,均不能超过允许的堆积负荷。否则将影响到船舶的结构强度。

(5)保持船舶良好的纵向强度。

集装箱船舶绝大多数是尾机型或偏尾机型船舶,这样使机舱、油舱、淡水舱等,相对地集中在船舶的尾部;而船舶的首部,又集中了锚及其锚的设备和首侧推进器等,这使集装箱船易产生较大的中拱现象。

另外集装箱积载对纵向强度的影响也很大。大型集装箱班轮,在跨洋的航线上航行,往往挂港较多,且各挂港的集装箱装卸量不等,有的港口集装箱装量大,卸量少;有的港口集装箱卸量大,装量少。这容易造成在各行箱位上,集装箱箱量不均衡的现象,也将影响到船舶的纵向强度。

在预配时候要克服这些对纵向强度不利的因素,主要是通过合理的积载或调整压载水。可以适当地将一些比较重的集装箱,相对地多配一些于船舶的中部,以抵消集装箱船舶的中拱变形。在起始港预配时,应充分考虑到途中挂港的装卸情况,预防在中途港装卸后,出现船舶中部集装箱箱量或重量过少,而影响船舶的纵向强度。如有可能,可将目的港的较重的集装箱配于船中,而对卸箱量大,装箱量少的挂港,不宜在近船中附近安排箱位,以防在中途挂港出现船中空舱的现象。

从均衡船体纵向受力考虑,通常安排重箱的顺序可设置为:先船中部,再船前部,最后才是船中后部。就集装箱轻重而言,一般两个20英尺箱要比一个40英尺箱重,即应将较多的20英尺箱安排于船中及中前部,这样可以减少利用打压载水的方法来改善船体受力状况的做法。

通过压载水来调节船舶的纵向强度,主要是要设法排去一些首尾压载水,并将船中附近的压载水舱注入压载水,以减少船舶中拱状态的静水弯矩。

4.保持船舶具有适当的吃水差

为要保持船舶具有适当的吃水差,在预配时,应充分注意集装箱箱量和集装箱重量在船舶纵向的配置。

在集装箱箱量接近船舶的集装箱容量时,应特别注意集装箱重量的纵向分配。在通常下,船首附近各行的箱位,由于船舶线型和瞭望视线的要求,箱位一般较少,为防止过大的尾吃水出现,或避免用较多的压载水来调整船舶吃水差,预配时应将一些较重的集装箱,配置于近船首的箱位上。

对于进出港时吃水受限制的集装箱船舶,更应注意集装箱重量的纵向分布,以减少使用压载水来调整吃水差,从而减少船舶的总排水量和平均吃水,使船舶能顺利进出港口。

出口船舶的集装箱箱量和箱重均很大时,预配时应使船舶平吃水或近平吃水,且在不影响船舶稳性的前提下,尽可能少用压载水,以减少船舶的最大吃水。

5.避免中途港倒箱,提高装卸效率

倒箱作业是指因受一定因素的影响而发生的对集装箱箱体的重新堆码或放置。在集装箱配载工作中,应尽量注意减少集装箱在堆场和在中途港的倒箱作业。

配载人员应有全航线整体的观点,即应按集装箱船舶挂港的顺序和各挂港箱源的情况,进行综合考虑。前港要为后面港口考虑,起始港要为全航线港打基础,特别要力戒后港箱压前港箱的现象,应尽量保持不同卸货港集装箱垂向选配舱位和卸箱通道各自独立,以免中途倒箱,降低装卸速度,增加费用,造成损失。

6.尽力满足船舶快速装卸要求

由于装卸桥的结构原因,两台装卸桥一般至少应相隔2个BAY位才能正常作业。因此,在集装箱箱位选配时,应当考虑这一因素,以满足其快速装卸要求。

当船舶在港作业量较大时,应当根据集装箱泊位的装卸桥作业台数,均衡分配各台装卸桥的集装箱作业量(主要以自然箱数计算),尽量避免形成重点舱,以缩短船舶装卸作业时间。当船舶在港作业量很少时,若条件许可,其箱位应尽量选配于舱面,以减少开关舱作业量。

对于靠泊具备双20英尺或双40英尺装卸桥的港口的集装箱船,20英尺集装箱的箱位应当成对选配,以发挥这类装卸机械的作业效率。对于一些需要特殊吊具操作的特殊集装箱(如超高箱或平台箱),其箱位应选配于相近位置,以减少在集装箱自动吊具上安装附属吊具的次数。

7.避免一边倒配箱

所谓一边倒配箱,是指将某港或数港的箱子同时配于船的左侧或右侧。一边倒配箱无论对装船或是卸船,妨碍都很大,特别是在中途港卸船时,会造成船舶在短时间内出现横倾,造成装卸作业困难,影响装卸速度,因此,配载时要力求避免一边倒配箱,而是将同港或数港的箱子对称地配于船舶左右两侧。

8.满足特殊集装箱的积载要求,保证货运质量

(1)冷藏箱:冷藏箱电源插座在集装箱船舶上的位置和数量是固定的,不能任意配置。为了便于在运输中对冷藏集装箱进行检查和维修,冷藏箱宜配置在生活舱附近且不宜堆高。为防止海浪对冷藏箱制冷设备的冲击,可在船舷左右弦最外一列选配几层通用集装箱用作遮挡。

(2)危险货集装箱:能够接受配载的危险品箱的货物必须是《国际危规》中列明的危险货物,配载前应确认危险货物的内容:危险品的类别,包括副危险标志;联合国编号;货物的标准名称;如是液体物质,查明有无闪点,闪点多少;积载和隔离要求、包装类别;装卸、运输、储存注意事项;危险品的理化特性;应急措施。

配载人员根据所申报的危险品性质、结合船存过境危险品的数量、位置,合理安排危险品箱的装船位置,该位置必须符合《国际危规》《危险货物适装证书》以及港口国的要求;如果危险品的副危险标志积载隔离要求严于危险品主类别要求,必须按照副危险标志的积载隔离要求进行配载。此外还应考虑船舶建造规范的要求,因为有一些船舶规定,在某些箱位上不能配置危险货物箱。主要是因为在船舶设计时,这些舱没有按能装载危险货物的要求来设计。

正确选择危险货物集装箱的箱位还应包括以下几点:无论是舱内还是舱面配载,均应尽量远离船员工作与居住处所;尽可能远离热源、火源和电源的地方;对于需要经常检查,特别是易形成爆炸性混合气体,或能产生剧毒蒸气及对船舶有严重腐蚀作用的集装箱,原则上应配载于舱面上,且尽可能接近船首部位,同时还应考虑集装箱的稳固性和遮蔽性;当允许在舱内或舱面积载时,优先选择舱内;要按《国际危规》的隔离要求做好危险货物集装箱之间的隔离,做好危险货物集装箱与普通货物集装箱之间的隔离。

(3)超重箱:此种箱用码头的装卸桥有时候不能起吊,它在港口的装卸作业,必须雇用浮吊或陆上的其他起吊设备来进行,在预配时,其配位应便于所雇起吊设备在作业时的方便,且尽可能不妨碍码头装卸桥吊装集装箱的正常作业。譬如使用浮吊来装、卸超重箱时,此超重箱就不应配位于船首或船尾附近的箱位上,因在这些部位,由于船体导流线形使浮吊船并靠作业难于进行。

(4)超长和超宽箱:应充分考虑到此种类型集装箱的特点:一方面这种类型的集装箱在船上积载时,当其超长的长度超过两行集装箱之间的间隙或超宽的宽度超过两列集装箱之间的间隙时,它将侵占相邻行或相邻列的集装箱箱位,造成箱位损失。另一方面,装超长货物或超宽货物使用的集装箱一般是框架箱,为此还应按框架箱预配的原则来处理。在预配时对于超长和超宽集装箱的配位,应在不妨碍按卸港配位的前提下,相对集中,合理安排箱位,以减少箱位过多的损失。

(5)超高箱:这类超高箱是指集装箱在装载货物后,货物的高度超过了集装箱顶部角件(top corner fitting)的高度,使该集装箱顶部不能再堆装其他的集装箱。所以超高箱的积载位置,不论在甲板上,还是在舱内,它永远应配在该列所堆装的集装箱的最上面一层。如配超高箱在舱内,只要其超高的尺寸,不大于该舱内舱盖和最高一层集装箱的间隙,则不必减少集装箱的堆积层数,如超过间隙,则应减少集装箱的层数。由于此类集装箱装卸时需安装专用的工属具,同一卸港的超高箱尽可能配于相近位置,以便快速装卸。

(6)高箱(HC箱):主要是指9英尺半集装箱,此种高箱如配于舱内,应根据舱内净高,重新计算堆积层数;为避免浪费舱容,对于高箱订舱比例特别大的卸货港,在舱内配载时,高箱必须避免平铺,而应当同列垂直堆载,以免造成多个箱位的损失。

如配于甲板上,其堆积高度不应妨碍驾驶室的视线;同一卸货港的高箱最好集中配位,以利于集装箱的系固。另外由于可一次起吊2个或3个40英尺集装箱桥吊的出现,集中堆放也有利于装卸。

(7)框架箱:此类型集装箱只能配于舱内或甲板上最高一层,它的上面不能再堆积任何集装箱。此类集装箱由于经常用于装大件设备,所以在配载时应掌握它装货后,包括货物在内的总长度、宽度和高度,当其总长度、宽度和高度超过常规集装箱的长度、宽度和高度时,还应按超长、超宽或超高箱的特点来进行配位。

(8)通风集装箱:为便于箱内货物的自然通风和监控,通常应选配于舱面。而且应当选择能避开海浪并经通风口灌入箱内的箱位。对于装载兽皮的通风集装箱,为避免箱内温度过高引起货物腐败变质,应避免选配于受阳光直射的甲板最上一层。

(9)选港箱:选港箱应配在可能选择的卸港都能自由卸下的位置。配载时常将此类集装箱配于集装箱船舶的后甲板平台的箱位上,或被选择卸港中的最后一港集装箱的箱位上。有时候选港箱数量较多,也可以作为一个单独的卸货港来配载。选港箱的上面,除被选择卸港中可配在第一港及其前面卸港的集装箱外,其他卸港集装箱不能配在选港箱的上面。

(10)重大件货物:这里所指的重大件货物,是指一些大于最大集装箱尺寸的货物。它的特点是重量大或体积大,或两者兼而有之。由于它不能先装上集装箱后通过装卸桥装船,故集装箱船舶在运输这些重大件货物时,要根据这些货物的特性、体积和形状等来合理地配载。

除了上述特殊集装箱以外,还有一些是有特殊积载要求的集装箱。主要是指货方或船方对某一个或一批集装箱提出在配船方面所需要特殊配载的要求,如UAB(甲板下远离热源)、UD(甲板下)、AB(远离热源)、TOP(顶层)、LDO(左开门)、RDO(右开门)、1D(一个门)、OD(甲板上)等,这些箱在预配时应根据实际情况认真选择其位置。

9.满足船舶系固要求

为减小舱面集装箱的系固压力,应当尽可能保证堆装于舱面的集装箱遵守上轻下重的堆装原则。

由于无外层堆码或两列箱位之间横向空当存在5m及以上堆装的集装箱,因受风压影响受力将会大幅增加,在船首至1/4船长区域的箱位上,其系固要求也较高(应按英国劳氏船级社计算规则规定,此范围内作用于集装箱的纵向、横向和垂向力均应增加20%)。因此,在受风影响的集装箱列上应尽可能选配较轻的且是40英尺箱(因大型集装箱船甲板上20英尺箱位中间无集装箱绑扎桥);由于两个20英尺集装箱的间距过小导致其难以绑扎,集装箱之间及底部采用扭锁连接;尽可能减少舱面集装箱列与列之间的空位,避免出现3层以上单列集装箱积载形式;受尾倾影响,船首水线面低导致舱面受风面积较大,在舱面船首至1/4船长区域的箱位上则应尽可能减少集装箱的堆装层数,以减小受风面积。

非国际标准集装箱若配于舱面,则应在船舶两舷外侧选配1~2列标准箱并加强系固,以减轻中间非标准箱的系固(受风)压力。

10.其他情况

(1)考虑集装箱箱角件的公差影响。在甲板上允许兼容装箱的船舶配载时,即两个小箱的上面可以配装大箱,必须充分考虑到由于集装箱箱角件的公差影响,40英尺箱有可能盖不上去,因此,40英尺箱底下一般配载一层20英尺箱为宜。

(2)对航程中可能出现的危险品箱、冷藏箱和框架箱等特种箱,应预先保留合适的位置。

(3)考虑船方的习惯。同一条船舶由于船长或大副不同,配载方案和要求有时也会不同,因此当某船舶更换了新船长或大副以后,配载人员最好上船及时和船方沟通一下,了解其思路和习惯,这对于中小型船舶尤为重要。

上述配载原则实际上并不是单列的,它们贯穿于配载过程的始终。归纳起来主要就是三条:即船、港、货,这始终是配载工作的三条主线。

子任务三　预配图制定

预配图是由船公司预配中心或区域预配中心,根据航线各挂靠港的舱位分配情况和单航次在各港口出口集装箱的具体分卸货港箱数及特殊箱分港数,考虑集装箱码头装卸作业的开线量而编制的,按卸货港、尺寸分类,标明不同类别集装箱在船上积载位置的文件。

预配的方法如下:

1. 一个卸货港

只有一个卸港的情况,预配相对简单一些。主要考虑稳性、吃水差、左右平衡、堆积负荷以及系固要求等因素,再就是平衡作业的因素,第三是保证货运质量。

一般先配特殊货物即先确定特殊箱(如 RF,DG 等)的位置和有特殊积载要求的箱(如 TOP、UAB)的位置,然后再配普通箱。普通箱配载的基本思路是先铺几层20英尺箱在舱内,然后将剩余的位置放40英尺箱,即20英尺箱与40英尺箱夹花配位。当然也可以根据实际情况整舱配20英尺箱或整舱配40英尺箱,但一般不宜这样配,因为一是容易形成20英尺箱舱位的重点舱,二是对稳性不利,三是可能影响纵向强度,四是可能影响到局部强度。

2. 两三个卸货港

两三个卸港的情况就复杂多了,关键是有了港序,而且每个港口都有装有卸,就必须综合考虑船舶的运输要求、本港的出口箱情况及各挂靠港的情况,合理安排各卸货港的箱位,力求避免翻倒,缩短作业时间。既要方便下一挂靠港的加载,又要为卸货港装出口箱创造条件,同时还要保证装货和卸货后船舶稳性、吃水差和各种强度等要求以及货运质量。简单讲就是在保证船舶运输要求和货运质量的前提下,确定各卸货港箱位的布局。

对各卸货港箱位的布局有一个总体的思路后,再配特殊箱。一般的方法是同一卸货港如果要配两三个舱时,要隔1~2个40英尺BAY配载。有时候因为难以确定各卸货港箱位的分布,也可以先根据特殊箱来确定,因为特殊箱的位置一般只能配在船上特定位置上或部分范围内,然后再根据特殊箱的位置来确定各卸货港箱位的分布。实际上这两步往往是同时进行的,即在开始考虑各卸货港箱位布局的同时,就要考虑到特殊箱的位置。

3. 多港干线船

这种情况最复杂,挂靠港多、箱量大、箱型复杂,特殊箱多。每个挂靠港箱量不均衡,船舶强度除横向强度以外都容易出现问题;每个挂靠港的装卸设备类型、数量、作业效率、泊位水深等,都会有不同程度的差别,这些都给配载增加了难度。其基本思路和两三个卸货港一样,一般的做法是如果在BAY 02装了汉堡货,一般要隔1~2个40英尺BAY,即在BAY10或BAY14再装汉堡货。其他港的货,依此累推。大型集装箱船舶每个舱都有三块或四块舱盖板,相当于每个舱被分成了三四个小舱,一般不宜整舱配一个港的货。

子任务四　集装箱船舶实配

一、集装箱船舶实配定义

集装箱装卸公司配载人员在收到集装箱预配图后,按照预配图的要求,并根据码头实际进箱量和集装箱在码头的堆放情况,着手编制集装箱码头配载图(container terminal bayplan),此图通常称之为集装箱配载图或实配图。

二、实配的要求

实配必须考虑集装箱码头装卸工艺和操作方式,使码头能合理、有序、有效地组织生产;同时还必须满足船舶的运输要求,即船舶的航行安全、集装箱及其货物的运输质量和船舶营运的经济效益。

(一)满足集装箱船舶的安全适航要求

这和预配时候的要求几乎是一样的,但是在重量安排上比预配更加严格。因为预配时候没有具体的箱号和重量,对船舶各项性能指标的核算只是粗略的,实配时候对重量方面的要求就严格多了。

(1)为了保证稳性,一般应按照重下轻上的原则;
(2)为了防止扭矩和横倾,左右重量宜一致;
(3)为了保证吃水差和纵向强度,前后重量应合理分布;
(4)为了防止局部强度和绑扎出现问题,每列重量不能超过堆积负荷并且要重下轻上;
(5)特种箱必须按照预配图中指定的位置配载。

(二)满足码头作业安全高效的要求

1.符合取箱规则

目前我国绝大多数集装箱码头采用装卸桥龙门吊工艺,这种装卸工艺在堆场的取箱规则是从外(通道侧)向里从上而下,而船舶的装船规则一般是从首向尾(大型集装箱船舶可根据实际需要选择从首向尾或从尾向首),从外(海侧)向里,从下向上,配载人员应使堆场的取箱规则与船舶的装船规则相吻合,切不可只顾考虑船舶配载要求而忽视堆场取箱规则,造成堆场大量的翻箱、倒箱,降低作业效率,甚至延误班期。

2.符合船舶作业计划要求

船舶作业计划是围绕船舶装卸而制定的一份详细作业计划书,包括船舶靠离泊时间、开工完工时间、作业总箱量、作业路数、机械配备以及每一个工班的任务及其进度要求,配载必须仔细考虑船舶作业计划的总体要求,例如根据船舶停靠的泊位和出口箱在堆场的分布,合理安排不同卸港的BAY位,注意全船各条作业线同时在堆场取箱时的流量,避免各路作业相互冲突、道路拥挤、堆场排队争箱、龙门吊作业忙闲不均等不利因素,在保证重点舱的前提下使各条作业路有条不紊的连续进行。

3.保证机械合理有序地移动,减少作业冲突

集装箱码头的大型专用机械主要是龙门吊和装卸桥,对堆场作业的龙门吊来说,配载时候尽量减少翻箱,同时使龙门吊的小车和大车行走路线最短,从而提高堆场作业效率和装船

作业效率。在配载中要特别注意避免龙门吊大车频繁来回移动,尽量做到使其从箱区的一端向另一端移动依次发箱。

对船边作业的装卸桥来讲,配载时要保证各条作业线路能同时作业,即每台装卸桥至少保持相距2~3个BAY的距离。此外分配给每台装卸桥的作业量和作业难度应尽量均衡,以便各台装卸桥能够尽量同方向顺次作业,力戒装卸桥大车来回移动和重点舱的形成。

4.减少场地翻倒和埋高作业

在堆场收箱一定的情况下,减少翻倒的主要对策是把握好作业时间差,要使堆场取箱顺序和实际装船顺序尽量吻合;其次就是要针对船舶不同系固方式和作业顺序采取不同的取箱顺序。

5.尽量避开在时间和空间上干扰作业路作业的各种因素

影响作业路作业正常开展的因素主要有:

(1)其他作业路以及其他船舶作业路的影响。

(2)其他作业的影响,如装船作业堆场取箱时,同时该箱区内还有集装箱进出场的作业。外来集装箱卡车占用堆场箱区通道,严重时甚至会迫使作业路停工。

(3)有特殊要求集装箱的影响,如直装船集装箱,若将其配置于正常作业集装箱之下,届时直装船集装箱不能按时到达,也会对作业路的正常作业造成影响。

三、实配的方法

(一)实配的准备工作

1.制定合理可行的单船作业路

作业线确定后,需要为每条作业线分配作业区间,尽可能使每条作业线的作业箱量和作业时间保持均衡避免形成重点舱。分配完毕为每条作业线排列作业先后顺序,重点考虑任意相邻作业线的装卸桥同时作业时位置是否冲突,并统计出每条作业线的操作数量,包括进出口作业量、开关舱盖数量、倒箱数量,同时确定单台岸桥作业效率,计算出每条作业线的完工时间。确定作业线的目的是要确定作业时间,然后以此来确定空间,即取箱点。

2.分析堆场收箱情况,对于集装箱在堆场分布以及在船上位置的分布,进行通盘考虑

由于堆场面积的限制和进箱次序的不可预见性,使得"四分开原则"不可能很彻底,这就要求配载人员对出口箱的实际场箱位心中有数,避免配载不当造成堆场的频繁翻箱找箱,妨碍正常的装船作业次序和作业效率。

3.收集并核对配载单证资料

配载单证资料包括船舶资料和出口箱资料两大部分,在开始配载作业前,还应对这些资料进行核对,以免单证资料不符而造成配载不当或失误。

(1)核对出口箱海关是否已放行

只有海关放行的出口集装箱,才能配载并装运出口,这是非常重要的一条。因此核对海关是否放行是码头配载人员必须把好的关口。

(2)实收出口箱资料的汇总和校核

集装箱码头通常在船舶开航前24小时内截止进场(俗称截港),对已经进场并通关的集装箱,配载人员要进行汇总和校核,包括出口箱的总箱量、20英尺箱量、40英尺箱量、特种箱箱量及分类,通常可按卸港顺序分别汇总和核对卸港的箱量、尺寸、箱型和特种箱等内容。

对作业线路和堆场收箱情况以及其他相关资料充分分析、掌握和核对后,再根据配载的基本原则要求以及集装箱配载要求,形成总体的配载思路和堆场取箱方案。

(二)配载方法

配载有许多种思路,常见的主要有两种:对于只有一个卸货港的船舶倾向于按照作业路配,对于有多个卸货港的船舶倾向于按照港口配。

只有一个卸货港的配载,基本可以做到根据拖车的行走方向,确定取箱顺序。尽量从箱区的大位置向小位置推进,逐垛取箱。这样可以避免轮胎吊来回取箱,降低行车成本,提高轮胎吊的发箱效率。

有多个卸货港的配载具体做法是:一般先配船BAY位没有选择余地的港口,然后再对其余的船BAY位有选择余地的港口进行场地中的优化配载。

首先是配特殊的港口(即船BAY位没有选择余地的港口)。在干线船中,这些特殊的港口就是那些箱量较小的港口。因为这些港口在船、场的位置基本固定(也就是对作业路及场地取箱的影响是固定的),配载时是没有选择余地的,所以先将其进行配载。其次是对船BAY位有选择余地的港口(这个港口是箱量最大的,或箱量最多的两个港口)进行场地中的优化配载。假设此港为A港,就要对A港箱子的堆场进行分析,依据作业时间差和每个堆场在某个时段的既有的取箱箱量进行选择,得出最佳的取箱点。

四、实配载工作要点与基本原则

(1)根据预配图指定位置的箱型、数量和场地收箱的箱型、数量、重量等确定取箱点;

(2)根据拖车的行走方向,确定取箱顺序;

(3)一般是舱内先配,小箱先配,上轻下重,轻重箱搭配要合理;

(4)避免不同港口的箱子互压,无法避免时,先卸港口的箱子压在后卸港口箱子的上面;

(5)舱内高箱积载层数必须了解清楚,其中对于舱内过境货有无高箱必须了解清楚,确实无法落实的舱内尽量不放高箱;

(6)双吊具小箱、冻箱双点供箱、危品直取、危品配杂货箱等作业应方便现场操作,符合实际作业要求,不能超过作业桥吊的安全符合,保证现场作业的安全;

(7)掌握装卸船作业的实际情况,符合不同锁垫加固需要、带船机船舶、甲板过境箱高度超过5层、翻倒箱量大、高潮水作业等要求,装卸箱顺序满足作业需要,调整每BAY位的装卸船顺序,作业序列号连续、合理有序;

(8)在同一BAY上装船计划要保证双点供箱,同一个BAY上装同一卸货港的箱时,为能够双点供货可按重、次重、次轻的重量级别,搭配装船以达到船舶的横向平衡;

(9)将最优资源配置给重点舱,保证重点舱拥有最优资源,将距离船舶所在泊位较近、进箱整齐易得的出口箱优先分配给重点舱,尽可能提高作业效率。如重点舱同一BAY上装箱和卸箱,作业箱尺寸相同,应考虑采用重进重出以确保效率;

(10)配载结束后需检查是否在时间上会发生冲突,如需要应改变取箱点或调整作业的先后顺序,直到把作业冲突的箱量降到最少;

(11)甲板重箱的配装:甲板上集装箱必须严格按照上轻下重原则堆放。对大于20t的重箱禁止配装甲板上第五、六层,原则上甲板第五、六层只能配装小于13t的重箱,禁止在甲板上堆装单列(island stow)五层或六层重箱;

(12)做好加载箱、退关箱和爆舱船的处理。

子任务五 集装箱的系固

一、集装箱的绑扎方法和规则

(一)集装箱在船舶上受力后产生的几种运动形式及其限制的方法

1. 歪斜

因船舶在运动时对集装箱产生的横向和纵向的静力和动力而形成的平行于甲板的水平分力的作用引起了集装箱的歪斜。控制集装箱歪斜的方法,用交叉绑扎。

2. 倾覆

船舶因横摇运动而产生的倾覆力作用在集装箱上,引起了集装箱的倾覆。防止集装箱倾覆的方法,可使用交叉绑扎、垂直绑扎或扭锁。

3. 滑移

由于船舶运动时产生的横向和纵向的静力和动力而形成的平行于甲板的水平分力的作用产生了集装箱相对于甲板或下层集装箱的滑移运动。控制集装箱的滑移,应使用扭锁或定位锥。

(二)集装箱的绑扎规则

国际上许多船级社,在海船入级与建造规范中,都提供了集装箱受力计算方法和对集装箱系固及其所用设备的基本要求。我国船级社对集装箱系固的一般要求如下:

1. 一般要求

集装箱一般采用角件锁紧装置(即扭锁)、拉紧装置、箱格导轨或其他等效约束结构中的一种或几种组合进行系固作业。

2. 甲板上集装箱的系固

1)甲板上装一层集装箱

(1)在集装箱的底角处应用底座扭锁对集装箱固定;

(2)除此之外,也可在每只集装箱的两端用拉紧装置以对角或垂直方式对集装箱系固,并在每个集装箱底角处用定位锥定位。

2)甲板上装两层集装箱

(1)在每层集装箱的底角处应用扭锁对集装箱予以固定;

(2)除此之外,也可在第二层每只集装箱的两端与甲板或舱盖之间用拉紧装置对集装箱予以系固,且在每一层集装箱的底角处应设置定位锥。若经计算表明在集装箱的底角出现分离力,则应在该处设扭锁。

3)甲板上装两层以上集装箱

(1)对第一层和第二层集装箱应按上述(2)的方法系固;

(2)对第二层以上的集装箱应用扭锁进行系固;

(3)在集装箱的第四层与第三层间通常用角件锁紧装置来系固,如只用角件锁紧装置不能满足要求时,可增加附加系固装置(通常使用桥锁或扭锁链板等)。

3. 舱内集装箱的系固

1)无箱格导轨装置

(1)可参照上述2甲板上集装箱的系固要求进行操作;

(2)若经计算表明在集装箱两层之间出现分离力,则应在该两层间装置扭锁件,对其他位置可考虑使用双头定位锥;

(3)若经计算表明各层集装箱间均无分离力,则扭锁可考虑全部由双头定位锥替代。

2)有箱格导轨装置

我国规范对此无明确规定。通常,舱内装于箱格导轨间的集装箱,若其长度与导轨间长度一致,则无须设置任何系固索具;当舱内供装载 40 英尺箱的箱格内配装 20 英尺箱时,则应在 40 英尺箱的导轨长度中间底部使用锥板,两层集装箱之间使用定位锥来固定 20 英尺集装箱。

二、集装箱的系固设备

1.底座扭锁

底座扭锁(bottom twist lock)主要用在甲板上,使最下层集装箱与甲板连接。装货时先将手柄置于非锁紧位置,再将它装于箱位的底座上,待集装箱堆装妥后,旋转手柄使锁锥转动,从而使集装箱和船体连接成一体。卸货时先将手柄扳回原位,扭锁即处于松开状态,即可调离上层集装箱。

2.扭锁

扭锁(twist lock)用于甲板上两只集装箱之间的垂向连接锁紧装置,以防止集装箱的倾覆和滑移。使用时,先将手柄置于非锁紧位置,然后将它放置到下层集装箱顶部的角件内,待上层集装箱装妥后,转动手柄,使上下两只集装箱被连接起来。

目前船上较多使用的是一种新型的半自动扭锁,装箱时只需将扭锁装于集装箱底部角件内,当集装箱置于船上箱位时,受箱体压力作用该扭锁能自动转动锁锥使其处于锁紧状态。卸箱时,首先使用专用开锁棒,扭动开锁销将其拉出,从而打开扭锁与舱盖或与另一集装箱底部连接,再用桥吊吊下集装箱,在码头上人工将扭锁取下。

3.定位锥

定位锥(stacking cone)分为单头定位锥(single stacking cone)和双头定位锥(double stacking cone)两种,其作用是将定位锥置于舱内两层集装箱之间,用于集装箱定位,并能防止集装箱的水平滑移,双头定位锥还能用作相邻两列集装箱之间的水平连接。

4.桥锁

桥锁(bridge fitting)是用于对最上一层相邻两列集装箱进行横向水平连接的系固设备,用以分散主要系固设备所承受的负荷,从而提高系固效果。装货时将两个锁钩分别插入两个集装箱的角件孔中,然后旋转调节螺母,使之收紧。卸货时松动调节螺母,调整钩头距离到适当位置将其取出。

5.拉紧装置

绑扎杆(又称绑扎棒)(lashing bar)和松紧螺杆(又称花篮螺丝)(turnbuckle)组合使用形成系固集装箱的拉紧装置。装货时将绑扎杆的一端插入集装箱角件内,另一端通过松紧螺杆连接在甲板上的系固地令上,通过调节松紧螺杆将绑扎杆收紧。卸货时调节松紧螺杆将绑扎杆松开,然后取下放在存放位置。松紧螺杆不必从地令上卸下,放置在安全位置即可。

6.集装箱绑扎桥

设置于大型集装箱专用船甲板上,其上设有眼板、D 形环或可以移动的眼板,用于系固高层集装箱。

项目七　国际船舶代理实务

任务一　了解国际船舶代理人的业务和分类

《中华人民共和国国际海运条例》和《中华人民共和国国际海运条例实施细则》对我国的船舶代理经营者给出了定义。国际船舶代理经营者,是指依照法律设立的中国企业法人,接受船舶所有人或者船舶承租人、船舶经营人的委托,在国际海运口岸及其水域或在内陆地区设立分支机构从事国际船舶代理业务的企业。

一、国际船舶代理的业务范围

国际船舶代理经政府主管部门——交通运输部的批准,可以在所在口岸及其水域从事国际航行船舶代理业务。

根据《中华人民共和国国际海运条例》规定,国际船舶代理可以经营下列业务:
(1)办理船舶进出港口手续,联系安排引航、靠泊和装卸。
(2)代签提单、运输合同,代办接受订舱业务。
(3)办理船舶、集装箱以及货物的报关手续。
(4)承揽货物、组织货载,办理货物、集装箱的托运和中转。
(5)代收运费,代办结算。
(6)组织客源,办理有关海上旅客运输业务。
(7)其他相关业务。

国际船舶代理经营者应当按照国家有关规定代扣代缴其所代理的外国国际船舶运输经营者的税款。

以上这些只是一个原则性的规定。其实,应委托人的委托,船舶代理的业务还有很大的延伸空间,可以一并归到"其他相关业务"中去。例如处理或协助处理海商、海事;联系水上救助;联系安排船舶修理及其他工程项目;安排船舶备件、物料、燃油、淡水供应;安排船舶证书的展期和更新;安排各类检查、检验;安排船用备件的调拨和转递;安排船员的调动、就医;代为安排保险,进行担保及其他与船舶、船员和货物有关的事项等。

由于不同船舶不同航次运输任务不同,因此在不同航次的具体情况下,国际船舶代理人所办业务不完全相同。

二、代理关系的分类

依据不同的分类标准,代理关系分成若干类,简介如下:

(一)按合同期限分类

1.长期代理关系

长期代理关系是指委托方根据船舶运营需要,事先与代理人充分协商,以书面形式签订一次委托长期(一年或几年)有效的代理关系。

在合同的有效期内,委托方只需在每航次船舶抵港前,通知代理到船时间、船名、船舶规范和载货情况,不需要逐船逐航次委托。

委托方应建立往来账户,预付适当数量的备用金,供船舶逐航次使用。

班轮公司与代理人一般都签订长期代理协议(一年或两年),到期后双方再商定是否续签。

2.航次代理关系

航次代理关系是指委托方在船舶到港前,用函电向抵港代理提出该航次船舶委托,经代理回电确认后,本航次代理关系即告成立。

凡委托人派船抵港装卸货物,或因船员急病就医、船舶避难、添加燃料、物料、淡水、给养、修理等原因抵港的国际航行船舶,均应逐航次办理委托,船舶在港作业完成或所办理事项完成离港,则航次代理关系即告终止。

(二)按代理船舶的营运方式分类

1.班轮运输船舶代理关系

在班轮运输下,班轮运输船舶代理人与班轮公司通常建立长期的代理关系。在我国的船舶代理实践中,班轮公司在某一港口也可能分航线委托多个船舶代理人。班轮公司通常委托班轮代理代办船舶进出港手续、揽货、订舱、缮制有关单证、代签提单和提货单、代收运费等事项。班轮公司在选定班轮代理人时,班轮代理人能承揽的货量是班轮公司考虑选择代理人的一个重要因素。班轮运输船舶代理根据其代办的业务主要分为班轮运输船舶总代理和订舱代理。

(1)班轮运输船舶总代理。在班轮运输中,班轮公司在船舶停靠的港口委托总代理。总代理的权利与义务通常由班轮代理合同的条款予以确定。代理通常应为班轮制作船期广告,为班轮公司开展揽货工作,办理订舱、收取运费工作,制作运输单据、代签提单,管理船务和集装箱工作,代表班轮公司就有关费率及班轮公司营运业务等事宜与政府主管部门接洽。总之,凡班轮公司自行办理的业务都可通过授权,由总代理代办。

(2)订舱代理。班轮公司为使自己所经营的班轮运输船舶能在载重和舱容上得到充分利用,力争做到"满舱满载",除了在班轮船舶挂靠的港口设立分支机构或委托总代理外,还会委托订舱代理人,以便广泛地争取货源。订舱代理人通常与货主和货运代理人有着广泛和良好的业务联系,因而能为班轮公司创造良好的经营效益,同时能为班轮公司建立起一套有效的货运程序。

2.不定期船运输船舶代理关系

不定期船代理为来港的不定期船办理相关事务。不定期船代理可以由不定期船舶所有人、经营人或承租人等委托。通常在维护委托方利益的前提下,代理人照管和办理船舶在港的一切事项。在不定期租船中,为维护自己的利益,承租人和出租人都希望自己有权指定装卸港口的代理人,一般在租船合同中都会明确由谁指定装卸港口代理人。根据委托方的不同,不定期船运输代理可分为以下几种。

(1)船东代理。船东代理受船东的委托,为船东代办与在港船舶有关的诸如清关、检验检疫、安排拖船、引航员及装卸货物等业务。此时,租约中通常规定船东有权在装卸港口指派代理人。

(2)船舶经营人代理。根据航次租船合同的规定,由船舶出租人在装卸港口指派代理人,该代理人受船舶经营人的委托,为船舶经营人代办与在港船舶有关的业务。

(3)租船人提名代理。根据航次租船合同的规定,船舶承租人有权提名代理,而船舶出租人(船东或船舶经营人)必须委托由租船人所指定的代理作为自己所属船舶在港口的代理人,并支付代理费及港口的各种费用。此时,代理人除了要保护委托方(船东或船舶经营人)的利益外,还要兼顾租船人的利益。

(4)保护代理。当根据租约的规定,在船舶代理由租船人提名的情况下,船东或船舶经营人为了保护自己的利益,会在已经委托由租船人提名的代理人作为在港船舶的代理以外,再另外委托一个代理来监督租船人提名代理的代理行为,该代理人即为保护代理,或称为监护代理(Supervisory agent)。这种情况多发生在航次租船合同的情况之下。

(5)船务管理代理。由租船人向港口船舶代理发出委托合同并结算港口使费,而船东为了办理诸如船员调换/遣返、加油、加水、物料供应、修船、船长借支等船舶管理业务而委托的代理(Husbandry agent,简称为船管代理),这种情况多发生在定期租船合同的情况之下。

在有船务管理代理人的情况下,各方委办业务比较明确,即租船人委办事项主要是安排船舶进出港手续、安排泊位和货物装卸等业务,而船东委办的事项如船员换班/遣返、物料供应、船长借支等业务。如果租船人和船东委托同一个代理人(其中的船东可以按第二委托方处理),则代理人对船舶在港期间的委办业务要明确区分,分别完成租船人和船东委托的代理任务并分开结算。

(6)不定期船总代理。总代理是特别代理的别称,其代理权范围包括代理事项的全部。不定期船总代理的业务很广,如代表不定期船船东来安排货源、支付费用、选择、指定再代理并向再代理发出有关指示等。当然,租船人有时也会指派总代理人,若在租约中规定由租家指派代理或提名代理时,则租船人就有权在一定地理区域选定总代理,当租船人指定甲代理人为总代理,而船舶不停靠甲地时,则可由甲代理为其委托方选择、指定再代理,并由再代理代办与在港船舶有关的业务。委托人授予代理代理权是建立在对代理人的知识、技术、才能和信誉等信任的基础之上的,而船东或租船人选用总代理的最大优点在于,委托方和代理之间有信任感、业务上具有连续性,一旦委托,则船舶在所有港口的代理业务都由总代理办理或由其选择、指派的再代理完成。

(三)按同一航次委托方分类

1.第一委托方代理

第一委托方是指发出委托电并汇付港口使费和代理费的一方,通常称之为委托方。

2.第二委托方代理

除第一委托方以外,对同一艘船舶同一航次要求代理代办有关业务的其他委托者,统称为第二委托方。

第二委托方可以是船方(船舶所有人、经营人或管理公司),也可以是租方或货方,还可以是其他有关方。一艘船只能有一个第一委托方,但同时可以有一个或几个第二委托方。有船舶代理指定权的不一定都是第一委托方,只有实际支付和结算船舶港口使费的一方才被认作为第一委托方。除第一委托方以外的任何单位,要求代理协助并办理相关业务的,应视业务量大小来确定是否需要建立第二委托方代理关系。

一般情况下,符合下列条件之一的,应视作第二委托方:

(1)要求提供船务管理服务的。

(2)委托并要求提供船舶装卸准备通知书、装卸时间事实记录、船长宣载书。

(3)要求按时电告船舶抵、离港及船舶在港期间动态。

(4)要求提供船舶各种装货单证。

(5)按租约规定分别向船东、租船人或其他有关方结算船舶在港使费,除委托方以外的其他结算对象均为第二委托方。

有关方一些简单的要求和询问不应当作第二委托方对待。委托方要求向其总部或分支机构提供一些信息和寄送单证,一般也不作为第二委托方对待。

为便于理解船舶的代理关系,现举例如下:

A 公司拥有"海洋"号船。

B 公司与 A 公司签署了 5 年的期租船合同,期租使用"海洋"号。

C 公司有散杂货需要从美国运往中国天津,于是与 B 公司签订了程租船合同,单航次程租使用"海洋"号。

在程租合同下,C 公司拥有指委代理权。C 公司与甲公司有长期业务往来,于是 C 公司要求 B 公司使用甲公司作为卸港船舶代理。于是 B 公司正式委托甲公司作为"海洋"号靠天津港时的船舶代理人,负责船舶进/出港、靠泊、卸货等工作和支付有关港口使费。

由于 B 公司过去与甲公司没有业务往来,为保护自身利益,B 公司在天津港委托乙公司作为自己的保护代理,负责监控卸货工作,并将港口使费和代理费等通过保护代理乙公司支付给甲公司。A 公司与甲公司和乙公司过去都没有业务往来,于是他委托天津港的丙公司为船管代理,负责船员借支、就医、航次修理和其他属于船东负责的有关事宜。

其代理关系如图 1-7-1 所示。

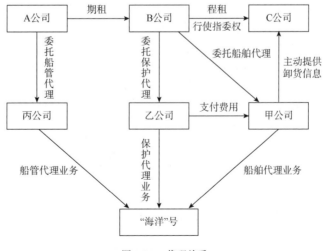

图 1-7-1 代理关系

如果 A 公司与甲公司有业务往来,而且委托甲公司在天津负责船管代理业务,则甲公司可以将 A 公司委托的业务称之为第二委托方代理业务。

任务二　估算备用金

备用金(Advanced disbursement)是指委托方和第二委托方预付给代理人,用于支付船舶进出港和在港期间所需的港口使费、代理费以及处理有关特殊事项的备用款项。

船舶代理人根据船舶总吨/净吨等船舶规范和装卸货物的种类、数量以及委办的特殊事项,如船舶加油、加水、供应伙食、船员遣返情况以及船舶吨税执照是否有效等情况估算备用金。对有长期代理关系或经常有业务往来的委托方,由于双方已有较好的业务往来关系,对经营和财务经济状况已有较好了解和信任,而且代理可以按需要随时提出增汇,所以代理人提出的索汇金额可以按船舶正常在港时间估算。但是,对于初次来港或不经常来港的船舶,应略有宽裕的估算备用金。除非包干港口费用,船舶代理人索汇备用金时必须逐项分列备用金项目,并将开户银行及账号告知对方。

一、代理费的征收

代理费(Agency fee)是船舶代理人向委托方收取的报酬性费用,是船舶代理公司的主要收入来源。

2003年12月2日《航行国际航线船舶代理费收项目和标准》被废止,国际船舶代理行业价格由国家定价改为市场定价。2004年6月,船舶代理协会(现中国船舶代理及无船承运人协会)公布了《航行国际航线船舶代理费收项目和建议价格》。

代理费分船舶净吨代理费、货物代理费和委办其他事项(分为代算代收运费和其他费用两种)三类。

二、船舶吨税的办理

船舶吨税(Tonnage dues)是海关代交通运输部向国际航行船舶征收的税,主要用于港口建设维护及海上干线公用航标的建设维护。征收对象是自中华人民共和国境外港口进入境内港口的船舶(以下称应税船舶),依据2018年7月1日起施行的《中华人民共和国船舶吨税法》(2018年10月26日经修正),以下各种船舶免征:

(1)应纳税额在人民币50元以下的船舶。
(2)自境外以购买、受赠、继承等方式取得船舶所有权的初次进口到港的空载船舶。
(3)吨税执照期满后24小时内不上下客货的船舶。
(4)非机动船舶(不包括非机动驳船)。
(5)捕捞、养殖渔船。
(6)避难、防疫隔离、修理、改造、终止运营或者拆解,并不上下客货的船舶。
(7)军队、武装警察部队专用或者征用的船舶。
(8)警用船舶。
(9)依照法律规定应当予以免税的外国驻华使领馆、国际组织驻华代表机构及其有关人员的船舶。
(10)国务院规定的其他船舶。

吨税分为1年、90日和30日三种,由船方选择。税率是按船舶净吨位大小分级设置和收取的,又分为优惠税率和普通税率。中华人民共和国国籍的应税船舶,船籍国(地区)与中华人民共和国签订含有相互给予船舶税费最惠国待遇条款的条约或者协定的应税船舶,适用优惠税率。其他应税船舶,适用普通税率。吨税按照船舶净吨位和吨税执照期限征收。应税船舶负责人在每次申报纳税时,可以按照《吨税税目税率表》选择申领一种期限的吨税执照。吨税的应纳税额按照船舶净吨位乘以适用税率(表1-7-1)计算。

吨税税目税率表　　　　　　表1-7-1

税目 (按船舶净吨位划分)	税率(元/净吨)						备注
	普通税率 (按执照期限划分)			优惠税率 (按执照期限划分)			
	1年	90日	30日	1年	90日	30日	
不超过2000净吨	12.6	4.2	2.1	9.0	3.0	1.5	1.拖船按照发动机功率每千瓦折合净吨位0.67吨。 2.无法提供净吨位证明文件的游艇,按照发动机功率每千瓦折合净吨位0.05吨。 3.拖船和非机动驳船分别按相同净吨位船舶税率的50%计征税款
超过2000净吨,但不超过10000净吨	24.0	8.0	4.0	17.4	5.8	2.9	
超过10000净吨,但不超过50000净吨	27.6	9.2	4.6	19.8	6.6	3.3	
超过50000净吨	31.8	10.6	5.3	22.8	7.6	3.8	

应税船舶在进入港口办理入境手续时,应当向海关申报纳税领取吨税执照,或者交验吨税执照(或者申请核验吨税执照电子信息)。应税船舶在离开港口办理出境手续时,应当交验吨税执照(或者申请核验吨税执照电子信息)。应税船舶负责人申领吨税执照时,应当向海关提供下列文件:(一)船舶国籍证书或者海事部门签发的船舶国籍证书收存证明;(二)船舶吨位证明。应税船舶因不可抗力在未设立海关地点停泊的,船舶负责人应当立即向附近海关报告,并在不可抗力原因消除后,依照本法规定向海关申报纳税。

吨税纳税义务发生时间为应税船舶进入港口的当日。应税船舶在吨税执照期满后尚未离开港口的,应当申领新的吨税执照,自上一次执照期满的次日起续缴吨税。海关征收吨税应当制发缴款凭证。应税船舶负责人缴纳吨税或者提供担保后,海关按照其申领的执照期限填发吨税执照。

应税船舶到达港口前,经海关核准先行申报并办结出入境手续的,应税船舶负责人应当向海关提供与其依法履行吨税缴纳义务相适应的担保;应税船舶到达港口后,依照规定向海关申报纳税。下列财产、权利可以用于担保:(一)人民币、可自由兑换货币;(二)汇票、本票、支票、债券、存单;(三)银行、非银行金融机构的保函;(四)海关依法认可的其他财产、权利。

在吨税执照期限内,应税船舶发生下列情形之一的,海关按照实际发生的天数批注延长吨税执照期限:(一)避难、防疫隔离、修理、改造,并不上下客货;(二)军队、武装警察部队征用。

应税船舶负责人应当自海关填发吨税缴款凭证之日起十五日内缴清税款。未按期缴清税款的,自滞纳税款之日起至缴清税款之日止,按日加收滞纳税款万分之五的税款滞纳金。

应税船舶在吨税执照期限内,因修理、改造导致净吨位变化的,吨税执照继续有效。应税船舶办理出入境手续时,应当提供船舶经过修理、改造的证明文件。

应税船舶在吨税执照期限内,因税目税率调整或者船籍改变而导致适用税率变化的,吨税执照继续有效。因船籍改变而导致适用税率变化的,应税船舶在办理出入境手续时,应当提供船籍改变的证明文件。

吨税执照在期满前毁损或者遗失的,应当向原发照海关书面申请核发吨税执照副本,不再补税。

目前,正在进行吨税申缴无纸化改革,企业可凭海关系统中的吨税执照电子信息就能免于提交吨税执照正本和相关证明材料,相关企业足不出户即可通过国际贸易"单一窗口"实现吨税的网上申报和缴税。该举措压缩了口岸整体通关时间,促进了贸易便利化,营造了更加优质的营商环境。吨税申缴无纸化改革后,所有吨税申缴要素均转变为电子数据,通过国际贸易"单一窗口"就可实现吨税的申报和缴税,将之前的"海关-银行-海关"申缴流程变为"互联网+海关"的执照申请、税费缴纳、执照签发一站式服务。如今诸多口岸已实现了吨税申报社会化、支付电子化和吨税执照无纸化,使国际航行船舶在本口岸和境内续驶的吨税验核更加便捷。

三、港口费用的估算

在国家降本增效和优化营商环境的政策部署下,港口费用的收取标准历经了多次修改,目前使用的是交通运输部和国家发展改革委于2019年3月13日发布的《港口收费计费办法》,自2019年4月1日起执行,有效期5年。

港口收费包括实行政府定价、政府指导价和市场调节价的经营服务性收费,其中实行政府定价的港口收费包括货物港务费、港口设施保安费;实行政府指导价的港口收费包括引航(移泊)费、拖轮费、停泊费和围油栏使用费;实行市场调节价的港口收费包括港口作业包干费、库场使用费、船舶供应服务费、船舶污染物接收处理服务费、理货服务费。上述收费项目均应单独设项计收,港口经营人和引航机构不得超出以上范围另行设立港口收费项目。

实行政府定价的港口收费必须按照规定的收费标准计收;实行政府指导价的港口收费应以规定的收费标准为上限,港口经营人和引航机构可在不超过上限收费标准的范围内自主制定具体收费标准;实行市场调节价的港口收费由港口经营人根据市场供求和竞争状况、生产经营成本和服务内容自主制定收费标准。实行政府定价的港口收费标准按规定的费率确定;实行政府指导价的港口收费标准按规定的基准费率、附加收费、优惠收费合计确定。

港口收费计费单位和进整办法应符合下列规定:(一)费用计算以人民币元为计费单位。每一提货单或装货单每项费用的尾数按四舍五入进整,每一计费单的最低收费额为1元。(二)船舶以计费吨为计费单位,按净吨计算,1净吨为1计费吨,无净吨的按总吨计,既无净吨也无总吨的按载重吨计,既无净吨也无总吨和载重吨的按排水量计,并均按计费吨的收费标准计费。拖轮按马力计算,1马力为1计费吨。木竹排、水上浮物等按体积计算,1立方米为1计费吨。不满1计费吨的按1计费吨计。(三)时间以日或小时为计费单位。以日为计费单位的,按日历日计,不满1日按1日计;以小时为计费单位的,不满1小时按1小时计,超过1小时的尾数,不满半小时按0.5小时计,超过半小时的按1小时计。另有规定的除外。(四)距离以海里或千米为计费单位,不满1海里或1千米的按1海里或1千米计。

节假日是指中华人民共和国法定节假日和休假日。夜班作业时间是指21时至次日8时时段内连续8小时的作业时间,具体时间起讫点由港口所在地港口行政管理部门确定并对外公布。

(一)引航费(Pilotage)**和移泊引领费**(Pilotage for shifting)

我国对外国籍船舶实行强制进出港引航和移泊引领,引航费根据相关港口的实际引航距离分类(10海里为界),按船舶净吨位(拖船按马力)计收。引领航行国际航线船舶进、出港,向船方或其代理人计收引航费,引航费基准费率见表1-7-2。注意:引航距离在10海里及以内,且引领船舶超过120000净吨的引航费按49000元计收。

引航费基准费率表见 表1-7-2

项 目	计费单位		费率(元)	说 明
引航(移泊)费	计费吨	A	0.45	40 000净吨及以下部分
			0.40	40 001~80 000净吨部分
			0.375	80 000~120 000净吨部分
	计费吨·海里	B	0.004	10海里以上超程部分
	计费吨	C	0.14	过闸引领
	计费吨	D	0.20	港内移泊

港口的引航距离由港口所在地港口行政管理部门确定并对外公布,同时抄报省级交通运输主管部门。

超出锚地以外的引领(国外也被称作深海引领,Deep sea pilot)其超出部分按标准加收30%。地方小港还可根据情况加收非基本港引航附加费,但最高不超过每净吨0.27元。引航费按第一次进港和最后一次出港各一次分别计收,期间的港内引领作业都按照移泊费率收取。引领船舶过闸要以次加收过闸引领费。拖带船按拖船马力和被拖船净吨相加计算,航行国际航线的引航和移泊起码计费吨为2 000净吨(马力)。引航和移泊所用拖船使用费由拖船提供方另外收取。

航行国际航线船舶节假日或夜班的引航(移泊)作业应根据实际作业情况分别加收引航(移泊)费附加费。节假日、夜班的引航(移泊)作业时间占全部作业时间一半及以上,或节假日、夜班的作业时间大于等于半小时的,节假日或夜班的引航(移泊)费附加费率按45%分别加收,既为节假日又为夜班的引航(移泊)费附加费按90%一并加收。

(二)拖轮费(Towage)

船舶靠离泊使用拖轮和引航或移泊使用拖轮,提供拖轮服务的单位向船方或其代理人计收拖轮费。航行国际航线船舶每拖轮艘次费率按表1-7-3规定计收。

航行国际航线船舶拖轮费基准费率表(计费单位:元/拖轮艘次) 表1-7-3

序号	船长(m)	船舶类型		
		集装箱船、滚装船、客船	油船、化学品船、液化气体船	散货船、杂货船及其他
1	80及以下	6 000	5 700	5 300
2	80~120	6 500	7 800	7 400
3	120~150	7 000	8 500	8 000
4	150~180	8 000	10 500	9 000
5	180~220	8 500	12 000	11 000

续上表

序号	船长(m)	船舶类型		
		集装箱船、滚装船、客船	油船、化学品船、液化气体船	散货船、杂货船及其他
6	220~260	9 000	14 000	13 000
7	260~275	9 500	16 000	14 000
8	275~300	10 000	17 000	15 000
9	300~325	10 500	18 000	16 000
10	325~350	11 000	18 600	16 500
11	350~390	11 500	19 600	17 800
12	390~	12 000	20 300	19 600

沿海港口的船舶靠离泊和引航或移泊使用拖轮艘数的配备标准由所在地港口行政管理部门会同海事管理机构提出，各省级交通运输主管部门对其合规性、合理性进行审核后公布。

被拖船舶靠离的泊位与最近的拖轮基地距离超过30海里但小于等于50海里的，其拖轮费可按基准费率的110%收取；距离超过50海里的，可按120%收取。

拖轮费与燃油价格实行联动，燃油价格大幅上涨或下跌影响拖轮运营成本发生较大变化时，适当调整拖轮费基准费率标准。具体联动机制和办法另行规定。

(三)停泊费(berthage)

停泊在港口码头、浮筒的船舶，由提供停泊服务的港口经营人向船方或其代理人计收停泊费。航行国际航线船舶，停泊费按表1-7-4规定费率计收。

停泊费基准费率表　　　　　　　　　　　　　　　　表1-7-4

项　目	计费单位	费率(元)	说　明
停泊费	计费吨·日	A　　　　0.25	
	计费吨·小时	B　　　　0.15	
	计费吨·日	C　　　　0.05	锚地停泊

其中，A类费率适用于普通的生产性作业停泊，B类费率适用于非作业停泊，C类费率适用于锚地停泊。

B类包括的情况：①货物及集装箱装卸或上、下旅客完毕4小时后，因船方原因继续留泊的船舶；②非港口原因造成的等修、检修的船舶(等装、等卸和装卸货物及集装箱过程中的等修、检修除外)；③加油加水完毕继续留泊的船舶；④非港口工人装卸的船舶；⑤国际客运和旅游船舶。

船舶在港口码头、浮筒、锚地停泊以24小时为1日，不满24小时的按1日计。船舶在港每24小时交叉发生码头、浮筒、锚地停泊的，停泊费按A类规定费率计收。系靠停泊在港口码头、浮筒的船舶，视同停泊码头、浮筒的船舶计收停泊费。由于港口原因或特殊气象原因造成船舶在港内留泊，以及港口建设工程船舶、军事船舶和执行公务的公务船舶留泊，免收停泊费。

(四)围油栏使用费(oil bar)

船舶按规定使用围油栏,由提供围油栏服务的单位向相关规定明确的布设围油栏义务人收取围油栏使用费。航行国际航线船舶的围油栏使用费,按表1-7-5规定费率计收。

围油栏使用费基准费率表　　　　　　　表1-7-5

项　　目	计费单位	费率(元)	说　　明
围油栏使用费	船·次	3 000.00	1 000净吨以下船舶
		3 500.00	1 000~3 000净吨船舶
		4 000.00	3 000净吨以上船舶

(五)船舶供应服务费和船舶污染物接收处理服务费

为船舶提供供水(物料)、供油(气)、供岸电等供应服务,由提供服务的单位向船方或其代理人收取船舶供应服务费。为船舶提供垃圾接收处理、污油水接收处理等船舶污染物接收处理服务,由提供服务的单位向船方或其代理人收取船舶污染物接收处理服务费。船舶供应服务费和船舶污染物接收处理服务费的收费标准由提供服务的单位自主制定。水、油、气、电价格按照国家规定价格政策执行。

(六)港口作业包干费

港口经营人为船舶运输的货物及集装箱提供港口装卸等劳务性作业,向船方、货方或其代理人等综合计收港口作业包干费;港口经营人为客运和旅游船舶提供港站使用等服务,向客运和旅游船舶运营企业或其代理人综合计收港口作业包干费。

港口作业包干费的包干范围包括港口作业的全过程,港口经营人应分别将下列货物及集装箱港口作业、客运港口服务纳入港口作业包干费,不得单独设立收费项目另行收费:

1.货物及集装箱港口作业

散杂货装卸(包括为在船舱散货上加装货物进行平舱以及按船方或其代理人要求的其他特殊平舱),集装箱装卸,铁路线使用,铁路货车取送,汽车装卸、搬移、翻装,集装箱火车、驳船装卸(包括在长江干线和黑龙江水系港口使用拖轮取送驳船到码头装卸货物),集装箱拆、装箱,起重船、起重机、吸扬机使用,起货机工力,拆包和倒包,灌包和缝包,分票,挑样,一般扫舱和拆隔舱板,装卸用防雨设备、防雨罩使用,装卸及其他作业工时,岸机使用,以及困难作业,杂项作业,减加载,捣载,转栈,超长(笨重、危险、冷藏、零星)货物作业,地秤使用,轨道衡,尺码丈量,库内升降机或其他机械使用,除尘,集装箱清洗,成组工具使用。

2.客运港口服务

客运和旅游客运码头服务、港站使用服务、行李代理、行李装卸、进出码头迎送旅客。

港口经营人可根据港口作业情况增加或减少上述规定的作业内容,但均应纳入港口作业包干费统一计收,收费标准由港口经营人自主制定。

港口作业包干费不得包含实行政府定价、政府指导价的收费项目和其他实行市场调节价的收费项目。

(七)交通费

包括代理和相关查验部门及船员使用交通工具(车、船)所发生的费用,一般情况下都是凭船长签字确认的发票实报实销,也有通过签订协议实行交通费包干的(主要是班轮和有长期代理协议关系的委托方或船东)。一些单位在报销车船费用的时候有猫腻,问题相对较多,委托方颇有微词。代理人要维护委托方利益,尽管相对来说很难,但仍必须严格审核和把关。有的船东感觉到费用太大且无法控制,提出让代理实行包干的办法来收取交通费。中远船舶首先实行了交通费包干制,现已逐步扩大了范围。

(八)通信费

通信费包括代理与船方联系所使用的卫星通信和 VHF 费用,与委托方以及装卸港代理联系所用的电话、传真、E-MAIL 等费用,与口岸查验部门联网进行申报、传送相关单证的网络通信费用,船长使用代理电话或租用代理手机与国内外进行联系的国际国内长途电话费用。代理一般都采用实报实销的办法(每次通信都填写计费单当做收费凭证),由于有的船东嫌麻烦或感到无法审核且收费过高,提出采用包干的办法。

此外,还可能产生其他的费用:

1. 各种检验、计量、公估费

本项包括对船舶的适航、损坏范围程度、设备安全等进行的各种定期和临时检验(检验单位是船检),对船舱适装情况、货物状态和残损(包括范围和程度)进行的检验和进行货物丈量和计量(包括公估)、查验货舱内货物是否已经卸尽(油船的验干舱)、封舱、取样、化验等各项工作(查验单位是海关或其他合法检验机构),收费标准各不相同。船舶装运某些出口货物前,验舱是强制的。对已经不适航和部分重要设备故障受损的船舶,修理后的船舶/设备的适航/安全性检验和按照国际公约规定进行的定期检验也是不可避免的。港务监督根据国际公约对进港船舶进行 PSC 检查时,发现缺陷(Deficiency)责令限期纠正(To be rectified)的,常常需要在当地安排修理和修理后检验。

2. 船员费用

船员费用包括船方借支(有时是船东需支付船员工资)、船员遣返用的机票、住宿、伙食、交通(有时包括船东代表来港口出差所发生的食宿、交通、机票和借支)等开支,船员更换、就医、登陆所产生的各项费用等。代理在接到船东代表或船方提出的相关要求后,必须尽快与委托方取得联系并获得其确认,还要及时估算并追加索要相关费用。委托方有时不是船舶的船东,委托方对船东费用并不一定负责,需要另外向船东索要相关费用的备用金,对此决不能大意。如船方借支外汇时,从银行提取外汇现钞需要经过外汇管理局审批,批准的前提条件一般是有船东汇款凭证和银行进账凭证。所以,船东汇款没有入账以前往往无法从银行提取外汇现钞,此点必须事前向委托方说明,以免延误将借支送船。借支送船后必须要由船长签收,收据作为结算凭证。此外,对船长和船员、船东代表、委托方代表等来港办事人员发生费用需要通过船舶使费账结算的,必须事前取得委托方确认并核实备用金余额是否足够支付,避免出现欠账和坏账。

3. 临时修理费或船用零备件转运费

船舶临时发生故障或机械损坏影响开航时,需要在当地港口进行临时修理,修理的费用可能会比较高。有的船东会通过直接与修理厂家联系、协商价格并通过其他渠道直接结算费用。船东临时将船用备件空运来港让代理报关、提货并转送上船的情况也时常发生,及时转递备件上船也是一项十分重要的工作,代理有时需要委托有报关权的分承包人来完成,要注意及时索要相关费用的备用金(这类费用有时与委托方无关)。

除以上所列各项费用以外,还可能会有一些特殊需要的费用和临时发生的费用,如海事处理,抢潮,海事部门派船巡逻开道和对装有危险品的船实行监护船监护,非监管区监管费用,边检上船监护,速遣,违章违规的罚款和委托方临时委托办理的特殊事项所发生的相关费用等,代理应随时根据情况及时追加索要备用金。

任务三　办理港口代理业务

港口代理业务是指船舶代理人代为办理委托船舶在某港口的业务的全称。从时间上分为船舶抵港前的准备工作、船舶在锚地期间的工作、船舶在港作业期间的工作和船舶离港后的工作。从性质上而言,港口代理业务是船舶代理公司的核心主营业务,所涉及的外勤、调度等岗位是企业的关键岗位。

根据常见的班轮代理协议,港口代理业务主要涵盖以下业务:

(1)依据当地的实际情况,办理船舶的进出港手续;安排船舶靠泊、装卸货作业。

(2)安排协调码头经营者、装卸工人、理货人员以及其他相关人员之间有关于船舶的作业活动,以便获得最好的服务和船舶的尽快速遣。

(3)安排出口货的装货、进口货的卸货和过境货的转运。

(4)安排船舶加油、修理、船员的更换遣返、船员的就医、船舶供应品的补给、备件的转运。

(5)依据委托方的指示处理船舶的索赔、船舶互保、共同海损的分摊和检验官的指定等事宜。

(6)处理所有的相关单证,完成客户的咨询。

(7)及时定期地向委托方汇报船舶动态等。

子任务一　办理船舶进出港手续

现行的国际船舶进出境(港)手续的办理,在所需的单据种类和数量及申报的形式(纸面/电子)方面,各个口岸略有差异。随着国家的政策指引,"让人少跑路,让数据多跑路",同时,国家一直致力于提升跨境贸易便利化水平,进一步优化营商环境,可以预见的是国家机关对国际航行船舶的监管将会是逐步电子化和无纸化,逐步将国际贸易大链条中的多个主体的数据交换进行平台集约化,实现大通关。国家开始实施中国国际贸易单一窗口已有数年,中央版和各地方版已有不同程度的上线应用。

一、办理海事申报

目前,国际船舶代理人在完成国际船舶进出境的海事申报手续时,需要完成进口岸申请、提交进口岸申请书、进口确报、办理进口岸手续、查看进口岸办妥通知单、办理出口岸手续、查看出口岸许可证七个阶段(图1-7-2)。

	IMO号	中文船名	英文船名	进口航次	出口航次	预抵时间	进口岸申请	进口岸申请书	进口确报	进口岸手续	进口岸办妥通知单	出口岸手续	出口岸许可证	回执信息
1	9482677	新津海	XIN JIN HAI	066	066B	2019-10-13	已通过	打印	已申报	已通过	打印	已通过	打印	查看
2	9461178	凯瑞比利	KIRRIBILLI	054	054B	2019-09-03	已通过	打印	已申报	已通过	打印	已通过	打印	查看
3	9526679	大晋	GREAT JIN	060	060B	2019-08-18	已通过	打印	已申报	已通过	打印	已通过	打印	查看
4	9701358	黄金富勒姆	GOLDEN FULHAM	017	017B	2019-08-06	已通过	打印	已申报	已通过	打印	已通过	打印	查看
5	9248526	凯普瑞	CAPRI	152L	152LB	2019-07-07	已通过	打印	已申报	已通过	打印	已通过	打印	查看
6	9621352	河钢	HBIS	46A	46AB	2019-07-06	已通过	打印	已申报	已通过	打印	已通过	打印	查看

图1-7-2　海事申报阶段

二、办理海关申报

海关申报分为三种:普通的海关申报(查检合一)、供退物料申报、卫生证书申请。第二种暂未开启;第三种指的是船舶免予卫生控制措施证书/船舶卫生控制措施证书的申请,需要代理人填写《船舶免予卫生控制措施证书/船舶卫生控制措施证书申请书》后,海关受理进行船舶现场检查,若有需整改之处,待整改完善后,由海关签发证书,其可以采取现场窗口办理方式,因而此项功能目前应用不太广泛。所以我们常说的海关申报指的是第一种,见图1-7-3。

	IMO号	英文船名	进口航次	出口航次	预抵时间	进口预报	进口确报	进境/港单证申报		抵港报	移泊	出口预报	出境/港单	出口确报	删改申请	回执信息
								进境预报	进境/港报							
1	9482677	XIN JIN HAI	066	066B	2019-10-13	已通过	已通过	无需预置核	已许放行	已通过	未申报	已通过	已结关	已通过	未申报	查看
2	9461178	KIRRIBILLI	054	054B	2019-09-03	已通过	已通过	无需预置核	已许放行	已通过	未申报	已通过	已结关	已通过	未申报	查看
3	9526679	GREAT JIN	060	060B	2019-08-18	已通过	已通过	无需预置核	已许放行	已通过	未申报	已通过	已结关	已通过	未申报	查看
4	9701358	GOLDEN FULHAM	017	017B	2019-08-06	已通过	已通过	未申报	已许放行	已通过	未申报	已通过	已结关	已通过	未申报	查看
5	9248526	CAPRI	152L	152LB	2019-07-08	已通过	已通过	无需预置核	已许放行	已通过	未申报	已通过	已结关	已通过	未申报	查看
6	9621352	HBIS	46A	46AB	2019-07-06	已通过	已通过	无需预置核	已许放行	已通过	未申报	已通过	已结关	已通过	未申报	查看
7	9731456	STAR MARIS	27L	27LB	2019-06-14	已通过	已通过	无需预置核	已许放行	已通过	未申报	未申报	未申报	未申报	未申报	查看
8	9744415	HOUHENG6	012	012B	2019-05-17	已通过	已通过	无需预置核	已转人工审核	已通过	未申报	已通过	无许放行	已通过	未申报	查看

图1-7-3 海关申报阶段

三、办理边检申报

国际航行船舶的边检申报分为入境申报和出境申报两阶段(图1-7-4)。

	IMO号	中文船名	英文船名	进口航次	出口航次	抵港时间	入境申报	出境申报	回执查看
1	9482677	新津海	XTN JIN HAI	066	066B	2019-10-13 23:00:00	审批通过	审批通过	查看
2	9461178	凯瑞比利	KIRRIBILLI	054	054B	2019-09-02 10:00:00	审批通过	审批通过	查看
3	9526679	大晋	GREAT JIN	060	060B	2019-08-15 08:00:00	审批通过	审批通过	查看
4	9701358	黄金富勒姆	GOLDEN FULHAM	017	017B	2019-08-05 11:00:00	审批通过	审批通过	查看
5	9248526	凯普瑞	CAPRI	152L	152LB	2019-07-06 23:00:00	审批通过	未申报	查看
6	9621352	河钢	HBIS	46A	46AB	2019-07-05 02:00:00	审批通过	审批通过	查看
7	9731456	玛丽莎	STAR MARISA	27L	27LB	2019-06-13 21:00:00	审批通过	未申报	查看

图1-7-4 边检申报阶段

子任务二　办理船舶修理代理业务

船舶修理的目的是使由于正常或不正常原因引起的磨损通过修理更换已经磨损的零件、附属设备,使设备的精度、工作性能、生产效率得以恢复。

船舶修理分为坞修、小修和大修。坞修主要是对船壳和船舶水下部分进行清洗、除锈、油漆和海底阀门、推进器、舵等进行的检查修理。小修是指按规定周期有计划的结合船舶年度检验进行修理的小工程,主要是对船体和主辅机等进行重点检查,并修复过度磨损的部件或配件,使船舶能安全营运到下一次计划修理。大修其目的是对船体和主要设备进行一次系统的全面检查,重点修复在小修时不能解决的大缺陷,以保持船舶强度和保证设备的安全运转。

根据《中华人民共和国对外国籍船舶管理规则》第20条的规定,船舶进行下列事项,应事先向港务监督申请批准:

(1)拆修锅炉、主机、锚机、舵机、电台。
(2)试航、试车。
(3)放艇(筏)进行救生演习。
(4)烧焊(进船厂修理的除外),或者在甲板上明火作业。
(5)悬挂彩灯。

实践中,上述事项中遇到较多的是明火作业、修理主机、修理锚机和舵机的情况。在开始上述作业和修理之前,船舶代理人代船方向海事局申请,经批准后方能进行。

办理流程:
(1)船舶临时修理在得到委托方确认后,由外勤联系安排修理。
(2)明火作业/检修主机,由船长书面申请(见下方的《船舶修理事项申请书》样例),需明确:
①明火作业范围;
②安全措施;
③检修主机起讫时间;
④紧急情况下,恢复主机所需时间;
⑤将海事批复及时通知船长并做好记录;
⑥船舶入坞修理,由外勤负责将船舶入坞时间/预计修理时间/预计开航时间通知各有关方。

子任务三 办理对船服务工作

船舶代理服务岗位人员要按照委托方和船舶要求,及时办理委办事项,在船员遣返、就医、购物以及备件转递等方面提供必要的帮助,并先于船舶完货前落实完毕。

对船服务工作常分为船员服务代理和船舶供应代理两部分。

船员服务代理包括:①船员接班和遣返;②船员就医;③船员信件转递;④船员登陆等。

根据《海员遣返公约》的规定,船员在船上持续工作最长多少时间后有权要求遣返,这段时间最长不能超过12个月,各国在决定最长多少时间时,应考虑到影响海员的工作环境各国实际情况等多种因素。船员遣返的代理业务主要有接受船员接班和遣返委托、办理船员的签证和安排船员上下船。

船舶供应代理主要包括:燃油、润滑油、淡水;主副食品、烟酒饮料、船用物料、垫舱物料、船舶配件、化工产品和国外免税商品;海员个人所需要的各类商品等的供应。

对于需要加油的船舶,代理选择供应方时需注意供应方是否有供应燃油等的资质。资质须向交通运输部申请,油库在运营前必须经公安消防环保等部门的检验合格,供油船舶必须持有海事局和船舶检验机构签发的船舶登记证书及船舶检验证书。需要加油时,代理事先应向海事局申报,申报的内容包括:加油时间、地点、加油船舶名称、国籍、航线,加油数量和种类。

对于船上的备件,目前一般情况是船方自己订购。如果备件的供应方是本港口的单位,一般供应方自己送上船舶,代理人做好协调和配合工作即可,若是外国的供应方,事先必须报关,一般需要船方提供空运单、商业发票和装货清单,从日本、美国来的备件,还需提供正本的非木质包装的证明,收到到货通知书后,代理人应及时提货并送上船舶。

子任务四　办理交船/还船手续

交还船主要发生于期租。

交船(Delivery of vessel)是指船舶所有人在合同约定的时间及地点,将合同中指定的船舶交给承租人使用的行为。NYPE93格式第1条和第2条主要明确了交船的时间、地点、状态、交船前的通知等。

还船(Re-delivery of vessel)是指租船人在合同约定的租期届满时,将船舶还给船舶所有人的行为。

一、注意事项

交船业务要注意交船条件(地点、货舱适货、费用、油量符合合同要求,船舶证书齐全有效)。交船地点常见的有4种:①在租方指定的港口泊位交船(船舶出租人须自付费用聘引航员引航;还须熟悉港口情况,加 reachable 风险转移);②在租方指定的港口,引航员上船时交船(On taking inward pilot,TIP);③在租方指定的港口引航站交船(On arrival pilot station, APS);④船过某一位置时交船。

在办理还船业务前,船舶代理人必须明确还船的地点、船上存油量的规定以及委托方的其他特殊要求。还船方式常见的有3种:①卸毕还船;②引航员在锚地下船后还船(如 Drop off pilot Qingdao);③引航员上船后还船。

二、办理流程

(1)要求船公司/委托方提供以下信息:

租船人/船东全称;

交/还船时间和地点;

存油水量/船舶状况的检验要求。

(2)接到要求办理交船/还船手续的书面申请后,通知商检等单位具体检验项目及检验时间;检验结束后,取回有关证书并交船长,同时根据有关检验报告打印交/还船证书,证书包括以下内容:

船名及船籍;

租船人及船东全称;

交/还船时间及地点;

船舶有关检验项目的结果。

(3)船长与代理分别代表船东和租船人共同签署交/还船证书。

三、证书式样

交船证书式样如下:

Dalian, 20th June, 2019

DELIVERY CERTIFICATE

This is to certify that the m.v. Super Star flying Cyprus flag was delivered to the Charterers, Messrs. Hugo Lee Trading House Ltd., Hong Kong by the Owners, Messrs. John Smith Shipping Co., Ltd. London at 1630 hours (local time) on 20th June, 2019 at the Port of Dalian, China.

At the time of delivery, there were on board:

320 metric tons of fuel oil,

20 metric tons of diesel oil.

All other terms, conditions and exceptions as per the charter party dated 30th April, 2019.

For and on behalf of the Owners:　　　　　For and on behalf of the Charterers:

Master:_____　　　　As agent:

M.V.Super Star　　　　　　　　　　　　　Cosmos Agencies Dalian Co., Ltd.

还船证书式样如下:

Dalian, 20th June, 2019

REDELIVERY CERTIFICATE

This is to certify that the m v.Super Star flying Cyprus flag was redelivered to the Owners, Messrs.John Smith Shipping Co., Ltd.London by the Charterers, Messrs.Hugo Lee Trading House Ltd.Hong Kong at 1630 hours(local DOP time) on 20th June, 2019 at the Port of Dalian, China.

At the time of redelivery, there were on board:

650 metric tons of fuel oil,

70 metric tons of diesel oil.

All other terms, conditions and exceptions as per the charter party dated 30th April, 2019.

For and on behalf of the Charterers:　　　For and on hehalf of the Owners:

As agent:_____　　 Master:

Cosmos Agencies Dalian Co., Ltd.　　　　M.V.Super Star

子任务五　办理程租项下的N.O.R.接受和S.O.F.缮制工作

一、装卸准备就绪通知书的接受

船舶装卸准备就绪通知书(Notice of Readiness, NOR 或 N/R)是指船舶到达装货港或卸货港后,由船长向承租人或其代理人发出的,关于本船已到达装货港或卸货港,在必要的船舱、船机、起货机械和吊货工具等的使用方面,已为装卸工作做好准备的书面通知。

N.O.R.递交一方面是出租人宣布船舶已经对装卸工作准备就绪,可以进行装货或卸货作业;另一方面意味着装卸时间可以按合同规定开始起算。

N.O.R.格式如下:

_____Port(港口名称),_____,20_____（日期）

To Messrs

NOTICE OF READINESS

M.V."_____"

This is to advise you that the above named vessel at_____（地点）at_____hrs.（时间）on_____ and the formalities for entering the port were passed at_____hrs.on_____.

Now she is in all respects ready and fit to load/discharge her cargo.

Notice of Readiness tendered at_____hrs.on_____ 20

The Master of M.V."_____"

Notice of Readiness accepted at _____ hrs.on _____ 20_____

As Agent

船舶代理人在作为委托方的代表接受 NOR 时，要注意以下几方面的问题：

（1）N.O.R. 必须是有效的递交。一般需满足三个条件：一是船舶必须抵达合约指定的港口或泊位。二是船舶必须在各方面具备装卸条件。三是必须在合约规定的时间递交。

（2）必须弄清自己的"身份"，即你是谁的代理人。

（3）有时船长和代理均未看到具体的合约，也没有人指示船长或代理递交或接受 N.O.R.。在这种情况下，有时只是为了保险起见，按惯例行事，此时最好签署"收到"（RECEIVE）不使用"接受"（ACCEPT）字样。

（4）代理接受委托后，应了解委托方是船东，还是租船人、收货人或发货人。然后了解该船来港装货或卸货的有关当事人是否签订有"滞期/速遣条款"及具体条款内容。

二、装卸时间事实记录的缮制

装卸时间事实记录（Laytime Statement of Facts, S.O.F）是船舶在港装卸时间的记录文件，它具体反映了船舶从抵港时起至装卸完毕时止的有关活动，是船东和承租人之间计算装卸时间的重要依据。因此事实记录要求文字准确、整洁、避免涂改。

缮制装卸时间事实记录，是船舶作业期间代理人的一项很重要的工作。因为，船舶所有人希望能尽量加快装卸速度，缩短船舶在港停留时间，减少费用开支，增加营运收入。船东与承租人签订租船合同时，事先约定有滞期/速遣条款，并按照实际装卸完毕的时间，计算滞期/速遣费。

船舶代理人在缮制 S.O.F 时，要遵循以下原则：

第一，熟悉租约、买卖合同和协议书等规定。

特别注意不同租约的不同规定。如通常在租船合同中对于装卸时间的规定，无论是直接规定，还是间接规定，都是以日数来计算的。尽管现在所指的"日"是指连续 24 小时晴天工作日，但在少数情况或特定情况下，也会出现其他"日"的解释，如工作日等。

第二，要详细记录，分清责任。

必须逐日逐时逐分连贯记载，中间不得有空隙或省略。

不良天气的处理：船舶抵达锚地检疫后在等泊过程中遇有下雨、下雪、大风、大雾等不良天气应同时注明"等泊"和"不良天气"，以便按合约中的规定扣除或不扣除。"等泊"期间的坏天气应参照当地气象台的天气资料。

在装卸开始前及装卸过程中等泊、等工人、等货物期间，若出现一般公认的坏天气或不适宜货物装卸的坏天气，应按照"坏天气"记录，不做"装卸时间"计算。

在港作业过程中出现的不良天气，大浪日、雨、雪天及雪后清扫船上积水和积雪所用去的时间必须做好记录。

雨天装卸时间。雨天装卸磷灰土、废钢等不受影响的货物，应在安排作业前与船方充分洽商，明确时间计算方法。征得船方和港方同意，雨天实际用去时间可记录为"装卸货物"，不记"下雨"，实际作业以外的时间应按照"下雨"记录，以便扣除。对于卸货完毕清扫船舱地脚货的时间，可先注明卸货完毕，再记上清扫地脚货时间。

风力对作业的影响，应根据装卸货物所受风力影响情况实事求是地记录。如卸磷灰土、铝粉等货物,风力四五级即影响作业,应如实记录。

停工处理:属船方原因造成装卸停工(如绞车故障、货灯熄灭、索具更换、船电中断等),记录中必须注明"由于船方某某原因造成停工"以明确责任。绞车动力不足影响装卸,应详细记载原因和时间。

因工人损坏绞车造成停工,并为港方确认,可以把损失的时间和原因记载清楚,也可以照旧记载为"装卸"计入装卸时间。

由于船舶设备问题造成工人伤亡或作业船舶被其他船舶碰撞等原因而使作业中断,应记录为"发生××事故,作业中断"。

装卸作业中,因船具损坏、下雨等原因停止作业,应在当日时间内注明,不要将此情况集中批注在记录下方,以便滞期/速遣的计算。

移泊的处理:移泊前从停止装卸至等候移泊所占去的时间,可并入移泊时间,按"移泊"记录或记录为"准备移泊"。

如果等候移泊时间较长,超过通常所需时间,若属港方原因,应按照"等候移泊"记录;若属船方原因,应按照"船舶准备移泊"记录;若属潮水原因,应按照"候潮移泊"记录。不能用"停工"或"等候装卸"等原因不明的方式记录。

移泊后在正常时间内开始或恢复装卸,应按照"准备开始装卸"或"准备恢复装卸"记录,不能记录为"等候装卸"。

船舶在装卸过程中,因受潮水影响需要从泊位移开,然后又移回,不能记录为"移泊",应记录为"因潮水影响,作业中断"或记录为"因低潮船舶脱离码头"和"船舶回靠码头"。

第三,文字要精炼、统一、准确。

记录用词应尽可能精练、清楚、准确。如船舶从引航锚地(或检疫锚地)驶至作业泊位,应记录为"Proceeding From Anchorage to Berth",而不要记录为"Shifting to Berth",避免与真正的"移泊"混同造成时间计算错误。不良天气前后,雷阵雨或大风期间,虽不下雨、下雪,但同样不能作业,应记录为"恶劣天气"(Threatening Weather),不要记录为"等装卸"。

第四,及时核对,做好签署工作。

加强与装卸指导员和现场理货组长的核对,避免记录差错。

经常与船方核对,发现问题及时协商解决,不要拖延至船舶开航时一并处理,影响船舶按时开航。与船方核对后,要求船方在记录草稿上签字,防止对方反复。

船舶装卸完毕,可先缮制正式文本的事实记录,其中空出完工时间,待完工后填上实际完工时间,交船方共同签字。

外勤业务员与船方共同签署时,应在签字下面注明"AS AGENTS ONLY"。

第五,船方批注的处理。

船长在签署SOF时,由于对装卸时间记录有异议,为维护船方利益要求加批注(Remark),对此应做具体分析,区别批注性质与作用,采取不同的处理方法。

下列一般性批注对结算时间无影响,可以考虑接受。

·"按租约规定办理"(Subject to All Terms, Conditions and Exceptions as Per C/P),也有在本句前面加上"仅为工作时间"(For Time Worked Only)。

·"仅为装卸时间记录"(For Laytime Record Only)。

下列一般性批注,可能会给滞期/速遣结算产生一定影响,应说明不批,如果对方坚持,可接受,但应注明:"船方与租方解决"(Subject to Owner's and Charterer's Approval)。

下列批注会影响事实记录,须慎重处理,一般不予接受:
- "在抗议下签字"(Under Protest)。
- "在争论中"(In Dispute)。
- "以船东同意为准"(Subject to Owner's Approval)。

其他有影响的批注必须与船方摆清情况,核对事实,据理力争取消批注。如争执不下,必须迅速向委托方请示,并取得委托方书面确认。或将当时实际情况另做详细记载附于事实记录上,以便划清责任。

任务四 理清船舶代理与理货的关系

为了顺利实现国际货物的运输、装卸、保管等物流活动,船舶代理企业与理货公司互相配合,共同完成相关业务。

一、集装箱业务方面

1.进口

在卸船前,船舶代理人应及时向理货公司发送积载图和舱单核单资料,以便理货组长备齐理货单证资料以卸理集装箱。

在卸船过程中,理货组长登轮后会联系船方大副,核对卸货数字、了解集装箱装载情况(包括船籍、航次、装货港、过境箱、翻捣箱、残损、航行等情况)和危险品集装箱的积载位置,同时也会了解并核实船舶所属公司及船舶代理公司等相关信息。在卸理过程中,若发现箱号、箱型、空/重箱不符的情况,理货公司经常会联系船公司或船舶代理确认是否卸船,船舶代理人应及时根据情况作出相应的答复或处理。若出现铅封断失的集装箱(重箱),船舶代理人应及时会同理货公司验看确认,作出是否重新施封的决定。

卸船完毕后,船舶代理人应掌握理货公司的签证情况。理货组长会根据理箱单、现场记录、待时记录等单证汇总相关数据,并核对进口舱单,检查是否有错卸、漏卸,进而编制理货证明、残损溢短单等单据,然后提请船方签证,船舶代理人应及时索取相应的理货证明和溢短残损单,对理货单证上的批注,应会同理货公司按相关规定酌情处理。

2.出口

在装船前,船舶代理人应及时向理货公司发送出口预配图,以便理货公司做好开工前的准备。

在装船作业过程中,船舶代理人相关人员应保持信息畅通,以便及时与港方、船舶和理货组长协商解决现场出现的问题。如集装箱装船预配图/装船顺序清单箱号/箱型不符、海关未放行、集装箱有残损异状、临时追加翻捣的集装箱、加急箱、退关箱、重箱的铅封断失等。

卸船完毕后,理货组长根据理箱单、现场记录等单证汇总相应资料,编制理货证明、溢短残损单,连同出口船图提请船方签证,办理完船手续。船舶代理人应及时索取理货证明和溢短残损单,以便完成船舶的出口手续和相应的费用承担,对理货单证上的批注,应会同理货公司按相关规定酌情处理。

二、件杂货业务方面

1. 进口

在卸船前,船舶代理人向理货公司发送货物积载图、进口舱单等有关单证资料,以便理货公司根据船舶作业计划在卸船前做好各项准备工作。

在卸船过程中,船舶代理人应保持与船方、港方、理货公司等单位和人员的联系,在卸贵重、特殊货物及重大件时,应提前通知有关人员,并尽量亲自到现场监卸。

在卸船结束后,理货公司会根据现场记录汇总编制货物残损单,根据舱单、计数单及消数表编制货物溢短单,并制作理货证明书,船舶代理人应及时索取所代理船舶的理货证明和溢短残损单。

2. 出口

在装船前,船舶代理人应及时向理货公司发送得到船方确认的货物配载图、出口舱单等有关单证资料(装货单由发货人或货运代理人发送),以便理货公司做好分舱单和装货明细表。

在装船过程中,船舶代理人要确定是否监装,保持与船方、货方、港方、理货公司的联系,发现问题及时纠正解决。港方和货方提出要求变更货物积载位置时,要事先征得大副同意后,方可变动。

装船结束后,理货组长会记录完船时间,指派理货员检查作业沿途有无调包、掉件、与内理或发货人核对货物是否全部装上船,防止漏装,处理各种理货单证(货物积载图、理货证明书、收货单和待时记录),并提请船方签证,与分舱单、日报单一起按规定份数提供给船方。

项目八　进出境报关报检实务

任务一　海　关　概　述

一、海关的性质

《中华人民共和国海关法》(以下简称《海关法》)第 2 条规定:"中华人民共和国海关是国家的进出关境监督管理机关。"具体包括四层含义:

(一)海关是国家行政机关

所谓"国家"是指海关的监督管理职权是代表国家行使的,并与其他国家行政机关相区别。我国的国家机关包括享有立法权并从属于国家的立法机关、享有司法权的司法机关和享有行政管理权的行政机关。海关是国家的行政机关,属于我国最高国家行政机关。

(二)海关是国家进出关境监督管理机关

所谓"进出关境"表明海关监督管理的职权范围是进出关境的活动;所谓"监督管理机关"表明海关的职能特点。

(三)海关监管是国家行政执法行为

海关监管是保证国家有关法律、法规实施的行政执法活动。海关执法依据有:《海关法》及由全国人民代表大会常务委员会制定与海关监督管理相关的法律;行政法规也应是由国务院制定的法律规范,包括专门用于海关执法的行政法规与海关管理相关的行政法规。《海关法》是由国家制定的管理海关事务的基本法律规范;各省、自治区直辖市人民代表大会和人民政府不得制定海关法律规范,其制定的地方法规、地方规章也不是海关执法的依据。

(四)海关监管是对其他进出口行政作为的终至管理

海关是国家对进出口各项行政管理的最后审查机关。国家对进出口活动的行政管理大致可分为许可证管理、配额管理、进出口商品检验等。货物、物品进出口必须首先经过主管部门的审查批准,然后凭有效单证向海关申报,海关通过审核报关单证,查验进出口货物,在确认单证相符、单货相符后,予以结关放行。

二、海关的任务

《海关法》明确规定海关有四项基本任务,即监管进出境的运输工具、货物、行李物品、邮递物和其他物品(即监管),征收关税和其他税费(即征税),查缉走私(即缉私)和编制海关统计(即统计)。

(一)海关监管

海关监管是指海关根据《海关法》及相关法律、法规规定的权力,对进出境运输工具、货物、物品及相关的进出境行为,采取不同措施和制度的一种行政管理行为。其目的在于保证一切进出境活动符合国家政策和法律规范,维护国家主权和利益。根据监管对象的不同,海关监管分为海关对货物的监管、对物品的监管和对运输工具监管三大体系。每个体系都有不同的管理程序与方法。监管是海关最基本的任务,海关的其他任务都是在监管工作的基础上进行的。

(二)征收关税和其他税费

依照《海关法》《中华人民共和国进出口关税条例》等有关规定对进出口货物、物品征收关税及其他税费,是海关的又一项基本任务。"关税"是指由海关代表国家,按照《海关法》和进出口税则,对准许进出境货物征收的一种税。"其他税费"是指海关在进出口货物环节按照关税征收程序征收的有关国内税费,目前主要有增值税、消费税等。关税是国家财政收入的重要来源,也是国家宏观经济调控的重要工具。关税征收主体是国家,《海关法》明确将征收关税的权力授予海关,由海关代表国家行使征收关税的职能。因此,未经法律授权,其他任何单位和个人均不得行使征收关税的权力。

(三)查缉走私

查缉走私是指海关依照法律赋予的权力,在海关监督场所和附近规定地区,为预防、打击、制止走私行为,以实现对走私活动综合治理而采取的保障措施及行动。《海关法》规定:"国家实行联合缉私、统一处理、综合治理的缉私体制。海关负责组织、协调、管理查缉走私工作。"

(四)海关统计

海关统计是国家统计的一个重要组成部分。它是以实际进出口货物作为统计和分析的对象,通过搜集、整理、加工处理进出口货物报关单或经海关核准的其他申报单证,对进出口货物的品种、数(重)量、价格、国别(地区)经营单位、境内目的地、境内货源地、贸易方式、运输方式、关别等项目分别进行统计和综合分析,全面、准确地反映对外贸易运行态势,及时提供统计信息和咨询,实施有效的统计监督,开展国际贸易统计、交流与合作,促进对外贸易发展。

 思政案例

别让跨境学童成为走私工具

深圳海关缉私部门查获发现周某等货主团伙在香港订购手机,委托张某等揽货团伙在香港提货,再把手机包装拆开,将手机和手机盒派送给不同的"水客头",由"水客头"派货给跨境学童的保姆或家长等,在等候区将装好的包裹放入跨境学童的书包携带入境。

以深圳福田口岸为例,每天有1000多万人次跨境学童从这里进出关,为了方便他们尽早回家,海关工作人员通常不会对学童书包逐个进行检查。一旦被海关查获,为了逃避法律责任,许多背后主使的父母或保姆往往不会露面,而是让背着大大书包的儿童去面对,孩子承受了巨大的心理压力和道德压迫。

这种以走私分子策划,保姆或校车驾驶员等人群主要参与,以"蚂蚁搬家"方式,由跨境

学童书包携带进出境的行为,已构成走私。

因此,作为关务人员办理进出口货物报关手续或普通公民在携带和邮寄个人物品入境时,都应该严格遵守海关法律法规,做到诚实守信。

(资料来源:深圳警察故事,引文有删改
http://www.sohu.com/a/211248805_480190)

任务二　对外贸易管制制度

一、对外贸易管制分类与作用

(一)对外贸易管制定义

对外贸易管制又称为进出口贸易国家管制,是指一国政府为维护国家安全、宏观经济利益、内政外交政策需要以及履行所缔结或加入国际条约的义务,颁布施行各种管制制度、设立相应管制机构来规范对外贸易活动的总称。

(二)对外贸易管制分类

一个国家对外贸易管制制度体系是全方位、多层次、广覆盖的,涉及工业、农业、商业、军事、技术、卫生、环保、税务、资源保护、质量监督、外汇管理以及金融、保险、信息服务等诸多领域。对外贸易管制根据不同的分类依据可以分为三种形式:一是按照管理目的分为进口贸易管制和出口贸易管制;二是按照管制手段分为关税措施和非关税措施;三是按照管制对象分为货物进出口贸易管制、技术进出口贸易管制和国际服务贸易管制。

(三)对外贸易管制作用

1.维护国家经济安全和经济利益的需要

虽然不同国家对外贸易管制制度、政策有别,表现形式也不一样,但其初衷都是致力于本国经济发展、维护本国经济安全和经济利益。对发展中国家而言,实行对外贸易管制主要是为了有效地保护本国的民族工业,建立与巩固本国的经济体系;通过对外贸易管制各项措施,防止外国产品冲击本国市场,影响相关产业的发展和经济体系的建立;同时也可以维护本国国际收支平衡,使有限的外汇能发挥最大的效用;对发达国家而言,对外贸易管制主要是维护本国在国际贸易中的优势地位,特别是要保持本国在某些产品或技术上的国际垄断地位,确保本国各项经济发展目标的实现。

2.推行外交政策的需要

不论是发达国家还是发展中国家,为达到政治目的或军事上的目标,甚至不惜牺牲本国经济利益,在不同时期,对不同国家或不同商品实行不同的对外贸易管制措施,因此,贸易管制往往成为一国推行外交政策的有效手段。

3.履行国家职能的需要

作为主权国家,对其自然资源和经济行为享有排他的永久的主权,国家对外贸易管制各类制度和措施的强制性是国家为实现保护本国环境和自然资源、保障国民人身安全、调控本国经济而实现国家监督管理职能的一个重要体现。

二、我国对外贸易管制基本架构与法律体系

(一)对外贸易管制基本框架

我国的对外贸易管制制度是一种综合的管理制度,主要有对外贸易经营者管理制度、海关监管制度、关税制度、进出口许可制度、进出口商品合格评定制度、进出口货物收付汇管理制度以及贸易救济制度等。

(二)对外贸易管制法律体系

围绕对外贸易管制制度的基本框架,我国业已基本建立并逐步健全了以《中华人民共和国对外贸易法》为核心的对外贸易管制法律,与相关法律法规、部门规章和国际公约共同形成等多层次、全方位、广覆盖的法律体系,推动对外贸易管制走上法治化、规范化轨道。

1. 我国现行的与贸易管制有关的法律

我国与贸易管制有关的法律主要有:《中华人民共和国对外贸易法》《中华人民共和国海关法》《中华人民共和国进出口商品检验法》《中华人民共和国进出境动植物检疫法》《中华人民共和国食品卫生法》《中华人民共和国国境卫生检疫法》《中华人民共和国固体废物污染环境防治法》《中华人民共和国野生动物保护法》《中华人民共和国药品管理法》《中华人民共和国文物保护法》等。

2. 我国现行的与贸易管制有关的行政法规

我国与贸易管制有关的法规主要有:《中华人民共和国货物进出口管理条例》《中华人民共和国技术进出口管理条例》《中华人民共和国进出口关税条例》《中华人民共和国核出口管制条例》《中华人民共和国核两用品及相关技术出口管制条例》《中华人民共和国野生植物保护条例》《中华人民共和国监控化学品管理条例》《中华人民共和国导弹及相关物项和技术出口管制条例》《中华人民共和国知识产权海关保护条例》《中华人民共和国濒危野生动植物进出口管理条例》《中华人民共和国进出口商品检验法实施条例》《中华人民共和国进出境动植物检疫法实施条例》《中华人民共和国外汇管理条例》《中华人民共和国反补贴条例》《中华人民共和国反倾销条例》《中华人民共和国保障措施条例》等。

3. 我国现行的与贸易管制有关的部门规章

我国现行的与贸易管制有关的部门规章主要有:《货物进口许可证管理办法》《货物出口许可证管理办法》《货物自动进口许可管理办法》《出口收汇核销管理办法》《进口药品管理办法》《中华人民共和国精神药品管理办法》《中华人民共和国放射性药品管理办法》《两用物项和技术进出口许可证管理办法》等。

4. 与我国现行贸易管制有关的国际条约、协定

与我国现行贸易管制有关的国际条约、协定主要有:《关于简化和协调海关业务制度的国际公约》(也称《京都公约》)、《濒危野生动植物种国际公约》(也称《华盛顿公约》)、《禁止非法贩运麻醉药品和精神药物的国际公约》(也称《维也纳公约》)、《关于消耗臭氧层物质的蒙特利尔议定书》《关于化学品国际贸易资料交流的伦敦准则》《关于在国际贸易中对某些危险化学品和农药采用事先知情同意程序的鹿特丹公约》《控制危险废物越境转移及其处置的巴塞尔公约》《建立世界知识产权组织公约》《核安全公约》《实施卫生与动植物检疫措施

协议》(简称SPS协定)、《技术性贸易壁垒协定》(简称TBT协定)、《国际卫生条例(2005)》以及加入WTO所签订的有关双边或多边贸易协定等。

三、对外贸易管制制度的主要内容

目前,我国对外贸易管制制度主要由对外贸易经营者管理制度、进出口许可管理制度、进出境检验检疫制度、进出口货物收付汇管理制度、对外贸易救济制度以及其他有关的管理制度所组成。这些贸易管制制度的主要内容可概括为5个字:"备""证""检""核""救"。"备",即对外贸易经营资格的备案登记,它意味着我国对外贸易经营者在从事或参与对外贸易经营活动以前,须按规定向国务院商务主管部门或者其委托的机构办理备案登记。除法律、行政法规、部门规章规定不需要备案登记以外,对外贸易经营者未依法备案登记的,海关不予办理进出口货物的验放手续。"证",即货物、技术进出口的许可,即法律、法规、部门规章规定的各种具有许可进出口性质的证明,它作为一项非关税措施,是我国贸易管制的最常见手段,也是我国商务主管部门和其他有关部门执行贸易管制与监督的重要依据。"检",即进出口商品合格评定制度,它主要由商品质量的检验检疫、食品检验检疫、动植物检疫和国境卫生检疫组成,它强调对进出口的货物、物品及其包装物、交通工具、运输设备和出入境人员实行必要的检验或检疫。"核",即进出口收、付汇核销,它强调对实际进出口的货物与技术实行较为严格的收、付汇核销制度,以达到国家对外汇实施管制的目的,防止偷逃外汇。"救",即贸易管制中的救济措施,它包括反倾销、反补贴和保障措施。

 **思政案例**

海关总署开展打击洋垃圾走私"蓝天2019"专项行动

在海关总署统一指挥下,2019年初,广东分署和天津、大连、上海、南京、宁波、厦门、青岛、广州、深圳、汕头、黄埔等12个直属海关出动警力967人,分成172个行动小组,在天津等8个省(市)同步开展集中收网行动。在第一轮集中行动中,全国海关缉私部门一举打掉涉嫌走私犯罪团伙22个,抓获犯罪嫌疑人115名,查证废塑料、废矿渣等各类破坏生态环境的涉案货物33.81万吨。2018年,海关总署已实施5轮高密度、集群式、全链条打击行动,共立案侦办走私洋垃圾犯罪案件481起,查证各类走私废物155万吨;将打击洋垃圾走私列为"国门利剑2018"联合专项行动的"一号工程"。

全国海关将继续贯彻落实党中央、国务院决策部署,严防严控重点嫌疑货物,坚决将洋垃圾封堵在国门之外。同时,加大与公安、生态环境、市场监管等执法部门的合作力度,深化国际执法合作,严厉打击洋垃圾等危害国家生态安全的走私违法犯罪行为,坚决把禁止洋垃圾入境这一生态文明建设标志性举措落实到位。关务人员工作在国家进出境的第一线,更加应该用爱国敬业的实际行动践行社会主义核心价值观,严格遵守国家对外贸易管制制度,为维护国家安全、宏观经济利益、保护生态环境和自然资源等尽到自己的责任。

(资料来源:《中国海关》2019年第4期,引文有删改)

任务三　进出口通关和保税制度

子任务一　一般进出口通关制度

一、一般进出口通关制度的含义

一般进出口通关制度是指货物在进出境环节完纳进出口税费,并办结了各项海关手续后,进口货物可以在境内自行处置,出口货物运离关境可以自由流通的海关通关制度。适用一般进出口通关制度的进出口货物可以永久留在境内或境外。但因本项制度包含着完纳进出口税费和在进出境环节办结了各项海关手续两重含义因而不包括虽将永远留在境内,但可享受特定减免税优惠的货物。

二、一般进出口通关制度的主要特点

(1)在进出境环节缴纳进出口税费;
(2)进出口时提交相关的许可证件;
(3)货物在提取或装运前办结海关手续;
(4)货物进出口后可自由流通。

三、一般进出口通关制度的适用

1.适用的原则

一般进出口通关制度适用于不能享受特定减免税优惠的实际进出口(即指海关放行后可永久留在境内或境外)。

2.适用的范围

(1)以一般贸易方式成交进出口的货物;
(2)以易货、补偿、寄售等方式成交进出口货物;
(3)以加工、储存、使用为目的的临时进出口,因故或因需转为实际进出口的货物;
(4)其他方式进出口货物,如租赁进出口货物、进口捐赠物资、进料加工贸易中对方有价提供的机器设备等。

四、一般进出口货物通关的报关程序

一般进出口货物通关的报关程序通常由向海关申报、查验、缴纳税费、提取或装运货物四个环节组成。

1.进出口申报

申报是指进出口货物收发货人和代理人在海关规定的期限,按照海关法规定的形式,向海关报告进出口货物的情况,申请海关按其申报的内容放行进出口货物的工作环节。

2.查验

海关查验:查验是指海关在接受报关单位的申报后,依法为确定进出境货物的性质、原产地、货物状况、数量和价值是否与货物申报单上已填报的详细内容相符,对货物进行实际

检查的行政执法行为。

3. 缴纳税费

进出口税费是指在进出口环节中由海关依法征收的关税、消费税、增值税、船舶吨税及相关费用。进出口税费征纳的法律依据主要是《海关法》《进出口税则》以及国务院制定的有关法律、法规等。进出口货物收发货人、进出境物品的所有人是依法缴纳税费的义务人。

4. 提取或装运货物

海关接受进出口货物的申报、审核电子数据报关单和纸质报关单及随附单证、查验货物、征收税费或接受担保以后，对进出口货物作出结束海关进出境现场监管决定，海关在进口货物提货凭证（如提单、运单、提货单）或者出口货物装货凭证（如运单、装货单、场站收据）上签盖"海关放行章"，进出口货物收发货人或其代理人签收进口货物提货凭证或者出口货物装货凭证，凭以提取进口货物或将出口货物装运到运输工具上离境。

对于一般进出口货物，放行即为结关。对于保税、减免税和暂准进出口货物，海关虽予放行，但并未办结海关手续，也就是放行未结关仍需接受海关的后续管理。

进出口货物收发货人或其代理人在办理完提取进口货物或出口货物之后，根据实际情况，如果需要海关签发有关的货物进出口证明联的，均可向海关提出申请。

一般海关证明联都是在已放行报关单上签章，此章是"海关验讫章"，而不同于"海关放行章""海关单证章"。

 **思政案例**

大连海关查获一起5000余瓶高档红酒瞒报入境案件

2018年7月，大连大窑湾海关查获了一起高价值葡萄酒瞒报案件，查获未申报高档品牌葡萄酒5000多瓶，预估货值超过150万元。

这票货申报进口的报关单显示包含3种规格型号，共计1万多瓶葡萄酒，申报价值70万元；通过海关查验，实际上集装箱内还有多种规格的5000余瓶高档葡萄酒未向海关申报。而且，申报并且缴纳税款的都是价格比较便宜的葡萄酒，未申报的都是高档葡萄酒，申报单位涉嫌以瞒报方式偷逃税款。

在对此批货物查验前，海关已根据风险防控信息和预先分析单据发现这票货物存在疑点，通过精准布控、彻底掏箱、着重核对酒标等方式实施了重点查验，最终准确查获了这起瞒报案件。

作为关务人员，面对金钱利益的诱惑，始终要把持住自己，一定要做到遵纪守法、廉洁自律，对于低报、瞒报和伪报行为，决不能抱有侥幸心理，否则会付出沉重的代价。

（资料来源：海关总署网站 作者：邹静波、高硕，引文有删改
http://www.customs.gov.cn/customs/xwfb34/302425/1921973/index.html）

子任务二 保税制度

一、保税制度的定义

保税制度是指经海关批准的境内企业所进口的货物，在海关监督下在境内指定的场所

储存、加工、装配,并暂缓缴纳各种进口税费的一种海关监管业务制度。

二、保税制度的作用

保税制度是允许对特定的进口货物在入关进境后确定内销或复出口的最终去向前暂缓征缴关税和其他国内税,由海关监管的一种海关制度。即进口货物可以缓缴进口关税和其他国内税,在海关监管下于指定或许可的场所、区域进行储存、中转、加工或制造,是否征收关税视货物最终进口内销或复运出口而定。

三、保税制度的形式

保税制度按方式和实行区域的不同,有保税仓库、保税工厂、保税区、保税集团、免税商店、保税转口等不同形式。

1. 保税仓库

保税仓库是经海关批准,进口货物可以不办理进口手续和较长时间储存的场所。进口货物再出口而不必纳税,便于货主把握交易时机出售货物,有利于业务的顺利进行和转口贸易的发展。

2. 保税工厂

保税工厂是经海关批准对专为生产出口而进口的物料进行保税加工、装配的工厂或企业。这些进口的原材料、元器件、零部件、配套件、辅料和包装物料等在进口加工期间免征进口税,加工成品必须返销境外。特殊情况需部分内销的,须经海关批准并补征关税。这些物料必须在保税工厂内存放和使用,未经海关许可不得随意移出厂外或移作他用。《中华人民共和国海关对加工贸易保税工厂管理办法》规定了设立保税工厂的条件;凡经国家批准有权经营进出口业务的企业或具有法人资格的承接进口料、件加工复出口的出口生产企业,均可向主管地海关申请建立保税工厂。

3. 保税区

保税区是经海关批准专门划定的实行保税制度的特定地区。进口货物进入保税区内可以免征关税,如复出口,也免纳出口税。运入保税区的商品可进行储存、改装、分类、混合、展览、加工和制造。海关对保税区的监管主要是控制和限制运入保税区内的保税货物销往国内。保税区一般设在港口或邻近港口、国际机场等地方。设立保税区的目的是吸引外商投资、扩大加工工业和出口加工业的发展,增加外汇收入。因此,国家对保税区除了在关税等税收方面给予优惠外,一般还在仓储、厂房等基本设施方面提供便利。

4. 保税集团

保税集团是经海关批准由多数企业组成承接进口保税的料件进行多次保税加工生产的保税管理形式。即对经批准为加工出口产品而进口的物料,海关免征关税。这些保税货物被准许在境内加工成初级产品或半成品,然后再转厂进行深度加工,如此反复多次转厂深加工,直至产品最终出口,对每一次的加工和转厂深加工,海关均予保税。保税集团的特点是海关对转厂加工、多层次深加工、多道生产工序的进口料件实行多次保税,从而有利于鼓励和促进深加工出口,扩大出口创汇,提高出口商品的档次,增加外汇收入。

四、保税制度的特点

海关根据国家的法律、法规、政策和规范性文件对保税货物实施监管的过程,反映出保税制度具有批准保税(或保税备案)、纳税暂缓、监管延伸、核销结案的特点。

(一)批准保税

进境货物可否保税,要由海关依据国家的有关法律、法规和政策来决定。货物经海关批准才能保税进境,这是保税制度的一个十分明显的特点。

海关应当严格按国家法律、法规、政策所规定的条件和程序进行审批(备案)。批准保税的条件原则上有3条:

1.不受管制

所谓不受管制,是指申请保税的货物除法律、行政法规另有规定外,一般不受国家贸易许可管制,无须提交相关进出口许可证件。

2.复运出境

所谓复运出境,是指申请保税的货物流向明确,进境储存、加工、装配后的最终流向表明是复运出境;而且申请保税的单证能够证明进出基本是平衡的。

3.可以监管

所谓可以监管,是指申请保税的货物无论在进出口环节,还是在境内储存、加工、装配环节,要符合海关监管要求,必要时海关可要求有关当事人提供担保,以防止因为某种不合理因素造成监管失控。

为了严格审批,海关总署规定了各种保税货物审批的程序和权限。比如保税仓库的审批,规定公共型保税仓库由直属海关受理,报海关总署审批;备料型保税仓库由直属海关审批,报海关总署备案;专用型保税仓库由隶属海关受理,报直属海关审批。

(二)纳税暂缓

我们所说的办理纳税手续,包括办理征税手续和减免税手续。一般进口货物和特定减免税货物都必须在进境地海关或主管地海关办妥纳税手续(包括办妥征税或减免税手续)后才能提取。保税货物在进境地海关凭有关单证(册)不办理纳税手续就可以提取。但是这不等于说保税货物最终均可以不办理纳税手续。

当保税货物最终不复运出境或改变保税货物特性时,需按货物实际进口申报情况办理相应纳税手续。比如加工贸易保税进口货物,因故不能复出口,经批准内销,海关对不能复出口的成品或节余料件等按有关规定对料件进行补税。至于保税货物转为一般贸易进口,"纳税暂缓"的特点更加明显。

(三)监管延伸

一般进出口货物,海关监管的时间是自进口货物进境起到办结海关手续提取货物止,出口货物自向海关申报起到装运出境止,海关监管的地点主要在货物进出境口岸的海关监管场所。

保税货物的海关监管无论是时间,还是场所,都必须延伸。从时间上说,保税货物在进境地被提取,不是海关监管的结束,而是海关监管的开始,一直要监管到储存、加工、装配后复运出境办结海关核销手续或者正式进口海关手续为止。从地点上说,保税货物提离进境地口岸海关监管场所后,直至向海关办结出口或内销手续止,凡是该货物储存、加工、装配的地方,都是海关监管该保税货物的场所。

所以,"监管延伸"也是保税制度的一大特点。

(四)核销结关

一般进出口货物是放行结关。进出口货物收发货人及其代理人向海关申报后,由海关审单、查验、征税、放行,然后提取货物或装运货物。在这里,海关的放行,就是一般进出口货物结关的标志。

保税货物进出口报关,海关也加盖"放行章",执行放行程序。但是,保税货物的这种放行,只是单票货物的形式结关,是整个监管过程的一个环节。保税货物只有核销后才能算结关。核销是保税货物监管最后一道程序。所以核销是保税制度区别于海关一般进出口货物通关制度的一个重要的特点。

保税货物的核销,特别是加工生产类保税货物的核销是非常复杂的工作。储存出境类保税货物和特准缓税类保税货物的核销,相对来说比较简单,因为这两类保税货物无论是复运出境;还是转为进入国内市场,都不改变原来的状态,只要在规定的时间里复运出境或办妥正式进口纳税手续,并且确认复运出境的数量或办妥正式进口纳税手续的数量与原进口数量一致,就可以核销结关。加工生产类保税货物就不一样了。因为,这一类保税货物进境后要进行加工、装配,要改变原进口料件的形态,复出口的商品不再是原进口的商品。这样,海关的核销,不仅要确认进出数量是否平衡,单耗真实可靠,而且还要确认成品是否由进口料件生产、没有擅自串(换)料行为。这两个"确认"大大地加大了核销的难度。所以核销也是保税制度的一个难点。

无论是加工生产类保税货物,还是储存出境类和准予缓税类保税货物,在核销的实践中,数量往往不是平衡的。正确处理各种核销中发生的数量不平衡问题,也是核销结关的前提之一。

 思政案例

揭开虚假"加工贸易"骗局

哈尔滨某加工贸易企业将加工贸易手册卖给一些不法商家,将原本应以一般贸易方式进口的木材,用买来的加工贸易手册伪报成加工贸易方式,不仅逃掉了13%的进口增值税,还直接将进口木材在国内销售牟利。此外,该企业还将加工贸易手册的出口指标卖给大连的一些非法货运代理公司,他们与国内一些不法出口商勾结,将原本应以一般贸易方式出口的筷子、牙签等产品,伪报成加工贸易方式替代出口,又逃掉了10%的出口关税。

根据海关加工贸易管理规定,加工贸易企业申请加工贸易手册后要专用,不能出借、卖与他人。哈尔滨海关历时一年查获4宗木材走私案,破获案值达1.75亿元,抓获犯罪嫌疑人12名。

作为关务人员,一定要知法懂法守法,面对金钱利益的诱惑始终要做到廉洁自律,对于走私违法行为,决不能抱有侥幸心理,否则会付出沉重的代价。

(资料来源:搜狐网,作者:蔡岩红,引文有删改
http://m.sohu.com/a/192691942_157267)

任务四 进出口商品检验鉴定

进出口商品检验是指由国家设立的检验机构或向政府注册的独立机构,对进出口货物

的质量、规格、卫生、安全、数量等进行检验、鉴定,并出具证书的工作。目的是经过第三者证明,保障对外贸易各方的合法权益。国家规定,重要进出口商品,非经检验发给证件的,不准输入或输出。

一、进出口商品检验

对进出口商品的品质、规格、重量、数量、包装、安全性能、卫生方面的指标及装运技术和装运条件等项目实施检验和鉴定,以确定其是否与贸易合同、有关标准规定一致,是否符合进出口国有关法律和行政法规的规定。简称"商检"。

二、检验内容

国际贸易中对商品的品质和数量以及包装进行检验鉴定,以便确定是否合乎合同规定;有时还对装运过程中所发生的残损、短缺或装运技术条件等进行检验和鉴定,以明确事故的起因和责任的归属。检验的内容包括:出口商品品质检验、出口商品包装检验、进口商品品质检验、进口商品残损检验、出口动物产品检疫、进出口食品卫生检疫、进出口商品重量鉴定、运输工具检验以及其他国家或商品用户要求实施的检验、检疫。检验检疫的法律法规依据主要是"四法三条例":

"四法":
《中华人民共和国进出口商品检验法》;
《中华人民共和国进出境动植物检疫法》;
《中华人民共和国国境卫生检疫法》;
《中华人民共和国食品安全法》。
"三条例":
《中华人民共和国进出口商品检验法实施条例》;
《中华人民共和国进出境动植物检疫法实施条例》;
《中华人民共和国国境卫生检疫法实施细则》。

三、检验程序

我国进出口商品检验工作,主要有4个环节:接受报验、抽样、检验和签发证书。

1.接受报验

报验是指对外贸易关系人向商检机构报请检验。报验时 需填写"报验申请单",填明申请检验、鉴定工作项目和要求,同时提交对外所签买卖合同、成交小样及其他必要的资料。

2.抽样

商检机构接受报验之后,及时派员赴货物堆存地点进行现场检验、鉴定。抽样时,要按照规定的方法和一定的比例,在货物的不同部位抽取一定数量的、能代表全批货物质量的样品(标本)供检验之用。

3.检验

商检机构接受报验之后,认真研究申报的检验项目,确定检验内容,仔细审核合同(信用证)对品质、规格、包装的规定,弄清检验的依据,确定检验标准、方法,然后抽样检验,仪器分析检验;物理检验;感官检验;微生物检验等。

4.签发证书

在出口方面,凡列入种类表内的出口商品,经商检验合格后签发放行单(或在"出口货物报关单"上加盖放行章,以代替放行单)。凡合同、信用证规定由商检部门检验出证的,或国外要求签检证书的,根据规定签发所需封面证书;不向国外提供证书的,只发放行单。种类表以外的出口商品,应由商检机构检验的,经检验合格发给证书或放行单后,方可出运。在进口方面,进口商品经检验后,分别签发"检验情况通知单"或"检验证书",供对外结算或索赔用。凡由收、用货单位自行验收的进口商品,如发现问题,供对外索赔用。对于验收合格的,收、用货单位应在索赔有效期内把验收报告送商检机构销案。

四、检验分类

根据进口商品登记规定,进口商品的检验分两大类:

一类是列入《种类表》和合同规定由我国商检机构检验出证的进口商品。进口商品到货后,由收货、用货或其代理接运部门立即向口岸商检机构报验,填写进口货物检验申请书,并提供合同、发票、提单、装箱单等有关资料和单证,检验机构接到报验后,对该批货物进行检验,合格后,在进口货物报关单上加盖印章,海关据此放行。

另一类是不属于上一类的进口商品,由收货、用货或代理接运部门向所在地区的商检机构申报进口商品检验,自行检验或由商检机构检验,自行检验须在索赔期内将检验结果报送商检机构,若检验不合格。应及时向商检机构申请复验并出证,以便向外商提出索赔。

五、监督管理

进出口商品检验的监督管理工作,是对进出口商品执行检验把关和对收货、用货单位,生产、经营单位和储运单位,以及指定或认可的检验机构的进出口商品检验工作进行监督检查的重要方式,是通过行政管理手段,推动和组织有关部门对进出口商品按规定要求进行检验。其目的是为了保证出口商品质量和防止次劣商品进口。出入境检验检疫机构进行监督检查的内容包括:

(1)对其检验的进出口商品进行抽查检验。

(2)对其检验组织机构、检验人员和设备、检验制度、检验标准、检验方法、检验结果等进行监督检查。

(3)对其他与进出口商品检验有关的工作进行监督检查。对进出口商品实施质量认证、质量许可制度,加贴检验检疫标志或封识以及指定、认可、批准检验机构等工作,也属于进出口商品检验的监督管理工作范围。

项目九 理货英语

Unit 1　Port

　　Generally speaking, a port is a location on a coast containing one or more harbors where ships can dock and transfer people or cargo to or from land. Port locations are selected to optimize access to land and navigable water, for commercial demand, and for sheltering from wind and waves. Ports with deeper water are rarer, but can handle larger, more economical ships.

　　From the first generation before 1950s to the third generation today, ports have evolved from the hub of transportation, the centre of cargo handling and additional services to the logistics centre of trade.

　　Since ports throughout history handled every kind of traffic, support and storage facilities vary widely, may extend for miles, and dominate the local economy.

　　So far as cargo-handling operation is concerned, there are many infrastructures and facilities in a port. When a ship enters a port through the navigation channel, she will be lying alongside a place called wharf, or terminal, quay, pier, jetty, dock, etc. The specific window a ship being moored alongside is called berth. There are one or more berths along a wharf. Berths are either general or specific to the types of vessels that use them. A wharf is usually backed up with warehouses and stock yards. A lot of cargo-handling equipment is installed on the quay or in the yards, such as quayside container crane, gantry crane, RTG, RMG, belt conveyor, stacker and reclaimer, etc.

　　A port may handle one particular type of cargo or it may handle numerous cargoes, such as grains, liquid fuels, liquid chemicals, wood, automobiles, etc. Most cargo ports handle all sorts of cargo, but some ports are very specific as to what cargo they handle. Additionally, the individual cargo ports are divided into different operating terminals which handle the different cargoes, and are operated by different companies, also known as terminal operators or stevedores.

　　Besides port operators, there are other organizations providing services in the port, including Maritime Safety Administration, Frontier Inspection Station, Entry-Exit Inspection & Quarantine Bureau, Customs, etc., which conduct functions of administration and supervision for the people and cargo entering or leaving the port.

Notes

（1）港口选址要便于优化水陆交通,既满足商业需求,又能够遮蔽风浪。
navigable water:适航水域
（2）从20世纪50年代以前的第一代港口,直到如今的第三代港口,港口已经由交通运输枢纽、货物装卸及相关服务中心演变为物流贸易中心。

(3) 码头前岸或堆场内装配有大量货物装卸设备,例如岸边集装箱起重机、门机、轮胎吊、轨道吊、皮带机及堆取料机等。

RTG:rubber-tyred gantry crane 轮胎式龙门吊
RMG:rail-mounted gantry crane 轨道式龙门吊

(4) 港口可以仅接卸某种特定货物或者接卸多种货物,例如粮食、燃油、液态化学品、木材、汽车等。

(5) 除港口的运营方外,港内还有其他提供服务的机构,包括:海事局、边防站、出入境检验检疫局、海关等。上述机构对人员和货物的进出港行使管理和监督职能。

New words & expressions

dock [dɔk] n.& vt.	码头,船坞;靠码头
navigable ['nævigəbl] adj.	可航行的
handle ['hændl] vt.	装卸,搬,拿
evolve [i'vɔlv] vt.& vi.	使发展,演变
hub [hʌb] n.	中心,枢纽
transportation [trænspɔ:'teiʃən] n.	交通运输
logistics [lə'dʒistiks] n.	物流
storage ['stɔridʒ] n.	贮藏,存储
facility [fə'siliti] n.	设施,设备
infrastructure ['infrə,strʌktʃə] n.	基础设施,基础建设
wharf [wɔ:f] n.	(顺岸)码头,停泊处
berth [bə:θ] n.& vt.	泊位;(使)船停泊
terminal ['tə:minəl] adj.	(特种)码头,货物集散地
quay [ki:] n.	码头,码头前沿
pier [piə] n.	突堤码头,防波堤
jetty ['dʒeti] n.	突码头,栈桥码头
moor [muə] vt.& vi.	停泊,系泊
warehouse ['wɛəhaus] n.	仓库
stock yard	堆场
quayside container crane	岸吊,岸桥
gantry crane	龙门吊
RTG:rubber-tired gantry crane	轮胎吊
RMG:rail-mounted gantry crane	轨道吊
belt conveyor	皮带机
stacker ['stækə] n.	堆料机,码垛机
reclaimer [ri:'kleimə] n.	取料机
stevedore ['sti:vədɔ:] n.	装卸工,搬运工
Maritime Safety Administration	海事局
Frontier Inspection Station	边检站

Entry-Exit Inspection & Quarantine Bureau   出入境检验检疫局
Customs [ˈkʌstəmz] n.   海关
supervision [ˌsjuːpəˈviʒən] n.   监督,指导

Exercises

I. Choose the best answer.

1. Port locations are selected not to _____.

a) optimize access to land and navigable water

b) cover as much area as possible

c) shelter from wind and waves

d) satisfy commercial demand

2. Today, the port of the third generation has become _____.

a) the hub of transportation

b) the center of cargo handling

c) the center of additional services

d) the logistics centre of trade

3. When a ship enters a port through the navigation channel, she will be lying alongside a _____.

a) wharf

b) quay

c) dock

d) a), b) or c)

4. The specific window a ship being moored alongside is called _____.

a) terminal   b) berth

c) pier   d) quay

5. Berths are _____ to the types of vessels that use them.

a) general

b) specific

c) either general or specific

d) both general and specific

6. The individual cargo ports are divided into different operating terminals operated by different companies, which are also known as terminal operators or _____.

a) agencies

b) warehouses

c) stock yards

d) stevedoring companies

7. Which of the following organizations dose not provide services in the port?

a) Water Conservancy Bureau

b) Frontier Inspection Station

c) Maritime Safety Administration

d) Customs

8. A ship enters a port through the _____.

a) wharf   b) terminal

c) dock   d) navigation channel

9. Which of the following cargo-handling equipment is installed on the quay?

a) RTG   b) quayside container crane

c) stacker and reclaimer   d) RMG

10. Which generation of ports has become the logistics centre of trade?

a) 1 generation   b) 2 generation

c) 3 generation   d) none of the above

II. True or False Questions.

1. Ports with deeper water are rarer, but can handle larger, more economical ships. _____

2. Nowadays, we are constructing the second generation port to serve as the logistics centre of trade. _____

3. The specific window a ship being moored alongside is called wharf. _____

4. Most cargo ports handle all sorts of cargo, but some ports are very specific as to what cargo they handle. _____

5. Not all wharves can handle all sorts of cargo. _____

III. Translate the following sentences into Chinese.

1. Port locations are selected to optimize access to land and navigable water, for commercial demand, and for sheltering from wind and waves.

2. So far as cargo-handling operation is concerned, there are many infrastructures and facilities in a port.

3. A lot of cargo-handling equipment is installed on the quay or in the yards.

4. The individual cargo ports are divided into different operating terminals which handle the different cargoes.

5. Besides port operators, there are other organizations providing services in the port, including Maritime Safety Administration, Frontier Inspection Station, Commodity Inspection & Quarantine Bureau, Customs, etc.

Dialogue

The following is a dialogue between a stevedore(A) and a seaman(B).

A: Welcome to our port!

B: Thank you.

A: Is this your first visit to our port?

B: No, the second. My first visit was about ten years ago when our ship called at your port.

A: Oh, I see, you mean the Old Port Area, which was the only port area ten years ago.

B: So this isn't the area I visited last time, is it?

A: Definitely not. This area is a new development which was commissioned eight years ago, and we call it New Port. The Old Port Area you have visited lies across the bay.

B: No wonder I can see nothing familiar. The new project is beautiful and marvelous.

A: You wouldn't see anything familiar even you were in the Old Port Area. It has been upgraded and we want to make it harmonious with the city. Therefore, we transferred the coal and iron ore business to the new area, and only left some general cargo there.

B: That's a big change. But I do not see any coal or iron ore here except of stacks of containers.

A: Look at the covered piles to your left. Starting from last year, we have had all the coal and iron ore covered to prevent floating dust. And beside the stock yard stands the new-built ore terminal, one of the biggest of its kind in mainland China, which can accommodate vessels with a deadweight of 400,000 tons.

B: Unbelievable. And the terminal we are standing on is for container?

A: Yes. We established a joint-venture company for the operation of container business with Maersk, DP world and COSCO. But this is only phase I, and at present we are co-developing phase II, an extension project next to this terminal.

B: Marvelous!

Keys to the exercises

I. 1-5: b d d b c   6-10: d a d b c

II. 1.√ 2.× 3.× 4.√ 5.√

III. 1. 港口选址要便于优化水陆交通,既满足商业需求,又能够遮蔽风浪。

   2. 港内有许多用于货物装卸作业的基础设施和设备。

   3. 码头前岸或堆场内装配有大量货物装卸设备。

   4. 货运港口被划分为不同的装卸码头,处理不同的货物。

   5. 除港口的运营方外,港内还有其他提供服务的机构,包括:海事局、边防站、出入境检验检疫局、海关等。

Unit 2　Cargo Ship

Cargo ship can be divided into dry-cargo ship, such as bulk carrier, general cargo ship, container ship and ro-ro vessel, and liquid cargo ship, such as oil tanker, chemical tanker and LNG tanker. Based on the trade route and time schedule, cargo vessels can also be classified as liner and tramp. Liners operate on a fixed schedule and a fixed rotation of port of call, while tramps don't.

A cargo ship mainly consists of three parts: hull, superstructure and various kinds of equipments.

The hull, made of frames covered with plating, is the actual shell of a ship. It is divided up into a number of watertight compartments by decks and bulkheads. Bulkheads are vertical steel walls going across the ship and along. Decks divide the hull horizontally.

The hull contains the engine room, cargo space and a number of tanks. In liquid cargo ships, the cargo space is divided into tanks, while in dry cargo ships into holds, and the decks dividing up the holds are known as tween-decks. At the fore end of the hull are the fore-peak tanks and at the after end the after-peak tanks. They are used for fresh water and ballast.

The foremost part of a vessel is called bow and the rearmost part is called stern. When standing onboard a vessel and facing the bow, the left-hand side is called port side and the right-hand side is called starboard side.

The deck extending from bow to stern is called main deck, which covers the cargo space or holds. There are openings cut in the main deck, which is called hatches, one to each hold.

On the main deck stand three superstructures: bridge, forecastle and poop. The bridge is a room or platform from which the ship is commanded. When a vessel is underway the bridge is manned by an OOW(officer on watch) assisted usually by an AB(able-bodied seaman) acting as lookout. The forecastle is located in the fore end and the poop in the aft end.

Equipments usually include the main engine, auxiliary machinery, deck equipments(windlass, winch, crane, derrick, etc.), fire-fighting equipment and life-saving apparatus, communication and pilot devices, etc.

Notes

1.货船分为干货船(如散货船、杂货船、集装箱船及滚装船)和液货船(如油轮、化学品船和液化天然气船)。

RORO vessel:roll-on/roll-off vessel,也作 ro-ro vessel

LNG:liquefied natural gas 液化天然气

2.班轮在固定的港序上以固定的航期运营,而不定期货轮则不是。

3.船体,实际上是船的外壳,由肋骨和其外侧钢板构成。船体被甲板和舱壁分割成多个水密舱室。

4.舱壁是垂直的钢墙,纵横分布全船。

此句中 along 后面省略了 the ship。

5.船舶在航行时,驾驶台通常由值班副值守,一水是瞭头,协助值班副值班。OOW

(officer on watch)值班副,口语中常用 duty officer。

New words & expressions

bulk carrier	散货船
RORO vessel	滚装船
oil tanker	油轮
route [ruːt] n.	航线
schedule ['ʃedjuːəl] n.	时刻表,船期(表)
liner ['lainə] n.	班轮
tramp [træmp] n.	不定期货轮
rotation [rəu'teiʃən] n.	港序
port of call	停靠港,挂靠港
hull [hʌl] n.	船体
watertight compartment	水密舱室
bulkhead ['bʌlkhed] n.	舱壁
horizontally [ˌhɔri'zɔntəli] adIII.	水平地
tank [tæŋk] n.	液舱
hold [həuld] n.	货舱
tween-deck ['twiːnˌdek] n.	二层甲板,二层舱
fore-peak tank	艏尖舱
after-perk tank	艉尖舱
ballast ['bæləst] n.	压载水
bow [bau] n.	船首
stern [stəːn] n.	船尾
port	(船舶)左舷
starboard	(船舶)右舷
hatch [hætʃ] n.	舱口
bridge [bridʒ] n.	驾驶台
forecastle ['fəuksl] n.	艏楼
poop [puːp] n.	艉楼
main engine	主机
auxiliary machinery	辅机
windlass ['windləs] n.	锚机
winch [wintʃ] n.	起货机,绞车
derrick ['derik] n.	吊杆
pilot ['pailət] n.	引航,引航员

Exercises

I. Choose the best answer.

1. Which of the following one is not a dry-cargo ship?

a) general cargo ship b) oil tanker
c) container ship d) ro-ro vessel

2. A cargo ship, which operates on a fixed schedule and a fixed rotation of port of call, is defined as a _____.
a) tramp b) liner
c) cruise ship d) passenger ship

3. Forecastle deck is located in the ship's _____.
a) bow b) stern
c) port side d) starboard side

4. The hull is divided up into a number of watertight compartments by _____.
a) inner bottom plating and tween-decks
b) decks and bulkheads
c) double bottom girders
d) topside and hopper tank sloping plating and tween-decks

5. Which of the following is a characteristic of a ro-ro vessel _____.
a) Passenger tours available upon docking
b) Long port stays necessary to secure vehicles
c) Short in port turnaround times
d) Heavy vehicles require no securing equipment

6. Container vessels belong to _____.
a) multi-deck vessels b) break bulk cargo vessels
c) bulk cargo vessels d) roll-on/roll-off vessels

7. Vessels which are of one or two tween-decks are suitable to carry _____.
a) bulk cargo b) general cargo
c) liquid cargo d) containers

8. _____ water is the water in the hold to keep the ship's stability.
a) Bilge b) Ballast c) Slop d) Sanitary

9. _____ is a superstructure from which a ship is commanded.
a) Engine room b) Forecastle
c) Poop d) Bridge

10. Iron ore is preferably carried by _____.
a) the bulk cargo ship b) the general cargo ship
c) the container vessel d) the tanker

II. True or False questions.
1. LNG tanker is one kind of dry-cargo ships. _____
2. The deck, made of frames, is the actual shell of a ship. _____
3. The cargo spaces in a liquid cargo ship are called tankers. _____
4. When standing onboard a vessel and facing the bow, the left-hand side is called starboard. _____
5. Deck equipment consists of windless, cranes, derricks, etc. _____

III. Translate the following sentences into Chinese.

1. Liners operate on a fixed schedule and a fixed rotation of port of call.
2. Hull is divided into a number of watertight compartments by decks and bulkheads.
3. Fore-peak tanks and after-peak tanks are used for fresh water and ballast.
4. The openings cut in the main deck are called hatches, one to each hold.
5. On the main deck stand three superstructures: forecastle, bridge and poop.

Dialogue

The following is a dialogue between a tallyman (A) and a Chief Officer (B).

A: Good morning, Chief. Now the discharging operation has been suspended because of the heavy rains and high winds.

B: Yeah. What a nasty day! This is the second storm that we've encountered in one week.

A: The weather is changeable in this season, and I think it will clear up soon. But we can take the time for a break.

B: Good idea!

A: Now could you tell me your duties on board, if you don't mind.

B: OK. As a Chief Officer, I'm responsible to the master for the management of the deck department. I take charge of the cargo, including its stowage, carriage, loading and discharging. In case of bad weather like this, I have to get them lashed and secured.

A: So much work! And what's your duty relating to tallying?

B: As far as tallying is concerned, I need to check whether the tally figure is correct or not. And sometimes I have to deal with cargo damage. Finally, I also need to check tally papers and sign them.

A: What are the responsibilities of the Captain?

B: Well, the Captain is in charge of the whole ship. He is responsible for the safety of navigation, the ship, the cargo, marine environment and all the personnel on board. Though he's head of the whole vessel, he handles most of his work in the bridge.

A: Then what about the Second and the Third Officer?

B: The Second Officer is responsible for keeping the ship on course and looking after navigation equipment. And The Third Officer is in charge of the life-saving and fire-fighting equipment.

A: Everyone has his own place!

Keys to the exercises

I. 1-5: b b a b c   6-10: b b b d a

II. 1.× 2.× 3.× 4.× 5.√

III. 1. 班轮有固定的班期和固定的挂靠港序。
   2. 船体由甲板和舱壁分割成许多水密舱室。
   3. 艏尖舱和艉尖舱用来装淡水和压载水。
   4. 主甲板上开口称之为舱口，一个货舱对应一个舱口。
   5. 主甲板上矗立着三座上层建筑：艏楼、桥楼和艉楼。

Unit 3　Types of Cargo

The classification of cargo varies considerably based on different standards and practical application. There are two basic types of cargo: bulk and general.

Bulk cargo is commodity that is transported unpacked in large quantities. It is classified as liquid and dry. The former is carried in tankers, such as LNG, LPG and crude oil, and the latter is carried in bulk carriers. Iron-ore, coal, grain, fertilizer and sugar are common dry bulk cargo and they are usually loaded and discharged automatically by many kinds of machinery. Cargo trimming should be well done to maintain the ship's stability, and make sure that the cargo will not move during the voyage.

General cargo or break bulk is the most common form of cargo for most of the history of shipping. It covers a great variety of goods that must be loaded individually, and not in intermodal containers nor in bulk as with oil or grain, such as bagged cargo, baled goods, barrels and casks, drums, paper reels, and cars. Ships that carry this sort of cargo are called general cargo ships, which often have a multi-deck structure. Varieties of packing are used for the goods for the purpose of protection or convenience of transportation and handling. Loading and discharging of break bulk is labor intensive. Once loaded on board each item must be stowed separately. Break bulk cargo are prone to theft and damage.

Nowadays, the volume of break bulk cargo has declined dramatically worldwide as containerization has grown. Moving cargo on and off ship in containers is much more efficient, allowing ships to spend less time in port. A large portion of general cargo and even some kinds of bulk cargo are now packed into containers, thus called containerized cargo.

Notes

1. 货物的基本类型有两种：散货和杂货。
2. 前者以液货船运输，例如液化天然气、液化石油气及原油，后者以散货船运输。
LPG: Liquefied Petroleum Gas 液化石油气
3. 应做好船舶平舱以维持船舶稳性。
cargo trimming 平舱
ship's stability 船舶稳性
4. 杂货或件杂货是航运史上最常见的货物类型。
break bulk 杂货、件杂货
5. 件杂货容易被偷窃或损坏。
6. 现在很大一部分杂货甚至是散货也装入集装箱，从而称为集装箱货物。

New words & expressions

classification [ˌklæsifiˈkeiʃən] n.	分类，类别
bulk cargo	散货
general cargo	杂货

commodity [kə'mɔditi] n.	商品,日用品
crude oil	原油
iron ore	铁矿石
trim [trim] n. & vt.	(船)纵倾,首尾吃水差;平舱
maintain [mein'tein] vt.	保持,维持
stability [stə'biliti] n.	稳性
voyage ['vɔiidʒ] n.	航行,航次
break bulk cargo	件杂货
individually [ˌində'vidʒuəli] adIII.	分别地,各自地,单独地
intermodal [ˌintə'məudəl] adj.	(多运输方式间)联运的
bale [beil] n. & vt.	大包,捆包;打包
barrel ['bærəl] n.	琵琶桶,粗腰桶
cask [kæsk] n.	木桶(小桶)
drum [drʌm] n.	桶(桶装总称)
paper reels	卷筒纸
multi-deck [ˌmʌlti'dek] adj.	多层甲板的
packing ['pækiŋ] n.	包装
prone [prəun] adj.	易于……的
volume ['vɔljuːm] n.	数量,容积,体积
decline [di'klain] vi.	下降
dramatically [drə'mætikli] adIII.	显著地,引人注目地
containerization [kənˌteinərai'zeiʃən] n.	集装箱化;集装箱运输
portion ['pɔːʃən] n.	一部分,一定数量

Exercises

I. Choose the best answer.

1. There are two basic types of cargo, _____.
   a) bulk and general   b) general and break bulk
   c) bagged cargo and baled cargo   d) solid and liquid

2. Bulk cargo is classified into liquid and _____.
   a) solid   b) oil
   c) bagged cargo   d) dry

3. LNG, LPG and crude oil can be carried in _____.
   a) bulk carriers   b) all kinds of ships
   c) general cargo ships d) tankers

4. _____ should be well done to maintain the ship's stability.
   a) Cargo loading   b) Cargo unloading
   c) Cargo trimming   d) Cargo planning

5. General cargo or _____ was the most common form of cargo for most of the history of shipping.

a) liquid b) dry
c) dry bulk cargo d) break bulk

6. Bagged cargo, baled goods, barrels and casks, drums, paper reels, and cars are called _____.

a) bulk cargo b) dry bulk cargo
c) liquid d) general cargo

7. Which of the following is prone to theft? _____.

a) liquid bulk b) break bulk
c) dry bulk d) container

8. General cargo or break bulk _____.

a) is the most common form of cargo for most of the history of shipping

b) must be loaded individually

c) is prone to theft and damage

d) a), b) and c)

9. Bulk cargo _____.

a) is commodity that is transported unpacked in large quantities

b) is classified as liquid and dry

c) does not include bagged cargo, baled goods, barrels and casks, and cars

d) a), b) and c)

10. Which of the following statement is not true? _____.

a) The volume of break bulk cargo has declined dramatically worldwide.

b) Moving cargo on and off ship in containers is much more efficient.

c) Handling cargo in containers will allow ships to spend more time in port.

d) A large portion of general cargo and even some kinds of bulk cargo are now packed into containers.

II. True or False Questions.

1. General cargo is commodity that is transported unpacked in large quantities. _____

2. Iron-ore, coal, grain, fertilizer and sugar are common dry bulk cargo and they are usually loaded and discharged automatically by many kinds of machinery. _____

3. Bulk cargo was the most common form of cargo for most of the history of shipping. _____

4. Bulk carriers often have a multi-deck structure. _____

5. Nowadays, the volume of break bulk cargo has increased dramatically worldwide as containerization has grown. _____

III. Translate the following sentences into Chinese.

1. There are two basic types of cargo, bulk and general.

2. The former is carried in tankers, such as LNG, LPG and crude oil, and the latter is carried in bulk carriers.

3. General cargo or break bulk was the most common form of cargo for most of the history of shipping.

4. Loading and discharging of break bulk is labor intensive.

5. A large portion of general cargo and even some kinds of bulk cargo are now packed into containers, thus called containerized cargo.

Dialogue

The following is a dialogue between a Chief Officer(A) and a Chief Tally(B).

A: Good morning, Chief Tally.

B: Good morning, Chief Officer. Is everything going well?

A: In general, it is OK. But I find that some bagged and drummed cargo is not in good condition. Your tally clerk has already contacted the stevedoring company and the shipper, but the shipper insisted on loading on board in the end. I have to be responsible to the Ship, and I will put some remarks on the Mate's Receipt later.

B: I see. In that case, you are obliged to present the true condition of the cargo.

A: Thank you for your understanding, Chief Tally. As for the delicate cargo on board, such as sugar and tea, I've asked the foreman to make segregation from the odorous cargo and put them in another hold.

B: That's right. How about the bulk cargo?

A: This morning our Duty Officer found the bulk cargo in Hatch No.2 was contaminated with some impurities like sticks or strings. He immediately told the foreman to arrange stevedoring workers to pick them out, but unfortunately that hasn't been done so far. I'm afraid that the quality of the cargo is not that good, and the consignee at the discharging port will possibly make a claim for the contaminated cargo.

B: You are right, Chief. I'll contact the stevedoring company and see what they can do before you put any remarks. At the same time, you'd better report the problems to your Captain and shipping agent. From now on, we will strengthen the supervision to prevent further problems. Is that OK, Chief?

A: It is really a good idea. Thank you very much.

Keys to the exercises

I. 1-5: a d d c d   6-10: d b d d c

II. 1.× 2.√ 3.× 4.× 5.×

III. 1. 货物的基本类型有两种:散货和杂货。

2. 前者以油罐船运输,例如液化天然气、液化石油气及原油,后者以散货船运输。

3. 杂货或件杂货是航运史上最常见的货物类型。

4. 散货装卸属于劳动力密集型。

5. 很大分额的杂货甚至是某些散货现在也被装入集装箱,从而称为集装箱货物。

Unit 4　Loading and Unloading

Efficient loading and discharging depends on proper planning and correct procedure during actual operations.

Earlier before loading and discharging, the stevedoring company will usually draw an operation plan for a single ship in order to coordinate the pilot, the tugboat, gangs of dock worker, the berthing window, quayside handling equipment and transferring carriers, have the cargo delivered in advance or the collecting or distributing fleet arranged. A good program will considerably lower the labor intensity of stevedores, reduce the numbers of gang hours and raise the productivity.

For each working vessel, a Chief Tally will be assigned to take charge of the tallying work of the whole vessel. For each working hatch, a tally clerk shall be assigned to take charge of the tallying work therein. For vessels loading or unloading bulk cargo, tally clerks shall be assigned by the Company according to the needs of tallying. The working posts of the tally clerks are in the hold, on the deck or alongside the vessel.

Right before loading or discharging, the ship will advise the Chief Tally of the condition of cargo onboard, separation and inbound cargo, the rotation of ports of call, the requirements of loading, stowage and separation for outbound cargo; and of other matters which merit attention during loading or unloading.

In the process of handling, the tally clerk shall supervise the loading and unloading, take the counting, check the damage, deal with the mixed-up, make remarks and fill out related record for cargo or containers. In case of tally clerk's stand-by time caused by the Ship, the Stand-by Time Record shall be made out by the Chief Tally and submitted to the Ship for signature.

During the process, it is necessary to observe the safety rules, follow the planned schedule, and make adjustment to the Cargo Plan if necessary, use proper handling equipment, ensure satisfactory handling of the cargo, and avoid damage to the cargo handled.

After the loading is completed, a final stowage plan should be completed, and anoverall check will be carried out to make assurance that no cargo has been short shipped. It is of great importance to shorten the time gap between finishing the cargo and signing papers, because it will shorten the ship's stay at the port.

Notes

1.装卸作业之前,装卸公司通常会制定单船装卸计划,以协调引航、拖轮、装卸工班、泊位、岸边装卸机械及运输工具。

gangs of dock worker:装卸工班

2.合理的装卸计划可显著降低装卸工人的劳动强度,减少工时,并提高生产效率。

gang hour:工时

3.理货人员的作业岗位有舱内、甲板或船边。

4.在作业过程中,理货员应当监装监卸、理数、验残、处理混票、批注并填写与货物或集装箱相关的记录单。

5. 装船结束后,应当编制积载图,并进行全面检查以确保没有货物短装。short shipped 短装

New words & expressions

procedure [prə'siːdʒə] n.	步骤,程序
stevedoring company	装卸公司
operation plan for single ship	单船作业计划
tugboat ['tʌgbəut] n.	拖轮
gang [gæŋ] n.	工组,作业线
berthing window	泊位
transferring carriers	运输工具
fleet [fliːt] n.	船队,车队
intensity [in'tensəti] n.	强度,强烈程度
gang hour	工时
productivity [ˌprɔdʌk'tiviti] n.	生产率,生产力
assign [ə'sain] vt.	分派,指派,指定
therein [ˌðɛər'in] adIII.	在那里
inbound ['inbaund] adj.	进口的,进港的
outbound ['autbaund] adj.	出口的,出港的
merit ['merit] vt.	值得
process ['prəuses] n.	过程
remark [ri'mɑːk] n.	批注,备注
Stand-by Time Record	待时记录
submit [səb'mit] vt.	提交,呈送
adjustment [ə'dʒʌstmənt] n.	调整
overall ['əuvərɔːl] adj.	全面的,总的
time gap	时间差

Exercises

I. Choose the best answer.

1. Efficient loading and discharging depends on _____ and correct procedure during actual operations.

   a) counting b) damage checking
   c) the carriers d) proper planning

2. An operation plan for single ship will usually be drawn _____ loading or discharging.

   a) immediately after b) both before and after
   c) after d) before

3. A good program will considerably _____.

   a) lower the labor intensity of stevedores
   b) reduce the numbers of gang hours

c) raise the productivity

d) All of the above

4. For each working vessel, _____ will be assigned to take charge of the tallying work of the whole vessel.

a) a chief tally

b) both a tally clerk and a chief tally

c) a tally clerk

d) stevedores

5. For each working hatch, _____ shall be assigned to take charge of the tallying work therein.

a) a tally clerk

b) both a tally clerk and a chief tally

c) a chief tally

d) stevedores

6. The working posts of the tally clerks are _____.

a) in the hold   b) on the deck

c) alongside the vessel   d) all of the above

7. In the process of handling, the tally clerk shall do the following things except _____.

a) supervise the loading and unloading

b) take the counting

c) check the damage

d) make an operation plan

8. If there's tally clerk's stand-by time caused by the ship, the _____ shall be made out by the chief tally.

a) Stand-by Time Record   b) Operation Plan

c) Damage Cargo List   d) On-the-Spot Record

9. After the loading is completed, a final _____ should be completed.

a) Stand-by Time Record   b) stowage plan

c) operation plan   d) tally sheet

10. The Stand-by Time Record shall be made out by _____ and submitted to _____ for signature.

a) the tally clerk; the Ship

b) the tally clerk; the stevedoring company

c) the Ship; the Chief Tally

d) the Chief Tally; the Ship

II. True or False Questions.

1. After loading and discharging, the stevedoring company will usually draw an operation plan for single ship. _____

2. For each working vessel, a tally clerk will be assigned to take charge of the tallying work of the whole vessel. _____

3. The working posts of the tally clerks are in the hold, on the deck or alongside the vessel._____

4. In case of tally clerk's stand-by time caused by the Ship, the Stand-by Time Record shall be made out by the tally clerk and submitted to the Ship for signature._____

5. After the loading is completed, a final stowage plan should be completed._____

III. Translate the following sentences into Chinese.

1. Efficient loading and discharging depends on proper planning and correct procedure during actual operations.

2. A good program will considerably lower the labor intensity of stevedores, reduce the numbers of gang hours and raise the productivity.

3. For each working hatch, a tally clerk shall be assigned to take charge of the tallying work therein.

4. The working posts of the tally clerks are in the hold, on the deck or alongside the vessel.

5. During the process, it is necessary to observe the safety rules, follow the planned schedule, and make adjustment to the cargo plan if necessary.

Dialogue

The following is a dialogue between a Duty Officer(A) and a Foreman(B).

A: Hi, Foreman. Is all the cargo for our ship ready?

B: Yes, all the shipment has been collected and part of it has already been transferred to the quay.

A: That's nice. How many gangs are available today?

B: We'll start with 2 gangs. And the stevedoring company will dispatch another 2 gangs after lunch.

A: Fine. When will you start the loading?

B: Any time. The workers are standing by on deck now.

A: If everything goes smooth, when do you expect to finish loading?

B: By Saturday, in 48 hours, to be exact.

A: Good. That will shorten our stay in the port, thank you. And how do you plan to load the ship, Foreman?

B: Based on the Cargo Plan, the first step is to load the general cargo, then the containers, and at last the dangerous cargo.

A: I see.

B: Duty Officer, most cargo in Hold No.4 will be discharged at Singapore. The ship will be down by the head after the cargo is taken out there. You don't expect that, do you?

A: No, but we can pump in ballast water while discharging to keep balance.

B: I see. I'll tell my workers to pay proper attention to the ship's balance.

A: And you'd better assign a deck watch during loading to check the drafts fore and aft, especially when the ship is getting down to her load line.

B: Yes. We will cooperate to ensure the ship's trim while loading.

Keys to the exercises

I.1-5:d d d a a　　6-10:d d a b d

II.1.×　2.×　3.√　4.×　5.√

III.1.高效率的装卸依靠制定合理的作业计划及在实际作业中采用正确的流程。

2.好的装卸计划可显著地降低装卸工人的劳动强度,减少工时数量,并提高生产效率。

3.各个作业舱口都有理货员负责该舱的理货工作。

4.理货人员的作业岗位有舱内、甲板或船边。

5.在装卸过程中,应当遵守安全规章、遵照计划实施工作,按需调整配载图。

Unit 5　Cargo Tallying

　　Cargo tally was born in the course of waterborne trade. It has become indispensable for the smooth operation of international trade, which can ensure the safety of the vessel and its cargo, guarantee the cargo flow by reducing disputes, and boost the foreign trade, customs duty and the economy.

　　The provider of ocean shipping tally has evolved from both parties of the trade, to the ship, and then to professional tally agencies. There are two professional tally agencies in China, China Ocean Shipping Tally Company and China United Tally Co., Ltd.

　　The services they provide mainly include cargo and container tally for international and domestic shipping, container vanning and devanning tally, cargo counting and measuring, checking weight by draft, supervision of loading and discharging, detection and assessment of cargo and container damage, issue of tally papers and reports, and tally consultation.

　　Depending on the regulations of different countries, ocean shipping tally can be entrusted or compulsory, and compulsory tally is put into practice in China for the handling of general cargo and container, and cargo in containers for which the ship is in charge of the vanning and/or devanning.

　　Fairness and impartiality are an inherent nature of tallying work which must be observed by taking a fair stand, following the practice of seeking truth from facts and safeguarding the proper rights and interests of the entrusting parties. The following general principles should be observed in tallying:

　　A) Seeking truth from facts. Tallying work should be done independently with no concession to any unjustified requirement from any party. Its result should be drawn only from the actual conditions of the cargo tallied.

　　B) Cargo delivery by ship's rail. Delivery of Cargo must be made by ship's rail. The risk and responsibility to the cargo begin or end by ship's rail between the deliverer and receiver.

　　C) Unchangeable tally papers. In accordance with the international shipping practice, the entrusting party should confirm the tallying result by signing the relevant papers after the completion of loading or discharging, and once it is confirmed, no amendment is allowed to make at free will.

Notes

1.我国现有两家专业理货公司,中国外轮理货总公司和中联理货有限公司。China Ocean Shipping Tally Company 中国外轮理货总公司、China United Tally Co., Ltd.中联理货有限公司。

2.他们的主要业务包括国际国内航线船舶货物和集装箱的理货和理箱、集装箱装/拆箱理货、货物的计量、船舶水尺计量、监装监卸、货损箱损检测与检定、出具理货单证和报告和理货信息咨询。

checking weight by draft 水尺计重

3.根据不同国家的规定,外轮理货分委托性和强制性。

4. 实事求是原则。
5. 船边交接原则。
6. 一次签证原则。

New words & expressions

waterborne ['wɔːtəbɔːn] *adj.*	水运的,水上的
guarantee [ˌgærən'tiː] *vt.*	保证,担保
dispute [dis'pjuːt] *n.*	争议
domestic [də'mestik] *adj.*	国内的,本国的
van [væn] *vt.*	(集装箱)装箱
devan [di'væn] *vt.*	(集装箱)拆箱
container vanning and devanning tally	集装箱装/拆箱理货
draft [drɑːft] *n.*	(船舶)吃水
detection [di'tekʃən] *n.*	检测,探测
assessment [ə'sesmənt] *n.*	评定,评价
tally papers	理货单证
consultation [ˌkɔnsəl'teiʃən] *n.*	咨询,商议,协商
regulation [ˌregju'leiʃən] *n.*	规则,规章,法规
entrust [in'trʌst] *vt.*	委托
compulsory [kəm'pʌlsəri] *adj.*	强制性的,义务的
impartiality ['impɑːʃi'æləti] *n.*	公平,公正
safeguard ['seifgɑːd] *vt.*	保护,保卫
entrusting party	委托方
concession [kən'seʃən] *n.*	让步,妥协
unjustified [ʌn'dʒʌstifaid] *adj.*	不正当的,未被证明其正确的
rail [reil] *n.*	船舷上的栏杆
amendment [ə'mendmənt] *n.*	修改,修正

Exercises

I. Choose the best answer.

1. Cargo tally was born in the course of_____ .
   a) inland trade   b) waterborne trade
   c) international trade   d) domestic trade

2. The provider of ocean shipping tally has evolved from both parties of the trade, to the ship, and then to_____ .
   a) government   b) ship owner
   c) individuals   d) professional tally agencies

3. There are_____ professional tally agencies in China.
   a) five   b) four   c) three   d) two

4. The services that the tally agencies provide may not include_____ .

a) container vanning and devanning tally

b) cargo counting and measuring

c) charting

d) checking weight by draft

5. ocean shipping tally can be _____ .

a) entrusted only

b) compulsory only

c) entrusted or compulsory

d) none of the above

6. Which of the following is not the function of tally work? _____

a) ensure the safety of the vessel and its cargo.

b) guarantee the cargo flow by reducing disputes.

c) boost the foreign trade, customs duty and the economy.

d) raise the price of cargo.

7. The tally result should be drawn only from _____ .

a) requirements from both parties

b) the suggestion from the ship

c) the actual conditions of the cargo tallied

d) the interest of the entrusting party

8. The risk and responsibility to the cargo begin or end _____ between the deliverer and receiver.

a) on shore
b) nearby the ship
c) on the deck
d) by ship's rail

9. Once the tallying result is confirmed, _____ .

a) only the chief tally can make amendment

b) nobody except the entrusting party can make any changes

c) no amendment is allowed to make at free will

d) amendment is allowed to make with tally clerk's permission

10. Which of the following statement is not true?

a) The provider of ocean shipping tally has evolved from both parties of the trade, to the ship, and then to professional tally agencies.

b) Compulsory tally is put into practice in China for the handling of general cargo and container.

c) China Ocean Shipping Tally Company and China United Tally Co., Ltd. are two professional tally agencies in China.

d) Three general principles of tally include: Seeking truth from facts, Cargo delivery by ship's deck and Unchangeable tally papers.

II. True or False Questions.

1. Cargo tally was born in the course of inland trade. _____

2. The provider of ocean shipping tally has evolved from both parties of the trade, to the ship,

and then to the government._____

3.China Ocean Shipping Tally Company is one of the professional tally agencies in China._____

4.Compulsory tally is put into practice in China for the handling of bulk cargo and container._____

5.Once the tallying result is confirmed, no amendment is allowed to make only if the entrusting parties agree to._____

III.Translate the following sentences into Chinese.

1.There are two professional tally agencies in China, China Ocean Shipping Tally Company and China United Tally Co., Ltd.

2.Depending on the regulations of different countries, ocean shipping tally can be entrusted or compulsory.

3.Fairness and impartiality are an inherent nature of tallying work.

4.Tallying result should be drawn only from the actual conditions of the cargo tallied.

5.Once the tallying result is confirmed, no amendment is allowed to make at free will.

Dialogue

The following is a dialogue between a Chief Officer(A) and a Chief Tally(B).

A:Chief Tally, would you tell me something about your tally method?

B:Sure.We usually arrange one tallyman for each gang.His duty is to check figures, assort marks and inspect any possible damage to the cargo.To facilitate the counting, we will have all the slings made in fixed form and fixed quantity.

A:I see.But there are so many lots of bagged cargo to be loaded today.

B:That is why I want to advise you to dispatch a seaman for each gang to do the counting together with my tallyman, and they should double check from time to time to make sure of the figure.

A:No problem.That is what's on my mind.

B:Chief Officer, do you have any other special requirements for tallying?

A: Nothing particular. Please tell your tallymen to pay more attention to the packing; otherwise, it'll cause much trouble upon delivery.

B:OK.All the export cargo has been thoroughly examined before shipment.If not up to the standard, the cargo is not allowed to export.

A:That's fine.Nevertheless, I'm still afraid that the stevedores might damage the cargo during the process of loading.

B:Please don't worry.We will supervise the loading process carefully to prevent any rough handling.No damaged cargo is allowed to be loaded.In case of any damage, we'll have the packing repaired or the cargo changed.Furthermore, we'll pick out the damaged cargo in the holds or in the slings, if there are any.

A:I trust you.

Keys to the exercises

I.1-5:b d d c c   6-10:d c d c d

Ⅱ.1.× 2.× 3.√ 4.× 5.×

Ⅲ.1.我国现有两家专业理货公司:中国外轮理货总公司和中联理货有限公司。

2.根据不同国家的规定,外轮理货分委托性或强制性。

3.公平、公正是理货业务的基本准则。

4.理货的结果应当以所理货物的真实情况为依据。

5.理货结果一经确认不得随意修改。

Unit 6   Counting

One of the tallymen's working tasks is to calculate the number of cargo handled by recording the slings and the packages in each sling, which is called counting.

While counting, the tallymen should follow these requirements. First, select a proper post in favor of the responsibilities of the entrusting party, and the post can be by the shipside, in the hold or on the deck of the ship. Second, select a counting method in accordance with the cargo type and its handling mode. Third, select a fixed datum line such as the hatch or ship's rail to facilitate the counting of slings. Fourth, the counting position should be safe and convenient to monitor the packages in each sling. Fifth, record the result sling by sling. Sixth, ask the gangs to make each sling in fixed form and fixed quantity.

The following are four counting methods commonly used in practice.

Counting by slings refers to counting and recording the number of packages sling by sling to determine the quantity of cargo. The Ship is to tick slings together with the tallyman to ensure the correctness of counting. This method is fit for small lots or goods for direct delivery, such as frozen fish, fertilizer, fish meal, etc.

Counting with tickets is a method that employs a kind of ticket filled out with the packages and general information of the cargo delivered. It is very convenient to use the tickets as a medium especially when there are too many stacks or there is a comparatively long distance between the deliverer and the receiver.

Counting by stacks means to do the tally work by inspecting and counting the cargo stack by stack at the warehouse or yard. The cargo should be stacked in uniform standards for easy counting. This method can be used for mass cargo that cannot be counted easily and clearly by the shipside or in the hold, such as building materials like steel coils, steel plates and so on.

Counting by package number implies to jot down the package number of each piece of cargo to calculate the amount of cargo. Normally, each piece of cargo is marked with an exclusive package number, and this method is a good choice for complete sets of equipment.

Notes

1. 理数就是在船舶装卸货物过程中,记录起吊货物的钩数,点清钩内货物细数,计算装卸货物的数字。

2. 根据委托方的责任界限,选定合适的理货岗位。主要理货岗位有船边、舱内或甲板上。

　　in favor of 有利于,赞成,支持

3. 根据货类和作业方式的不同,正确选定理数方法。

4. 理数时,要选定一条固定的基准线,如舱口边、船舷边,作为记钩数的界线。

5. 要求装卸工组做到定钩、定量、定型。

6. 点垛理数就是交接双方在港口库场检查并点算货垛上货物数量的理货方法。点垛理数要求库场的货物码垛有统一的标准以便于点算。

7.抄号理数就是记录每件货物的件号,并据以计算货物的数字。

New words & expressions

calculate ['kælkjuleit] vt.	计算
sling [sliŋ] n.	一钩货,一关货,货关,货吊
handling mode	作业方式
datum ['deitəm] n.	基准线,基准面
make slings	做关
counting by slings	划钩理数
counting with tickets	小票理数
counting by stacks	点垛理数
counting by package number	抄号理数
tick slings	记关
medium ['mi:djəm] n.	媒介,手段,方法
comparatively [kəm'pærətivli] adIII.	比较地,相当地
uniform ['ju:nifɔ:m] adj.	相同的,统一的
mass cargo	大宗货物
steel coils	卷钢
jot [dʒɔt] vt.	匆匆写下,草草记下
exclusive [ik'sklu:siv] adj.	唯一的,独有的,独占的

Exercises

I. Choose the best answer.

1. Counting _____ is fit for small lots or goods for direct delivery.
   a) with tickets   b) by slings
   c) by stacks   d) by package number

2. While counting, the tallymen should select a proper post in favor of the responsibilities of the _____.
   a) Ship   b) Port
   c) Tally Company   d) entrusting party

3. Counting _____ is the counting method used at the warehouse or yard.
   a) with tickets   b) by slings
   c) by stacks   d) by package number

4. The tallymen should select a counting method in accordance with the _____ and handling mode.
   a) ship type   b) cargo quantity
   c) cargo type   d) rotation

5. Usually the _____ is to tick slings together with the tallyman to ensure the correctness of counting.
   a) Ship   b) ship owner   c) ship agent   d) stevedore

6. Counting _____ is very convenient especially when there is a comparatively long distance between the deliverer and the receiver.

a) with tickets
b) by slings
c) by stacks
d) by package number

7. Counting _____ is a good choice for complete sets of equipment.

a) with tickets
b) by slings
c) by stacks
d) by package number

8. _____ can facilitate the counting of slings.

a) To sit in the tally room
b) To select a datum line
c) To stand away from the shipside
d) To tick slings with the Ship

9. As regards the bagged cargo in big lots, the stevedores always make slings in fixed form and fixed _____ .

a) shape
b) quality
c) quantity
d) number

10. Counting _____ can be used for mass cargo that cannot be counted easily and clearly by the shipside or in the hold.

a) with tickets
b) by slings
c) by stacks
d) by package number

II. True or False questions.

1. The counting position should be safe and convenient to monitor the packages in each sling. _____

2. There is no need to select a fixed datum line while counting. _____

3. Counting by slings is fit for small lots or goods for direct delivery. _____

4. The cargo should be stacked in uniform standards when counting by stacks. _____

5. Counting with tickets is a good choice for complete sets of equipment. _____

III. Translate the following sentences into Chinese.

1. Select a proper post in favor of the responsibilities of the entrusting party, and the post can be by the shipside, in the hold or on the deck of the ship.

2. The tallymen should select a counting method in accordance with the cargo type and its handling mode.

3. Counting by stacks means to do the tally work by inspecting and counting the cargo stack by stack at the warehouse or yard.

4. Normally, each piece of cargo is marked with an exclusive package number, and this method is a good choice for complete sets of equipment.

5. Counting means to calculate the number of cargo handled by recording the slings and the packages in each sling.

Dialogue

The following is a dialogue between a Tallyman (A) and a Seaman (B).

A:Have you ever ticked slings before?

B:Yes,it's a simple and easy job,isn't it?

A:Not exactly.If you miss out one sling,the tally figure will be inaccurate.Therefore,ticking slings correctly isn't an easy job,I should say.

B:Yes,you're right.

A:Look here comes the first sling.It's 20 bags:eight on this side,eight on the other and four on top.Is that right?

B:Yes,that's right.Do the stevedores make slings in fixed quantity?

A:Yes,they always make slings in fixed form and fixed quantity.

B:I see.

A:Look,the contents are dropping from the sling.There must be some torn bags inside.Let's have a check.Yes,two bags seams slack,and three bags covers torn and contents exposed.Please write it down on the paper.

B:All right.

A:Be sure to record every sling on the paper,otherwise your total amount won't be equal to mine.

B:Yes,I've put down all the figures.

A:Oh,it's about time we were off shift.Shall we check up the figures?

B:Yes,please.

A:How many slings have you ticked altogether?

B:100 slings altogether.Is that correct?

A:Quite right.Then how many bags?

B:1800 bags in all.What's the total amount of the damaged bags?

A:15 totally.

B:Perfectly right.You're a responsible tallyman.I expect to tick slings with you tomorrow.

A:I hope so.Well,I am off now.See you tomorrow.

B:See you tomorrow.

Keys to the exercises:

I.1-5:b d c c a   6-10:a d b c c

II.1.√   2.×   3.√   4.√   5.×

III.1.根据委托方的责任界限,正确选定理货岗位。主要理货岗位有船边、舱内或甲板上。

2.理货员应根据货类和作业方式的不同,正确选定理数方法。

3.点垛理数就是在港口库场检查并点算货垛上货物的数量作为交接货物数量的理货方法。

4.一般货物的包装上都印有件号,一个号码代表一件货物,这种方法更适用于成套设备。

5.理数就是在船舶装卸货物过程中,记录起吊货物的钩数,点清钩内货物细数,计算装卸货物的数字。

第二部分

职业技能

第二篇

颜色视觉

项目一　货物出入库管理

任务一　库场作业计划执行与管理

库场作业计划严格执行和落实是做好港口货运工作的前提和保证。库场工作内容主要有：出口货物库场作业、进口货物库场作业及港口铁路专用线进行火车作业等。

子任务一　出口货物库场作业与管理

任务导入

本部分任务是掌握出口货物库场工作程序及作业内容；熟知各环节的工作要点。

任务分析

出口货物库场作业的主要内容包括作业受理、准备工作、入库作业及装船作业。在入库作业中，货物的验收质量直接影响港口库场工作质量，要注意不同货物的验收要求，严格把好入库关。在装船作业环节，需要特别注意内贸货物装船与外贸货物装船的不同要求。

相关知识

一、作业受理

作业委托人或其代理人与港口经营人就委托港口进行货物装船作业等事宜进行协商，达成一致后，双方签订港口货物作业合同。

港口主管部门出具港口货物作业合同一式四联，第一联，入库联（起运港）提货联（到达港）由港口经营人存查；第二联，港口作业发票（发票联），交作业委托人；第三联，港口作业发票（财务结算联），由作业单位财务记账；第四联，港口作业联，用于仓库批注货物现场作业、堆存等情况，是计收港口费用的依据，由港口主管部门留存。

港口作业合同一、四联由作业委托人或其代理人传递至港口基层货运部门，港口基层货运部门依据港口作业合同载明的有关内容接收货物。

作业委托人是与港口经营人相对应的港口作业合同的另一方当事人。在港口作业实务中，作业委托人可能是：托运人、承运人、出租人、承租人、实际承运人、收货人等。一般是基于运输合同或者贸易合同中当事人的约定，根据约定来明确由谁负责订立港口作业合同、支付作业费用。

在港口作业合同的实际履行中，还存在一个较为特殊的主体——交货人，这是独立于作业委托人之外的将货物实际交付给港口经营人的人。例如，起运港作业委托人是运输中的托运人，将货物实际交付港口经营人的不是托运人而是发货人，则此时的发货人为交货人；

到达港作业委托人是收货人,将货物交付港口经营人的是运输中的承运人,此时的承运人即为交货人等。这一类主体可视为作业委托人的代理人,是代表作业委托人完成货物交付义务的人。如果因此而产生纠纷,则港口经营人可以根据作业合同的约定或《港口货物作业规则》中规定的权利、义务的内容,向作业委托人追究相应的责任。也可直接根据侵权责任原则,要求该交货人承担侵权责任。

二、准备工作

作业委托人或其代理人向港口基层货运部门送达港口作业单以及具体的货物入库计划。对货物入库事宜达成一致后,双方各自做货物入库的准备。港口入库前的准备工作主要有:

(1)落实货物的入库方式(水路、铁路、公路),初步确定港口作业方案;
(2)落实船舶的受载日期,确定货物的入库时间;
(3)落实船、货衔接情况,确定是通过港口库场装船还是直取装船;
(4)落实货物的数量、包装、性质以及船舶的初步配载方案,原则确定货物的入库顺序、堆码方式及货物的堆码位置;
(5)落实货物的质量要求;
(6)建立货物入库记录。

作业委托人应及时办理港口、海关、检验、检疫、公安以及其他货物运输和作业所需的各种手续,并将已办理的各种手续单证送交港口经营人。有特殊保管要求的货物,作业委托人应当与港口经营人约定货物保管的特殊方式和条件。

三、入库作业

1.货物的验收

(1)对作业委托人送交的港口、海关、检验、检疫、公安以及其他货物运输和作业所需的各种手续进行查验。这种查验义务只限于形式上的查验而非实质性的审查,主要是各种手续与证明文件是否齐备,有关文件上是否有主管部门核准的印章等。

(2)查验作业委托人交付货物的名称、件数、重量、体积、包装方式、识别标志是否与作业合同的约定相符。

笨重、长大货物作业,作业委托人应当声明货物的总件数、重量和体积(长、宽、高)以及每件货物的重量、长度和体积(长、宽、高)。

以件运输的货物,港口经营人验收货物时,发现货物的实际重量或者体积与作业委托人申报的重量或者体积不符时,作业委托人应当按照实际重量或者体积支付费用并向港口经营人支付衡量等费用。

(3)需要具备运输包装的作业货物,港口经营人应当检查货物的包装是否符合国家规定的包装标准,没有包装标准的,作业委托人应当在保证作业安全和货物质量的原则下进行包装。

(4)港口经营人应当按约定的交接方式与作业委托人对货物进行交接,交接过程中发现的货物损坏、污染、灭失、单货不符等情况,双方共同编制货运记录。港口经营人应作业委托人的要求也可编制普通记录。如港口在接收货物时没有对货物的数量和质量提出异议,视为作业委托人已经按照约定交付了货物。

(5)在港口经营人已履行《港口货物作业规则》中规定义务的情况下,因货物的性质或者携带虫害等情况,需对库场或者货物进行检疫、洗刷、熏蒸、消毒的,应当由作业委托人负责,并承担相关费用。

2.台账编制

(1)根据当日货物入库数量,编制货物入库记录。

(2)根据货物入库记录,编制单船货物货位图。

3.货物的签收

一票货物当天入库验收完毕,港口仓库保管员应当会同货主在货物入库账簿上互相签字认可。

四、装船作业

(一)内贸货物的装船

(1)根据货物交接清单的记载确认装船货物的名称、件数、标志、包装、吨数、票数、规格等。

(2)与船方约定装船货物的交接方式,并按约定的货物交接方式进行货物的交接。

(3)如在装船过程中发现货物损坏、灭失、单货不符等情况,双方应共同编制货运记录。如船方在接收货物时没有就装船货物的数量和质量提出异议,视为港方已经按照约定交付了货物。

(4)每工班作业结束,港船双方共同对当班发生的货物装船数量进行签认。如双方对装船数量发生争议,应立即进行复核,并在复核的基础上进行签认。

(5)每工班作业结束,理货员应在装船顺序单上核销当班装完的货垛。填写装船理货单,未尽事宜交给下一个工班理货员。

(6)全船货物装船完毕,港船双方共同在货物交接清单上对所装货物的数量及质量予以签章确认,签章后的货物交接清单是船方按货物交接清单"实装"栏和"状况"栏上记载的数量和质量接收货物的证明。船方按此签发运单。

(7)如货物直取装船,且货物由作业委托人与船方直接进行交接,此时船方签发的运单同时视为是船方向作业委托人签发的货物收据。

(8)货物入库和装船过程中编制的货运记录应交给船方,随货同行。

(二)外贸货物的装船

(1)根据出口货物装货清单的记载确认装船货物的名称、件数、标志、包装、吨数等。根据外理出具的装船顺序装船。

(2)与外理约定装船货物的交接方式,并按约定的货物交接方式进行货物的交接。散装货物按重量进行交接的,其货物重量的交接依据贸易双方贸易合同的有关条款确定,主要有计量器具计量装船、公证部门水尺鉴定、原货原转等方式。

(3)如在装船过程中发现货物损坏、污染、灭失、单货不符等情况,理货机构编制现场记录,港口理货员予以确认。

(4)每工班作业结束,港口与理货部门共同对当班发生的货物装船数量进行签认。如双方对装船数量发生争议,应立即进行复核,并在复核的基础上进行签认。

(5)每工班作业结束,港口理货员应在货物装船顺序上核销当班装完的货垛,填写装船理货单。未尽事宜交给下一个工班理货员。

(6) 全船货物装船完毕,港口与外理共同核对、确认装船货物数量和质量并签证。

(7) 如货物直取装船,原则上由作业委托人与理货机构直接进行交接。

业务案例

一、错装

(1) 某港职工刘某某(化名)负责"××"轮 H 钢的配船工作,错将 33 货场 03 号货位的提单号为 JY01 错写为 JY03。理货员张某(化名)在装船查验复核货垛时及时发现,避免了一起严重的错装事故。

(2) 某港库场理货员陈某负责"××"轮 H 钢装船作业。作业中,由于发货时没有按照规定要求逐一复核货垛,导致该装的货没有装上,不该装的货却被装上了船。作业结束后,又没有及时对所装货物进行核对,造成全部翻舱。

二、漏装

某港库场理货员张某从事"×××"轮盘元装船作业。作业至 19 时,张某将 N119 垛 241 件盘元发给中班工人进行装船作业,当中班工人向夜班工人交班时,此垛已装船 30 件货物。夜班工人接班后从此垛装船 121 件货物后进行换票继续作业,当班共计从此垛装船 151 件盘元,余 90 件未装船。由于张某责任心不强,将装船顺序上的 N119 垛 241 件全部圈清,没有复核装船顺序所圈数字,导致 90 件盘元全部漏装。

三、混装

"××"轮在某港卸火车装圆钢作业,库场理货员未按照货主配载要求,没有按舱别顺序先后发货装船,而是将 1 舱、2 舱同时发货,结果造成装上船的货物混装,导致货主不办交接,不同意开船,对外造成较大影响。

子任务二 进口货物库场作业与管理

任务导入

本部分任务是掌握进口货物库场工作程序及作业内容;熟知各环节的工作要点。

任务分析

出口货物库场作业的主要内容包括作业受理、受理提货、卸船准备、卸船作业及交付货物。在受理提货中需要特别注意内贸货物受理提货与外贸货物受理提货的不同要求。

相关知识

一、作业受理

作业委托人或其代理人与港口经营人就委托港口进行货物卸船作业等事宜进行协商,达成一致后,双方签订港口货物作业合同。

二、受理提货

1. 内贸货物受理提货

货物接收人持水路货物运单到港口办理货物提货手续,港口经营人要核对证明货物接收人单位或者身份以及经办人身份的有关证件,无误后港口货运主管部门依据货物运单编制港口作业合同。港口作业合同一式四联。港口作业合同一、四联由作业委托人或其代理人传递至港口基层货运部门,港口基层货运部门依据港口作业单载明的有关内容接收和交付货物。

2.外贸货物受理提货

货物接收人持提货单(小提单)到港口办理货物提货手续,港口经营人要核对证明货物接收人单位或者身份以及经办人身份的有关证件,无误后港口货运主管部门依据提货单(小提单)编制港口作业合同一式四联。港口作业合同一、四联由作业委托人或其代理人传递至港口基层货运部门,港口基层货运部门依据港口作业合同载明的有关内容接收和交付货物。

货物接收人包括两类主体:一是作业委托人自己,二是作业合同双方当事人以外的第三人,在起运港货物接收人常常体现为运输关系中的承运人(或船方),在到达港常常体现为运输关系中的收货人。作业合同约定港口经营人将货物交付给第三人的,作业委托人应当保证第三方按照作业合同的约定接收货物。

三、卸船准备

港口经营人卸船前的准备工作主要有:

(1)根据船舶预报和港口作业单记载内容,指定卸船的泊位,初步确定港口作业方案。

(2)将港口卸船计划通知作业委托人和货物接收人,商定货物卸船后是进入港口库场还是卸船直取。

(3)落实货物的出库方式(公路、水路、铁路),及各种出库方式的数量和进度。

(4)根据货物的数量、包装、性质以及船舶的积载方案,原则确定货物的堆码方式及货物的堆码位置。

(5)落实货物的质量要求,如属易损或操作难度较大货物,要通知货物接收人做好监卸准备。

(6)建立货物卸船及货物出库台账。

作业委托人应及时办理港口、海关、检验、检疫、公安以及其他货物运输和作业所需的各种手续,并将已办理的各种手续单证送交港口经营人。有特殊保管要求的货物,作业委托人应当与港口经营人约定货物保管的特殊方式和条件。

四、卸船作业

(1)与船方交接随货同行的货运单证,并进行单证核对。

(2)根据货物交接清单和运单的记载确认卸船货物的名称、件数、标志、包装、吨数、票数和规格等。

(3)双方约定卸船货物的交接方式,并按约定的货物交接方式进行货物的交接。

(4)卸船过程中发现货物损坏、灭失、单货不符等情况,双方应共同编制货运记录。

(5)工班作业结束,港船双方共同对当班发生的货物卸船数量进行签认。如双方对卸船数量发生争议,应立即进行复核,并在复核的基础上进行签认。

(6)工班作业结束,港口理货员填写单船货物理货单,并核销卸船顺序,未尽事宜交给下一个班理货员。

(7)全船货物卸货完毕,港船双方共同在货物交接清单上对所卸货物的数量及质量予以签章确认,签章后的货物交接清单是港口经营人按货物交接清单"实卸"栏和"状况"栏上记载的数量和质量接收货物的证明。港口经营人按此交付货物。

(8)如货物卸船直取,且货物由货物接收人与船方直接进行交接,货物接收人收到货物后,应当在其持有的一联运单上签认,签认后的该联运单作为货物接收人收到货物的收据交给船方留存。

(9)货物入库和装、卸船过程中编制的货运记录到达港港口经营人予以留存,随货同行。

五、交付货物(货物出库)

(1)建立单船货物出库记录。

(2)向货物接收人提供港口所接收货物的具体的数量和质量情况及随货同行的货运记录和普通记录。

(3)货物接收人将一票货物一次性提取的,港口基层货运部门凭港口作业合同一、四联办理货物的出库。分批次提取的,凭货物接收人开具并签章的提货单办理货物的出库。

(4)在货物出库过程中,发生货物损坏、灭失等情况,双方共同编制货运记录。如货物接收人在接收货物时没有就交付货物的数量和质量提出异议,视为港口已经按照约定交付货物。

(5)货物接收人提货单记载货物数量当天出库完毕,提货方应在仓库出库账本上予以签认。

(6)在货物出库过程中,根据货物动态,及时调整垛位图,并填写单船货物出库记录。

(7)每票货物出库结束后,货物接收人应在港口作业合同第四联对收到的货物予以签收,签收后的作业单作为货物接收人收到货物的收据由港口经营人留存。

(8)港口经营人在已履行《港口货物作业规则》中规定义务的情况下,因货物的性质或者携带虫害等情况,需对库场或者货物进行检疫、洗刷、熏蒸、消毒的,应当由作业委托人负责,并承担相关费用。

(9)作业委托人或者货物接收人应当在约定或者规定的期限内接收货物。否则港口可以依照有关规定将货物转栈储存,有关费用和风险由作业委托人承担。

(10)货物接收人逾期不提取货物的,港口经营人应当每十天催提一次,满三十天货物接收人不提取或者找不到货物接收人,港口经营人应当通知作业委托人,作业委托人在港口经营人发出通知后三十天内负责处理该批货物。作业委托人未在该期限内处理该批货物的,港口经营人可以按照有关规定将该批货物做无法交付货物处理。

业务案例

账货不符

"××"轮卸铝矾土装火车,清完垛后货主代理与记账班对账发现装车节数不对,铝矿班查原始单据火车装车记录簿,结果记账员张某某有9节装自由轮的铝矾土没有出账。当日理货中心系统录入人员刘某某也没有把9节584.82吨铝矾土数据录入生产系统,查票人员也没能发现9节火车是空票。张某某根据自己的登账数据与生产系统核对时,也没能发现数据错误。

子任务三 火车装卸的库场作业与管理

任务导入

本部分主要任务是掌握火车装卸作业中库场理货人员的主要工作内容及管理要求。

任务分析

火车运输是港口货物集疏运的重要途径。港口一般都拥有自己的铁路专用线,在铁路专用线进行火车作业有火车装车作业和火车卸车作业两种。根据各港口的有关火车作业规章制度完成火车装卸作业及理货交接工作。

相关知识

一、火车装车作业

(一)装车准备

(1)接收货物接收人的发货指令和铁路转运流向。
(2)审核待装车发运货物,并编制、登录货位图。
(3)接收货物接收人的自备物品和加固材料,并在货位图上标明。
(4)确定货物装车的积载规范。
(5)提出装车的质量和相关要求。

(二)装车作业

(1)接收当班装车作业计划,确定各作业线车辆对应的货位。
(2)核查所装货物的船名、货名、票类、标志、包装、规格和装货车辆的车号,并与装车计划和垛位图记载内容相符。
(3)向作业人员下达装车规范及质量和相关要求。
(4)检查火车车厢清扫和车底铺垫情况,使其具备保证装车货物质量的要求。
(5)指导作业人员按规范和标准进行装车作业。敞车装怕湿货物应在车内堆码成屋脊形,并苫盖良好,捆绑牢固。使用棚车装载货物时,对于装在车门口的货物,应与车门保持适当距离,以防挤住车门或湿损货物。
(6)对散装货物的装车,采取轨道衡计量、在车厢上画线(根据火车的载重量、车厢底面积和货物的比重计算出货物在车厢内装载的高度,并以此画线)等方法确定装车数量。
(7)每车装货完毕,对货垛剩余货物数量和车内货物数量进行复核。
(8)每车发生的残损货物单独堆放,计数后编制事故报告并送达指定位置。
(9)每垛货物装完后,在垛位图上核销该货垛。装车完毕后形成的半垛,要对剩余数量进行复核,无误后在垛位图上修正。
(10)编制货物装车记录和货物出库记录。

二、火车卸车作业

(一)卸车准备

(1)接收作业委托人货物铁路集港计划和每批集港货物的通知(包括铁路集港货物的

货名、票类、规格、包装、数量和所载货物的车号、作业委托人自备物品和加固材料等)。

(2)根据货物情况确定货物的堆码库场。

(3)确定货物堆码的垛型。

(4)提出卸车的质量和相关要求。

(二)卸车作业

(1)根据当班卸车作业计划,确定各作业线车辆对应的货位。

(2)卸车前,认真检查车辆、篷布苫盖、货物装载状态有无异状,施封是否完好。如有异状及时通知铁路货运和公安部门会同卸车。

(3)拆卸篷布和加固等,并送交指定位置。如属作业委托人自备物品和加固材料则按作业委托人的要求分类堆放。

(4)核查所卸货物的货名、票类、标志、包装、规格和卸货车辆的车号,并与卸车计划和铁路运单或作业委托人的传真记载内容相符。

(5)卸车过程中,要认真检查货物情况。如发现原残货物,及时通知铁路货运部门查验并做好货运记录。作业过程中发生工残,做好事故报告。

(6)指导作业人员按规范和标准堆码货垛。

(7)每车卸货结束,核查实际卸车数字。如与铁路运单或作业委托人的通知记载不符编制货运记录。

(8)当班卸车结束,编制货物卸车记录。

(9)根据货物卸车记录编制货物入库记录并编绘垛位图。

(10)将港口编制的货运记录送达铁路货运部门换取铁路货运记录。

业务案例

一、火车无法按时发货

理货员李某某从事"××"轮大豆包房做包码垛作业,在GG20/90货位所码606垛,完垛后,填写货垛牌时漏填货物件数。2月3日,保管班替班保管员张某某未履行查货岗位职责,查货不认真。事后保管一班负责该货场查货的保管员徐某某发现问题未及时纠正。直至2月21日火车发货时,发现该垛货垛牌(扉子)上没有货物件数,无法发货,造成火车发货不及时。

二、装火车货物错发

某公司业务员在填写铁路运单时(俗称铁路大票),将"青州市"写成"青洲",使应该发往山东省青州市的货物运到了福建省青洲。

任务二 货物交接业务与管理

子任务一 货物交接方式、内容及责任

任务导入

本部分内容的主要任务是熟悉各种交接方式的交接双方及交接时需要注意的问题;熟练掌握货物交接的内容及交接过程中各方的责任。

任务分析

根据交接双方的身份不同,货物在港口交接方式不懂。为了保证货物运输质量,货物交接时,交接双方都要安排人员在现场进行交接,明确各个环节当事人的责任,在货物交接时严格按照有关规定实行交接责任制是防止责任推诿的有效方法。

相关知识

一、货物在港口交接的方式

货物在港口交接,根据交接双方的身份可分为:船港交接、港货交接、船货交接、船驳交接等。

1.船港交接

通过船舶运进港口卸船入库和从港口库场装船的货物,由承运船舶与港口库场进行交接。船港交接在装卸船边进行,若双方有约定,可以在约定地点进行。采取库场点垛交接的货物、集中装卸船的小票货物、库场成组与拆关、装箱拆箱的货物、大宗散装货物、通过港口自动计量设备计量的货物可以在库场交接。

2.港货交接

货物由发货人送进港口库场和提货人到库场提货的,由港口库场与发货人、提货人在库场交接货物。

3.船货交接

由货主直接到船边提取货物,或者货主将货物运到船边直接装船,由货主自理装卸船的,由船舶与货主交接货物。由于货物在港口的装卸船作业仍由港口进行,港口对货物的交接仍负有一定的责任,由港口库场会同货主与船舶交接。港口在这种交接中起到监督、统计和联系的作用,负责工作安排和装卸质量监督,不对货物进行理算。如果货主委托港口进行交接,则由库场理货员代表货主与船舶交接,承担代理人的义务。

货方委托港口采取直取作业的货物交接仍然是船港交接。

4.船驳交接

货物直接由驳船装船或者卸入驳船,由驳船与船舶进行交接。港口只会同驳船与船舶交接,不独立承担交接责任。

如果货物进库场再落驳,则由港口与驳船交接。

二、港口交接的内容

货物交接时,交接双方都要安排人员在现场进行交接,要求对交接的事项交代清楚、交接的物品点算清楚、交接的单证签署清楚、交接的数据核对清楚、交接的争议解决清楚。

港口交接的内容有:

1.货物

所要交接的货物必须是运输合同或者提单、作业委托合同明确列名的货物。货物名称、规格、运输包装、标志、发货符号要单证一致,否则接方可以拒绝接收货物,不予交接。

2.货物数量

货物的交接数量是根据运输合同或者提单、作业委托合同所确定的、交方必须交出的货物数量。实际交接的货物数量与单证上记载数量不一致,则构成货损或者溢货,要由交方对短少或者增多的货物负责。

3.货物状态

在货物交接时交接双方要对货物进行检查,确认货物处在协议约定的状态以及符合安全运输和安全作业的状态,交接时发现有造成质量等不良等情况,应编制记录加以认定,以明确责任。

4.货物资料、单据

在货物交接前,交方应将有关货物特性和数量的资料交给接方,以便接方了解和掌握交接的内容,了解货物。在货物交接同时交接随货运输的货物单据,如货物运单、货运记录、残损溢短单、许运证明等,交接双方互相签署交接记录、交接清单等交接证明文件和留底依据。

5.其他物品和事项

在货物交接时,交方还要把在货物运输单证内注明的,或者交方为保管而收留的货物备件、备品等一同交接。交方向接方说明货物的运输保管注意事项。

三、货物交接的责任划分

为了保证货物运输质量,明确各个环节当事人的责任,防止责任推诿,通过货物交接时把关,实行交接责任制是有效的方法。

交接责任制要求采用双边交接的方式,在交接时双方安排人员进行交接检查、点算,现场核实交接内容。双边交接时未参加的一方,视同放弃责任,由此而产生的交接不明、责任不清等由其负责。

责任交接责任的具体划分:

(1)货物在发货港进港时发现残损、溢短的由发货人负责。

(2)货物在装船理货时发现的残损、短缺由起运港负责。

(3)货物卸船出仓时发现的残损、短缺,无船舶与起运港编写签署的"货运记录"的,或者残损、溢缺超出货运记录的部分由船舶负责。

(4)港口交付货物时发现的残损、溢缺由到达港负责。

(5)划关、点垛交接、港口未按规定码垛、做关不准无法计数时,货物短缺由港口承担。

(6)港口交错、发错货物,港口负责追回货物,并发出正确的货物,费用由港口承担。

(7)港口漏发货物,由港口负责补发,承担费用。构成迟延的还要承担迟延责任。

子任务二 货物交接的方法

任务导入

本部分需要掌握各种类型货物的理货方法,并能根据作业习惯、要求、内容选择合理的理货方式。

任务分析

库场理货计数是一项极为繁琐,又不能马虎的工作,既要保证计数准确,又要方便快捷,尽量减少对作业速度的影响。人们在生产实践中总结和设计出了许多针对不同货物的理货计数方法和工艺。为了使交接双方对理货的结论共同认可,并且在理货过程中互相配合,提高理货质量和加快速度,交接双方在开始交接前一定要就理货计数的有关事项达成一致意见,包括理货的地点,采用的方法,集货工具的使用,货关的件数,货物的堆码、垛型等。在理货过程中遵守约定和规定,互相配合,发生问题及时协商解决,保证理货质量和提高理货速度。

相关知识

《港口货物作业规则》第三十二条规定:"除另有约定外散装货物按重量交接,其他货物按件数交接"。《港口货物作业规则》第三十三条规定:"散装货物按重量交接的,货物在港口经技术监督部门检验合格的计量器具计量的,重量以确认的数字为准;未经技术部门检验合格的计量器具计量的,除对计量手段另有约定外,有关单证中载明的货物重量对港口经营人不构成其交接货物重量的依据。"

一、计件货物的理货

1. 小票计数

以货物卸船进库为例说明小票计数的方法:货物从船舱卸出时船舶理货员清点货关货物数量,将货物数量填写在小票上交给拖车司机。拖车司机将货物拖到库场时将小票交给库场理货员。库场理货员核对票上记载货物无误后收留小票,指挥货物上垛。工班结束时依据小票统计货物总件数。

用来计数的小票是一种规格较小的票据,故称为小票。小票采用固定的格式,有流水编号,票面分为两部分,分为记数交接栏(可撕下)和存底票根。记数栏可填写货物基本资料和货物件数,以便识别和区别货物。计数栏的填写与存底票根一致,双方持有,以便核对。因而小票计数便于区别货物,不会造成错卸、错收、错堆,便于查对货物数量。无论是能够定关或不能定关的货物都可以采用小票交接计数。但纸质小票有容易损坏和遗失的缺陷。采用小票交接计数时要求搬运司机传递小票,要求司机要做到无票不拖运,收票拖运,保管好小票,货交票交,防止货票分离。库场理货员在核对货、票时,发现货、票不一致,要当场与对方联系、现场解决。

2. 发筹计数

发筹计数的过程与小票计数基本相同,只是用筹码代表货物数量。发筹计数是一种极为古老的交接计数方法。筹码可以用竹、木片、塑料等材料制作,使用不同的雕刻、颜色、形状以示区别。发筹计数前双方必须约定筹码所代表的货物数量,通常以一个货关发一个筹,每个货关的货物件数必须相同。发筹计数只是用于可以定关、定量、定型的"三定"和具有同包装、同规格、同货名的"三同"的大宗件货交接计数。

虽然可以采用不同格式的筹码表示不同的货物,但由于筹码的格式种类不多,在多票货物作业时会造成混票。如果筹码没有编号,又不留底,如果双方的货物关数出现差异时很难核对,只有翻舱、翻堆重新计数。如有编号则要按号码次序发筹。

3. 挂牌计数

此计数方法适用于水平搬运距离较长,特别是中间还要转换作业的货物交接,如江心卸驳转码头库场或途经公共道路的作业,因作业特殊,需要作业班组与库场配合理货,交方在做好的货关上悬挂该关货物的理货资料的货牌,接方收到货物后取下货牌,核货收留货牌,计算货物数量。除了对一个货关挂牌外,对数量较多的整车、整驳的货物也可以采用挂牌计数的方法。

4.点垛计数

交接双方在港口库场检查并点算货垛上货物的数量作为交接货物数量的理货方法。点垛计数是花费时间少、速度快的理货方法。点垛计数是港口货物交接最常用的理货方法,对所有堆放或者要堆放在库场的货物都可以采用。在实际中往往需要约定或者根据双方习惯采用点垛计数。

点垛计数的首要条件是库场的货物码垛标准,能够直接在货垛上点算货物,有时直接使用货垛牌上记载的货物件数,因而要求库场码垛要标准,防止夹垛、缺垛的情况出现,采用方便点算货物的垛型如平台垛、二联桩等。同批货物和同时交接的零星货物集中堆放,防止漏点。

由于点垛交接计数都是在库场内进行的,点算完后不再理算,相当于货物在库场交接,因而货物作业完毕,库场理货员要详细检查船舶舱底、甲板、作业线路、作业设备、库场、装车场等货物经过的线路,防止因掉落、遗漏货件,造成漏装漏发。另外在库场点数与作业合同确定的船边交接货物不一致,为了明确责任往往还要在船边验货和办理交接。

5.点交点接

双方理货人员在库场,根据货物单证的记载,当场逐件点算、核对、检查、签收货物。点交点接主要用于大型机械设备、贵重货物、有特殊运输要求的货物、成套货物、同批规格差异大的货物。点交点接的理货计数方法最为仔细,计数准确,但计数工作量也最大。

6.划关计数

双方在装卸现场,分别对吊下、吊上船的每一关货物进行点算并记录,工班结束时汇总的计数方法。划关计数采用方格簿作为记录本,每一关的货物件数都要点算记录,记录簿是原始凭证,要妥善保管。对可以定关的货物也可以采用"正"字笔划代表关数的方法记录。划关计数时货关必须落地(落甲板)点数,不能悬空点数,双方理货员在记录前要口头提示(唱码),计码后要复核书面计数。

划关计数的理货工作量很大,速度也很慢,理货人员不得离开现场,理货的精度受理货人员的工作态度和精力的影响很大,过后无法复核。因而划关计数大多对批量少的货物,或者是数量交接要求不高的大宗货物采用。港口装卸大宗件货时为估算作业进度也使用划关计数。

二、凭货物重量、体积交接的货物理货

件杂货的交接只计件数,不计重量。但不计件数的货物就得根据货物的重量或者体积进行交接。此外绝大多数的货物都依据货物重量来计算运输、作业、保管费。核定货物的重量是库场理货的一项重要工作,也是保证库场安全使用的一项工作。

1.货物重量的确定方法

货物重量是货物运输和作业的基本资料,与安全生产和计费收费直接有关。货物重量由货方申报,但港口必须核对货物的重量。这项工作大多数港口由商务部门承担,一些港口由库场理货承担。

货物重量采用公制单位"吨",每吨1000公斤。货物重量的确定方法有:

(1)逐件衡量确定货物重量。可以采用称重、丈量计算等方法确定单件重量。

(2)由标准重量确定货物重量。由货物的标准重量,考虑到含水率的不同进行换算。

(3)利用体积确定重量。通过丈量货物的满尺体积,每 1m³ 为 1t。

(4)利用船舶吃水确定货物重量。即通过水尺计量确定货物重量。

(5)利用换算重量确定货物重量。根据规定的换算重量确定。

2.使用连续、快速作业的法定计量手段计量

对于大宗散装货物,港口具有连续、快速作业的法定计量手段的,可以采用这些自动化设备进行货物计量。连续、快速的计量手段主要有:轨道衡、皮带衡、定量灌包器、流量计、地衡等自动或快速称重计量设备。使用连续计量的仪器设备必须是法定许可的设备仪器,并经计量行政部门检验合格颁发合格证书。

采用连续计量方法往往由计量设备打印出货物的重量或者体积,并能累加总数,大大减轻了理货工作的强度和时间,货物计数工作大都由仪器设备操作人员承担。若测量设备没有专人负责的,就由库场理货员进行测量、记录。此外货物必要的检验、交接签认等还要理货员承担。

3.水尺计量

水尺计量是利用船舶漂浮在水面,船舶的重量等于其水线以下体积排水量的物理原理来计算货物重量的方法。由于水面的不平静使得水线读数存在误差,货物重量等于船舶重量减去船体、船舶物料、船舶常数等的重量,而这些数字都只能是估算获得,因而水尺计量的误差较大。水尺计量只使用于整船运输的低价值货物的计量,如煤炭、矿石、粗粮饲料、废钢等的计量。但水尺计量的方法简便,基本上不需要对货物计量支付费用,是大宗低价值货物计量的可行方法。

4.油量计算

对没有流量计量算的大宗液体货物(如石油的货量可以通过油量计算的方法确定货物数量)。该方法的原理是:通过测量每个油舱的货物体积和液体比重,两者相乘得出货物重量。油量计算的程序:

(1)测量每个货舱的空当高度,测量该货舱液体的比重、油温。

(2)通过空当修正的高度,查货舱资料得出货物体积。

(3)计算货物重量。

库场理货的工作主要是会同船员测量空当高度、测比重、油温,核对计算结果并确认。

三、不计量货物的理货

1.原来、原转、原交货物的理货

对于港口、运输部门不具备连续、快速作业的法定计量手段的大宗散装货物,可以约定采用原来、原转、原交的方式交接,运输、作业中都不计量。对港口来说,原来、原转、原交就是港口采取专堆存放,专门操作,不并堆、不分劈货物。货物进港前,库场确定一清洁的、足够容量的货位,货物集中存放。货物提取完毕,清理地脚并交付,则交付完毕,库场无需提交具体货物数量。原来、原转、原交只适用于大宗散货,且需要事先约定方可采用。

对原来、原转、原交货物的理货工作主要是确定一个清洁的、足够容量的货位用于堆放和接受该货物,在提货过程中要辨认好货物批号,同批号货物才能从该堆中提取。无论还有多少货物都不能并堆。货物提完要通知对方一同检查堆位,堆位全空则交付完毕,可以办理交接手续。

2.凭装载现状交接货物的理货

　　凭装载现状交接是指货物装舱(车)后,港口与运输工具负责人仅凭货物在船舱或者车厢内的堆放状态进行交接,不再对货物进行计量,只以运输工具的载重量作为货物重量。装载现状有两种方式:一是货物经过平整,凭平整的表面或平整痕迹进行交接;另一种是以货物堆装时的自然堆形形状进行交接。库场理货的工作就是确认和记录货物的装载现状,检验货物,对装载现状改变进行认定和记录。

3.凭舱封交接货物的理货

　　凭舱封交接是指货物在运输时,将货物装入舱(车)后对货舱(车厢)进行铅封,港口与运输人只凭铅封状态和货舱、车厢外表状况良好进行交接。在起运港库场理货会同运输人实施舱封或封车,交付货物。在到达港库场理货则会同运输人查验铅封和车厢、船舱的外表状态,确认无损则收货。有损坏则编制货运记录,以明确责任。

任务三　仓储装卸费用处理与管理

任务导入

　　本部分需要掌握费收规则并能根据费收规则列出计费项目;会区别超重、超长货物及节假日作业;能根据作业合同、理货单、货物明细及进出口舱单完成库场检算作业。

任务分析

　　根据费收规则和库场单据,列出货物的计费项目。主要是区分货物按体积吨、重量吨还是择为大计费,按重量计费是否有超重,货物是否超长,是否是节假日或夜班作业。

相关知识

一、港口费收概述

　　港口费是指港口对货物进行装卸作业和各项服务活动或为船舶提供设备设施和劳务,而向货主或船方收取的各种费用。

(一)港口费用的分类

　　港口费按费目的业务性质分为:港口劳务费和规费。

　　港口劳务费主要包括:装卸费、货物保管费、驳运费、拖轮费、过驳费、移泊费、系解缆费、开关舱费、起货机工力费等费用。

　　规费是指港口主管部门按有关规定向船方或货方征收的港口非劳务费,主要包括:船舶港务费、港口建设费、货物港务费、停泊费等。

　　按费率的业务性质分为:港口基本费率和附加费。

　　港口基本费是按货物种类和操作过程所规定的单位费率收取的。现行《港口收费规则》各种费率表中载明的费率都是基本费。

　　附加费是在特定的条件下,按照基本费的比率增收的费用,如"超长附加费""节假日附加费"等。

　　按缴付对象来分,分为货物费用和船舶费用。

船舶费用:即向船舶征收的费用,包括移泊费、系解缆费、船舶港务费、停泊费、开关舱费、代理费及杂项作业费等。

货物费用:即向货物征收的费用,包括货物港务费、港口建设费、装卸费、货物保管费、驳运费、过驳费、起货机工力费及杂项作业费等。

(二)港口费收依据

目前,我国港口的港口费收基本上是按照交通运输部颁布的费收规则执行的。现行的港口费收规则经历了40多年的变化,现主要有两部分。

(1)《港口费收规则(外贸部分)》。适用于航行国际航线的船舶及外贸进出口的货物,与香港、澳门之间的运输及涉外旅游船舶的港口收费,除有规定的外,比照本规则办理。

(2)《港口费收规则(内贸部分)》。适用于航行国内航线的船舶及国内运输的货物。按航区可分为:沿海港口费收规则、长江港口费收规则、黑龙江港口费收规则。

港口费收是一项系统性和政策性较强的工作,是港口货运管理的重要组成部分。要保证港口费用不漏收、不少收,维护港口利益,就必须加强港口费收管理,严格费收工作程序。

二、主要港口费用

1. 装卸费

装卸费是指港口对进出口货物进行装卸、转栈等作业,按规定向船舶、货主计收的费用。港口在进行装卸作业时,其作业过程以及内容是复杂的,港口所消耗的物化劳动是不一样的,因此不同的货物、不同的包装类型、不同的操作过程,其装卸费率也是不相同的。装卸费的计算方法为:

$$装卸费 = 计费吨数 \times 相应的装卸费率$$

2. 货物保管费

货物保管费又称货物堆存费,是港口对港内存放的进出口货物收取的保管费用。货物保管费的收取额取决于货物的种类、货物的堆存地点以及堆存时间的长短。

货物的种类分为:一般货物、一般危险货物、烈性危险货物。

堆存地点分为:仓库、货场、趸驳船。存放在港口货场的货物使用港口垫盖物的,视同存放在仓库计收保管费用。

计费单位分为:重量吨和体积吨两种。

按部颁标准,沿海港口保管费的计算时间为:

(1)国内外进口货物自每张运单(提单)的货物开始进入库场的第五天起至货物提离库场的当天止;

(2)国内外出口货物自每张运单(提单)的货物开始进入库场的当天起至货物装船的前一天止;

(3)进口转出口的货物,自每张运单(提单)的货物开始进入库场的第五天起至货物装船的当天止;

(4)烈性危险货物和油罐存油按实际存放天数计算。

保管费的费率标准由各港口根据各港实际情况自己制定,并报交通运输部备案。

保管费的计费方法是:

$$货物保管费 = 被保管货物的吨数 \times 相应的保管费率 \times 保管天数(扣除免费堆存期)$$

3.港务费

港务费是向进出港口使用港口水域、航道、锚地、码头及其他设备的船舶和经由港口吞吐的货物所征收的费用。设置这一费目的目的是为了补偿有关部门为维持航道、码头及其他设备的良好状态而发生的费用支出,是国家征收的规费。港务费分为船舶港务费和货物港务费两种,船舶港务费向船舶所有人征收。船舶每次进港或出港均按船舶净吨(拖轮按马力)各征收一次。

货物港务费是以经由港口吞吐的货物为征收对象。现行的外贸货物港务费共分为三类货物,每类货物都有进口、出口两个标准。其计算公式为:

$$货物港务费 = 计费吨 \times 相应的费率$$

4.停泊费

停泊在港口码头、浮筒的船舶,由码头、浮筒的所属单位按规定征收停泊费。停泊费分生产性停泊和非生产性停泊。

靠泊港口码头,有下列行为的船舶,属非生产性停泊:

(1)装卸货、上下旅客完毕(指办妥交接)4小时后因船方原因继续留泊的船舶;

(2)非港方原因造成的等修、检修的船舶(等装、等卸和装卸过程中的等修、检修除外);

(3)加油加水完毕继续留泊的船舶;

(4)非港口工人装卸的船舶;

(5)国际旅游船舶(长江干线及黑龙江水系涉外旅游船舶除外)。

因港方原因造成船舶在港内留泊,免征停泊费。

5.系解缆费

由港口工人进行船舶系、解缆,按船舶净吨大小,以每系缆一次或解缆一次计收系解缆费。

6.开关舱费

由港口工人开关船舶舱口,不分层次和开关舱次数,卸船分别计收开、关舱费各一次,装船也分别计收开、关舱费各一次。

7.起货机工力费

港口装卸工人操作船舶起货机,按装卸货物吨数向申请人计收的费用。

8.驳运费

使用港口驳船过驳货物,向申请者计收的费用。

9.杂项作业费

港方应船方或货方的申请为船方或货方提供设备或进行其他作业与服务,向申请方收取的费用。较为常见的杂项作业费主要有:拆倒包费、灌包缝包费、分票费、扫舱费、特殊平舱费、工时费、机械租赁费等。

三、港口费收程序

港口费收是一项系统性和政策性较强的工作,是港口货运管理的重要组成部分。要保证港口费用不漏收、不少收,维护港口利益,就必须加强港口费收管理,严格费收工作程序。

(一)港口费收的单证

计费单证是港口费收的基础。计费单证主要包括:载货清单、作业单、超长超重货物清单、火车装卸车清单、杂项作业签证单和系解缆签证单等。

(1)载货清单:是外贸进出口货物计费的凭证。分为进口和出口两种,主要内容有:货名、重量、件数和票数等。由船舶代理部门提供给港口。

(2)货物交接清单:是内贸进出口货物计费的凭证。主要内容有货名、件数、重量、实装和实卸等。一般由船方编制,港船双方共同签认。

(3)港口作业单(现场作业联):用于港口货运部门批注货物在港口现场作业、堆存等情况,主要包括:机械劳力情况、节假日夜班和杂项作业等,是货物在港发生费收项目的现场记录。

(4)超长超重货物清单:是指货物长度超过 12m 或者重量超过 5t 的货物明细表。由作业委托人提供。是超长超重货物港口作业计费的依据。

(5)杂项作业签证单:是在货物装卸过程中发生杂项作业的记录。签证单应由申请方签字确认,由港口调度部门传递至计费部门。主要内容包括:船名、作业项目、作业时间和作业工人人数等。

(6)系解缆签证单:由负责船舶系解缆的部门提供。主要内容包括:船名、时间和系解缆的次数等。

(7)堆存记录:是货物在港堆存时间的记录。是收取货物保管费的依据,由港口仓库提供。主要内容包括:船名、货名、吨数以及货物入库和出库的时间等。

(8)火车装、卸车清单:是港口装、卸火车的计费依据。一般由港口调度部门填制。主要内容包括:货名、到发站、收发货人和吨数等。

(二)费收工作的基本程序

1. 约定计费方法

作业委托人与港口经营人签订港口作业合同,约定计费方法和计费范围。

计费方法主要有两种:一是按货物在港口的装卸、储存过程中实际发生的作业项目,依据交通运输部制定的《港口收费规则》中的费率进行计费,俗称"实报实销"。二是将港口费用采取包干的形式,即作业委托人和港口经营人将货物在港口装卸储运过程中双方可以预见确定发生的计费作业项目一并约定一个总的费率。在双方当事人约定作业包干费率的同时,应约定计费项目包干的范围。如货物在港口实际作业中发生了作业包干费率以外的计费作业项目,双方当事人应对该项目的费率进行单独约定。

在约定港口作业包干费率时,原则上不应包括由港口经营人代收代缴的有关港口规费。因为两者是性质不同的两种费用,前者是经营性收费,而后者是行政性收费。

2. 计费工作的实施

(1)将传递到的计费资料按船、货主进行整理分档,确保各种计费资料的完整。

(2)对整理分档后的计费资料进行核对、检查,保证各种计费资料的准确无误。

(3)依据港口作业合同中约定的港口作业费率和计费资料记载的货物数量、作业项目等内容计算港口费用。

(4)对计算后的港口费用进行审核,无误后向作业委托人或者申请方收取费用并开具港口作业发票。

(5)做好各种计费单证的保管和分送工作。

四、费收管理工作内容

(1)严格厉行港口费收规定,做好检算复核、确认等工作。认真及时核对舱单、运单、交接单(理货单),针对实际作业情况对单据进行数据检算和批注,对信息不符的要及时落实、及时更正。认真核对现场批注,对作业数据严格把关,做到检算数据填写准确、清晰,杜绝数据错误和批注错误。

(2)深入现场,了解船舶、货物的实际作业过程。掌握设备、特殊货种的实际情况,保证批注准确。遇到设备或特殊货种时能够做到到现场实地丈量,确保货物的实际情况和船代、货代提供的数据相符,遇到问题及时更正,做到不错收、不漏收。

(3)加强与理货员、保管员联系,及时指导和检查各种费收单据作业项目的正确填写。认真检查现场作业单据,对作业数据、作业时间、作业工艺及堆存数据进行准确批注。保证批注后的单据正确无误。

(4)对现场作业单据的传递进行监控,确保完船单据及时流转。正常情况下保证完船单据2天检算完毕。

(5)外贸出口班轮船舶完船后,做到及时将理货数据与外理进行核对,确保数据无误。

(6)对船舶单据及理货单据进行妥善保管,确保5年之内单据保存完好。

(7)船舶作业统计数据做到日录日毕,确保数据准确,为公司月度吞吐量统计上报提供可靠保障。

项目二　货运单证与质量管理

任务一　货运单证管理

水路货物运输合同与单证是规范水路货物运输过程中各当事人权利、义务的重要依据，是保证水路运输过程连续性的主要凭证，同时也是水路运输各环节生产组织、货运交接、费用结算的基本单据。

运输合同与货运单证大体可分为：内贸货物运输合同与单证、外贸货物运输合同与单证以及港口作业合同与单证等。

子任务一　内贸货物运输合同与单证

任务导入

本部分主要任务是熟悉内贸货物运输的合同及单证，掌握运输合同与单证的主要内容，能根据相关法律法规要求正确缮制单证。

任务分析

内贸货物运输合同与单证主要有：水路货物运输合同、运单、货物交接清单、货运记录、普通记录等。

相关知识

一、水路货物运输合同

水路货物运输合同是指承运人收取运输费用，负责将托运人托运的货物经水路由一港（站、点）运至另一港（站、点）的合同。

水路货物运输合同分为班轮运输形式下的运输合同和航次租船运输形式下的运输合同。

二、运单

国内水路货物的运输采用的是收货人记名制，以不具有流通性及物权性的运单作为其运输单证。

(一)运单的功能

运单是运输合同的证明，是承运人已经接收货物的收据。

(1)运单是运输合同的证明；

(2)运单是承运人收到货物的收据。

（二）运单的签发

《国内水路货物运输规则》第六十一条中规定："承运人接收货物应当签发运单，运单由载货船舶的船长签发的，视为代表承运人签发。"承运人接收货物后应当向托运人签发运单，签发运单是单方的法律行为，因此只要承运人一方签字或者盖章即可发生法律效力。

运单还设有收货人签章栏，这是收货人在到达港接收货物时向承运人签发货物收据而使用的。

（三）运单的内容及填制要求

1. 运单的内容，一般包括下列各项

（1）承运人、托运人和收货人的名称；
（2）货物的名称、件数、重量、体积（长、宽、高）；
（3）运输费用及结算方式；
（4）船名、航次；
（5）起运港、到达港和中转港；
（6）货物交接的地点和时间；
（7）装船日期；
（8）运到日期；
（9）包装方式；
（10）识别标志；
（11）相关事项。

2. 运单应按下列要求填制

（1）一份运单，填写一个托运人、收货人、起运港、到达港；
（2）货物名称填写具体品名，名称过繁的，可以填写概括名称；
（3）规定按重量和体积择大计费的货物，应当填写货物的重量和体积（长、宽、高）；
（4）填写的各项内容应当准确、完整、清晰。

（四）运单的流转

运单签发后承运人、承运人的代理人、托运人、到达港港口经营人、收货人各留存一份，其中一份由收货人收到货物后作为收据签还给承运人。承运人可以视情况需要增加或减少运单的份数。

运单从承运人签发至流通到收货人手中，可以有多种方式，如由托运人邮寄给收货人、委托承运人将运单随船带至到达港再转交收货人，甚至可以由托运人亲自送交收货人等。在具体实践中第二种情况较为普遍。

当托运人将运输货物按照约定的交接地点和时间交给承运人时，承运人应当在运单上签字或者盖章以表明其已经按照运单的记载接收货物，运输合同开始履行。收货人提取货物后，应当在其持有的一联运单上签字或者盖章以表明其已经提取货物，并将该联作为收据交承运人留存，对于承运人来讲这是运输合同履行完毕的证明。

三、交接清单

水路运输货物在港口作业中，港航之间要对货物发生事实上的交接（直装、直提除外），为保证交接的顺利进行，《港口货物作业规则》第五十二条规定："船方与港口经营人交接国内水路运输货物应当编制货物交接清单",由货物交接清单对交接货物的数量、质量等内容进行记录。

交接清单记载的内容主要有:运单号码、托运人、收货人、识别标志、货物名称、件数、包装方式、重量、体积、实装、实卸等。内容中前9项的记载表明承运人接收时的货物状况;"实装"的记载表明装上船时货物的状况;"实卸"的记载表明卸下船时货物的状况。三个阶段的货物状况记载,显示了围绕运输货物发生的三次交接关系,从中可以看出货物在运输全过程的不同阶段的数量及质量的实际变化情况(或者没有变化)。

"实装""实卸"又各自分为两个栏目,前一个栏目记载实际装/卸货物的数量;如果在装卸船作业过程中发现货物损坏、灭失的,按照《港口货物作业规则》的有关规定,交接双方还应当编制货运记录,为简化交接清单的内容,可将货运记录的编号填写在后一个栏目内。

货物交接清单适用于在起运港和到达港的两次港航交接,涉及了起运港港口经营人、到达港港口经营人和船方三方当事人,因此,交接清单编制后,两港的港口经营人各自留存一份,船方留存一份。即本清单应当共三联,有关当事人视具体情况可适当增加。

货物交接完毕,交接双方应当在交接清单上签字或盖章表示确认。

四、货运记录

根据《国内水路货物运输规则》和《港口货物作业规则》的有关规定,货物交接双方发现货物损坏、灭失的,双方应当编制货运记录,货运记录的编制应当准确、客观,而且应当在货物交接的当时由双方共同编制,并以签字或盖章的形式表示确认。如对事实状况难以达成共识,交接双方可以在货运记录上将各自的观点分别加以记载,无需一律强求双方意见的一致。当发生索赔等情况时,此种记载的证据效力如何则由司法机关依法予以认定。

(一)货运记录的编制份数

(1)进入港口库场前发生的,一式五份。作业委托人、起运港港口经营人各一份,三份交承运人(承运人自留一份,交到达港港口经营人和收货人各一份)。

(2)装船前和装船时发现和发生的,一式四份。起运港港口经营人和承运人各一份,由承运人交到达港港口经营人和收货人各一份。

(3)卸船时发现和发生的,一式三份。承运人、到达港港口经营人、收货人各一份。

(4)交付时发现和发生的,一式两份。到达港港口经营人和收货人各一份。

(二)货运记录的内容

1.交货方、接货方

在货物装卸运输过程中涉及多方当事人和很多次交接,但无论谁与谁交接,对于交接本身来讲,交接双方一方是交货方,一方是接货方。

2.提/运单号码、作业合同号码、船名、航次、起运港、中转港、到达港

要求在货运记录上填写上述内容,是为了便于有关当事人了解有关货物在装卸运输中的基本情况以及必要时对相关单证的查询,以提高工作效率。

3.交接地点、时间

按照运输合同和作业合同中约定的交接地点、时间办理货物交接时,发现货物损坏、灭失的,双方编制货运记录。

4.车号

是指运送相关货物的火车、汽车等车辆的号码。

5.记录内容

交接双方对交接过程中发现的货物数量、质量等方面的损坏、灭失等情况在本栏目加以客观性的记载。发生纠纷时,本记录及相关的运输、港口作业单证可共同作为判明有关当事人责任的证明材料。

6.编制

运输关系中由承运人负责编制,港口作业关系中由港口经营人负责编制。

五、普通记录

普通记录是应有关当事人的要求,而出具的一般性的证明材料。与货运记录相同,普通记录的编制应当准确、客观,是对运输过程或者港口作业过程中所发生事实的一种客观描述。

由于普通记录是一方当事人出具的证明性材料,因此只要出具记录的一方当事人签字或者盖章加以确认即可。

下列情况下,可以编制普通记录:

(1)货物发生损坏、灭失,按照约定或者有关规定,承运人和港口经营人可以免除责任的。

(2)托运人跟附在运单上的单证丢失。

(3)托运人押运和舱面货物发生非承运人责任造成的损坏、灭失的。

(4)货物包装经过加工整理。

(5)收货人要求证明与货物数量、质量无关的其他情况。

子任务二 外贸货物运输单证

任务导入

本部分主要任务是熟悉外贸货物运输的主要单证,掌握各种外贸单证的主要内容,能根据相关法律法规要求正确缮制单证。

任务分析

外贸货物运输单证有些是受国际公约和各国国内法约束的,有些则是按照港口当局和航运习惯而编制使用的,尽管这些单证种类繁多,但主要单证是基本一致的,并能在国际航运中通用。在装货港编制的单证主要有:托运单、装货单、收货单、提单、载货清单等。在卸货港编制的单证主要有:理货计数单、现场记录、货物残损单、溢短单、提货单等。

相关知识

一、托运单

托运单是指托运人根据买卖合同和信用证的有关内容向承运人或其代理人申请办理货物运输的书面凭证,又称"订舱单",在合同过程中具有要约性质。

托运单的内容:托运人、承运人、货名、重量、体积、件数、识别标志、包装形式、装船期限、信用证有效期、起运港、目的港等。

二、装货单

装货单是承运人的代理人根据托运单的有关内容,就船名、航班、运价等相关事项与托运人商定后,由承运人的代理人签署而形成的一份出口货运的承诺性文件。托运人持承运人的代理人签署的装货单,连同有关货物的其他单证到海关办理出口货物报关手续,海关查验后,在装货单上加盖海关放行图章,此时的装货单习惯上又称"放行单",承运人依据"放行单"上记载的内容接收货物装船承运。

装货单的作用:是托运人办妥货物托运手续的证明;是承运人下达给船舶接收货物装船承运的命令;是办理海关放行手续的主要单证;是制作其他货运单证的主要依据。

装货单是出口货物水路运输的重要单证,实际业务中,通常制成联单形式,包括托运单、收货单等。

三、收货单

收货单是指货物装上船后,由船舶大副签署给托运人作为证明船方已收到该货物并已装上船的凭证,故收货单又称"大副收据"。

在货物装船时,大副必须认真核对装船货物是否与装货单上的记载情况相符合,如货物外表状况不良或存在缺陷,就应该在收货单上实事求是地加以批注,收货单上有了大副的批注,则这张收货单称为"不清洁收货单",反之,称为"清洁收货单"。

收货单的作用:是船方收到货物的收据;是托运人换取提单的凭证;是有关货损、货差情况的证明文件。

托运人取得了大副签署的收货单后,即可凭此向承运人或其代理人换取正本已装船提单。

四、提单

提单是指用以证明海上货物运输合同和货物已经由承运人接收或者装船,以及承运人保证据以交付货物的单证。

五、装货清单

装货清单是承运人或其代理人根据装货单留底联,将全船待装货物按目的港和货物性质归类,依航次、靠港顺序编制的装货单汇总单。

装货清单是船舶进行配载以及港口安排货物入库、制定装卸计划、进行装货和理货的主要依据。

六、载货清单

载货清单又称"舱单",是一份按卸货港顺序逐票列明全船实际载运货物的汇总清单。它是在货物装船完毕后,由船公司的代理人根据大副收据或提单编制,编妥后再送交船长签认载货清单可分为:进口载货清单、出口载货清单、过境货物载货清单。

载货清单的作用:是海关对船舶所载货物进出国境进行监管的单证;是船方所装载运往各港货物的证明;是承运人的卸货港代理人联系卸货事宜的依据。

七、计数单

计数单是舱口理货工作使用的主要单据。它是理货员与货物交接方办理货物交接的凭证,是计数字、分标志的原始记录。在装货时,是签批收货单实装件数的来源;在卸货时,是确定提单/舱单数字的唯一原始记录。同时,也是处理因货物溢短而引起索赔时的最原始的单据。

计数单主要内容有:船名、舱别、工作起止时间、提单/装货单号、标志、包装、计数、小计等,此外还有交接双方的签字栏目。

八、现场记录

是记录进出口货物原残、混装和各种现场情况的原始记录,是编制残损单的主要依据。它的特点是随时发生、随时记录、随时签认。

九、货物残损单和溢短单

货物溢短单是记载进口货物实卸件数比舱单所列件数溢出或短少的证明;船方签认后,可作为船、货双方货物交接凭证;是收货人在货物短少时向船方提出索赔的依据;是船公司受理索赔的依据。

货物残损单是记载进口货物原残的证明;是船、港双方对残损货物分清责任和船、货双方对原残货物进行交接的凭证;是收货人向船方对原残货物索赔和商检部门对原残货物进行检验、鉴定和对外出证的重要依据。

十、提货单

提货单俗称"小提单",是由承运人的代理人签发给提单持有人或其他指定收货人的、要求在规定时间和指定地点提取指定货物的单证。通常情况下,是由收货人或其代理人向承运人在卸货港的代理人交出正本提单,承运人的代理人签发一份提货单给收货人或其代理人,而后到港口提取货物。

提货单是提单的延伸性文件,是货物所有权的一种凭证,但不能转让。

子任务三 港口作业合同

任务导入

本部分的主要任务是熟悉作业合同的常见条款;熟知港口作业合同主要功能及有关作业合同的相关管理规定。

任务分析

港口作业合同与作业单证的管理是港口货运生产的重要内容,尽管不同港口作业合同与作业单证的格式与名称不尽相同,但其作用与内容是基本一致的。

相关知识

一、港口作业合同

港口货物作业合同是指港口经营人在港口对水路运输货物进行装卸、驳运、储存、装拆集装箱等作业,作业委托人支付作业费用的合同。

其中,港口经营人是指与作业委托人订立作业合同的人。

作业委托人是指与港口经营人订立作业合同的人。

货物接收人是指作业合同中,由作业委托人指定的从港口经营人处接收货物的人。

(一)作业合同一般包括以下条款

(1)作业委托人、港口经营人和货物接收人;

(2)作业项目;

(3)货物名称、件数、重量、体积;

(4)作业费用及结算方式;

(5)货物交接的地点和时间;

(6)包装方式;

(7)识别标志;

(8)船名、航次;

(9)起运港和到达港;

(10)违约责任;

(11)解决争议的方法。

港口作业合同的标的并非其作业的对象——货物,而是港口经营人提供的作业服务。其合同履行期间为从港口经营人接收货物时起至交付货物时止。

订立作业合同可以采用书面形式、口头形式和其他形式。书面形式是指合同书、信件和数据电文(包括电报、电传、传真、电子数据交换和电子邮件)等可以有形地表现所载内容的形式。

采用合同书形式订立作业合同的,自双方当事人签字或者盖章时合同生效。采用信件、数据电文等形式订立合同的,可以在合同成立之前要求签订确认书。签订确认书时合同成立。采用合同书形式订立合同,在签字盖章之前,当事人一方已经履行主要义务,对方接受的该合同成立。

港口作业合同是贯穿货物在港作业过程,集发票、收据、港口作业项目记录于一体的单证。

(二)港口作业合同主要功能

(1)收到货物的收据。对于装船货物港口收到货物后,应对收到的货物在该单上签认;对于卸船货物的货物接收人收到货物后,也应在该单上签认。

(2)是港口货运部门批注货物在港口作业、堆存情况的现场记录,是港口费收的依据。

(3)是港口基层货运部门装船货物入库、卸船货物出库的凭证。

二、作业合同管理规定

(1)记账班负责作业合同的复核、把关、管理工作,并及时利用传真等工具及时传递给合同中标明货物的所在各保管班,并执行以下工作程序:

①件货作业合同传递程序。接到货主、代理送达的软硬两联作业合同当场给予复核确认后,将软联留在账班保管,硬联交由货主、代理送达各保管班组并按合同要求提货。

②散货作业合同传递程序。接到货主、代理作业合同当场给予复核确认后,利用传真将作业合同传至保管班,通过电话双方落实收取情况,并做好相关记录,原件留在账班。

③依据各班组填写的市提市入记录簿数据,每天在作业合同上做好批注。

(2)各保管班组负责提货作业始终的合同管理,重点做好以下工作:

①班组要建立作业合同专用夹,定置妥善管理,便于查阅。

②当日提货完毕,保管员要填写好"港口货物出入库记载"栏中的内容。如有涂改,须经个人盖章签字认可。

③货物提取完毕,保管班要在两日内将作业合同送交账班管理。

(3)特殊情况下的作业合同管理。

夜间,货主携带作业合同前来提货后,由保管班组依据合同要求发货并收取作业合同,第二天给予记账班管理。

(4)每份作业合同的批注,记账班都要严格把关,认真对照市提入账簿和单船台账核实查对。

(5)船舶作业结束,记账班要在当日将该船货物的溢短情况上报。

子任务四　库场理货相关单证

任务导入

本部分主要是熟悉港口库场管理中常见的几种单证,重点理解好设置相关单证的主要目的与作用。

任务分析

港口库场理货作业涉及的单证主要有:船舶(火车)理货记录、货物出入库记录、事故报告、出门证等。各港口因习惯、管理要求及业务内容的不同,上述单证在格式上或管理上根据需要可能各有不同之处。

相关知识

一、船舶(火车)理货记录

船舶(火车)理货记录是港口进行货物装卸船、装卸火车、散货灌包、货物转栈作业时的拆码、移动记录。

该记录用于船舶装卸时以单船为编制单位;用于火车装卸时以货种或收货方为编制单位。

二、货物进出库记录

是进出口货物进出港口库场基础记录,是货物在港口的动态反映,是港口与货方进行费用结算的依据,是港、货双方进行货物交接的港口原始记录。

三、事故报告

事故报告是记载在港口作业过程中发生货损货差情况的记录,是港口内部处理货运事故的原始依据。

四、出门证

出门证:又称货物码头放行证,它既是货物出码头大门的放行证,又是仓库与客户进行货物交接的一种原始单证,为此要认真执行好港口货物、物资出港证使用管理规定,做好出门证的管理。

(1)货物、物资出港证应由专人保管,不得转借、代用或转交他人保管、使用。

(2)对领取的货物出门证,按实际领取时间立账,记明数量和号码。

(3)使用中,个人要妥善保管,服从有关部门的检查,使用完的出门证及时交回并验收签字销账。

(4)理货员使用出门证发货,须由队领导指定专人在指定的地点发放指定货物,任何理货员无权发放未批准的货物。

(5)货物出门证填写一式二份,交接双方必须签字认可,一份给接方换取微机打印出港凭证,一份留存备查。

(6)货物、物资出港证使用时,使用人要到现场发货或监装,做到一车一证,一证一清,签发的出港证应当注明离港时间。承运人应在规定时间内离港,不得滞留港区,逾期出港证无效。

(7)货物、物资出港证的填写,必须按照出港证表格栏目中的要求,逐项认真填写,工整清晰,货、证数字必须相符。

(8)货物、物资出港证必须加盖专用章后方可使用,未加盖专用章的出港证不得使用。

(9)填发货物、物资出港证,使用人应当签名,不得使用私人印章。

(10)货物、物资出港证不得涂改,如填写有误要注明作废,涂改无效,不得随意撕毁。作废出门证右上角要注明"作废"两字。严禁开空白出门证。

(11)理、保人员对货物出门证要妥善保管,发现丢失,及时上报领导或有关上级主管部门。

任务二 货运质量管理

任务导入

本部分任务需要掌握影响货物质量的要素;熟悉配积载时如何控制货物的质量;能根据作业环境采取不同方法与措施管理和监督货物的货运质量。

任务分析

水运企业的性质、特点和经营特征与工农业有着明显的不同,这些对水运企业产品质量管理产生了深刻的影响,由于这个原因,工业企业全面质量管理的理论、方法和工具就不能全盘照搬,原样移植于水运部门,必须从水运部门的基本情况出发,灵活运用工业企业全面质量管理的思想、原则、方法和工具来研究开拓,保证和提高水运部门产品的全面质量。

相关知识

一、水运货物的质量

(一)质量的概念

根据国际标准化组织的定义,质量是指反映实体满足明确和隐含需要的能力的特征与特性的总和。这里的实体可以是单独描述的事物或个体,也可以是活动、产品、组织、体系、系统、方法或人,以及上述各项目的任何组合。所谓货物质量,是指货物能满足和适应需要能力的特征的综合。对于港口与航运企业而言,质量的"特性"就是指所提供的服务能否满足货主或托运方的需要,就是要求不断提高服务质量,能够安全、经济、优质、快速、方便、高效的提供运输、装卸、保管、分装等服务,以保证货物的质量与数量安全,加快货物的周转。

(二) 货物的性质

货物在整个的运输、保管、装卸中能否安全、及时、高效,航运企业、港口应该采取什么样的措施提高服务质量,取决不同货物的性质差异。货物在运输、储存和保管的过程中,由于本身的特点,以及环境等因素的影响,会发生各种各样的变化,表现为不同的现象。对共性加以归纳,通常货物具有下列基本特性:吸湿性、冻结与热变性、锈蚀性、脆弱性、自热性、自燃性、危险性、污秽、散味与沾染性、货物互抵性等。归纳起来有物理变化、化学变化、机械变化和微生物活动等引起的生物变化。货物的这些变化归根结底是各自性质的主要体现。所以研究货物的性质与变化,会更好地掌握货物质量变化的内在与外在原因、变化后果及影响因素,能更加有针对性地采取有效措施,防止货损货差的出现,减少损失。

二、水运中影响货物质量的要素

货物从接受到交付的整个运输过程中,要经过众多的运输生产环节。如果在某个环节上不能采取相应的有效措施或遇上不可抗拒的外界因素,那么,货场产生质变或量变就难以避免。为使货损货差减少到最小限度,必须熟悉掌握水运生产各环节中货物产生货损货差的原因,以便采取有效对策,加强货运质量的科学管理。

(一) 残损(货损)**与溢短**(货差)

货物包装或货物外表发生破损、污损、水湿、锈蚀、异常变化等现象,并危及或可能危及货物质量或数量时,称为残损货物。在作业过程中造成的残损,称为工残。进口货物起卸前在船上发现的残损,称为原残。为了确保运输中的货物质量,维护承托双方的利益,残损货物的处理一般按照如下原则来处理:

(1) 出口货物发生残损,原则上不能装船,应由发货人换货或整修。在舱内发现的残损货物应卸下船。

(2) 进口货物发现原残,应根据与船方商定的办法处理,集中验看或随时验看,编制现场记录,取得船方签字。未经确认而卸下船的残损货物原则上按工残处理,除非是不明显的残损。

(3) 在船舶装卸作业中发生的工残货物,应编制记录,取得作业班组的签字。

船舶承运的货物,在装货港以装货单数字为准,在卸货港以舱单数字为准。当船舶实际装卸的货物数字比装货单、进口舱单记载的数字多出时,称为溢;短少时,称为短。对溢短货物按以下方法处理:

(1) 出口货物应按装货单数字装船,对溢出的货物不能装船。如发货人坚持装船,应由发货人通过船舶代理人更改发装货单。

(2) 装船时发现短少货物,应要求发货人补足装货单数字。如发货人无货补足时,应根据具体情况作部分退关、整票退关或由发货人通过船舶代理人更改装货单。

(3) 进口货物应按舱单数字卸船,对溢出或短少的货物应如实编制货物溢短单。

在水运中,只要认定为货物残损或溢短必须取得责任人的认可,并明确责任,由于港航方原因导致的由港航方承担赔偿责任,货物原因导致的货损或货差由货主承担损失。

(二)货物的自然减量

由于不可抗力导致的损失可由保险公司承保。但如果有的损失是不可避免的,则无须承担责任,例如:自然减量。自然减量又叫自然损耗,是指货物在水运中由于自然属性、环境气候、技术条件等导致货物在一定范围内不可避免的减少。因为损失是不可避免的,并且不是人为因素导致的,所以不需要港航方负赔偿责任。常见的容易发生自然减量的货物有:液体货物、粉末晶体类的货物、水果蔬菜类等含水量大的货物、有生动植物货物等。这些货物损失的原因一般有:挥发和干耗、流失、飞扬和撒失、减重枯萎和死亡等。

货物的损耗除了与自身性质有关系外,还与运输距离、运输时间、装卸方法、装卸次数、环境温度湿度、气候因素、货物的包装、状态等有密不可分的联系。自然损耗的大小一般用自然损耗率来表示,自然损耗率是指自然减量占货物全部运量的百分数。常见的货物的自然损耗率见表2-2-1。

常见的货物的自然损耗率　　　　　　　　　　　　表2-2-1

原油	3‰左右	蔬菜类	3‰~30‰
煤炭	1‰左右	酒类	5‰

(三)货物残损与溢短的原因

在水运中,涉及的关系人多、运输环节复杂、海上气候多变、航行时间长、距离远,因此可能导致货损货差的原因也很多,现在我们根据水上货物的运输环节进行归纳,以便更好地采取措施,减少货损货差发生的可能性。

1.货物残损的原因

(1)运输环节的原因:船舶设备不全或使用不当、船舶发生海上事故、气象原因、船上的保管不当等。

(2)保管环节的原因:保管不当、保管设备不全、交付不及时等。

(3)装卸环节的原因:装卸时操作不当、设备选择不当、没有按照操作规章来作业等。

(4)配积载环节的原因:舱位选择不恰当、货物搭配不当、货物在舱内的堆码不当、货物的衬垫隔票工作做得不符合要求等。

(5)其他原因:货物包装不牢或包装质量不符合要求、货物本身潜在的缺陷或货物的自然特性等。

2.货物溢短的原因

(1)理货差错或发货人发货数字不准。

(2)港口仓库漏装、错装或混装。

(3)港口工人装船时途中掉包掉件或落水。

(4)船舶运输途中错卸、漏卸、被盗或发生海损事故等。

(四)货物残损与溢短责任的划分

1.货物在交接的各环节发生货物溢短(货差)事故

责任划分原则是:交接前由交方负责,交接后由接方负责。但下列两种情况除外。

(1)应参加双边交接而未参加的一方,视同放弃责任,由此而发生的溢短事故,由缺席方负责。

（2）港口未按规定为双方交接货物创造条件，如定钩不准、堆垛数字不准等，造成无法计数，对方提出后，港口又拒绝整理、改进而发生的货物溢短事故，由责任港负责。

2.货物在交接的各环节发生残损（货损）事故

其责任划分方法是：

（1）装船前和装船过程中，造成的残损事故由起运港负责。

（2）到达港卸货出舱前发现的残损货物，无船舶与起运港原编记录证明，或残损程度（数量）超出原编记录的由船方负责。

（3）到达港卸货时，发现因配载不当，造成货物损坏的，由船方负责。但因起运港擅自变更配载图所造成的损失，由起运港负责。

（4）到达港卸货过程中发生的、货物入库场后，交付时发现的残损，由到达港负责。

（5）在装船或卸船作业中，由于船舶起货机具不良，所发生的货损事故，由船方负责。

同时，交通运输部制定的《港口货物作业规则》第二章第十八条规定，作业委托人委托货物作业，可以办理保价作业。货物发生损坏、灭失，港口经营人应当按照货物的声明价值进行赔偿，但港口经营人证明货物的实际价值低于声明价值的，按照货物的实际价值赔偿。第三章第四十五条规定，港口经营人对港口作业合同履行过程中货物的损坏、灭失或者迟延交付承担损害赔偿责任，但港口经营人证明货物的损坏、灭失或者迟延交付是由于下列原因造成的除外：

（1）不可抗力；

（2）货物的自然属性和潜在缺陷；

（3）货物的自然减量和合理损耗；

（4）包装不符合要求；

（5）包装完好但货物与港口经营人签发的收据记载内容不符；

（6）作业委托人申报的货物重量不准确；

（7）普通货物中夹带危险、流质、易腐货物；

（8）作业委托人、货物接收人的其他过错。

三、配积载时货物的质量控制

配载是为船舶的当前航次配备资源，确定所装货物的品种、数量、重量、体积，计划如何将货物合理分配在船舶适当的舱位或甲板上。积载，就是装船。因此，可以理解为"配载是积载的依据，积载是配载的实施"。远洋船舶由大副或委托他人代理负责编制船舶货物配载图，经船长批准后，作为港航装货工作的依据。货物的配积载工作是水运企业货运管理工作中的重要环节。它直接关系到船舶航行的安全、货运质量、港口装卸效率以及理货质量等问题，因此，必须予以重视。

（一）货物的积载因数

货物的积载因数，又称为装载因数，是货物配积载的一个重要数据。在水运中，货物的种类、性质、尺寸、重量各不相当，同样包装的货物重量可能相差很大，同样重量的货物体积也可能会有差异。比如，金属和棉花。同一艘船，全部装载棉花，可能舱容满载可载重量却有富余；如果全部装载金属，当船舶载重量满足时，舱容会有很大富余，这两种情况都不能使船舶满载。所以,必须按照一定的比例把棉花和金属搭配起来装载,以充分利用船舶的载重量和舱容。这就是积载因数的用处所在。

(二)货物的配载

正确的配载是货物积载的基础,是保证船舶满载、安全,是保证货物质量,提高货运企业经济效益的有效措施。货物配载的基本原则:

(1)要充分考虑船舶的装载能力。
(2)在货物装船时,要保证船舶的局部不受伤,保证船舶的安全。
(3)配载时,要保证船舶有适度的稳定性。
(4)便于装卸作业,缩短船舶在港停泊时间,进而提高货运效率。
(5)保证货运质量。这是整个配载工作最基本的出发点。

(三)货物的装船

根据货物的性质、包装特点、积载因数和运输保管等要求,结合船舶货舱等条件,经综合考虑,将货物妥善、安全和合理地装在船上,按期运达目的地,保证货物完好交付,这是货物装载工作的基本要求。

(四)货物的忌装

忌装货物,是指一种货物与另一种或几种货物之间因为性质相互抵触,如果堆放在一起能彼此相互作用或影响,对一种或几种的质量产生危害而不能堆放在一起的货物。如果堆放在一起,忌装货物之间轻的会降低一种或几种的质量,重的有可能引起燃烧、爆炸等危险事故,进而威胁船舶和港口的安全。因此,在积载中要特别注意货物的忌装。常见的忌装货物与类型见表2-2-2。

常见货物的忌装表　　　　　　表2-2-2

忌装类型	货物名称	忌装货物名称	忌装原因
不能相邻	钢材、生铁等普通金属及其制品	酸、碱、盐或化肥、纯碱、食盐等酸碱类物质	腐蚀
	塑料、化纤等高分子有机物	酸、碱、酒精、苯、二硫化碳等有机溶剂	溶解、老化
	豆粕、亚麻籽、小五金等油类货物	棉花、生丝等纺织品;纸张、文具等日用品	渗油污染、自热、自燃
不同舱室	黑白铁皮、铝制品等高价值的金属与制品	酸、碱、盐或化肥、纯碱、食盐等酸碱类物质	腐蚀
	棉纺织品、皮革制品、天然橡胶等及其制品	酸碱有机溶剂等	溶解、老化
	水果、粮谷等	纯碱、颜料、酒精等	催熟
	耐火材料、滑石粉、石墨等	煤、矿石、硫磺等粉末	混杂
不同货舱	茶叶、水果、食糖等食品类	鱼粉、皮革、香料、化肥等	感染异味、污染
	烟叶、樟脑等	油漆、化肥等	串味
	尼龙	樟脑	破坏纤维强度
不能在相邻货舱	易燃易爆物质	有机过氧化物	燃爆危险

四、货物的质量监督与质量管理

(一)质量管理的概念

CTB/T 6583-ISO 8402 给质量管理下的定义是:"确定质量方针、目标和职责并在质量体系中通过诸如质量策划、质量控制、质量保证和质量改进使其实施的全部管理职能的所有活动"。质量管理这个概念,是随着现代化工业生产的发展而逐步形成、发展和完善起来的。现已延伸到商品流通质量管理、商品经营质量管理、商品储运质量管理等领域中,并日益得到广泛应用。

商品流通质量管理是指商品流通组织者(既货运企业)确定质量方针、目标和职责,并在质量体系中通过诸如质量策划、质量控制、质量保证和质量改进使其实施的全部管理职能的所有活动。

(二)质量管理的基本方法

1. PDCA 工作循环的运用

对商品实施全面质量管理的过程,就是要求各个环节、各项工作都按照 PDCA 循环,周而复始地运转。美国质量管理学家戴明(W.E.Denming)博士把质量管理过程分解为四个阶段,即计划(Plan)、执行(Do)、检查(Check)、处理(Action)。这就是管理学中的"PDCA"工作循环理论,又称为"戴明循环"。PDCA 循环包括四个阶段八个步骤。

(1)计划阶段(P)

其主要任务是制定目标与计划。根据存在的问题或用户的要求,找出问题存在的原因和影响产品质量的主要因素,以此为依据来制定措施与计划,确定质量方针、质量目标、质量措施,从而进一步制定出具体的活动计划和措施,并明确管理项目与内容。计划阶段是 TQC 的开始与出发点。

(2)执行阶段(D)

任务是执行计划。按照 P 阶段的计划和标准规定具体实施。

(3)检查阶段(C)

任务是检查计划的实现情况,调查执行计划的结果,将工作结果与计划对照,得出经验,找出问题。

(4)处理阶段(A)

任务是把执行的结果进行处理总结。把 C 阶段执行成功的经验,加以肯定,纳入标准或规程,形成制度,以便今后照办。对失败的教训加以总结,以后不再那样做;遗留问题转入下一个 PDCA 循环。PDCA 循环既适用于整个企业的质量工作,也适用于各有关部门、各个环节的工作。

2. PDCA 循环的特点

(1)大环套小环,环环促进

PDCA 作为企业管理的一种科学方法,适用于企业或商品经营、流通等洛方面的工作,因此整个企业是一个大的 PDCA 循环,各部门又都有各自的 PDCA 循环,依次又有更小的 PDCA 循环,直至具体落实到每个人。这样就形成了一个个大环、中环和小环,且一环扣一环,环环相扣,环环联动,推动整个企业的 PDCA 循环转动起来,使各部门、各环节和整个企业的质量管理工作有机地联系起来,彼此协调,相互促进。

（2）爬楼梯

PDCA工作循环，依靠组织力量推动，顺序进行，循环不是原地转圈，而是每一次转动都更新的内容和目标，因而也意味着前进了一步，犹如爬楼梯，逐步上升。在质量管理上，经过一次循环就意味着解决了一批问题，质量水平就有了提高。

（3）关键在"处理"阶段

"处理"就是总结经验，肯定成绩，纠正错误，以利再战，为了做到这一点，必须加以"标准化""制度化"，以便在下个循环中巩固成绩，避免重犯错误。

业务案例

货物遭水湿

某代理的5.5万吨玉米船在某码头78泊位卸货。因第二天有3条1500吨的小船要来直取大船的玉米，货主为了抢船期要求港方将大船玉米直接散卸到码头前沿露天场地，然后将大船前移至79泊位，小船靠78泊位直取前沿的玉米。

如果这样做，既可节省公司成本，又能加快装卸效率，满足货主的要求。当时公司不具备怕水湿货物的上述作业流程，要求货主写出书面保函。货主出具书面保函，基本内容为：因工厂急需玉米原料，要求港方在不加任何铺垫和苫盖的情况下将玉米散卸至露天码头，数量为5000吨，由此产生的任何经济和法律后果由我方承担一切责任。厂家和该代理签字、盖公章。在收听天气预报无雨的情况下，公司于晚上9时开始安排卸货，有关各方面领导当天全部现场盯靠。下半夜（第二日凌晨）3时，货已卸至3500吨，但天气突变，瞬间下起了大雨，3500吨玉米全部被水湿透。

项目三　理货市场开发与客户管理

任务一　理货服务合同编制与审批

任务导入

理货服务合作伙伴之间关系的维系应以合同为约束,随着理货机构的增加,如何开拓市场,与委托方建立理货服务关系已成为理货机构商务部的主要内容。

任务分析

理货工作关系到承、托双方的责、权、利。正确的理货数字和明确的残损责任划分,有利于分清双方的责任和维护双方的正当权益,反之,因上述原因而造成的承运人或托运方的损失,不仅造成一方或双方的损失,而且会涉及保险人的利益。因此,为了维护委托方与服务方双方的权利与义务,双方要合理的签订理货服务合同或者理货委托书。

相关知识

一、理货服务合同的签订

理货服务合同是指理货机构提供理货服务时,与委托方签订的有关双方权利义务关系的协议。该协议当事人因协议的订立、履行、变更和终止而产生的纠纷,即为理货服务合同纠纷。

在实践中,许多理货公司设立商务部,负责理货市场开发和理货服务合同的洽谈与签订事宜,但由于合同的履行会涉及公司的财务部、理货部,因此相互之间应建立良好的工作流程。

(一)商务部与财务部之间的工作流程

(1)合同签订后,商务部应将合同及有关费收特别说明送交财务部,财务部按合同规定及税收说明打单收费。对首次收费的新客户由商务部派人陪同财务部人员一起共同送单,及时了解新客户的反映及为客户解释业务疑点。

(2)财务部对于费收中出现的退单要初步了解清楚客户的退单原因及时送商务部,商务部签收退单后要及时跟进解决,对解决好的退单再送回财务部重新打单收费,对暂时无法解决的退单每月汇总一次向公司领导汇报。

(3)商务部、财务部及理货部每月联合召开一次费收会议,讨论解决费收上的问题,加强沟通,认真分析总结经验,尽快回收应收款,对于超过时限的应收款要制定出专门解决方案,重点解决。

(二)商务部与理货部之间的工作流程

(1)合同签订后,如客户有特别操作要求,由商务部与理货部商定后,写出详细的操作备忘给理货部,并协助理货部检查落实,满足客户需求。

(2)商务部受理客户对理货现场操作的建议和投诉,在联合理货部充分调查及向领导汇报后及时给客户一个合理满意的答复,指导理货部搞好现场理货操作服务。

(3)理货部和商务部每半年召开一次业务操作专题研讨会,商务部重点向理货部介绍理货业务经营形势和状况,检讨发生的业务和操作上的重点协调配合问题,听取理货部对理货业务发展的建议和意见,吸取好的观点意见,为做好优质服务共同努力。

二、理货委托书

在实践中,如果理货公司与委托方欲建立长期合作关系,则双方往往签订理货服务合同,反之,对于一次性的理货服务,通常由委托方签署理货委托书,以作为委托理货的书面凭证。

1.理货委托书的基本内容

理货委托书通常包括以下内容:委托事项、委托方名称、委托代理人名称、委托方或代理人开户银行账号、费用结算方式和期限、委托方代表签字或签章。

理货委托书一式三份,理货、委托方及其代理各执一份。

为了更好地服务客户,明确责任,可根据服务内容的不同,制定不同种类的理货委托书,如集装箱拆箱理货委托书、理货出证委托书和理货改单/改配委托书等。

2.洽谈签订合同

理货公司向客户推广和宣传公司的业务范围及在贸易中理货业务为客户提供的法律依据。以财政部、交通运输部颁布的理货费率为依据,结合所在地区的理货费率市场价格水平,经与客户商谈,经公司合同评审程序评审后,由公司总经理或其授权人签署理货合同。

三、执行合同

(一)理货操作与服务内容变更

(1)客户委托的理货业务在常规理货业务范围内,则按照公司《业务章程》和《理货规程》开展理货操作。

(2)在履行过程中,如客户对理货业务有特别要求,且符合国家法律法规规定,公司商务部门应及时向公司理货部门发出详细的书面操作备忘录,迅速将客户的要求传达到理货操作现场,以便迅速、准确地执行合同,满足客户的要求。

(二)计收费

合同履行后,公司商务部门按合同约定的费率制作账单,根据合同中的费收条款,协助财务部门完成理货费收工作。

四、续签合同与后续服务

(1)续签合同

合同到期前一个月,应做好各方面的准备工作,争取顺利续签合同。

(2)后续服务

定期走访客户,征求意见,不断完善和提高对客户的服务水平。

精准发力，强服务拓市场

截至 2022 年 7 月，大连外轮理货有限公司（以下简称大连外理）累计完成矿石、大连湾、长兴岛三码头 330 余艘次船舶的水尺计重检验业务，再创新高。

面对严峻的市场形势，大连外理积极贯彻落实辽港集团"融战略、扩增量、补短板、强服务"的工作要求，坚持在生产上精耕细作、在管理上精雕细刻、在服务上精益求精。

一方面，强意识拓市场靶向攻坚，向市场要份额。2022 年以来，大连外理积极拓展非传统理货业务市场，主动走访客户，不断加大理货品牌宣传推介力度，扩大市场影响力和美誉度。在巩固现有市场的同时，持续开展客户需求分析，深入研判市场信息，努力寻找潜在客户，重点跟踪开发，继续扩大"朋友圈"，推进全员市场营销模式。

另一方面，强本领提素质精准发力，向管理要成效。为了向客户提供优质高效的理货服务，大连外理进一步完善了现场管理制度，优化操作规程。与此同时，不断加大检验鉴定业务人员的培养力度，做好属地化人才储备建设工作。要求所有从事检验现场操作的人员必须持"进出口商品检验鉴定人员证书"上岗，用"标准规范管理"，让"专业的人做专业的事"，全力打造大连外理检验鉴定业务服务品牌。

大连外理以稳如磐石的定力和坚定不移的信心，狠抓市场开发不懈怠，以良好口碑保市场，以精兵强将做市场。持续发挥自身临港近货、24 小时全天候检验服务优势，完善客户服务体系建设，从客户角度出发，为客户提供多样化、定制化、精细化的检验鉴定服务，以专业、优质、高效赢得客户的信任。

任务二　客户赔偿处理

任务导入

本部分任务需要了解索赔提出的原则、条件、索赔的一般程序及索赔权利的保全措施；掌握货运事故责任划分及事故处理及施救措施；掌握理赔的有关资料、操作流程及理赔时效。

任务分析

认真审查客户提出的索赔要求，理由是否充分、要求是否合规，提供的证据与索赔要求是否一致，索赔要求是否在有效期内等。审查用户的索赔责任范围，是否由本公司负责。如是我方过失，应当积极按有关法律法规办理理赔；不是我方过失，应尽量帮助客户解决问题。

相关知识

一、索赔业务

货主对因货运事故造成的损失向承运人或船舶所有人提出赔偿要求的行为称为索赔。

(一)索赔提出的原则和条件

任何一项诉讼都是从索赔开始的,索赔应坚持实事求是、有根有据、合情合理、注重实效的原则。

导致货运事故发生的原因多样,其规模和损失因事故不同而异。在客观上,认定损失的大小和原因往往比较困难。而在主观上,由于托运人、货主与承运人分别考虑各自的利益,对货运事故原因归结和损失大小更是认知不同,从而难以界定事故的责任,这也是法律诉讼的起因。所以,坚持上述原则更加重要。

实事求是是沟通双方的基础,也是解决纠纷的关键。实事求是就是根据所发生的实际情况分析其原因,确定责任人及其责任范围。

有根有据是在提出索赔时,应掌握造成货损事故的有力证据,依据合同有关条款国际惯例,有根有据地提出索赔。

合情合理即是根据发生的事实,准确地确定损失程度和金额,合理地确定责任方应承担的责任。根据不同情况,采用不同的解决方式方法,使事故合理、尽早得以处理。

注重实效即货损索赔中应注重实际效益。如果已无可能收回赔偿,但仍然长期纠缠在法律诉讼中,则只能浪费时间和财力。如果能收回一部分损失,切不可因等待全额赔偿而放弃。

根据货损、货差的不同原因,被索赔的对象也不同。

属于原装货物数量不足、货物的品质与合同规定不符、包装不牢致使货物受损、未在合同规定的装运期内交货等原因时,则由收货人凭有关机构出具的鉴定证书向托运人提出索赔。

属于在卸货港交付的货物数量少于提单中所记载的货物数量,收货人持正本提单提取货物时,发现货物发生残损、缺少,且系承运人的过失;货物的灭失或损害是由于承运人免责范围以外的责任所致等原因时,则由收货人或其他有权提出索赔的人凭有关机构出具的鉴定资料向承运人提出索赔。

属于承保责任范围内,承运人应予赔偿的损失:承保责任范围内,由于自然灾害或意外原因等事故使货物遭受损害等原因时,由受损方凭有关证书和文件向保险公司提出索赔。之后,保险公司可根据实际情况在取得代位求偿权后,向有关责任人索赔。

一项合理的索赔必须具备下列条件:

1. 索赔人要有正当提赔权

提出货物索赔的人原则上是货物所有人,或提单上记载的收货人或合法的提单持有人。但是,根据收货人提出的"权益转让书",也可以由代位求偿权的货运代理人或其他有关当事人提出索赔。货物的保险人也可以是货运事故的索赔人。

在实践中,我国的某些部门和单位还通过委托关系,作为索赔人的代理人进行索赔。如在 CIF 和 CFR 价格条件下,港口的外轮代理公司就可以受货主委托成为向国外航运公司提出货运事故赔偿的索赔人。

2. 责任方必须负有实际赔偿责任

索赔方提出的索赔应属于承运人免责范围之外的或属保险人承保责任内的货损。

3. 赔偿的金额必须是合理的

合理的赔偿金额是以货损实际程度为基础。但在实际中,责任人往往受赔偿责任限额的保护。

4.在规定的期限内提出索赔

索赔必须在规定的期限,即"索赔时效"内提出。否则,索赔人提出的索赔在时效过后难以得到赔偿。

(二)索赔的一般程序

1.发出索赔通知

我国《海商法》和有关的国际公约如《海牙规则》《海牙-维斯比规则》《汉堡规则》以及各船公司的提单条款一般都规定,货损事故发生后,根据运输合同或提单有权提货的人,应在承运人或承运人的代理人、雇用人交付货物当时或规定的时间内,向承运人或其代理人提出书面通知,声明保留索赔权利,否则承运人可免除责任。

关于发出索赔通知的时限,我国《海商法》第81条第1款规定:"承运人向收货人交付货物时,收货人未将货物灭失或者损坏的情况书面通知承运人的,此项交付视为承运人已经按照运输单证的记载交付以及货物状态良好的初步证据。"同条的第2款又规定"货物灭失或者损坏的情况非显而易见的,在货物交付的次日起连续7日内,集装箱货物交付的次日起15日内,收货人未提交书面通知的,适用前款规定"。

《海牙规则》则规定,"根据运输契约有权收货的人,除非在卸货港将货物灭失和损害的一般情况,于货物被移交他监督之前或者当时(如果灭失或损害不明显,则在3天之内),已用书面通知承运人或其代理人,这种移交便应作为承运人已经按照提单规定交付货物的证据。"不过,根据规则、法律、国际公约、提单条款以及航运习惯,一般都把交付货物当时是否提出货损书面通知视为按提单记载事项将货物交付给收货人的推定证据,或者是初步证据。即使收货人在接受货物时未提出货损书面通知,以后,在许可的期限内仍可根据货运单证、过驳清单卸货记录、货物溢短单或残损单等的批注,或检验人的检验证书,作为证据提出索赔。同样,即使收货人在收货时提出了书面通知,在提出具体索赔时,也必须出具原始凭证,证明其所收到的货物不是清洁提单上所记载的外表良好的货物。因而,索赔方在提出书面索赔通知后,应尽快地备妥各种有关证明文件,在期限内向责任人或其代理人正式提出索赔要求。另外,在某种条件下,索赔人在接收货物时可以不提出货损书面通知书。这种情况是,货物交付时,收货人已经会同承运人对货物进行了联合检查或检验的,无需就所查明的灭失或者损坏的情况提交书面通知,我国的海商法、国际公约和某些提单就有这样的规定。

2.提交索赔申请书或索赔清单

索赔申请书或索赔清单是索赔人向赔偿人正式要求赔偿的书面文件。其提出意味着正式提出了索赔要求。因此,如果索赔方仅仅提出货损通知而没有递交索赔申请书或索赔清单,或出具有关的货运单证,则可解释为没有提出正式索赔要求,承运人不会受理货损索赔。

索赔申请书或索赔清单没有统一的格式和内容要求,主要内容应包括索赔人的名称和地址;船名、抵达卸货港日期、装船港及接货地点名称;货物名称提单号等有关情况;短卸或残损情况、数量;索赔日期、索赔金额、索赔理由。

对于正式索赔,有一个时效问题。如果提出索赔超过了法律或合同规定的时效,就丧失了索赔的权利。确定时效时,应当考虑检查提单背面的条款,确定适用的法律或公约;根据适用的法律,清单时效的区间;索赔接近时效时,是否要求事故责任人以书面形式延长时效;协商延长的时效,是否是适用法律所承认的。

3.提起诉讼

从法律的角度讲,索赔可以通过当事人双方之间的协调、协商,或通过非法律机关的第三人的调停予以解决。但是,这种协商、调停工作并不能保证出现结果,这时,最终的手段是通过法律手段解决,也就是提起诉讼。

法律对涉及索赔的诉讼案件规定了诉讼时效。因此,无论向货损事故的责任人提出了索赔与否,在无望解决问题的前提下,索赔人应在规定的诉讼时效届满之前提起诉讼。否则,就失去了起诉的权利,往往也失去了索赔的权利和经济利益。

《海牙规则》和《海牙-维斯比规则》关于诉讼时效,规定期限为1年。英国的判例表明,在1年内向有适当管辖权的法院提起诉讼即可保护时效。但最好是向有最终管辖权的法院提出。

我国《海商法》第257条规定:"就海上货物运输向承运人要求赔偿的请求权,时效期为1年,自承运人交付或者应当交付货物之日起计算。"

(三)索赔权利的保全措施

为了保证索赔得以实现,需要通过一定的法律程序采取措施,使得货损事故责任人对仲裁机构的裁决或法院的判决的执行履行责任,这种措施就称为索赔权利的保全措施。索赔人采取的保全措施主要有提供担保和扣船两种。

1.提供担保

提供担保,指货损事故责任人对执行仲裁机构的裁决或法院的判决提供的担保。主要有现金担保和保函担保两种形式。

(1)现金担保。由货损事故责任人提供给索赔人一定数额的现金,并以这笔现金作为保证支付赔偿金的担保。现金担保在一定期间内影响着责任人的资金使用,因此较少采用。在实际业务中通常都采用保函担保的形式。

(2)保函担保,指使用书面文件的担保形式。保函可由银行出具,也可由事故责任人的保赔协会等出具。银行担保的保函比较安全可靠。保函中一般包括:受益人、担保金额、造成损失事故的船名及国籍、有效期、付款条件(应写明根据什么条件付款,如规定根据商检证书、仲裁机关裁定或法院判决书等)、付款时间和地点。

2.扣船

在货损事故的责任比较明确地判定属于承运人又不能得到可靠的担保时,索赔人或对货物保险的保险公司,可以按照法律程序向法院提出扣船请求,并由法院核准执行扣船。

扣船的目的是通过对船舶的临时扣押,保证获得承运人对货损赔偿的担保。这样可避免货损赔偿得不到执行的风险。在承运人按照要求提供保证承担赔偿责任的担保后应立即释放被扣船舶。

同样,扣船也会带来风险。如果法院判决货损责任不在承运人,则因不正确的扣船而给承运人带来的经济损失,要由提出扣船要求的索赔人承担。同时也会产生其他不必要的纠纷和负面影响。因此,一些国家(如欧洲大陆国家及日本)规定索赔人提出扣船要求时,必须提供一定的担保作为批准扣船的条件。

(四)索赔单证

索赔人具有证明其收到的货物并不是提单所记载的货物状态下接收的举证责任。作为举证的手段,索赔人要出具货运单证、检验证书、商业票据和有关记录等,以便证明货损的原因、种类、损失规模及程度,以及货损的责任。海运中使用的主要货损索赔单证有以下几种。

1. 提单正本

提单既是承运人接收货物的收据,也是交付货物与收货人时的交货凭证,还是确定承运人与收货人之间责任的证明,是收货人提出索赔依据的主要单证。提单的货物收据作用,表明了承运人所收货物的外表状况和数量,交付货物时不能按其提交这一事实本身就说明了货损或货差的存在;提单作为运输合同,规定了承运人的权利、义务、赔偿责任和免责项目,是处理承运人和货主之间争议的主要依据。

2. 卸货港理货单或货物溢短单、残损单等卸货单证

这些单证是证明货损或货差发生在船舶运输过程中的重要单证。如果这些卸货单证上批注了货损或货差情况,并经船舶大副签认,而在收货单上又未作出同样的批注,就证明了这些货损或货差是发生在运输途中的。

3. 重理单

船方对所卸货物件数或数量有疑问时,一般要求复查或重新理货,并在证明货物溢短的单证上作出"复查"或"重理"批注。这种情况下,索赔时,必须同时提供复查结果的证明文件或理货人签发的重理单,并以此为依据证明货物有否短缺。

4. 货物残损检验报告

在货物受损的原因不明显或不易区别,或者无法判定货物的受损程度时,可以申请具有公证资格的检验人对货物进行检验。在这种情况下,索赔时必须提供检验人检验后出具的"货物残损检验证书"。

5. 商业发票

商业发票是贸易中由卖方开出的一般商业票据,计算索赔金额的主要依据。

6. 装箱单

装箱单也是一种商业票据,列明了每一箱内所装货物的名称、件数、规格等,用以确定损失程度。

7. 修理单

用来表明被损坏的仪器设备、机械等成套货物的修理所花费的费用。

除了以上单证外,其他能够证明货运事故的原因、损失程度、索赔金额、责任所在的单证都应提供。如有其他能够进一步说明责任人责任的证明,如船长或大副出具的货损报告,或其他书面资料也应提交。索赔案件的性质内容不同,所需要的索赔单证和资料也就不同。至于提供何种索赔单证没有统一规定。总之,索赔单证必须齐全、准确,内容衔接一致,不能自相矛盾。

8. 索赔

有关的文件证明索赔的起因和索赔数目的计算依据。

(五)权益转让

所谓的权益转让就是收货人根据货物保险合同从保险公司得到赔偿后,将自己的索赔权利转让给保险公司,由保险公司出面向事故责任人或其代理人提出索赔的行为。

人权益转让的证明文件就是《权益转让证书》。它表明收货人已将索赔权益转让给保险公司。保险公司根据《权益转让证书》取得向事责任人提出索赔的索赔权,向法院提出索赔

诉讼的权利。

《权益转让证书》的内容包括:收货人将有关其对该项货物的权利和利益转让给保险人;授权保险人可以以收货人的名义向有关政府企业、公司或个人提出认为合理的赔偿要求或法律诉讼;保证随时提供进行索赔和诉讼所需要的单证和文件。这也约定了被保险人保证向保险人提供索赔中所需各种单证、文件的保证书的义务。

在权益转让的情况下,通常由收货人将《权益转让证书》正本交给保险公司,同时,必须将其副本交给事故责任人或其代理人备查。

二、事故处理

货运事故系指自货物承运验收开始至货物运达目的地向收货单位交付止,在装卸、运输、保管过程中所发生的货物灭失或短缺、损、变质等现象,以及在办理手续上的失误所造成的差错等。

对货运事故的处理,应持积极慎重主动认真的态度。对已发生的事故,应分析研究导致事故的原因,以便改进工作,防止重复发生并实事求是进行处理,不应消极地理赔了事,更不应寻找借口,采取"推、拖、赖"的做法。必须本着对国家财产和人民财物负责的精神严肃认真地处理。事故发生后,必要时要采取措施,防止扩大损失,并按照合理步骤进行及时处理。

(一)货运事故责任划分

货运事故责任应按有关规章和法律进行划分。

1.承运人、港口经营人的责任

在承运人、港口经营人的责任期间内,货物发生灭失、短少、变质、污染、损坏,承运人、港口经营人应负责赔偿。但属于下列情况之一的除外:

(1)不可抗力;

(2)货物的自然属性和潜在缺陷;

(3)货物的自然减量和合理损耗,以及托运人确定的重量不准确;

(4)包装内在缺陷或包装完整、内容不符;

(5)标记错制、漏制、不清;

(6)非责任海损事故造成的货物损失;

(7)除证明属于承运人责任造成的外,托运人自行押运的货物,因照料不当的损失以及有动植物的疾病、死亡、枯萎、减重和易腐货物的变质;

(8)负责范围内的甲板货物损失;

(9)其他非承运人或港口经营人造成的损失。

2.托运人、作业委托人的责任

由于下列原因之一,造成船舶、港口设备或波及其他货物的损坏、污染、腐蚀或造成人身伤亡的,应由托运人或作业委托人负责赔偿:

(1)在普通货物中夹带危险货物,托运危险货物匿报品名、隐瞒性质和违反危险货物运输规定;

(2)在普通货物中夹带杂质、流质、易腐货物,或托运普通货物时未向承运人、港货物运输规定;港口经营人声明所含有害物质的性质和程度;

(3)错报笨重货物的重量;

(4)货物包装材质不良,强度不够,内部支撑不当等;
(5)货物外包装上必须制作的指示标志错制、漏制。

(二)事故损失计算的范围

事故的损失分为两类:一类是直接损失;另一类是间接损失。一般情况下,间接损失不予计算在内,例如因事故而造成的利润损失以及影响到第三方以外的经济收入(另有约定的除外)。直接损失的范围有:

(1)事故本身是实质性的资产损失;
(2)修理费以及因修理而产生的其他必要费用;
(3)定损公估鉴定费;
(4)事故现场保护、抢救、清理等施救费用;
(5)事故处理的必要行政费用;
(6)银行贷款利息;
(7)如提起诉讼或仲裁的,则产生律师费、诉讼费以及其他相关的费用;
(8)如果需要重新进口的货物,则需增加该货物的运输、保险、理货、检查、装卸、仓储等相关费用;
(9)事故中有人意外伤害、伤亡的,则涉及抢救、医疗、护理、营养、误工、伤残补贴、生活困难补助、丧葬、抚恤、抚养等相关费用。

(三)事故处理及施救措施

(1)事故责任部门或涉及者应立刻向上级主管部门报告。
(2)保护现场,维护秩序,拍照录像,记录事实。
(3)立即采取行之有效的施救措施,减少事故损失,防止损失扩大。
(4)通知事故涉及方,包括负有保险责任者或保险公司。
(5)确定事故责任,按责任承担经济赔偿。
(6)编制向保险公司提出经济补偿的索赔报告,并根据保险合同追索损失补偿。
(7)召开事故分析会。根据事故分析报告,落实整改和防范措施,抓好安全生产,杜绝重复事故。

三、理赔业务

受理和处理他人提出的事故经济损失的赔偿要求,就是一般说的理赔。理赔的基本程序主要有确认事故损失,明确理赔依据,审核理赔金额,代为追偿等方面。

(一)理赔的有关资料

在理赔的过程中,以口头承诺或口头约定一般不予采纳接受,必须以书面材料形式进行谈判沟通。这些材料主要有以下几个方面:

(1)事故报告。并要求详细说明事故发生的时间地点环境、当事人、涉及者和目击者、事故原因、损失物品、目测损坏或伤害程度、初步处理意见。
(2)事故现场记录。并要求内容真实、原始。
(3)现场照片、录像。并要求从各个不同角度拍摄。
(4)事故损失的货品清单、价值、合同、发票等有效凭证。
(5)发生货损、货差、机损、船损等事故,则需要提供进出口舱单、船图等相关单证。

(6)商检报告,理货部门的残损单。

(7)发生人身伤亡事故,则需要医疗报告、病史记录、医药费凭证伤残、死亡等医院证明。

(8)其他与事故有关的各种有效凭证。

(二)理赔操作流程

港口的理赔业务是比较复杂的过程,因此必须有精心的组织和合理的流程。

事故一旦发生,应立即通知事故受损方、保险公司等有关部门到现场查看,确定损失事实,然后对受损的主体进行检查、测试、定损。如果受损的是人体生命,应立刻送医院治疗。如伤残死亡的,则根据国家有关赔偿规定办理。最后,受损方向港口出具索赔报告。

如果在事故中,港口被确定为事故的责任方,港口应按事故责任的比例进行赔偿;如能应用有关免责或有限责任条款,港口可以按条款的规定进行赔偿。其次,如果事故类别属于港口责任保险范畴的,港口应编制索赔报告,将港口赔偿金额的损失向保险公司提出补偿。在处理该业务过程中应注意的是:假如该事故受损的主体本身已购买了相关的风险责任保险,其受损方应首先向保险公司提出索赔,由保险公司先对该受损主体进行赔偿,然后由得到赔偿的受损方出具权益转让书给保险公司,再由保险公司凭权益转让书和其他有关凭证向港口提出索赔,港口根据国际惯例或经协商一次性向该保险公司赔偿。之后,港口可按赔偿的金额向负有港口责任保险的保险公司提出经济补偿,保险公司将根据与港口签订的保险合同,赔付给港口。

(三)理赔的时效问题

(1)海洋运输的保险货物,从被保险货物在最后卸载港全部卸离船舶后计算;向保险公司提出索赔不超过2年;向承运人提出索赔,最多不超过1年;在时效期内或时效期满后,向第三人提出追偿请求的时效为90天。

(2)财产保险项下的资产物资遭受损失之日起,必须在1年内提出索赔。如遭遇盗窃,应在通知保险公司后10天内提出索赔要求。

(3)港口员工的意外人身伤害,应在事故发生之日起30天内通知保险公司;2年内必须以书面形式提出索赔申请,否则作为自动放弃权益。

(4)当事人之间相互索取的各种违约金、滞纳金、速遣费或滞期费的时效,按有关规定或当事人的约定执行。

思政案例

理货上门解企忧,主动服务暖人心

近年来,扬州中理国际理货有限责任公司(以下简称扬州中理)一直在打破港内服务局限,在传统业务巩固的基础上不断推进理货可持续性发展,推行合作单位联动服务、预约服务、上门服务等特色理货延伸服务,将帮、办、代、替等服务"双向延伸",在保证理货质量的同时,确保后续理货服务跟得上,从而推动各项理货工作服务效能品质提升。

扬州中理理货员自驾到40多公里外的工厂,开展"门到门"拆箱理货业务。在理货的过程中,逐票逐件核对集装箱内货物唛头,当发现货物残损时,第一时间与工厂收货方确认,拍照取证并填制拆箱理货单证,注明残损情况,及时主动帮助客户定残定损,为收货方凭借理货证明进行下一步索赔提供了第一手权威资料,得到客户好评。

自扬州中理开展上门装、拆箱理货业务以来,所出具的理货单证能够有效地证明货物交接、残损溢短等情况,维护收发货方正当权益。发生货损货差时,第三方理货机构出具的理货证明既可以作为收发货方有效的索赔依据,同时在保险理赔上也具有权威性和公证性。装、拆箱理货业务开展20多年来,扬州中理一直秉承着"公证理货,一切服务于客户"的理念,以专业的理货产品展现贴心的理货服务。

扬州中理根据客户需求提升理货服务,以优质的服务能力来提升公司的对外形象。理货是进出口物流中的一个窗口行业,扬州中理要将这个"窗口"行业动起来,加强服务行业的主动性,哪里需要就到哪里去,用真诚、优质、周到的服务来获得客户的信任,让他们在平凡的小事中感受到来自理货的贴心服务,让他们真正感受到理货服务的价值所在,进一步赢得市场。

项目四　船边理货

任务一　理货人员职责和工作要求

任务导入

假设你欲成为一名理货人员,请你在对理货机构有正确认识的基础上,就取得理货人员从业资格提出可行性方案。

任务分析

随着国际贸易和海上运输的不断发展,理货与理货公司日益趋于贸易中的重要地位。理货是一项脑力和体力劳动相结合的现场管理工作,接受船方或其他委托方的委托,从事服务性工作,作为理货从业人员,应该熟悉现场理货人员的工作职责和工作要求,以及取得理货人员从业资格的基本条件。

相关知识

无论是传统的理货模式,还是发展到现阶段的理货模式,单船理货组仍是现场理货最基础的单元。现场理货人员的工作职责和工作要求:

一、理货组长(CHIEF TALLYMAN)

理货组长是单船理货的组织者、指挥者和实施者。理货组长在理货经营管理中扮演着一个"兵头将尾"的重要角色,说他是"兵头",是因为理货组长是单船理货组的头儿,是现场一线理货的直接组织者和指挥者,是上级部门命令和决定的执行者。说他是"将尾",是因为理货组长的上面还有操作部、理货部、公司等上级管理部门。

1. 工作职责

(1)贯彻落实领导布置的任务和提出的要求,重大业务问题及时请示汇报;

(2)领导和管理本船的理货员,布置和检查各舱的理货工作,指导和帮助理货员处理工作中的问题;

(3)掌握各舱的理货情况和进度,保持与船方和其他单位现场人员的工作联系,保证各舱理货工作的顺利进行;

(4)审核理货员制作的理货单证,整理和保管全船的单证资料,做好单船记录和交接班工作;

(5)编制全船性的理货单证,办理全船性的货物交接和签证工作。

2. 工作要求

(1)掌握理货规章制度,熟悉理货业务,具有一定的英语水平,能够胜任各种船舶和货物的理货工作；

（2）具有一定的组织领导能力，能够组织全船理货员完成理货任务；

（3）能够坚持理货工作原则，搞好同船方和其他单位的协作配合。

二、理货员（TALLYMAN）

理货员是舱口理货的责任者。

1. 工作职责

（1）执行理货组长布置的任务和提出的要求；

（2）理清货物件数，分清货物标志和残损情况；

（3）编制舱口理货单证；

（4）指导和监督货物的装舱积载、隔票以及分票卸船工作；

（5）坚守舱口岗位，以船边为界进行货物交接。

2. 工作要求

（1）了解理货规章制度，掌握必需的理货专业知识和英语，能够胜任各种货物的理货工作；

（2）热爱本职工作，工作认真负责，踏实刻苦，作风正派，能够坚持理货工作原则，搞好与装卸工班的协作配合。

三、理货人员的必备条件

理货工作的好坏，理货质量的高低，主要取决于理货人员的责任心、业务水平、思想作风和政治素质。为此要求船舶理货人员必须具备下列条件：

（1）理货人员必须身体健康，能够适应理货工作的环境和要求；

（2）理货人员必须经过考试合格，取得理货师证书，方可从事理货工作；

（3）外轮理货人员必须符合登轮条件，取得登轮证，方可从事外轮理货工作；

（4）外轮理货人员必须掌握国家的对外方针政策，遵守外事纪律，懂得外交礼仪；

（5）理货人员必须办事公正，作风正派，责任心强，原则性强；

（6）理货人员必须掌握理货专业知识，写字要工整、美观，外轮理货人员还必须具备一定的英语会话和书写能力；

（7）理货人员必须具有严格的组织纪律性，能够服从领导，听从指挥，严格执行规章制度。

四、理货人员工作须知

（1）工作时，要穿理货服装，佩戴理货标志，保持仪表整洁；工作时，理货人员要戴安全帽；

（2）理货时，要带齐理货用品和单证，提前到达现场，做好开工前的准备和交接班工作；

（3）接触外籍船员要不卑不亢，讲文明，有礼貌；对外宣传要实事求是，注意效果；工作需要进入船员房间时，要先轻轻敲门，得到允许后再进入；

（4）不要接受船员馈赠的物品，不要与外籍船员拉个人关系；

（5）在外轮上理货，要尊重船员的风俗习惯，不要干涉船员的内部事务；

(6)上下舷梯、船舱时,要扶牢踏稳,注意安全,不要站在舱盖板上、吊杆下以及货物吊移路线下面理货;

(7)要保持理货房间清洁卫生,爱护船舶设备和物品;

(8)离船时,要带齐理货用品和单证资料,不要遗漏和丢失在船上。

任务二　参加配工会

任务导入

理货服务质量的高低与整个现场理货作业的协调协作密不可分,因此保质保量召开配工会是圆满完成理货任务的基本保障。

任务分析

通过召开配工会,根据港口生产计划派出合格的理货人员,保质保量按时完成理货任务。

相关知识

各个理货机构制定的配工会标准大同小异,目的无非是做到有章可循,使操作规程标准化。

一、配工会前准备工作

(1)着装:上身着公司定做的制服,带公司配发的领带,下身着公司定做的深色长裤,服装必须统一、干净、平整、无褶皱,制服纽扣扣齐,无缺失;脚穿黑色皮鞋,皮鞋干净、光亮。冬天统一戴白线手套。

(2)物品准备:配工会前准备好所需单据和理货装备、办公用品;打好水,以备现场人员饮用。理货包由个人负责,要求整洁,包内不得存放与工作无关的物品。

(3)配工会前理货人员要按上述要求做好准备,提前到达指定位置。

(4)理货队队长(副队长)整队,对理货人员的着装、装备进行检查。

(5)安全帽:外表干净,无油污,帽徽要正。

(6)站姿:安全帽要生根,左肩斜挎理货包,对讲机、水壶等理货用品放在理货包内;站立时站成一线,双手自然背于身后,身体挺直,目光始终平视前方。

二、配工会开始

理货人员排队进入值班室。

(1)队长整队。

①要求:站姿:站立时站成一线,双脚自然靠拢,双手自然下垂,身体挺直,目光始终平视前方。

②整队:队长(剐队长)喊口令:稍息,立正,向右看齐,向前看。

③报数:第一排从左向右,第一排最后一名报完,第二排最右边的接上,依次类推,直至报完。声音洪亮,吐字要清楚。

④精神状态:配工会期间要精神饱满,严肃认真,目光始终平视前方。

(2)理货人员按指定位置站或坐好,站或坐时端庄大方,精神饱满,严肃认真;坐时安全帽放在左腿上,左手放在安全帽上,右手放在右腿上;理货包整齐地放在椅子(桌子)上,组长包、理货员包依次摆放。

①队长(副队长)宣布"现在开始配工,全体人员起立(立正)",所有人要起立站直,戴好安全帽。

②队长宣布由公司领导、理货中心领导讲话。公司领导、理货中心领导传达上级指示精神要突出重点,内容简明。

③队长(副队长)宣布配工指令声音要洪亮,下达指令布置任务干脆利索。

④答到:队长(副队长)宣布配工指令时,理货人员答"到"要响亮、干脆,严禁拖音或声音含糊;当配工指令宣布完毕,队长问:"以上要求大家听明白了没有",理货队人员回答:"听明白了",回答要整齐、统一、声音洪亮,严禁拖音或不出声。

三、配工会结束

当队长宣布:"出场接班"后,理货队人员背理货包排队出值班室,接班人员排队进入作业现场或上车。

严格执行配工会程序,严肃纪律,规范流程,尽职尽责提供高质量理货服务。

(1)队长(副队长)主持配工会。

(2)公司领导或现场理货机构领导传达上级或公司的指示精神,强调现场安全质量的注意事项,部署近期工作。

(3)队长(副队长)根据现场情况逐船下达配工指令,理货人员听到点名时要立即答"到",并认真听取队长(副队长)下达的现场理货、安全质量等注意事项。

(4)队长(副队长)逐船下达完各项指令后,要问理货人员"以上要求大家听明白了没有",得到理货人员确切回答"听明白了"以后,宣布"出场接班"指令。

(5)配工完毕,理货人员在接到"出场接班"命令后,背理货包排队出值班室,队长(副队长)根据现场实际情况,合理分配人员上车,接班人员进入作业现场或上车,接班人员根据队长(副队长)安排有秩序上车,如遇特殊情况不能坐车,接班人员排队进入作业现场。

(6)理货人员出发时,队长(副队长)在门口要做进一步督促检查,检查的主要内容为:安全帽生根、服装标准化、理货装备齐全、出场不准带烟火等,发现问题,立即采取纠正措施。

任务三　理货依据的识别和读取

任务导入

理货依据是指能够用来检查、核对实际货物的数字和标志是否符合要求的单证资料。如:进口舱单、出口装货单和集装箱进口舱单等。理货依据上面记载货物的主标志、件数、包装、货名、重量、收(发)货人等内容。

任务分析

在理货工作中会遇到许多单证资料,如出口配载图、进口船图、分舱单、卸货清单、重件清单、危险品清单、出口装箱单、集装箱单等,这些单证资料对理货工作都是有一定的作用,但它们不能作为理货依据,只能作为理货的参考资料。

相关知识

理货依据通常需要满足以下要求：

(1)理货依据必须符合三个条件：①能够反映实际货物上面的主标志；②能够被承、托双方所接受；③符合常规；

(2)理货依据是判断实际货物是否符合要求的根据，因此要更改理货依据，必须办理更改手续；

(3)理货依据通常由委托方提供，没有理货依据一般不能作业；

(4)理货依据上面必须盖有海关准许进口或出口的放行印章(电子流转单据可无印章，但数据需与海关放行数据一致)；

(5)理货依据上面一般有承运人或其代理人的签章。

一、件杂货船舶理货依据

在船舶装卸作业时，装货单和进口舱单是理货的唯一凭证和依据，也是船舶承运货物凭证和依据。

1.装货单(SHIPPING ORDER,S/O)

装货单(俗称下货纸)是由托运人按照托运单的内容填制，交船公司或其代理人审核并签章后，据以要求船长将货物装船的承运凭证。它既能用作装船的依据，又是货主用以向海关办理出口货物申报手续的主要单据之一，所以又叫"关单"。

2.进口舱单(IMPORT M/F)

进口舱单是载货清单(MANIFEST:M/F)的别称。是在货物装船完毕后，根据大副单据或提单编制的一份按卸货港顺序逐票列明全船实际载运货物的汇总清单。

进口舱单是船舶办理进口报关手续时必须提交的单证，是海关对进出口船舶所载货物进出国境进行监督管理的单证，是港方安排卸货的单证之一。在卸货时，进口舱单是理货机构进行理货的重要依据。

二、装卸船理箱依据

交通运输部颁布的《外轮理货业务章程和理货规程》，明确规定了集装箱船舶理箱工作依据：

1.出口——以出口预配图为准

出口预配图(EXPORT STOWAGE PLAN)，集装箱出口装船以出口预配图为依据，出口预配图是出口装载集装箱的原始凭证，是由集装箱码头根据船公司或其代理人装载指令，码头配载中心根据已进堆场集装箱装箱单，与海关已放行的场站收据核对后，制作集装箱预配图。

集装箱出口预配图主要由三部分组成，即封面图(STOWAGE PLAN)、行位图(BAY PLAN)和汇总清单(SUMMARY)。

(1)封面图(STOWAGE PLAN)，是一份与船舶行(BAY)位集装箱实配相对应的总行(BAY)位图，在该图相应的船舶箱位上标明集装箱的卸货港、空重箱、箱类型等。

(2)行位图(BAY PLAN)，在每一箱位图格内均应标明下列内容：目的港/卸箱港/装箱港(均以通用三位港口代码表示)、集装箱箱号、重量、箱型、持箱人、特殊箱(如危险品、冷藏货物等)。

(3)汇总清单(SUMMARY),是一份全船集装箱装载完毕,根据不同的卸箱港口、不同的集装箱尺寸、规格,以及集装箱数量和重量的明显清单,便于船方和其他有关方了解全船集装箱实际装载情况。

2.进口——以进口舱单为准

进口舱单(IMPORT CARGO MANIFEST),集装箱进口卸船以进口舱单为依据,进口舱单又称进口载货清单。进口舱单是一份按港口逐票列明全船实际装载集装箱及货物的明细清单。

进口舱单是船舶在装货港集装箱(货物)装载完毕后,由船公司或其代理人根据相关资料编制的。进口舱单逐票列明货物的提单号、标志、件数、包装、货名、重量和体积,以及装货港、中转港、卸货港和目的地;同时详细记载了所载运集装箱的箱号、铅封号、类型、数量、箱内货物情况,以及交付方式等。

通常为确保集装箱船舶能及时靠泊与顺利卸箱,船公司或其代理人需在规定的时间内向集装箱码头、外轮理货及相关单位提供进口集装箱有关资料,以便为进口卸船作业做好准备。所提供的进口集装箱货运单证资料包括:进口舱单(CARGO MANIFEST);进口船图(BAY PLAN);危险品清单(DANGEROUS CARCO LIST)等有关资料。

思政案例

青岛外轮理货有限公司按照"信息传递网络化,日常办公自动化,业务处理智能化"的要求,运用信息集成理论和实时物流理念,采用先进的信息技术,搭建了理货生产服务综合信息网,成功实现了理货业务自动化处理。借助EDI平台,实现了信息实时录入、过程实时监控、结果实时输出,为专家式超值理货服务提供了科技支撑,走出了一条向信息化要效益的新途径。

中国外轮理货总公司青岛分公司在集装箱进口作业前接收船代、船公司提供的进口船图和进口舱单EDI报文,经计算机系统处理生成进口积载图、进口舱单、分港清单和校对清单,供现场理货人员作业使用。

经计算机处理后的数据排列方式与原始舱单不同,但所提供的数据均为原始数据,并可在报文内逐项查询调阅详细资料。因此,理货下载文本所列明的数据即等同于原始进口舱单。

三、装拆箱理货依据

进口集装箱拆箱的理货依据为进口舱单或交货记录;出口集装箱装箱的理货依据为集装箱货物装载预配清单。

任务四　货物分票和混票处理

任务导入

本部分主要的任务是掌握分票、混票、防止混票与混票处理的方式。

任务分析

分票是理数的前提,有些情况隔票操作未能有效完成或其他原因可能会导致混票的发生,这时要求理货员具有分票的能力,保证理数的准确性。

相关知识

一、分票

分票是理货员的一项基本工作。分票就是依据出口装货单或进口舱单分清货物的主标志和归属,分清混票和隔票不清货物的运输标志和归属。归属就是属于哪一票。若不认真地进行分票,以致货物混装或混堆,那么就会影响正常的卸货和理货,为此船方就要承担额外的货物分票费用,收货人就有可能提不到货物或提错货物,这样必然给港方、船方和货方带来不必要的经济损失和管理上的混乱,以致影响理货结果的真实性和准确性。因此我们说分票是理货工作的起点,是确保理货数字准确的基本保证,是保证货运质量的重要一环,我们必须予以高度重视。由此可见,分票在整个理货过程中有其特殊作用。

1.分票是理清货物数字的前提条件

理货员在理数之前,首先要按出口装货单或进口舱单分清货物的主标志,以明确货物的归属,然后才能根据理货数字,确定货物是否有溢短。

2.分票是分清残损货物的前提条件

理货员发现残损货物,首先要记录其主标志,分清其归属,然后才能进行处理。

3.分票是提高货物运输质量的重要保障

出口货物根据装货单和配载图按票装船,合理积载,正确分隔。进口货物根据进口舱单和原始船图按票起卸,标准堆码,不混不乱;对积载混乱,隔票不清的货物,也要分清批次和票数,这样就保证了船舶的货运质量。反之,出口货物装舱混乱,隔票不清,进口货物混卸,或不分清货物,都可能危及船舶的货运质量,造成船舶的经济损失。

二、混票

(一)混票的含义

混票是相对隔票而言的。就是不同票的货物混装在一起,卸货港不能按票正常卸货,称为混票。不同票的货物之间没有分隔清楚,造成票与票交接处的货物相混,称为隔票不清。隔票不清属于混票范畴,只是混票的程度不同而已。

混票是导致理货差错的主要原因之一,我们必须予以重视。

(二)混票的原因

造成货物混票的原因是多方面的,有人为的主观因素,也有外界的客观因素。

(1)装货港未能按照船方确定的配载图装舱或铺垫隔票不当。

(2)船方配载不当或未提供适宜、充足的隔票物料。

(3)船舶在航行途中遇到自然灾害或意外事故。

(4)中途港装卸货物失当。

（5）卸货港未按操作规程卸货。
（6）理货人员的工作过失。

三、分票操作

1.核对标志

核对标志是指核对运输标志是否相符，即出口货物核对装货单与货物上的运输标志是否相符；进口货物核对舱单与货物上的运输标志是否相符。

运输标志通常用几何图形、符号或合同号、件批号表示。不同的运输标志代表不同票的货物，是办理货物交接的主要依据。因此，核对标志是理货工作的主要内容之一，对于准确交接货物，防止错装、错卸，具有重要作用。

2.装船分票

理货员必须凭装货单，按装货顺序，逐票核对货物上主标志，指导工人按票装舱。要求做到：

（1）按票核对货物上的主标志，保证与装货单上标志相一致。如发现不一致，即使是个别差异，也不能装船，应及时与发货人取得联系，由其决定更改装货单或货物上的主标志，且办理应办的手续，然后才能装船。

（2）按票核对货物上的副标志，如卸货港（目的港）名称、批、件号和重量等。主标志相同，副标志的件号不同，应属两票货物，计数单上要按不同装货单号分别填制。如发现有误，及时联系发货人处理。

（3）对标志模糊不清、脱落，或无标志货物，应及时联系发货人处理，否则不予装船。

（4）必须按票装舱，做到一票一清，票票分隔，防止混装和隔票不清现象发生。

3.卸船分票

由于船舶在卸货港将所承运的货物从船上卸下后，要在船边把货物交给收货人或代他收货的人。因此，理货人员务必指导工人按票起卸，如数交付。为此理货人员在卸船分票时必须做到：

（1）对同包装、同票的货物，可采取抽查的方法，核对主标志。

（2）对同包装、不同票的货物，要着重检查其主标志的差异部分。

（3）对不同包装、不同票的货物，要逐件检查它们的主标志。

（4）对标志不符、不清或无标志的货物，要联系收货人确认可否归入同票货物中，以减少溢短签证。

（5）对散件或抽件的货物，要尽量归入原票货物中，以减少短件溢支签证。

四、混票的防止与处理

（一）混票的防止

装船时，理货人员应认真负责地监督和指导装卸工组装舱和铺垫隔票；按票装船，一票一清；零星小票货物集中堆放；同包装不同标志的大票货物和不同港口的货物要分隔清楚；要按卸货港顺序装船，先卸后装，后卸先装。

卸船时，理货人员应认真负责地监督和指导装卸工组按票起卸，一票一清，防止将舱内其他货物混票；对混票货物应尽量做到边卸边分票，如确定不具备边卸边分票条件的，也应在卸货后按票分清。

（二）混票货物的处理

卸船时，理货人员发现舱内货物混票或隔票不清，应及时通知船方值班人员验看，并编制现场记录取得船方签认，然后指导装卸工组按票分批起卸。如卸货当时难以分票，卸货后派员分票，且向船公司提供分标志单。

装船时，理货人员发现混发货、混装船，应予以制止，且联系发货人或港方及时纠正，如制止不了，应通知船方值班人员。发现舱内混装或隔票不清，应及时予以制止并立即纠正，如纠正不了，应通知装卸指导员或港方有关部门，必要时，通知船方值班人员。

任务五 理　　货

任务导入

本部分主要的任务是掌握理数的方法和要求。

任务分析

理数操作是件杂货船舶理货业务的重要环节，是货物完成顺利交接的保证。

相关知识

理数就是在船舶装卸货物过程中，记录起吊货物的钩数，点清钩内货物细数，计算装卸货物的数字，称为理数（COUNT），亦称计数。

理数是一项简单的重复劳动。一艘万吨级货船，载有成千上万甚至几十万件货物，这些货物都需要经过理货员理数，而理货员的理数工作，每一次都是在短暂的，或是以分秒为单位的时间内完成的。在整个工作过程中，只要有一个理货员在精神上稍有疏忽，就会漏计钩数；业务技术上不太熟练，就会错点或来不及点不清钩内细数，以致造成整条船货物的数字差错。因此，理数又是一项业务技术性较强的工作，它要求理货员必须具备高度的工作责任心和认真负责的工作态度，否则，就不能胜任理货工作，就不能做好理货工作。

理货工作的结果，即理数准确与否，将直接关系到承、托运双方及其保险人的经济利益，同时也关系到理货机构的声誉和国家对外的形象。下述事例能充分说明问题，一艘巴拿马籍"威高成功"轮停靠上海港卸树脂72800袋、尼龙丝8800合，共4201吨。上海理货分公司604单船组负责该轮的理货工作，他们坚持上岗定位，严格把关，确保每工班、每个舱口、每个理货员所理的每一钩货物数字准确。全船卸货完毕，所有货物全部到数。船长对理货结果十分满意，对理货人员忠于职守、一丝不苟的工作精神大为赞赏。由此可见，做好理货工作意义十分重要。

一、理数的方法

（一）小票理数

以货物卸船进库为例说明小票理数的方法：货物从船舱卸出时船舶理货员清点货关货物数量，将货物数量填写在小票上交给拖车司机。拖车司机将货物拖到库场时将小票交给库场理货员。库场理货核对票上记载货物无误后收留小票，指挥货物上垛。工班结束时依据小票统计货物总件数。

用来计数的小票是一种规格较小的票据,故称为小票。小票采用固定的格式,有流水编号,票面分为两部分,分为记数交接栏(可撕下)和存底票根。记数栏可填写货物基本资料和货物件数,以便识别和区别货物。计数栏的填写与存底票根一致,双方持有,以便核对。因而小票理数便于区别货物,不会造成错卸、错收、错堆,便于查对货物数量。无论是能够定关或不能定关的货物都可以采用小票交接计数。但纸质小票有容易损坏和遗失的缺陷。

采用小票交接计数时要求搬运司机传递小票,要求司机要做到无票不拖运,收票拖运,保管好小票,货交票交,防止货票分离。库场理货员在核对货、票时,发现货、票不一致,要当场与对方联系、现场解决。

(二)发筹理数

发筹理数的过程与小票理数基本相同,只是用筹码代表货物数量。发筹理数是一种极为原始的交接计数方法。筹码可以用竹、木片、塑料等材料制作,使用不同的雕刻、颜色、形状以示区别。发筹理数前双方必须约定筹码所代表的货物数量,通常以一个货关发一个筹,每个货关的货物件数必须相同。发筹理数只是用于可以定关、定量、定型的"三定"和具有同包装、同规格、同货名的"三同"的大宗件货交接计数。

虽然可以采用不同格式的筹码表示不同的货物,但由于筹码的格式种类不多,在多票货物作业时会造成混票。如果筹码没有编号,又不留底,当双方的货关数出现差异时很难核对,只有翻舱、翻堆重新计数。如有编号则要按号码次序发筹。

(三)挂牌理数

此计数方法适用于水平搬运距离较长,特别是中间还要转换作业的货物交接,如江心卸驳转码头库场或途经公共道路的作业,因作业特殊,需要作业班组与库场配合理货,交方在做好的货关上悬挂该关货物的理货资料的货牌,接方收到货物后取下货牌,核货收留货牌,计算货物数量。除了对一个货关挂牌外,对数量较多的整车、整驳的货物也可以采用挂牌计数的方法。

(四)点垛理数

交接双方在港口库场检查并点算货垛上货物的数量作为交接货物数量的理货方法。点垛理数是花费时间少、速度快的理货方法。点垛理数是港口货物交接最常用的理货方法,对所有堆放或者要堆放在库场的货物都可以采用。在实际中往往需要约定或者根据双方习惯采用点垛理数。

点垛理数的首要条件是库场的货物码垛标准,能够直接在货垛上点算货物,有时直接使用货垛牌上记载的货物件数,因而要求库场码垛要标准,防止夹垛、缺垛的情况出现,采用方便点算货物的垛型如平台垛、二联桩等。同批货物和同时交接的零星货物集中堆放,防止漏点。

由于点垛交接计数都是在库场内进行的,点算完后不再理算,相当于货物在库场交接,因而货物作业完毕,库场理货员要详细检查船舶舱底、甲板、作业线路、作业设备、库场、装车场等货物经过的线路,防止因掉落、遗漏货件,造成漏装漏发。

另外在库场点数与作业合同确定的船边交接货物不一致,为了明确责任往往还要在船边验货和办理交接。

(五)点交点接

双方理货人员在库场,根据货物单证的记载,当场逐件点算、核对、检查、签收货物。点交点接主要用于对大型机械设备、贵重货物、有特殊运输要求的货物、成套货物、同批规格差异大的货物。点交点接的理货计数方法最为仔细,计数准确,但计数工作量也最大。

(六)划钩理数

双方在装卸现场,分别对吊下、吊上船的每一关货物进行点算并记录,工班结束时汇总的计数方法。划钩理数采用方格簿作为记录簿,每一关的货物件数都要点算记录,记录簿是原始凭证,要妥善保管。对可以定钩的货物也可以采用"正"字笔划代表关数的方法记录。划钩理数时货钩必须落地(落甲板)点数,不能悬空点数,双方理货员在记录前要口头提示(唱码),计码后要复核书面计数。

划钩理数的理货工作量很大,速度也很慢,理货人员不得离开现场,理货的精度受理货人员的工作态度和精力的影响很大,过后无法复核。因而划钩理数大多对批量少的货物,或者是数量交接要求不高的大宗货物采用。港口装卸大宗件货时为估算作业进度也使用划钩理数。

二、理数的要求

理货员在理数时必须做到:
(1)根据委托方的责任界限,正确选定理货岗位。
(2)根据货类和作业方式的不同,正确选定理数方法。
(3)为防止漏钩和重钩,理数时,要选定一条固定的基准线,如舱口边、船舷边等,作为记钩数的界线;要防止吊钩在基准线附近来回摆动时漏钩和重钩。
(4)为防止错点钩内细数,要做到脚勤、眼勤,抓住货物起吊的各种机会,点清货物六个方位的细数,保证理数准确。
(5)按钩填写计数单。
(6)对同一包装的大宗货物,要求装卸工组做到定钩、定量、定型。
理货员点数时必须注意以下几点,才能又快又准地点清钩内细数。
(1)不同的装卸属具及其装载货物的不同放置方法。
(2)装卸属具内是同包装货物,要从纵、横、高三个方向点清货物细数。
(3)装卸属具内,外观看不到的货物,要事先掌握好。
(4)长度不同的货物要从两端点数。
(5)点捆、卷、片等货物要从两端点数。
(6)要注意货物在起吊过程中是否会从装卸属具内跌落下来。
(7)不能完全点清数字时,不能马虎从事,一定要完全点清,才能让货物放过。
(8)因点清数字而影响装卸时,宁肯让装卸工重新换一钩起吊。
(9)同包装的大宗货,一般不必在分标志上下功夫,可按包装式样来分票和点数。
(10)为保证交接双方数字一致,应经常与对方核对数字。
(11)当交接双方点数有出入时,要停止作业进行复核。
(12)对暂时停放在甲板上的货钩,要特别注意是否已经点数和记数。
(13)点数时,要精神集中,不得边闲谈边点数、边干其他事边点数。
(14)一个人点数时,思想要集中,不能考虑其他事情,不能走神,更不能带着情绪计数。
(15)夜班点数时,防止昏昏沉沉、懵懵懂懂,更不能打瞌睡。

任务六　理货交接

任务导入

本部分的主要任务是掌握理货交接的操作过程。

任务分析

贸易成交以后需要通过运输来实现。在这整个过程中,发货人负责组织货源,办理出口申报和托运手续,把货物运送到指定的起运港。承运人负责按装货单收受货物,在海上运输途中,对货物进行妥善保管和照料,到达目的港交付给收货人。收货人负责接受货物,办理进口报关手续。在整个货物转移过程中,为了确保货物的数量和质量,必须办理货物交接手续,明确各自的责任。

相关知识

一、理货交接概念

理货交接就是指在海运过程中,承、托运人通过理货机构办理货物交接手续,称为理货交接。理货交接是国际海上货物运输中的一种习惯作法。

经由港口库场装卸的货物由库场理货员与外轮理货员双边交接,有港口驳船外档装卸的货物由驳船经营人代表收发货人与外轮理货员双边交接,收发货人委托内陆接运工具船边直装直取的货物由内陆接运工具司机代表收发货人与外轮理货员双边交接。

二、责任划分

根据承、托运人的责任界限,理货交接一般以船舷为界,且以此来划分承、托运人应负的责任。

我国港口理货交接是船方委托理货机构与港方或收、发货方办理货物交接手续。

若港方或收、发方不派员参加理货交接,即视同放弃责任,理货交接结果以理货公司数字为准。

若港方在装卸作业过程中,未按规定堆码,无法点数,由此而发生的货差事故,原则上应由港方负责。

理货交接的责任划分,原则上交接前是由交方负责,交接后是由接方负责。当然,在实际工作中,还应当根据具体情况,实事求是地划分责任。限于目前的理货方法,有时会发生一些假差、假错的现象,这就需要加强事后的复核、检查、搜寻等信息反馈工作,对经过多次复核,证实以前的数字有误,则应实事求是地加以纠正,而不能坚持当时交接的记录。这种精神,交接双方在工作中必须正确地体现出来。

三、理货交接的做法

(1)船方和货方作为货物交接的双方,应分别委托理货机构或派员办理货物交接手续。

(2)双方理货员在理货岗位上,按钩点数、计数,进行交接,保证双方理货数字的一致性。

(3)在装卸作业告一个段落时,如工人吃饭、休息、停工等,双方理货员应互相核对数字单,一段一结。

(4)在装卸工作结束时,双方理货员应互相签认计数单,一班一清。除非事实证明,且被双方承认当班交接数字有误,否则不得更改计数单。

四、理货交接要求

(1)船方和货方理货员要当面交接,不能靠信用交接。

(2)双方理货员要有交有接,不能单方交无接,或单方接无交。

(3)双方理货员要船边有接,不要离开船边到仓库或其他地方交接。

(4)双方理货员要按钩交接,不要点垛交接。

(5)双方理货员要恪尽职责,各自理货、制单,不要相互代替,相互抄数。

(6)双方理货员要敢于对自己理货的结果负责,不要无故推翻自己的理货结果。

任务七 溢短货物的处理

任务导入

本部分的主要任务是掌握防止理货数字差错的方法,溢短货物的确定和处理的相关操作及货物溢短单的编制。

任务分析

由于件杂货的运输有着较为复杂的运输过程及单证流转过程,难免会发生货物溢短的情况,这就要求理货员了解溢短货物的知识,并具有处理相关问题的能力。

相关知识

一、溢短货物的含义

在船舶装卸货物时,装货单和进口舱单是理货的唯一凭证和依据,也是船舶承运货物凭证和依据。理货结果就是跟装货单和进口舱单进行对照,来确定货物是否溢出或短少。因此,溢短货物就是指:船舶承运的货物,在装货港以装货单数字为准,在卸货港以进口舱数字为准,当理货数字比装货单或进口舱单数字溢出时,称为溢(OVER)货;短少时,称为短(SHORT)货。

船舶卸货发生溢短,尤其是短卸,对船方影响较大,因船公司要承担短卸货的经济赔偿责任。所以,船方在签认货物溢短单时,特别谨慎小心,经常要向理货组长仔细盘问和核对,有时还要查对计数单。如短卸数字比较大,船方就要在货物溢短单上加放批注,否则不予签字。因此,卸船结束时,一旦发现有短卸货物数字,必须进行反复计算,仔细核实,公正地处理货物溢短问题。

二、溢短货物的产生原因

外贸货物在运输过程中,经过的环节多,只要一个环节发生问题,就有可能导致货物出现溢短,有的一旦发现可以及时得以纠正,但由于各方面的原因,大部分要在卸船理货后,才能发现,可是已经难以分清发生在哪一个环节上了,于是,最后矛盾都集中在卸货港理货机构与船方的焦点上。为有助于全面认识溢短货物的产生原因,我们从各个环节来进行分析。

(一)发货人发货数字不准确或发货标志不符

发货人发货数字不准确是指发货人没有按装货单上载明的数字,将货物如数运送到港口库场或船边,在装船时,理货员又没有发现,以致造成船舶承运货物产生溢出或短少。

发货人发货标志不符是指发货人没有按装货单上载明的标志发货,装船时,理货员又没有检查出来,以致造成船舶承运货物在卸货港时,产生溢出标志不符的货物,短少标志货物。

(二)港口漏装或错装船

装货港将整票或部分应装船的货物遗漏未装,将不该装船的货物误装上船,或将不同目的港的货物错装其他目的港的货物中间,均导致船舶承运货物在卸船时产生溢短货物。

造成港口漏装或错装的原因有:

1.货物的运输标志不清

装船时,发现货物的运输标志不清,应由发货人进行处理,如处理得不及时,就有可能被港方遗漏而忘记装船;或将运输标志不清的货物张冠李戴,漏装、错装上船。当然这与理货员的工作有着密切关系,如理货员能尽职尽责,就会得到纠正。

2.港口库场管理不善

(1)进、出货物数字不准:进、出港口库场的货物,由于管理人员工作责任心不强,执行制度不严,管理混乱,造成货物乱堆、乱放,数字点不清,错收、错发、漏收、漏发,由此导致货物漏装、错装。

(2)货物堆码混乱:进口和出口货物,不同目的港、不同票的货物混堆在一个货位上,或隔离界限不清,码垛不整齐,标志不朝外,没有桩脚牌或桩脚牌错误,以致无法按票装船,加上装船沿途的掉件没能及时归入,这都会造成漏装或错装事故。

(3)出库把关不牢:货物出库装船时,不认真核对单、货,不仔细清点件数,不认真指导工人出货,不检查垛底和道路,造成不该装船的货物被带上船,该装船的货物没有全部装上船。

3.装卸船途中掉件或落水

将货物按一定数量和形状装置在装卸属具内,称为码钩,亦称码关。根据货物品种、包装式样、吊机负荷量、装卸工艺不同,有不同的码钩要求,但总的要求是保证货物安全和质量,利于点清货物数字,尽量充分利用吊机负荷量。如果钩码不稳固,乱堆乱放,超过装卸属具的载容能量,该捆扎的不捆扎,或吊机操作粗野,那么在起吊、搬运过程中,就有可能掉件或落水。如不及时采取措施补救,或者理货员没有及时发现,就会导致船舶承运货物的短装和短卸。

(三)装舱混乱或隔票不清

货物在船上装舱混乱或隔票不清,积载位置与积载图不相符,那么,卸船时,这些货物就有可能被压在其他货物下面而卸不下船,或者发现不了应卸船的货物,因而造成这些货物漏卸船,也有可能错卸而混入其他港口的货物,造成假多真少。

(四)船舶运输途中错卸、漏卸、被盗或发生海事

船舶在中途港装卸货物时,将舱内货物搞混乱,或舱内原装货物隔票不清、积载不当,致使不该卸船的货物卸下船,或该卸船的货物没有卸下船,这样不但造成中途港卸船货物产生

溢短,而且造成目的港的货物产生溢短。

船上货物被盗,必然导致船舶承运货物短少。

船舶在航行途中发生海事,就有可能造成舱内混乱,卸船时,如不采取特别措施,就有可能产生货物溢短。

(五)收货人收货数字不准确

收货人收货数字不准确是指收货人没有按进口舱单或提单上载明的数字在船边收货物,理货人员也没有发现,以致造成船舶承运货物产生溢出或短少。

这种情况,有的属于收货人和理货员失职,没有尽到应负的责任,其结果,多收造成船方损失,少收造成收货人损失,两者都导致船舶承运货物产生溢短;有的属于收货人(含其代理人)有意多收货物,如船边现提落驳货物,驳船出于某种考虑,故意制造与理货员计数的矛盾,妄想多收货物,如理货员不负责任,不坚持原则,就会导致船舶承运货物产生短少。

港口库场收货也存在类似的情况,有的库场人员存在"宁多勿少"的本位主义思想,也会导致船舶承运货物产生短少。

(六)理货数字不准确

综上所述,溢短货物的产生原因都与理货工作有一定关系,现在,我们着重讲一下由理货人员工作失误造成的货物溢短。

1.理货人员的工作责任心不强

理货工作好坏,主要取决于理货人员的工作责任心,缺乏工作责任心的理货人员是不可能保障理货数字准确的。从船舶委托理货而言,船舶承运货物是否发生溢短,关键取决于理货人员的工作责任心。这里所讲的理货人员是指船舶装卸过程中,船舶委托的全部理货人员。

理货人员工作责任心不强主要表现在以下几个方面:

(1)不坚守理货岗位

坚守理货岗位是理货员确保理货数字准确的基本条件,若怕苦、怕累、不安心工作而脱离岗位,或上岗不定位,或上岗精神不集中,就不可能把理货数字搞准确,或者说必然造成理货数字差错,产生溢短货物。

(2)不认真清点钩内细数和计数

理货员既要计准钩数,又要点清钩内细数,这样才能保证理货数字准确。如果不认真计钩数,就有可能漏计和重计钩数;如果不认真清点钩内细数,就有可能少点或多点数字。两者都会造成船舶承运货物产生溢短货物。

(3)不遵守理货宗旨和职业道德

理货宗旨和职业道德要求理货人员必须实事求是,公正理货。反之,如果理货人员在工作中偏袒任何一方,或者为了牟取私利,而不实事求是地处理理货数字,就会造成船舶承运货物产生溢短。

(4)不仔细检查装卸现场和复核理货单证

装卸过程中有可能掉件或落水,有可能漏装或漏卸,因此,理货人员应及时检查舱内、舱面、作业道路、垛底,特别是当舱内货物卸完,垫舱物料未清理时,应检查里面是否夹有货物;库内出完货,如周围有其他货物时,应检查其他货物内是否混有本船的货物,防止漏装、漏卸。

理货人员制作的单证,是货物有否溢短的反映。为了防止因单证处理错误,导致溢短货物的产生,要仔细检查和复核单证,特别是计数单和溢短单。

2.理货人员的业务素质

理货人员的业务素质主要是指理货人员的业务知识和工作能力。业务知识包括专业知识、基础知识和外语等;工作能力包括独立处理问题的能力、工作经验、计数技能等。这些因素都直接影响到计数的准确性。有经验的理货员会根据货物的特点,如进口设备有时两件货物捆扎在一起,就会观察到两件货物各有不同的标志和件号,应作为两件计算。但没有经验的理货员就会凭直观,误认为是一件计数。又如,有些进口钢材,舱单上标明是捆,理货中发现有捆有支,如不仔细观察标志,就会按短捆溢支处理,实际上这些"支"都有件号,应作捆对待,就这样,人为地造成假短假溢。

三、溢短货物的确定

货物装卸后,由理货组长根据计数单核对装货单或进口舱单,确定实际装卸货物数字是否有溢短。装船货物溢短数字比较容易确定,因装船时,一票一清,可随时发现,随时确定,随时解决,所以不需要制作货物溢短单。卸船货物溢短数字确定要慎重,它不同于装船货都能做到一票一清,而必须待全船货物卸完后,由理货组长根据计数单汇总各票货物的数字与进口舱单数字核对后,才能确定货物数字是否有溢短。因此,我们这里有必要介绍一下有关卸船货物溢短数字确定的程序和注意事项。

(一)复核

每工班结束时,理货组长要把各舱口理货员交上来的计数单进行仔细复核,检查计数单所填写的内容和数字是否都准确。复核时要注意以下几点:

(1)提单号、标志、货名是否准确。

(2)大宗或大票货物的每钩小数累计与总数是否相符。

(3)成套设备和车辆的件号、件数和重量是否相吻合。

(4)现提货的提货单数字与计数单数字是否相一致。

在复核过程中,如发现问题,应及时向理货员了解清楚,及时处理。

(二)销账

销账就是理货组长根据计数单,按工班、分舱口在销账单上填入货物数字。不同的货类,有不同的销账方法:

1.一般件杂货

根据计数单上标明的提单号、标志、件数,在销账单下找到相对应的一票,将其件数填入本工班的格子内,且在件数前面注明舱口数,如有散捆、散件货物,应注明支、块、包等单位名称;如有无标志或标志不符的货物,应另外填写,且注明无标志和杂标志;如一票货物有几种包装,应分别注明包装名称及其件数,不能笼统销"××件"。

2.大宗大票货物

除了按上述要求在销账单上填写清楚外,还应根据现提货物流向,在货物流向单上分别填明车/驳号、件数、工班日期和理货员姓名等。

3.成套设备

根据计数单上的提单号、件号、重量和尺码,先在重件清单上销清,然后再在销账单上如实填写。

销账是理货组长在卸船理货工作中的一个重要环节,只有认真、仔细地做好这项工作,才能为卸船理货结关打下良好的基础,为理货结果提供一个准确的数字,并为进口货物是否有溢短提供可靠的依据。

(三)核实

每工班销账结束后,理货组长应对销账单进行全面复核,如有疑问,应查阅计数单,如认为有不清楚的地方,可向当班理货员了解核实,及时处理。

卸船结束时,理货组长应与港口库场、驳船、火车和收货人核对卸船理货数字和现提数字。务必取得一致意见。如发现双方数字有不一致时,应及时查明原因,在没有确凿证据证明理货数字有误之前,不要随意更改理货数字。如不能及时查明原因,则应以理货数字为准。

最后,理货组长在全面核实数字的基础上,汇总编制货物溢短单。

四、溢短货物的处理

船舶承运货物产生溢短的原因很多,情况也较复杂,理货人员在工作中遇到有溢短货物时,可按下列要求处理:

(1)理货人员对出口货物应按装货单数字理数装船,对溢出的货物不能装船。如发货人要求装船,应由发货人办理更改装货单手续后,方可装船。对短少货物,应联系发货人补足装货单数字。发货人无货补足,应将整票货物退关,或由发货人办理更改装货单手续。如发货人既不退关,又不更改装货单,理货人员应按理货数字批注装货单。

(2)理货人员对进口货物应按进口舱单数字理数卸船,对溢出或短少的货物应编制货物溢短单;对散件的货物,应尽量拆合成原件,如无法拆合时,可按短件溢支处理;对无标志或标志不符的货物,按溢卸货物处理;对不同票的相同货物,联系有关单位确认后,可溢短相抵,如仍有溢短,再按溢短货物处理。

(3)理货人员对进口舱单上未列入的货物,如标志完全不符或卸货港非我国港口等,不能理数卸船。如船方要求卸船时,应通过其代理人办妥海关手续后,方可卸船。

(4)理货人员对进口舱单上已列入的货物,但目的港、运输标志是属于国内其他港口,可视同本港口货物理数卸船。

五、货物溢短单的编制

(一)货物溢短单的填写内容

(1)提单号、标志、货名、舱单件数和包装:这几栏内容根据进口舱单,对照已经确定溢短和各票货物内容填写。

(2)溢卸件数和包装、短卸件数和包装:这两栏内容根据各票溢短数字和包装相对应划写。

(3)小计:填入各票溢短货物的累计总数。

(二)填写货物溢短单的注意事项

(1)散捆散件货物,在无法拆合成原捆原件时,在"溢卸件数和包装"栏内填入实际散捆散件数字及其包装名称;在"短卸件数和包装"栏内填入因散捆散件而造成该票货物的实际短少数字和原包装名称。

（2）对无标志或标志不符的货物，在无法归属原票时，在"溢卸件数和包装"栏内填入无标志或标志不符的货物实际件数和包装名称，在相对应的"提单号、标志、货名、舱单件数和包装"栏和"短卸件数和包装"栏，应空白。

（3）如一票货物又溢也又短时，应相对应地填入"短卸件数和包装"栏和"溢卸件数和包装"栏内。

（4）对标志不符或杂标志的货物，在"标志"栏内，可按实际标志填写。对无标志的货则应填写英文"NO MARK"。如它们的货名不详，可笼统报货类。

（5）货物溢短单"小计"栏内累计溢卸总数和累计短卸总数之差，若是溢差，将其加上进口舱单总数，应与最后一份日报单总数相一致；若是短差，则进口舱单总数减去短差数，也应与最后一份日报单的总数相一致。这是验证货物溢短数字是否准确的一种方法。

任务八　残损货物的处理

任务导入

本部分的主要任务是掌握货物残损的原因及发生残损时的责任归属、理残的任务及相关要求、货物残损程度与状态的确定及货物残损单的编制。

任务分析

货物在海洋运输过程中所造成的各种各样的残损，原因很多，责任归属各异。理货员需根据各种残损现象，分析其产生的原因，以便正确判断致损的原因。

相关知识

一、残损货物

凡货物包装或外表出现破损、污损、水湿、锈蚀、异常变化现象，可能危及货物的质量或数量，称为残损（DAMAGE）。但木材干裂，货物自然减量等除外。

理货人员为了确保出口货物完整无损，进口货物分清原残和工残，在船舶装卸过程中，剔除残损货物，记载原残货物的积载部位，残损情况和数字，称为理残，亦称分残。

理货人员在检查货物包装或外表时，发现残损货物，无论是原残，还是工残，对致残的责任方都会有较大的影响，货物致残的后果将涉及承运人、发货人、保险人和港方的经济利益。因此，理货人员在理残时，必须公正，实事求是，要按原则办事，掌握确凿证据，正确判断原残和工残，不能弄虚作假，偏袒一方。

二、货物残损的原因

造成货物残损的原因比较复杂，涉及面也很广。我们知道货物在运输过程中，始终存在着遭受损害和灭失的风险。这有外部的自然条件，也有货物内部固有的因素；有客观上的原因，也有主观上的原因；有直接原因，也有间接原因，都会造成货物致损。不管是何种原因，残损货大多数要到装卸船时，在办理货物交接过程中，才能被发现，才能按货物交接界限来划分责任。因此，担负此项工作的理货人员就成了货物关系人的中心，成了矛盾的集中点。

为此,我们有必要对造成货物残损的原因做一个全面分析,让大家有一个全面了解。

(一)货物包装不牢或包装质量不符合要求

货物包装不牢或包装质量不符合要求是造成货物残损的主要原因之一。

货物包装材料或方法不符合海上运输和多环节装卸、搬运的要求,会造成货物残损。货物包装上缺少明显的注意标志,致使操作中造成货物破损。例如:

(1)包装材料承受力不足,承受不了舱内货物的压力。

(2)包装内填充物料不足,或材料不符合要求,起不到缓冲保护作用。

(3)装加固方法不当或没有加固,致使包装不牢。

(4)箱钉穿透箱板,损及货物。

(5)袋装货物缝口不严,或纸袋强度不够,层数不足。

(6)包装上缺少怕潮、易碎、勿用手钩、此端向上等指示标志。

(二)货物本身的潜在缺陷或自然特性

货物固有的缺陷或自然特性,如货物的吸湿性、锈蚀性、自热性等,称为货物本身的潜在缺陷或自然特性。这种由于货物本身的潜在缺陷或自然特性造成的货物残损,在货物装船时往往不容易被发现,如皮革因潮热而发霉。钢材在舱内存放时间一长,就会造成锈损等。这些都是货物内部存在的特性或缺陷,在运输过程中逐渐发展起来的结果。但只要我们积载合理,衬垫隔票恰当,航运途中妥善保管,还是可以减少和避免此类货物受损的。

(三)船舶设备不良

船舶在承运货物时,设备必须齐全、安全和可靠。包括起货机和起货吊杆保持良好状态,货舱(包括冷藏舱)适合承运货物的要求,做到清洁、干燥、无异味、无虫害等,舱内管道、通风设备、排水系统、舱盖板、护货板等要畅通完好。否则,就会造成货物残损。例如:

(1)起货机失灵,致使货物下坠碰破。

(2)起货钢丝绳陈旧起毛刺,起吊后钢丝绳断开,货物跌落,造成破损。

(3)货舱不清洁,载运过煤或矿砂的船舱,未经彻底冲洗,即受载杂货,造成货物污渍。

(4)通风设备失效,舱内产生汗水,致使货物湿损。

(5)舱内管道年久失修,锈蚀洞穿,漏水漏油,造成货物渍损。

(6)舱盖板不密封,发生漏水,致使舱内货物残损。

(7)舱内两舷无护货板或护货板不全,货袋被护货板托钩钩破致残。

(四)货物装舱积载不当

货物应按配载图正确、合理地装舱积载,恰当地衬垫和隔票,以保护货物完整无损。然而,由于货物积载不当,堆垛不牢,衬隔不足,使货物遭受挤压、污染、倒塌而造成残损的情况也比较多。例如:

(1)轻、重货倒置,重货压轻货。

(2)易碎品与金属品混装。

(3)金属货物与化学品、酸、碱货物配载在一起。

(4)货物堆垛不稳固、不紧密,航行中相互碰撞或倒塌。

(5)衬垫隔票物料不清洁、不干燥。

(6)货层之间缺乏木板支撑衬隔,受力不均。

(五)船舶发生海事

在海上运输过程中,船舶及其所承运的货物,一旦遭遇到自然灾害或意外事故,就会发生海事。如:恶劣天气使船舶颠簸摇摆剧烈,造成舱内货物相互碰撞、挤压、塌垛,致使货物残损。船舶遭遇大风浪袭击,海水进入货舱损及货物。船舶在航行中发生触礁、碰撞等意外事故,使船体漏水,造成货物受损等。

(六)装卸作业不当

装卸作业不当是造成货物工残的主要原因。装卸作业不当主要是指:粗暴装卸,使用工具不当,装卸、搬运不慎,未按指示标志操作,不遵守操作规程等原因造成货物残损。例如:

(1)装卸工人为追求装卸速度而将货物乱摔、乱放,不加爱护。

(2)该用网兜吊货却用绳吊;装卸袋装货物使用手钩。

(3)未按指示标志穿放吊绳起吊或起铲,致使受力不均,失去平衡,货物跌落。

(4)装卸起吊操作不慎碰撞舱口围。

(5)卸货时,"挖井"和拖钩。

(七)气象原因

天有不测风云,虽然可以预报天气,但还不能完全控制天气。因此,由于气象原因造成货物受损的现象还是存在的。例如:在装卸货物过程中,突降暴雨,来不及关舱而使舱内部分货物受损。天气闷热,空气湿润,地面翻潮,在库场里有些货物,由于缺乏衬垫和蔽盖而造成湿损。在台风季节里,港口经常要遭受狂风暴雨的袭击,使堆放在码头上的货物,由于蔽盖、衬垫和保管不善而受损。

以上我们分析了造成货物残损的原因。下面我们着重对常见的原残致损原因做进一步的分析。

(八)造成货物原残致损原因的进一步分析

1.渍损

货物或其包装被液体浸湿或沾污而造成残损。称为渍损。渍损有的明显损及货物本身;有的损及包装或包装有渍印,难以判断内货是否受损。

渍损包括水渍、油渍、化学品渍、污渍等。

1)水渍

海水、雨水或淡水渍损货物或其包装,称为水渍。

水渍产生的原因:船舶在航行途中遇上恶劣天气,风浪袭击损坏船体结构设备,致使海水进入货舱而损及货物;船舱盖板水密差、水舱漏水、舱内管道锈蚀漏水,以及污水沟堵塞,溢出污水而损及货物;冲洗甲板不慎而损及货物;加水过满溢出而损及货物;驳运或陆运途中遭受水湿,装船时成为汗水渍而损及货物;装船过程中,降雨、雪,盖舱不及,湿损货物;积载不当,被液体货物或易挥发水分货物所损及。

在水渍中,还有一种常见的汗水渍(STAINED by SWEAT)。一般说汗水渍不会损及货物本身,但也不尽然,如需要通风的货物,由于没有采取必要的通风措施或通风设备失效,也会造成汗水渍。

2)油渍

油类渍损货物或其包装,称为油渍。常见的以燃料油渍为多,因船舶储存着大量的燃油和润滑油,有可能因油舱密封不好发生渗漏,或油管漏油,或加油不慎发生溢油而油污货物。另外,舱内货载油类货物,包装发生破损也会油污其他货物。

3）化学品渍

主要是舱内液体化学品包装发生破损或渗漏后,损及舱内其他货物。

4）污渍

货物遭受污渍,主要是由于仓库、码头、运输工具、装卸工具以及货舱不清洁、或操作不慎造成内货漏出,而污损货物。例如:装过煤的船舱、驳船、车辆,未经彻底冲洗,即装载袋装粮食、包装棉织品等杂货,必然造成这些货物污损。污渍对食品类货物影响较大,甚至导致不能食用。

2. 破损

货物或其包装发生破裂而造成残损,称为破损。破损,有的明显及货物本身;有的损及包装,而没有危及内货;有的损及包装,但难以判断是否损及内货。破损是理残中最常见的一种货物残损。破损的原因是多方面的,属于客观的原因往往多于属于主观的原因。但是,如果装船理货时,未能认真分清残损,那么卸船理货时,就成了原残。所以要求理货人员在装船理货时,一定要认真分清残损,防止残损货物装上船。造成破损主要原因是,包装不良,积载不当,装卸操作不慎,装卸工具有缺陷,船舶起货设备不良等。

3. 霉烂

货物霉烂是霉菌在适宜的温度、湿度条件下繁殖引起的。

散装货物、新鲜水果和蔬菜等货物最容易发霉腐烂,因其本身含有一定的水分,只要水分略高一些,温度适宜,就会发霉。橡胶、牛皮、奶粉、可可豆等,遇到水湿后,在舱内一闷热,就会霉烂、发臭。如在舱内发现货物腐烂,应认真检查对周围其他货物的影响,并迅速采取措施处理,防止霉菌感染其他货物。

4. 变形

货物变形是受物理作用引起的。例如,货物遭受外力的撞击、挤压时,当超出了本身能够承受的限度,货物就会改变原来的形态。导致货物变形的原因主要是,在装卸过程中货物遭受碰撞；舱内积载不当,衬隔不足,支撑不牢,使货物遭受挤压而变形。常见的货物变形有钢管、角铁等钢材,它们在遭受外力作用时,发生弯曲变形；金属桶装货物遭受挤压、碰撞变形；箱装货物被其他货物挤压变形。

5. 锈损

锈损是金属货物遭受周围介质的化学或电化学作用而发生的腐蚀现象。如大气中的温湿度变化,以及氧、二氧化碳、二氧化硫等气体或尘埃、盐分等杂质的污染,铁与大气接触后,产生氧化亚铁,再受空气中氧的作用成为褐色的三氧化二铁,就是锈蚀。货物锈损的主要原因有:金属货物未涂防锈油,或涂油不均匀；金属货物在制造过程中,工艺不合要求；垫舱物料潮湿；运输过程中,金属货物遭受潮湿、雨淋、水渍；金属货物在装运前堆存时间过长,保管不善,堆积不当等。

6. 火损

船舶因故发生火灾,造成货物损失。造成火灾的主要原因有:

(1) 货物自燃。如棉花、麻、鱼粉等货物含水分过高,在一定条件下,货物会起氧化反应,时间久,放出大量热量,如透风散热不良,达到着火点就会自燃；燃点较低的矿物油、化学品等,在温度超过燃点时,也会自燃。

(2)吸烟不慎,乱丢烟头,引起火灾。

(3)货舱内电线年久失修漏电。

(4)配积载不当。如燃点低的货物,靠近热源,会引起火灾。

7.气味感染

气味感染对食品类货物影响极大,严重时会完全失去使用价值。造成气味感染的主要原因:

(1)货舱不洁,异味感染。如货舱污水沟内积存的粮谷腐烂,臭气外溢;货舱内新涂油漆,散发气味;装过矿物油的油舱未清洗等,都可能感染货物。

(2)配积载不当,互抵性货物异味感染。如茶叶与兽皮同装一个舱内,茶叶吸收了兽皮的臭味,就无法饮用;烟叶本身有强烈气味会感染食品类货物,同时也能被散发异味的货物所感染,如樟脑,失去使用价值。

(3)包装材料异味感染。如制作麻袋时,要喷洒煤油,以防止生虫。可是,新制作的麻袋立即盛装大米,就会被煤油味所感染。

三、理残的任务和要求

理残是理货人员的一项主要工作。其工作内容主要是对船舶承运货物在装卸时,检查货物包装或外表是否有异常状况。

装船货物和卸船货物都有可能发生残损,但理货人员理残工作的易、难各不相同。总的来讲,装船货物发现残损比较容易解决,因理货人员可直接找发货人解决。而卸船货物却不行,因它涉及面比较广,致损原因复杂,所以给理货人员理残工作带来一定困难。为此,我们着重介绍卸船货物理残的任务和要求。

(一)理残的任务

1.查明残损货物的受损情况

理货人员在理残时,一旦发现残损货物,首先根据装货单或进口舱单核对残损货物的标志、件号和包装,查明其归属哪一票。其次仔细检查残损货货物包装外表受损情况。最后,确定残损货物的受损范围和程度。

2.理清残损货物的数量

由于货物受损原因各不相同,因此,会带来不同受损情况。不管货物受损程度如何,理货人员必须理清残损货物的数量,这是理货人员工作职责。尤其是对受损面积比较大的货物,如海事货物,理货人员一定要区分清好货和残货,理清残损货物的数量,以供有关部门办理海事理算的参考。

3.明确残损货物的责任方

通过理货人员深入细致的理残工作,查明残损货物发生的时间和地点界限,明确残损货物的责任方。理货人员在确定残损货物责任方时,一般应遵循下列原则:

原残——指卸船货物起卸前。在船上发现的残损,称为原残。由船方对残损货物负责。装船货物装船前,在船边发现的残损,统称为原残。作为船方委托的理货人员,没有必要再去划分原残的责任,由港方或货方负责。

工残——指在装卸船过程中造成的货物残损,称为工残,由港方负责。

意外事故残损——指在装卸船过程中,因各种潜在因素造成意外事故导致货物残损,称为意外事故残损。这类残损责任比较难以判断,容易发生争执。如起卸中钢丝绳突然断裂,造成货物摔下致损,对此,理货人员就不要轻易判断责任方。

自然灾害事故残损——指在装卸船过程中,因人力不可抗拒因素造成自然灾害给货物带来的残损,称为自然灾害事故残损。如突降暴雨、水湿货物,对此理货人员要慎重判断责任方。

以上我们讲述了明确残损货物责任方的基本原则,但在实际工作中,所遇到的情况很复杂,如工人在舱内搬运货物时,发现货物有残损,通知船方验看,船方则认为工人已经搬动过了,不能称为原残,应属工残,由港方负责。而港方则认为这是原残,应由船方负责,双方争执不下。请问我们理货人员应如何来判断残损货物的责任方呢?

(二)理残的要求

1.理残的基本要求

(1)分清原残和工残,剔除残损货物。

(2)确定原残货物在舱内的部位、数字和残损情况,编制现场记录,取得船方签字。

(3)确定工残货物的数字和残损情况,编制现场记录,取得装卸工组签字。

(4)根据原残的现场记录,由理货组长汇总编制货物残损单,取得大副或船长签字。

2.理残的具体要求

(1)出口货物发生残损,原则上不能装船,应由发货人换装或整修;在舱内发现的残损货物,要卸下船。如发货人不换货或整修后不符合出口要求时,理货人员对货物的外表状况,如实批注在装货单上。

(2)进口货物理残方法有两种,一种是随时发现原残,随时通知船方验看;另一种是集中验看,都要编制现场记录,记载残损货物的数字、积载部位和残损情况,取得船方签字后再卸下船。

(3)进口货物理残时,不要涉及残损货物的致损原因和责任。未经理货人员确认而卸下船的残损货物,原则上按工残处理,除非不明显的残损,如反钉、干水渍等。对于卸货过程中造成的工残,要取得责任者的签认,如责任者拒不签认时,可将情况记录备查。

(4)货物包装发生轻微残损,但不可能危及内货质量或数量时,可不作为残损货物处理。

(5)船舶发生海事,所载货物按港口当局意见处理。

(三)地脚货的处理

1.地脚货的概念

地脚货是指以包装形式运输的货物,在作业或存放时撒漏出原包装不能计数,扫集在一起装入备用包装,随货运输的货物。托运人在托运和交付时货物中没有地脚货,只是在作业、运输、保管过程中,货物发生损漏才产生地脚货。若地脚货很多,则表明货物损漏严重,发生严重的货损。而地脚货的完全收集和妥善处理、保管、交付,可以减少货物损害的损失。

地脚货具有以下三个特点:

(1)地脚货是从原包装货物散漏出来而形成的。

(2)地脚货是散装货物,无法计数字。

(3)地脚货重新灌包后,不能作为完好货物数字计数。但应该办理交接签证手续。

2.地脚货产生的原因

（1）由于货物包装的缺陷造成。货物包装不适合运输、堆垛和作业操作而破损泄漏。如采用旧包装、包装太大、包装强度不够等。

（2）港口作业中的操作不当。港口的作业方法不当、使用工具不当造成包装破损。如使用手钩、做关不稳、操车不稳、拖关堆垛挖井作业等。

（3）货物垛型使用不当。由于货垛超高、垫垛不平造成货物压坏包装而破损泄漏，由于货垛不稳固而造成倒垛、跌落产生破损。

（4）货物在船舱内因积载不当、装舱不当、遇大风浪等，造成舱内货物包装破损。

（5）已发生破损的货物未剔出、未修补，继续泄漏。

（6）由船舶或起运港转来的地脚货。

3.地脚货的管理

（1）货物发生泄漏，不能把漏出的货物灌回原来的包装内，避免污损原货。而应将收集的撒漏货物单独灌包。

（2）收集撒漏出的货物时要分品名、分规格，不同货物分开灌包。混杂的撒漏货物影响其用途和性质的只能作为垃圾处理。

（3）地脚货重新包装、封好后摆放在货垛桩脚旁，不能混入货垛中。

（4）要在理货单、交接清单等相关的货运单证上记录地脚货。地脚货只记录灌包数，不计重量。交接时要签交签收。

（5）地脚货要随货同行，连同货物一起交接转出。在目的港有多名提货人提货的货物的地脚货，港口要按各提货人所提货物数量和破损程度分摊交付。

（6）货物提清后才收集的地脚货或者其他原因未提走的地脚货，库场要单独立账登记，作为无主货上报处理。在处理前货主要求提货的，应办单提货；处理后港口不受理索要。

4.垃圾

在作业通道、装载多种货物的船舶货舱中收集的混杂地脚货和被沾污或者受损的撒漏货物作为垃圾处理。垃圾不能混入货物，也不随货转运，而由港口处理。含有危险货物的垃圾应作为危险货物处理。

四、确定残损货物的受损程度

理货人员确定残损货物的受损程度是理残工作中一项主要内容。

(一)确定残损货物的数字

在船上发现原残货物时，必须要确定货物受损的数字。依据是现场的实际残损情况，在确定数字有困难时，可以参考船方的原始批注和国外理货的签残数字材料。但理货人员原则上要按实际发现的残损货物数字处理，参考资料只能作为与船方交涉理残数字的依据。

卸船后，港口或收货人提供的残损数字可能与理货数字不一致，一般情况是多于理货数字。此时，理货人员不能轻易更改理残数字，因为在卸货过程中，还会造成残损，这就属于工残，不能按原残处理。

确定残损数字，必须按票分清，这不仅关系到船方承担责任的不同，而且关系到不同收货人的利益。

(二)确定残损货物的残损率

残损率指残损货物占整票货物的百分比率。残损率仅适用于残损严重的大宗货物,不适用于件杂货和大宗货物的一般残损。

残损严重的大宗货物,难以准确地理清残损数字,习惯做法是确定一个残损率。在确定残损率时,要尽量符合实际情况,事先可征求收、发货人的意见,但不能完全根据收、发货人意见确定,还要考虑是否符合或接近实际,船方能否接受。残损率确定是否准确,反映了理货人员的业务水平和工作经验,同时也反映了理货人员的工作态度是否公正。

残损率的确定方法,可采取抽查每钩内破损货物的数字,累计平均求出破损货物的百分比率。抽查一定要具有代表性,注意不同舱位卸出的货物,同时要考虑在舱内的残损情况。对于上层舱破损不严重,下层舱破损严重的货物,也可采取点数与抽查相结合的方法,确定残损率。

五、确定残损货物的受损状态

残损货物的受损状态,常见的有破损、变形、散捆、潮湿、融化、霉烂、污染、水渍、油渍、污渍、汗水渍、弯曲、渗漏、反钉、虫蛀、粘连、铅封脱落、卷边、锈蚀等。理货人员理残时,要根据不同货类,准确地判断受损状态,且要用英文表达。现将主要货类的常见残损状态介绍如下:

(一)车辆

车辆理残难度比较大,一是理残要求严,特别是使领馆车辆、外国驻在机构和人员的车辆、展品和礼品车辆。二是理残部位多,特别是特种车辆。

(1)车身擦伤、凸起、漆掉、生锈、车顶瘪、发动罩瘪等。

(2)车门变形、关闭不紧、把手断裂、门锁坏、钥匙与锁不对号、门窗玻璃破碎。

(3)轮胎瘪、割伤、内胎漏气、无备胎、轮圈变形、生锈、抽盖擦伤。

(4)天线杆、指示灯、反光镜、示向器、刮水器等弯曲、断裂、破损、短缺。

(5)车厢内、驾驶室内仪表仪器破损、短缺。

(6)工具箱、行李箱封条断失、短缺。

(7)车辆底部生锈、排气管瘪。

(二)精密仪器、涉外物资、高级机床

这类货物价格昂贵、高级精密,因此,理残要求严、细。

铅封断失、破裂、板塌、变形、干水渍、油污渍、生锈、渗漏、内货响声、倒置、箍断缺、反钉、松钉、重钉、钉洞等现象尤须注意。

(三)桶装货

破裂、渗漏、盖脱、箍掉、瘪、变形、桶空、生锈等。

(四)袋装货

炸口、裂缝、袋洞、融化、霉烂、粘连、结块、潮湿、水渍、油渍、虫蛀、空袋、污染、地脚等。

(五)箱装货

破裂、变形、内货响声、油污渍、水渍、箱板裂、底掉、反钉、松钉、干水渍、空箱等。

（六）钢材

弯曲、散捆、锈蚀、断裂、卷边、卷角、瘪、螺丝口坏、螺帽短缺、钻管和套管的护口套坏等。

（七）卷筒纸

破损、切边、油渍、水渍等。

（八）鲜货食品

融化、腐败、发霉、污染等。要特别注意是否与有毒、有害、异味货物混装在一起。

（九）捆包货

油污、潮湿、霉烂、燃烧焦痕等。

六、编制货物残损单

货物残损单是卸船原残货物的证明。货物残损单是依据现场记录汇总编制的。因此，填写内容和要求与现场记录基本相同。

当整船货物无原残时，为区分清船舶承运货物是否有原残，仍需编制货物残损单，这与货物溢短单一样，在通栏内填写"无"字，表示全船货物没有原残。

业务案例

理货记录

直布罗陀籍船舶"JI CHENG"，VOY.1203N.于2012年9月30日，抵某港卸货，于2012年10月01日将完成卸货，具体如下：

（1）2012年09月30日在锚地卸下甲板上的集装箱E20×2（由于此船在航行过程中与他船碰撞，造成集装箱严重变形，代理已经提供海事报告），卸货过程中因妨碍青岛卸货，造成过境货集装箱翻捣F20×4。

（2）09月30日18:00靠泊港口U3区，从5舱卸铸管120支（其中115支为单只，规格为DN400，单支重2吨长6.15米；5支为套管，每支重10吨，长8.15米，2支套管的护口套损坏）。

（3）09月30日22:00至10月01日06:00从1舱卸铸管39支（为DN400的单支铸管），从3舱卸化肥774袋、空袋8袋、地脚9袋。

（4）10月01日06:00—12:00从2舱卸淀粉661包后，3包淀粉包装破裂。全船货物卸毕。

项目五 登轮签证

任务一 签证和批注

任务导入

本部分的主要任务是掌握理货签证及批注操作业务的相关要求。

任务分析

理货相关工作结束后,船方需要通过签证对理货结果进行确认,船方或理货人员通过批注表明对货物数量、状态的意见。

相关知识

一、签证的含义

理货机构为船方办理货物交接手续,一般要取得船方签认的。同时,承运人也有义务对托运人和收货人履行货物收受和交付的签证责任。当然,如果理货机构是个公证机构,那么它的理货结果就可不经船方签认而生效。但目前,在我国还没有这样做。因此我们将船方为办理货物交付或收受手续,在理货单证等货运单证上签字,主要是在货物残损单、货物溢短单、大副收据和理货证明书上签字,称为签证。

签证是船方对理货结果的确认,是承运人对托运人履行义务,是划分承、托运双方责任的依据,是一项政策性和时间性较强的业务。它关系到船公司的经济责任和经济利益,关系到托运人和收货人的经济责任和经济利益,关系到理货机构的声誉和影响。签证不仅仅简单地要求船方在理货单上签字,而是要在理货结果准确无误的前提下,提请船方签字。在签字过程,要充分尊重船方的合理要求,发生争议,要以理服人,以情感人,严格执行我国的对外政策和有关规定,只有这样才能做好我们的签证工作。

签证工作一般在船舶装卸货物结束后,开船之前完成。我国港口规定,一般不超过船舶装卸货物结束后2小时内完成。青岛外理公司提出的集装箱船舶理货"零时间"签证服务品牌,于2006年12月荣获山东省服务名牌称号。

二、批注的含义

批注就是指在理货单证或货运单据上书写对货物数字或状态的意见。船方批注是指船方根据在装卸过程中发现和掌握的情况,对货物的残损、数字情况和责任等内容进行声明、申辩的批注。理货单证是否有效,主要是指在货物索赔中是否起作用,特别是船公司是否接受和承认,主要取决于船方签证时加放的批注内容如何。若批注内容明显地否定了理货结果,那么理货单证就无效。

按加批注的对象不同,批注可分为船方批注和理货批注两类。船方加的批注称为船方批注,也就是平常讲的批注。船方批注分为可加批注和不可加批注。理货人员加的批注称为理货批注,有时称为反批注。

按批注的内容不同,可分为货物数字方面的批注和货物残损方面的批注。货物残损方面的批注可分为货物现状内容的批注和一般内容的批注。

三、签证的要求

(一)对待签证要持慎重态度,提请签字的理货单证要真实、准确

在签证之前,理货组长应对所有需要船方签字的理货单证进行认真、仔细地检查和反复核对。

1.装货单

(1)根据计数单,核对理货员填写的实装货物件数是否准确,有否退关情况。

(2)根据计数单,核对货物的实际装船日期是否属实。

(3)核对理货员填写的货物入舱位置是否准确。

(4)核对理货员是否如实做了货物残损状态的批注。

2.货物残损单和货物溢短单

(1)核对货物溢短件数和残损件数是否准确,标志是否相符。

(2)对短捆溢支的货物,要向理货员查明溢短不能相抵的原因。

(3)对标志不符出现的溢短货物,要向理货员查明情况。

(4)对残损货物,要附上现场记录备查。

(二)办理签证要严肃认真,发生意见分歧时要摆事实,讲道理,以理服人

货物溢短单和货物残损单上的内容将直接涉及船方的经济责任,因此在签证时,船方一般会提出疑问。为此,理货组长应事先做好充分准备,要分析船方可能提出的疑问,要针对不同性质、不同国籍的船舶以及不同国籍的船长和大副,研究消除疑问的对策,采取摆事实,讲道理,以理服人的方法,耐心、细致地做工作。船方为了说明情况,解脱责任,或属于一种习惯作法,要求在理货单证上加放批注。此时,理货组长要向船方了解批注的内容,说明我国理货的性质和对船方批注的态度,然后权衡批注内容是否能接受。如不能接受,则还要与船方协商,寻求一致意见。如达不成一致意见,可暂缓签证,请示领导后再办。

(三)签证后的理货单证要有效

理货单证是否有效,主要指在货物索赔中是否起作用,特别是船公司是否承认和接受。因此,理货单证是否有效,主要取决于船方签证时加放批注内容如何。若系批注内容明显地否定了理货结果,那么理货单证就无效。同时也影响理货机构的声誉。上述看法是目前一种习惯上的认识。如理货机构是一个公证机构,理货结果又是事实的实际反映,那么不论船方是否承认,它都是有效的,船方都要据以承担责任。

四、批注的要求

理货组长在加批装/收货单批注和处理船方批注时,应遵循实事求是原则,尊重船方的正当理由和合理要求,考虑国际上合理的习惯做法和国内有关规定。

(1)批注的内容要符合实际情况,合情合理,既不能苛求乱加批注,也不能马虎放弃批注。属于提单中规定的免责条款,不需要再加批注。

(2)书写批注要字迹工整,文字精练、确切,含义明确、具体,绝对不可含糊其词,模棱两可。如对货物残损的数量不能批注"许多""部分""少量"等不确切的数字,而要按照实际理货结果,批注"××箱""××袋""××桶"等。

(3)处理批注要实事求是,公平合理;发生分歧意见要充分协商,既要坚持原则,又要灵活掌握,遇有重大问题或吃不准的情况,要及时请示报告。

(4)批注大副收据要倍加谨慎。大副收据上是否有批注,将涉及提单是否清洁。按国际航运惯例,在大副收据上加了批注,就要将批注内容转批到提单上,这样就构成了不清洁提单,不清洁提单就会影响到银行结汇。在大副收据和提单上批注下列内容,不构成不清洁提单,即视同为清洁提单:

①不明显地指出货物或包装不能令人满意的地方,如旧箱、旧桶等。
②强调对由于货物性质或包装而引起的风险,承运人不予负责。
③否认承运人知悉货物的内容、重量、尺码、质量或技术规格。
④属于提单或贸易合同中规定的免责条款的批注。

货物装船后,发货人凭船长或大副签证的收货单向承运人或其代理人换取提单,然后到银行办理结汇。为此,理货组长对批注大副收据收货单联后能不能取得清洁提单,必须要有所了解。

业务案例

船方不签认

某轮来港卸卷钢,卸前理货组长询问大副发现残损需查看确认后方可下。卸货过程中发现残损,理货组长和大副一起查看并签现场记录,但完船时船长嫌残损太多,拒绝让大副签字。代理上船多次协调都无果。

任务二　船方批注处理

任务导入

理货服务合作伙伴之间关系的维系应以合同为约束,随着理货机构的增加,如何开拓市场,与委托方建立理货服务关系已成为理货机构商务部的主要内容。

任务分析

理货工作关系到承、托双方的责、权、利。正确的理货数字和明确的残损责任划分,有利于分清双方的责任和维护双方的正当权益,反之,因上述原因而造成的承运人或托运方的损失,不仅造成一方或双方的损失,而且会涉及保险人的利益。因此,为了维护委托方与服务方双方的权利与义务,双方要合理的签订理货服务合同或者理货委托书。

相关知识

一、对船方批注的处理原则

船方加批注是理货签证中常见的现象,是国际航运上的习惯做法。为了明确划分可接

受批注与有争议批注,中国外轮理货总公司曾专门下发了《中国外轮理货总公司对待船方批注的处理意见》及其说明,对船方批准内容可分为:可加批注和不可加批注。

1. 可加批注

也称为可接受批注:凡是船方批注内容属于正当理由和合理要求的,说明实际情况,不影响理货公司代船方办理货物交接手续的,皆可以接受。

2. 不可加批注

也称不可接受的批注:凡船方批注内容属于提出不正当理由和不合理要求,不符合实际情况,影响理货公司代船方办理货物交接手续的,皆属不可接受批注,也称为不可加批注。

二、常见船方批注

(一)可接受批注

1. 批注重理、复查的内容

(1) In dispute. Subject to be retallied. 有争议,根据重理。

(2) To be rechecked. 请复查。

(3) Subject to be rechecked. 以复查为准。

2. 批注根据理货的内容

(1) According to Qingdao tally figures. 根据青岛理货数字。

(2) Subject to the figure furnished by the tallyman. 根据理货提供的数字。

(3) Over and short according to Qingdao tallyman. 溢短根据青岛理货。

(4) Not tallied by ship's crew. 船员没有理货。

3. 批注船上货物全部卸完的内容

(1) All cargo discharged. Nothing remained on board. 货物全部卸完,船上没有遗留。

(2) Vessel sailed from loading port to Qingdao directly without discharging any cargo on the voyage. 船舶由装货港直达青岛港,中途未卸货。

(3) The above shortage not including the remaining loose cargo in hold. After completion of discharging, it was swept and landed. 上述短少不包括货舱内剩余的散货,这些散货在卸货结束后已清扫干净并卸地。

4. 批注装卸两港数字不符的内容

(1) 1,000 packages in the loading port, 990 packages in the discharging port. 装货港 1000 件,卸货港 990 件。

(2) 1,000 packages in the manifest, 990 packages by the tallyman. 舱单为 1000 件,理货为 990 件。

(3) Different figures between loading and discharging ports. 装卸两港数字有出入。

5. 批注要求对散捆货物进行溢短相抵的内容

(1) Consignees should be consulted for offsetting the shortlanded cargo with the overlanded cargo. 请会同收货人将溢短货物相抵。

(2) Please make up overlanded pieces into bundles. 请将溢出根数折成捆数。

6. 批注散装货物重量据说的内容

(1) Said to be. 据说。

(2)Delivered as loaded.原收原交。

(3)Weight said to be.重量据说。

(4)Weight furnished by the shipper.重量由发货人提供。

7.批注有证据证明是其他方责任的内容

(1)Refer to the remarks in the shipping order.参阅装货单批注。

(2)12 packages short-shipped.12件没有装船。

(3)Cargo short and over due to the different marks on the packing of the cargo with those on the manifest.由于货物包装标志与舱单记载的不一致造成货物溢短。

(4)Vessel is not responsible for marks and mixed-delivery as cargo was mixed-loaded.因货物混装,船方对标志及混交不负责任。

(5)Case renailed due to the custom's inspection in the loading port.箱子翻钉是装货港海关验看所致。

(6)Ship's not responsible for damage during shipment.装船时已坏,船方不负责任。

(7)Short and over due to the dismantling of pallets during loading operation.溢短是装货作业时拆散托盘所致。

(8)Above damage caused at loading port during loading.上述残损是装港在装货过程中所致。

(9)Damage due to bad stowage and poor separation in the loading port.残损是装港积载和隔票不良所致。

(10)Damage due to bad weather and rough sea on the voyage.残损是航行途中恶劣天气和大浪所致。

8.批注货物事故原因或内货不详的内容

(1)The cause of shortlanding unknown.短少原因不详。

(2)Case broken.Contents not exposed.箱板破,内货未外露。

(3)Only the appearance damage.Contents unknown.仅仅外表残损,内货不详。

9.批注根据有关契约或根据报告的内容

(1)To be settled as per charter party.根据租船合约处理。

(2)Subject to cargo surveyor's Report.根据商检报告。

(3)Refer to the Sea Protest.参阅海事报告。

(4)To be settled as per relevant rules.根据有关条款处理。

(5)For charterer's account.租船人付款。

(6)Deck cargo at shipper's risk.甲板货由发货人承担风险。

10.批注不明显的货物残损是卸后发现的内容

(1)Renailed case discovered after discharging.箱子翻钉系卸后发现。

(2)Dry water-stains discovered after discharging.干水渍卸后发现。

11.批注货物实际情况的内容

(1)Steel rusted.钢材生锈。

(2)Case repaired.箱子重修。

(3)1 per cent of bag covers torn.1%袋皮破。

(4)Drum dented.桶瘪。

(5)Stored in open air before shipment.装货前露天堆放。

(6)Work under rain.雨天作业。

(7)Rusted steels due to loading operation under raining.钢材生锈是下雨装货所致。

12.批注其他符合事实的内容

(1)All the sweepings of cargo discharged.地脚货全部卸下。

(2)The shortlanded cargo may be mixed up with the cargo for Shanghai.短卸货物可能混装在上海港货物内。

(3)Above-mentioned shortlanded cargo may be discharged at the previous port.上述短少可能已在上一卸港卸下。

(4)Sign for Mate′s Receipt only.仅为收货单而签字。

(5)Sign without prejudice to the question of liability due to the nature and extent of damage.对于残损性质和程度,在对责任问题保留申诉权利的情况下签字。

(二)不可接受批注

1.批注有争议的内容

(1)In dispute.有争议。

(2)1,000 packages tallied by ship′s crew.990 packages tallied by tallyman.
船员理货为1000件,理货员理货为990件。

2.批注件货数字据说的内容

(1)Said to be.据说。

(2)Tally said to be.理货据说。

3.批注否认理货工作的内容

(1)Tally figure incorrect.理货数字不准。

(2)Ship not agree to the above shortage.不同意上述短卸。

(3)Shortage listed unconfirmed.所列短少未经确认。

(4)Shortage due to inaccurate tallying.短少系理货不准所致。

(5)Impossible correct figure owing to fallen bags on wharf.卸货中码头上掉包,无法点清数字。

(6)Tallyman not allowed to make shortage.理货不许造成短少。

4.批注根据岸上理货的内容

(1)According to shore tally.根据岸上理货。

(2)No tallyman on board.船上未见理货员。

(3)Nobody tallying.无人理货。

(4)Tallyman not on the spot.理货员不在现场。

5.批注否认船方责任的内容

(1)Ship not responsible for the above shortage.船方不负责上述短卸。

(2)Ship not responsible for the difference in the figure between loading and discharging ports.船方对两港数字不一致不负责任。

(3)Ship not accept above damage.船方不接受上述残损。

(4)Ship not responsible for damage caused by poor packing.船方不负责包装不良造成的残损。

(5)Ship not responsible for any damage to deck cargo.船方对任何甲板货残损都不负责任。

6.批注无根据地把货物事故责任推到港方造成的内容

(1)The above damage caused in Qingdao during discharging.上述残损是在青岛卸货时造成。

(2)Damage caused by stevedores during discharging.卸货过程中造成残损。

(3)Short bundles and over pieces due to the off-bundling by the stevedores during discharging.短捆溢支是工人卸散造成。

(4)Above damage due to rough handling of the stevedores.上述残损是装卸工人野蛮作业所致。

7.批注其他不符合事实的内容

(1)All cargo delivered as loaded.全船货物原收原交。

(2)Subject to ship owner's approval.听候船公司核准。

(3)Case broken,contents intact.箱破,内容完好。

(4)Caused by cargo nature.货物特性所致。

(5)Naturally melted.自然融化。

(6)Sign under protest.被迫签字。

三、对待船方批注的处理

(1)凡船方批注内容符合货物的实际情况,提出正当理由和合理要求,不影响理货公司为船方办理货物交接手续,都可以接受。

(2)属于批注重理、复查的内容。

这类批注虽然表示对理货数字有怀疑,但没有直接否认理货结果而提出解除疑点的方法,遇到这类批注时,应按《业务章程》的规定,进行复查,根据复查结果制作复查单,提供船公司。

(3)属于批注根据我方理货数字的内容。

这类批注符合当前国际海运上由当地的理货机构代表船方在港口进行理货、办理货物交接的实际情况。"船员没有理货",不等于船方没有理货,船员没有理货是事实,但理货公司已代表船方进行了理货。因此,"船员没有理货"的批注可以接受,但"船方没有理货"这类否认理货公司代表船方理货的批注是不可以接受的。

(4)属于批注船上货物全部卸完的内容。

这类批注适用于船上货物全部在本港卸完的情况。"货物全部卸完"不等于货物全部卸足,"中途未卸货"不等于装港不短装。因此,这类批注解脱不了承运人应承担的责任,可以接受。

(5)属于批注装卸两港或两种单证数字不符的内容。

这类批注仅说明装卸两港或两种单证数字不符的实际情况,船方对两港数字都承认而又有怀疑,但没有事实说明哪方正确与错误,按照《海牙规则》规定,签这样的批注,由承运人承担责任,不会影响索赔。

(6)属于批注船方要求对散捆、散组货物进行溢短相抵的内容。

这类批注反映了船方的合理要求,作为被委托的服务方应尊重和维护委托人的正当、合理要求。"相抵"不等于相等,"抵补"不等于补足。事实上,有关方面在对外索赔之前,也是先进行溢短相抵,然后才进行索赔。

（7）属于批注散装货物重量据说的内容。

这类批注符合船方承运散装货物运输契约的规定。

（8）属于批注有证据证明是其他港口相关方责任的内容。

这类批注适用于船方有其他港口责任者造成货物残损、短装、遗失书面证据的情况。

（9）属于批注货物事故原因或内货不详的内容。

这类批注意味着船方确认理货结果,同时强调货物事故原因或内货是否短、残不清的情况。

（10）属于批注根据有关契约或报告的内容。

这类批注属于船方说明情况,提出要求,在没有外来资料的情况下,外理只能认为船方的批注是正当的。如"甲板货,发货人承担风险""参阅海事报告""根据商检报告"等。

（11）属于批注不明显的货物残损卸后发现的内容。

这类批注仅适用于在正常作业条件下,对不易发现的不明显的货物残损,在卸地后二十四小时之内提请船方签认的实际情况。理货人员应尽力避免或减少卸后发现残损的情况。

（12）属于批注货物实际情况的内容。

这类批注符合货物的实际情况,多见于出口货物包装或外表确实有问题,而理货人员又未主动加批注的情况。大宗货物,在无法点清残损数字的情况下,通常采用批注百分比的方法解决。理货人员对出口货物加批注,在批注前要与发货人或港方货物开发部门取得联系,做到提前解决。

（13）属于批注其他符合事实的内容。

这类批注是指符合可接受批注原则的其他各类批注。由于各种原因,本港短卸货物混在其他港口货物内的情况是可能存在的,究竟混与不混是要等下一港口的理货结果来确定。因此,这种批注可以接受。

（14）凡船方批注内容不符合货物的实际情况,或提出不正当理由和不正当要求,影响理货公司为船方办理货物交接手续的,都是不可以接受的批注。

（15）属于批注有争议的内容。

这类批注表示对理货数字有怀疑,但又不提出解除怀疑的办法。遇到这类批注,理货人员可摆事实、讲道理,说服船方尽量不加:

①理货人员的工作态度和理货方法船方是看到的,提请船方签认是实事求、是依据理货结果进行的。

②在理货过程中,未听到船方对理货工作提出不同意见,也未与收货人发生数字争议。

③我公司的理货服务有严格的质量体系保证。

④如船方对理货工作有意见,欢迎及时提出,加这种批注,无助于问题解决。

（16）属于批注件货据说的内容。

这类批注的英文原意道听途说,不能肯定属实的意思,而件货是经过理货人员理货得出来的确切数字。因此,这类批注不可接受。

（17）属于批注否认理货工作的内容。

这类批注是指无根据地否认理货数字。因此,不可以接受。如:"理货数字不准""船方不同意上述短少"等。

(18) 属于批注根据岸上理货数字的内容。

这类批注直接否认理货数字。

"根据岸上理货数字"这个概念不清,船方可解释为理货人员来自岸上,也可以解释为理货工作在岸上进行,这就混淆了理货公司代表船方与港口仓库管理员代表货方理货的性质。因此,不可以接受。

(19) 属于批注否认船方责任的内容。

这类批注是指无根据地否认船方责任,由于船方不负责任而造成外理公司无法向收货人进行交接。因此,不可以接受。

(20) 属于批注无根据地把货物事故责任推到我港方造成的内容。

这类批注涉及货物事故的责任问题,如船方提供我港方面责任造成残损的证据,理货组长应在"货物残损单"上取消这项残损的签证;如果船方没有证据证明是我港方面责任造成的残损,外理就无法与收货人进行交接。因此,这类批注不可以接受。

(21) 属于批注其他不符合事实的内容。

如"全船货物原收原交""听候船公司核准""箱破、内货完好,被迫签字"等批注,是不可接受的。

四、加注理货批注

在船舶装货过程中,理货人员或船方值班人员发现货物残损或数字短少时,应先要求发货人或内理进行调换、整修和补短少货物,如发货人不及时整修、调换,不按装货单数字补足或更新装货单数字,理货人员为了维护委托方的正当权益,就应如实地在装/收货单上加放批注。

对于船方坚持要在理货单证上加放否定理货数字或对理货工作进行不符合实际情况的批注,理货人员为了澄清事实,说明情况,采用加反批注的做法(一般只在迫不得已的情况下才采用这种做法)。理货人员应尽量避免加放反批注做法,采用这种做法要经理货中心领导同意。

项目六 集装箱船舶理货操作

任务一 集装箱船舶理箱操作

任务导入

本部分的内容是在熟悉集装箱班轮运输的相关知识、集装箱船舶理货的特点基础上,掌握集装箱装船与卸船理箱程序。

任务分析

集装箱船舶理货工作程序与件杂货运输下的工作程序基本相同,但由于集装箱班轮运输较件杂货运输所涉及的环节、部门更多,内容更广泛,因而有其自身的特点与要求。

相关知识

一、集装箱货物的交接

(一)整箱货与拼箱货

集装箱运输是将散件货物(break bulk cargo)汇成一个运输单元(集装箱),使用船舶等运输工具进行运输的方式。集装箱运输的货物流通途径与传统的杂货运输有所不同,集装箱运输不仅与传统杂货运输一样以港口作为货物交接、换装的地点,还可以在港口以外的地点设立货物交接、换装的站点(inland depot)。

集装箱运输改变了传统的货物流通途径,在集装箱货物的流转过程中,其流转形态分为两种,一种为整箱货,另一种为拼箱货。

1. 整箱货

整箱货[full container(cargo)load,FCL]是指由货方负责装箱和计数,填写装箱单,并加封志的集装箱货物,通常只有一个发货人和一个收货人。

国际公约或各国海商法没有整箱货交接的特别规定,而承运人通常根据提单正面和背面的印刷条款以及提单正面的附加条款(如said to contain,S.T.C.;shipper's load and count and seal,S.L&C&S 等"不知条款"),承担在箱体完好和封志完整的状态下接受并在相同的状态下交付整箱货的责任。在目前的海上货运实践中,班轮公司主要从事整箱货的货运业务。

2. 拼箱货

拼箱货[less than container(cargo)load,LCL]是指由承运人的集装箱货运站负责装箱和计数,填写装箱单,并加封志的集装箱货物,通常每一票货物的数量较少,因此装载拼箱货的集装箱内的货物会涉及多个发货人和多个收货人。承运人负责在箱内每件货物外表状况明显良好的情况下接受并在相同的状况下交付拼箱货。在目前的货运实践中,主要由拼箱集运公司从事拼箱货的货运业务。

(二)集装箱货物交接地点与方式

1. 集装箱货物的交接地点

货物运输中的交接地点是指根据运输合同,承运人与货方交接货物、划分责任风险和费用的地点。在集装箱运输中,根据实际需要,货物的交接地点并不固定。目前集装箱运输中货物的交接地点有船边或吊钩(ship's rail or hook/tackle)、集装箱堆场、集装箱货运站和其他双方约定的地点("门 door")。

集装箱堆场(container yard,CY),是交接和保管空箱(empty container)和重箱(loaded container)的场所,也是集装箱换装运输工具的场所。集装箱堆场和集装箱货运站也可以同处于一处。

2. 集装箱货物的交接方式

根据集装箱货物的交接地点不同,理论上可以通过排列组合的方法得到集装箱货物的交接方式为16种。在不同的交接方式中,集装箱运输经营人与货方承担的责任、义务不同,集装箱运输经营人的运输组织的内容、范围也不同。

理论上,集装箱货物的交接方式有以下几种:

1)门到门(door to door)交接方式

门到门交接方式是指运输经营人由发货人的工厂或仓库接受货物,负责将货物运至收货人的工厂或仓库交付。在这种交付方式下,货物的交接形态都是整箱交接。

2)门到场(door to CY)交接方式

门到场交接方式是指运输经营人在发货人的工厂或仓库接受货物,并负责将货物运至卸货港码头堆场或其内陆堆场,在CY处向收货人交付。在这种交接方式下,货物也都是整箱交接。

3)门到站(door to CFS)交接方式

门到站交接方式是指运输经营人在发货人的工厂或仓库接受货物,并负责将货物运至卸货港码头的集装箱货运站或其在内陆地区的货运站,经拆箱后向各收货人交付。在这种交接方式下,运输经营人一般是以整箱形态接受货物,以拼箱形态交付货物。

4)门到钩(door to tackle)交接方式

门到钩交接方式是指运输经营人在发货人的工厂或仓库接受货物,负责将货物运至卸货港码头,并在船边交付货物。通常为整箱货。此时货物的卸船费用都由承运人负担,但也可约定由收货人负担。

5)场到门(CY to door)交接方式

场到门交接方式是指运输经营人在码头堆场或其内陆堆场接受发货人的货物(整箱货),并负责把货物运至收货人的工厂或仓库向收货人交付(整箱货)。

6)场到场(CY to CY)交接方式

场到场交接方式是指运输经营人在装货港的码头堆场或其内陆堆场接受货物(整箱货),并负责运至卸货港码头堆场或其内陆堆场,在堆场向收货人交付(整箱货)。

7)场到站(CY to CFS)交接方式

场到站交接方式是指运输经营人在装货港的码头堆场或其内陆堆场接受货物(整箱),

负责运至卸货港码头集装箱货运站或其在内陆地区的集装箱货运站,一般经拆箱后向收货人交付。

8) 场到钩(CY to tackle)交接方式

场到钩交接方式是指运输经营人在装货港的码头堆场或其内陆堆场接受货物(整箱),负责运至卸货港码头,并在船边交付货物。通常货物的卸船费用由承运人负担,但也可约定由收货人负担。

9) 站到门(CFS to door)交接方式

站到门交接方式是指运输经营人在装货港码头的集装箱货运站及其内陆的集装箱货运站接受货物(经拼箱后),负责运至收货人的工厂或仓库交付。在这种交接方式下,运输经营人一般是以拼箱形态接受货物,以整箱形态交付货物。

10) 站到场(CFS to CY)交接方式

站到场交接方式是指运输经营人在装货港码头或其内陆的集装箱货运站接受货物(经拼箱后),负责运至卸货港码头或内陆地区的堆场交付。在这种方式下货物的交接形态一般也是以拼箱形态接受货物,以整箱形态交付货物。

11) 站到站(CFS to CFS)交接方式

站到站交接方式是指运输经营人在装货港码头或内陆地区的集装箱货运站接受货物(经拼箱后),负责运至卸货港码头或其内陆地区的集装箱货运站(经拆箱后)向收货人交付。在这种方式下,货物的交接形态一般都是拼箱交接。

12) 站到钩(CFS to tackle)交接方式

站到钩交接方式是指运输经营人在装货港码头或内陆地区的集装箱货运站接受货物(经拼箱后),负责运至卸货港码头,并在船边交付货物。通常货物的卸船费用由承运人负担,但也可约定由收货人负担。

13) 钩到门(tackle to door)交接方式

钩到门交接方式是指运输经营人在装货港码头船边接受整箱货物,并负责把货物运至收货人的工厂或仓库向收货人交付。通常货物的装船费用由承运人负担,但也可约定由发货人负担。

14) 钩到场(tackle to CY)交接方式

钩到场交接方式是指运输经营人在装货港码头船边接受整箱货物,负责运至卸货港码头或内陆地区的堆场交付。通常货物的装船费用由承运人负担,但也可约定由发货人负担。

15) 钩到站(tackle to CFS)交接方式

钩到站交接方式是指运输经营人在装货港码头船边接受整箱货物,负责运至卸货港码头或其内陆地区的集装箱货运站,(经拆箱后)向收货人交付。通常货物的装船费用由承运人负担,但也可约定由发货人负担。

16) 钩到钩(tackle to tackle)交接方式

钩到钩交接方式是指运输经营人在装货港码头船边接受整箱货物,负责运至卸货港码头,并在船边交付货物。通常货物的装卸船费用由承运人负担,但也可约定由发货人或收货人负担。

以上16种交接方式是集装箱货物运输理论上所存在的交接方式。了解集装箱货物的交接方式,可以使我们知道在集装箱运输中承运人与货方之间就有关货物交接责任、费用分担等划分问题。当然,实践中,并不是所有16种方式都会碰到。

(三)海运集装箱货物交接的主要方式

在集装箱运输中,根据实际交接地点不同,集装箱货物的交接方式不同,在不同的交接方式中,集装箱运输经营人与货方承担的责任、义务不同,集装箱运输经营人的运输组织内容、范围也不同。集装箱货物可以传统的方式在集装箱货运站进行交接,也可在多式联运方式下在货主的仓库或工厂进行交接。由于集装箱货物可以在四个地点进行交接,因此理论上就有16种交接方式。但是,目前在船边交接的情况已很少发生,而在货主的工厂或仓库交接较多,这又涉及多式联运。因此在海上集装箱班轮运输实践中,班轮公司通常承运整箱货,并在集装箱堆场交接;而集装箱经营人则承运拼箱货,并在集装箱货运站与货方交接货物。

因此,实践中海运集装箱货物交接的主要方式为:CY/CY,这是班轮公司通常采用的交接方式;CFS/CFS,这是集装箱拼箱经营人通常采用的交接方式。

二、集装箱配积载

(一)集装箱船舶箱位的表示

箱位,是指集装箱在船舶上的具体积载位置。由于集装箱是一种标准化的货运单位,不需要用传统件杂货运输的俯视与侧视等图形符号来表示其相对应的位置。同时,由于集装箱的积载方式是沿船舶长度纵向布置,并依船舶横剖面依次左右、上下排列。所以,对装载在船舶上的每一个集装箱,进行三维定位可用6位数码来表示一个统一的实际位置。

1990年,国际集装箱标准化组织(ISO)颁布 ISO9711—1:1900 集装箱"船上配载集装箱的有关信息"第一部分:配载计划。该标准适用于集装箱沿船舶长度方向布置的集装箱,标准规定在船上的集装箱按"行、列、层"的序列来定位。

1.行位(BAY No.)

行位,是指在纵剖面图上,船舶横剖面的序列编号,该编号用2位阿拉伯数字表示,不足2位的用零补足2位。编号从船首向船尾按顺序行列。装载20′集装箱时,以单数 01、03、05…表示,装载 40′、45′以上的集装箱时,以2位双数 02、04、06…表示,参见图 2-6-1。

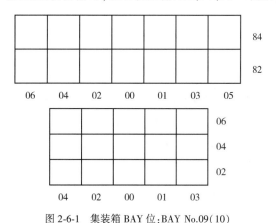

图 2-6-1　集装箱 BAY 位;BAY No.09(10)

2.列位(ROW No.)

列位,是指在船舶横剖面上,横向排列的序列编号,该编号用两位阿拉伯数字表示,不足两位的用零补足两位。编号以船首尾线为界,分别向左右两边按顺序排列编号,向右为 01、03、05…,向左为 02、04、06…;如列位总数为单数时,则中间一列集装箱列位号为 00。

3.层位(TIER No.)

层位,是指在船舶横剖面图上,竖向排列的序列编号,该编号分舱内和甲板,用"02"和"82"分别起始编号。舱内从船底第一层起算,依次用02、04、06…双数表示;甲板从甲板底层起算,依次用82、84、86…双数表示。

全集装箱船舶的船舱内一般设有隔槽,便于固定及装卸集装箱。因此,集装箱船舶的箱位有的既可装载20′集装箱,也可装载40′集装箱或45′集装箱。有的箱位能装载20′或40′集装箱,而有的箱位只能装载20′集装箱(一般称为20′全隔槽)。

以20′集装箱作为一个标准箱位,称为一个TEU。船舶规范所列船舶总箱位数,通常表示全船所有不同尺码箱位的换算关系和换算总和。

对同一箱位积载多个集装箱(平板折叠空箱),一般在船图上划格表示,并列注明不同的箱号或加以批注。

(二)集装箱积载图

集装箱积载图,是集装箱船舶所载集装箱的实际积载位置示意图,是装船理箱全过程的汇总结果。因此,绘制集装箱积载图的质量,直接影响装箱港理货声誉。

随着计算机在集装箱理货业务中的运用,目前现场通常用电脑进行绘制。个别船舶仍采用手工制作船舶积载图的方法,绘制过程中使用船公司提供的积载船舶空白集装箱船图,理货组长在绘制相关数据后复制提供船方。

1.总积载图(GENERAL STOWAGE PLAN)

总积载图,是全船总箱位分布图,依照全船的行位顺序,依次列出各行位横剖面图与箱位状况。

完成实际积载的总积载图,应标明下列数据:

★船名/航次

★卸箱港

★受载箱位

★不同箱型

★特殊箱

★危险品箱及等级

(1)船名/航次

根据船公司规范,注明船名和航次。

(2)卸箱港

卸箱港,是指集装箱卸下船的地点,通常一位英文代码表示,如上海"S",神户"K"等。

(3)受载箱位

受载箱位,是指与行(BAY)位图相对应的积载位置,一般以一位卸箱港英文缩写表示。

(4)不同箱型

不同箱型,是指不同规格尺寸的集装箱,20′箱用单数行位表示,如01、03等;40′箱用双数行位表示,如02、04等,同时将对应单数行位的箱位用"×"划去。

(5)特殊箱

特殊箱,指标明特殊规格或装有特殊货物的集装箱,各种规格或箱型的集装箱均应以不同字母、不同图形或批注形式加以表示。

2.行位图(BAY PLAN)

行位图,是记录每个集装箱实际箱号、重量等数据的分行位图。通常行位图应显示下列数据:

★目的港/卸箱港/装箱港

★集装箱箱号

★集装箱重量

★集装箱箱型

★重空箱状况

★特殊箱标志

★持箱人标志

★危险品箱

(1)目的港/卸箱港/装箱港。

按照习惯,每个箱位均应依次标明目的港(或称转口目的港)、卸箱港和装箱港。目的港与卸箱港相同时,同一港名应连续显示两次。

(2)集装箱箱号、重量、箱型和持箱人均依次排列在港口名称之下。

(3)特殊箱以不同缩略字母或图形或批注加以注明。

3.汇总清单(CONTAINER SUMMARY)

汇总清单,是记录本航次不同卸箱港、不同规格集装箱数量和重量的汇总。不同规格如20′、40′、45′等集装箱数量,不同卸箱港集装箱数量,不同持箱人集装箱数量,以及重、空箱的数量与重量等。

三、集装箱理货岗位

目前集装箱船舶装卸作业的理货岗位主要为甲板和船边,有些港口装卸船理箱均在甲板。

集装箱装、拆箱理货岗位根据集装箱货物交接地点的不同而不同。从集装箱运输过程中可以看出,集装箱货物的交接地点有三处重要,即集装箱码头堆场、集装箱货运站和收(发)货人工厂或仓库。

1.集装箱码头堆场(CONTAINER YARD,简称CY)

这是设在集装箱码头内的货运站(亦称港内货运站),它是整个集装箱码头的一个组成部分,它的业务隶属于集装箱码头,承担着收货、交货、拆箱和装箱作业,并对货物进行保管。

2.集装箱货运站(CONTAINER FREIGHT STATION,简称CFS)

集装箱货运站按地理位置可分为内陆集装箱货运站和集装箱码头附近货运站(简称货运站)。

(1)内陆集装箱货运站

内陆集装箱货运站,亦称内陆中转站,这种货运站设在运输经济腹地,深入内陆主要城市及外贸进出口货物较多的地区。主要业务将货物集中起来,然后进行装箱,再通过运输将集装箱运至集装箱码头堆场,具有集装箱货运站和集装箱码头堆场双重功能,它既接受托运人的交付托运集装箱货业务,也负责办理空箱的发放和回收工作,同时,它还办理集装箱装、拆箱业务及代办有关海关手续等业务。

(2)集装箱码头附近货运站

这种货运站设置在靠近集装箱码头地区,处于集装箱码头外面,它不属于集装箱码头,但其业务与集装箱码头联系十分密切,业务往来也频繁。其主要任务是承担收货、交货、装箱、拆箱以及货物保管等工作。

3.收(发)货人工厂或仓库(Door)

这是指在货主单位内堆场或仓库进行装、拆箱业务的场所。

四、集装箱箱体残损标准

1.集装箱残损认定标准

目前,青岛口岸各方在集装箱残损认定标准上并不完全一致。在此参考《上海口岸集装箱货物装载管理办法》已限定的集装箱残损检验认定范围。"管理办法"中,对不适合装载、运输货物集装箱的定义:

(1)结构强度低于国际安全公司(C.S.C.)标准,或(C.S.C)标牌灭失;
(2)结构变形超出国际标准(I.S.O)或影响正常吊运;
(3)结构违反国际海关公约(T.I.R)有关条款;
(4)任何破损、焊缝爆裂;
(5)板壁凹损单面大于30mm,或影响货物的装卸、积载;
(6)任何部件凸损超出角配件端面;
(7)相邻木地板大于6mm,或木地板损坏,凹凸影响货物的装卸、积载;
(8)箱内有异物、异味;
(9)箱体外部有异样标志;
(10)箱门开启、关闭不能到位,门封破损或脱落。

2.港口集装箱检验接受标准

(1)箱号清晰(以箱门上的为准);
(2)箱门关紧无漏缝;
(3)箱体表面平整(凹损不超过内端面3cm,凸损不超过角配件外端面);
(4)无破洞,门杆、手柄齐全,无弯曲;
(5)敞顶箱油布完好,横梁、钢丝绳安装完整;
(6)冷藏箱压缩机、控制箱表面完好,有PTI标贴;
(7)重箱铅封完好;
(8)台架箱装载超高、超宽或超长货物,要检查超高、超宽或超长尺码,以及货物捆扎牢固状况;
(9)装载危险货物的集装箱,要检查危险货物标签。

五、集装箱箱体检验

集装箱装卸船作业过程中,理货人员检验集装箱箱体外表和铅封状况,正确的箱体和铅封检验对确认集装箱箱体残损和箱内货物,以及责任划分具有重要的意义。

(一)进口集装箱

(1)集装箱卸船前,理货组长应与船方商定发现原残集装箱的处理、残损记录编制和签认等工作的要求,并做好相关记录。向理货员布置具体验残要求,并向码头提出理货验残的具体要求。

(2)集装箱卸船,理货公司与码头双方派人员在船边交接。发现箱体损坏、铅封断失,及时通知理货组长联系船方验看、确认,并由理货组长编制集装箱残损记录,取得船方的签认,对铅封断失的集装箱(重箱),理货员应重新施加铅封,并在集装箱残损记录上写明铅封号。发生工残应当即通知责任方确认,编制工残记录取得责任方签认。

(二)出口集装箱

(1)集装箱装船前,理货组长应与船方商定发现残损集装箱的处理方法和要求,并做好相关记录,向理货员布置具体验残方法和要求,并向码头提出理货验残的具体要求。

(2)集装箱装船,理货公司与码头双方派人员进行交接。理货员在大船甲板检验集装箱箱体和铅封状况,发现箱体残损、铅封断失应及时通知码头有关人员验看,编制集装箱残损记录取得签认。

(3)发现集装箱箱体严重残损或铅封失落,应及时告知船方,船方同意后方可装船。

(三)中转集装箱

(1)中转集装箱装船(落驳)时,发现集装箱未施封或箱体残损,外轮理货人员应会同码头方进行验看确认,及时编制集装箱残损记录,取得码头有关方的签认,对未施封集装箱由码头方负责施封。

(2)中转集装箱卸船(起驳)时,发现集装箱未施封或箱体残损,外轮理货人员应及时告知码头有关方,并由责任方负责解决。

(四)集装箱装卸船理箱作业的箱体和铅封检验

理货员在理清箱数的同时,注意检查集装箱的六个面及铅封状况。当发现集装箱异常状况时,应通知理货组长及时编制集装箱残损记录,并取得有关方的签认。

(1)检查集装箱外表,查看外部是否有损坏、变形、破口等异样情况。如发现有弯曲、凹痕、擦伤等痕迹时,则在其附近要加以特别仔细的检查;

(2)检查箱门的关闭状态,箱门周围的水密,门锁装置是否正常完好;

(3)检查开顶集装箱的专用布篷有否破损和安装用索具的状态,板架集装箱的支柱状态等;

(4)平板箱、框架箱在发现所积载的裸装或箱装货物有明显残损时,应记录货物残损状况,联系船方或有关方确认;

(5)装载危险品集装箱是否按规定贴上相应的危险品标志,或贴有危险品标志的集装箱装载普通货时,危险品标志是否被清除;

(6)在检验集装箱箱体残损的同时,应注意观察铅封状况是否完好,是否断失。

六、进口集装箱船舶理箱作业

集装箱船舶每条作业线配备理货员一名,负责该条作业线卸船理货业务。另外,根据实际需要可增配理货员。每艘作业船舶每工班配备理货组长一名,负责本工班全船理货业务。

(一)卸船前的准备工作

(1)现场理货机构根据公司业务部门和港方船舶作业计划,编制"理货船舶动态表",明确集装箱船舶理箱作业计划及注意事项,根据作业计划和特点合理配备理货人员。

(2)电子制单室操作员负责向船代或船公司索取"进口舱单""集装箱积载图"等理货资料或接收船代、船公司等单位提供的电子数据。对船代或船公司提供的理货资料,操作员要负责审核验收,并进行签名确认。或将船舶理箱电子信息导入理箱操作系统。当发现信息资料不符时,应及时与船代、船公司联系、处理,并记录和落实相关事宜,做好卸船理箱准备。

审核"集装箱进口舱单"和"集装箱积载图"等资料时,要注意以"集装箱进口舱单"上的数据为准,因为"集装箱进口舱单"是集装箱船舶理箱依据。

(3)理货组长接受理箱任务后,备齐理箱资料和设备,带领理货员于船舶卸船前抵达作业现场。理货人员进入现场,必须统一着装,佩戴好安全帽。

(4)登轮后,理货组长向船方索取相关理箱补充资料,并了解装港和航行途中情况,征询船方对卸船理箱工作要求和注意事项,重点是验残方法和要求,并将卸船理箱资料核对结果、了解的情况和工作要求记录在"单船记录"上。理货组长根据港方卸船安排和所掌握理箱作业船舶情况分派理货员工作,提出工作要求。

(二)卸船过程中的理箱工作

1.理货组长

(1)记录船舶作业的开工时间。通常将工人开始拆第一个紧固件的时间,作为船舶作业开工时间。

(2)及时掌握加卸、减卸等变更信息,对舱单信息的变更,应取得船代的书面确认,并在"单船记录"上登记变更结果。

(3)检查前一工班理箱工作结果情况,核对所填制的理箱单证或理箱信息处理是否准确,发现不合格单证立即纠正,将不合格单证销毁,并做好记录。发现箱号信息不准时,及时联系有关方予以解决,并将结果报告现场理货机构。

(4)在理箱作业过程中,检查作业情况,指导理货员工作,及时掌握情况,解决有关问题,并做好相应记录。

(5)根据理货员制作的"理箱单"或确认的已卸船集装箱信息,圈销"积载图"或在有关理箱资料上做类似标识和处理。

(6)根据工班所理箱量制作理箱"日报表",日报表上所卸集装箱箱量、夜班箱量要准确,单证内容完整、正确,核对无误后按照与船方商定的时间报送船方或其代理。

(7)卸船过程中,由于船方原因造成理货员停工待时,理货组长应根据理货员提供的记录,填制"待时记录",取得船方签认。

"待时记录"可随时发生随时签认,但考虑到会发生全船待时,需要计算理货组长待时时间,可与船方协商,一工班一签。

(8)进口集装箱舱单标明装港交接方式为CFS时,完船签证时,应在"理货业务凭证"相应栏目内注明CFS箱的箱型尺寸和数量。

(9)当发生出舱翻舱时,应取得船方书面确认,及时将纸面清单交理货员卸/装船时核对,或将出舱翻舱信息导入理箱操作系统。当发生舱内翻舱时,应填制"待时记录"提请船方签认。

根据理货员记录的集装箱翻舱移动前、后的位置,在"积载图"上调整翻舱后实际积载位置。

(10)根据"理箱单"上的作业时间及批注的节假日、夜班作业情况记录附加费项目,并在"日报表"上加以注明。

（11）在理箱过程中，应保持与船方、港方等方面的联系，协调解决有关业务问题，及时向现场理货机构汇报船舶理箱情况。对无"进口舱单"而确需在本港卸下的集装箱，按溢卸箱处理；对有"进口舱单"而在本港卸货时未发现的集装箱，按短卸箱处理。

（12）工班理货结束时，汇总本工班船舶理箱作业情况，核对结果，制作相关单证，并做好交接班工作。

（13）交接班时，应交清理货资料和设备等情况，交班内容要记录在"单船记录"上。

交班理货组长除应向接班理货组长口头交清卸船单证资料，卸船要求和注意事项，交清已卸和待卸集装箱数量及装载位置，已检验单证和未检验单证份数外，还应用文字在组长交接班记录上标识。理货员全部交接完毕，均离船后方能离开岗位。

2. 理货员

（1）在船舶甲板或码头前沿安全岗位上对照纸面 BAY 图，手持理箱无线终端（RDT 或 PDA）设备，逐一核对、记录卸船集装箱箱号，识别箱型，检查封志和箱体状况，分清工残或原残，及时将集装箱的卸箱信息报告理货组长。

如没有手持理箱无线终端时，理货员根据积载图或卸船清单，逐箱核对集装箱箱号，检查箱体和铅封是否完好，逐箱圈销已卸船集装箱箱号。圈销时应注意，每个理货班组应使用统一规范的标识。

（2）发生待时情况，理货员应做好记录并及时报告理货组长。

（3）发现实际卸船箱号与"积载图"或"进口舱单"箱号不符时，理货员应做好记录，应及时通知船方人员验看，告知港方人员，并报告理货组长协助解决。

如确定卸下，需将实际箱号记录在积载图/卸船清单该箱位旁并取得船方的签认。

（4）发现集装箱箱体残损、封志断失等情况时，理货员应及时报告理货组长，通知船方验看，同时编制"集装箱残损记录"，交船方签认。对封志断失的集装箱由理货员施加封志，记录封号，同时编制"施封/验封单"或将封号记录在"集装箱残损记录"上。发现工残时，应做好"工残记录"，并通知责任方签认或按约定方式进行处理。

（5）发生出舱翻舱时，理货员应根据"出舱翻舱清单"，在"积载图"上做好标记，或在无线终端（RDT 或 PDA）上进行确认，并制作翻舱"集装箱理箱单"；对卸船过程中出现的舱内翻舱的集装箱，除了要标记集装箱在舱内移动前和移动后的位置外，还应记录翻舱时间，报理货组长，以便其编制待时记录。

（6）工班结束后，根据积载图/卸船清单上确认的所卸集装箱箱量、夜班箱量准确填制或打印"理箱单"，核对无误后交理货组长，与港方办理双边交接。

（7）交接班时，应交清理箱资料、设备及有关事项。

理货员必须以口头和书面方式进行交接，交接班内容记录在"舱口理货交接记录本"上。交接班时须做到"五交五接"：

交任务：主要是重点舱；

交情况：舱内情况、卸船要求和注意事项；

交单证：积载图/卸船清单，其他理货单证，设备；

交残损：验残方法、处理原残、工残的结果；

交数字：交清已卸和待卸集装箱数量及装载位置。

（8）全船卸船结束时，应查看纸面 BAY 图或无线终端（RDT 或 PDA）设备中的航次卸箱信息,检查集装箱有无错卸、漏卸情况。

要查看 BAY 图上应卸的集装箱是否已全部被圈销,检查船舶每个 BAY 上余下的集装箱积载位置是否与 BAY 图一致。

(9)按理货组长要求做好其他工作。交班结束或全船卸船结束,理货员应向理货组长报告,征得同意后方可离开。

七、卸船结束后的理货工作

(1)全船理箱结束时,理货组长应记录船舶作业的完工时间,并及时办理交接手续。

(2)理货组长与港方核对全船进口箱数、残损、出舱翻舱等情况,检查是否有错卸、漏卸,发现问题,应及时解决。

(3)理货组长根据"理箱单""日报表""集装箱残损记录""待时记录"等单证汇总相应数据,制作"集装箱溢短残损单""理货业务凭证"及"理货结果汇总证明"等理货单证,核对准确无误后,与船方办理签证。同时,填写"征求意见书",请船方对理货服务予以评价。

(4)当船方在理货单证上批注时,如批注与实际情况不符,应说服船方更改批注内容。若船方坚持,应向现场理货机构汇报,按指示意见办理,并记录在"单船记录"上。

(5)在理货服务交付过程中,理货员应在理货组长安排下,协助理货组长办理签证。办完签证后,理货组长整理好全船理货单证和理货设备,带领理货员离船。

(6)理货组长负责将整理好的理货单证和理货设备交给现场理货机构,并汇报相关情况。

(7)现场理货机构业务人员应通过公司业务部门的批准,将完船的理货单证资料审核后,及时向有关部门分发或及时发送相关卸船理货数据。

(8)现场理货机构应及时向公司业务部门上交完船的理货单证资料,存档备查。

业务部门对理货单证资料进行检查并做好相关记录,将不达标单证、不满意船舶艘次、数字不准确船舶艘次等进行登记,每月进行分类统计,计算出单证达标率、服务满意率、理货数字准确率、理货船舶到数率。

八、出口集装箱船舶理箱作业

集装箱船舶每条作业线配备理货员一名,负责该条作业线装船理货业务。另外,根据实际需要可增配理货员。每艘作业船舶每工班配备理货组长一名,负责本工班全船理货业务。

(一)装船前的准备工作

(1)现场理货机构根据公司业务部门和港方船舶作业计划,编制"理货船舶动态表",明确集装箱船舶理箱作业计划及注意事项,根据作业计划和特点合理配备理货人员。

(2)现场理货机构电子制单室操作员负责向船代、船公司或港方索取经海关放行的相关理货资料和信息(装船清单、预配图等)。操作员审核"装船清单"和"出口集装箱预配图",或将船舶理箱电子信息导入理箱操作系统,当发现信息资料不符时,应及时与船代、船公司或港方联系、处理,并记录和落实相关事宜,做好装船理箱准备。

(3)理货组长接受理箱任务后,备齐理箱资料和设备,带领理货员于船舶装船前抵达作业现场。理货人员进入现场,必须统一着装,佩戴好安全帽。

(4)登轮后,理货组长向船方索取相关理箱补充资料,征询船方对装船理箱工作要求和注意事项,并将装船理箱资料核对结果、了解的情况和工作要求记录在"单船记录"上。理货组长根据港方装船安排和所掌握理箱作业船舶情况分派理货员工作,提出工作要求。

(二)装船过程中的理箱工作

1.理货组长

(1)记录船舶作业的开工时间。

(2)及时掌握加载、退关等变更信息,发生加载时应及时向港方或船方索取加载预配资料;发生退关时,应取得有关方书面确认,同时通知理货员,并在"单船记录"上登记变更结果。

(3)检查前一工班理箱工作结果情况,核对所填制的理箱单证或理箱信息处理是否准确,发现问题,及时联系有关方予以解决,并将结果报告现场理货机构。

(4)在理箱作业过程中,检查作业情况,指导理货员工作,及时掌握情况,解决有关问题,并做好相应记录。

(5)根据理货员标识的预配图,制作"积载图",或打印无线终端(RDT 或 PDA)理箱系统生成的"积载图"。

(6)根据工班所理箱量制作理箱"日报表",并按照船方需要,及时提供装船进度情况。

(7)装船过程中,由于船方原因造成理货员停工待时,理货组长应根据理货员提供的记录,填制"待时记录",取得船方签认。

(8)装船清单标明装港交接方式为 CFS 时,完船签证时,应在"理货业务凭证"相应栏目内注明 CFS 箱的箱型尺寸和数量。

(9)当发生出舱翻舱时,应取得船方书面确认,及时将纸面清单交理货员卸/装船时核对,或将出舱翻舱信息导入理箱操作系统。当发生舱内翻舱时,应填制"待时记录"提请船方签认。

根据理货员记录的集装箱翻舱移动前、后的位置,在"积载图"上调整翻舱后实际积载位置。

(10)根据"理箱单"上的作业时间及批注的节假日、夜班作业情况记录附加费项目。

(11)在理箱过程中,应保持与船方、港方等方面的联系,协调解决有关业务问题,及时向现场理货机构汇报船舶理箱情况。

(12)工班理货结束时,汇总本工班船舶理箱作业情况,核对结果,制作相关单证,并做好交接班工作。

(13)交接班时,应交清理货资料和设备等情况,交班内容要记录在"单船记录"上。

2.理货员

(1)在船舶甲板或码头前沿安全岗位上对照纸面预配图,手持理箱无线终端(RDT 或 PDA)设备,逐一核对、记录装船集装箱箱号,识别箱型,检查封志和箱体状况,分清残损,标识实际装船积载位置。理货员应及时将标识的预配图交理货组长,或将确认的装船 BAY 图信息及时发送。

(2)当发生待时情况,应做好记录并及时报告理货组长。

(3)当发现实际装船箱号与"预配图"箱号不符时,应通知港方暂停装船,报告理货组长联系有关方面解决。

(4)当发现集装箱箱体残损、封志断失情况时,原则上不允许装船,应及时联系有关方处理,并报告理货组长。如港方和船方同意装船,应编制"集装箱残损记录",取得港方签认后方可装船。

(5)当发生出舱翻舱时,理货员应在"积载图"(配载图)上做好标记,或在无线终端(RDT 或 PDA)上进行确认,并制作翻舱"集装箱理箱单";舱内翻舱时,要标记集装箱在舱内移动前和移动后的位置。

(6)工班结束后,如实填制或打印"理箱单",与港方办理双边交接。

(7)交接班时,应交清理箱资料、设备及有关事项。

(8)全船装船结束时,应查看纸面预配图或无线终端(RDT 或 PDA)设备中的航次装箱信息,检查集装箱有无错装、漏装情况。

(9)按理货组长要求做好其他工作。

九、装船结束后的理货工作

(1)船舶理箱结束时,理货组长应记录船舶作业的完工时间。并及时办理交接手续。

(2)理货组长与港方核对全船出口箱数、残损、出舱翻舱等情况,检查是否有错装、漏装,发现问题,应及时解决。

(3)理货组长根据"理箱单""日报表""集装箱残损记录""待时记录"等单证汇总相应数据,核对出口"集装箱清单"数据,制作"理货业务凭证""积载图"等理货单证,核对准确无误后,与船方办理签证。同时,填写"征求意见书",请船方对理货服务予以评价。

(4)全船理箱结束后,理货组长应及时办理交接手续,避免因理货原因影响船舶按时开航。

(5)当船方在理货单证上批注时,如批注与实际情况不符的,应说服船方更改批注内容。若船方坚持,应向现场理货机构汇报,按指示意见办理,并记录在"单船记录"上。

(6)在理货服务交付过程中,理货员应在理货组长安排下,协助理货组长办理签证。办完签证后,理货组长整理好全船理货单证和理货设备,带领理货员离船。

(7)理货组长负责将整理好的理货单证和理货设备交给现场理货机构。

(8)现场理货机构业务人员应通过公司业务部门的批准,将完船的理货单证资料审核后,及时向有关部门分发或及时发送相关装船理货数据。

(9)现场理货机构应及时向公司业务部门上交完船的理货单证资料,存档备查。

任务二　场站装拆箱理货操作

任务导入

本部分的任务是在熟悉集装箱装拆箱理货的概念及特点以及依据的基础上,掌握集装箱装箱与拆箱理货的程序。

任务分析

集装箱装拆箱理货业务在集装箱货物运输中有举足轻重的作用,具有专业资质的理货机构不但在装拆箱后为货主(收货人、发货人)提供具有公正性的理货单证,而且在装拆箱作业过程中进行装拆箱作业指导,避免造成货损货差。集装箱装拆箱理货业务还可以避免由于货主或其代理人在货物单证处理上的错误,造成货物已出运而货单被退关货货物未出运而单证通关,造成出口退税、办理转船等业务处理困难,从而造成经济损失。

相关知识

理货人员应具有货物积载知识与货物装卸知识,以便分清货物致残的原因。

一、集装箱的选择与检查

在进行集装箱货物装箱前,首先应根据所运输的货物种类、包装、性质和其运输要求,选择合适的集装箱。所选择集装箱应符合以下基本条件:

(1)符合 ISO 标准;
(2)四柱、六面、八角完好无损;
(3)箱子各焊接部位牢固;
(4)箱子内部清洁、干燥、无味、无尘;
(5)不漏水、漏光;
(6)具有合格检验证书。

(一)集装箱的选择

国际集装箱标准有三个系列,共 15 种。在这 15 种集装箱中,采用何种规格为宜,应根据货物的情况以及航线上所经港口的条件和运输路线的环境来决定。

选用集装箱时,主要考虑的是根据货物的不同种类、性质、形状、包装、体积、重量,以及运输要求采用其格式的箱子。首先要考虑的是货物是否装得下,其次再考虑在经济上是否合理,与货物所要求的运输条件是否符合。

(二)集装箱的检查

集装箱在装载货物之前,都必须经过严格检查。一只有缺陷的集装箱,轻则导致货损,重则在运输、装卸过程中造成箱毁人亡的事故。所以,对集装箱的检查是货物安全运输的基本条件之一。发货人、承运人、收货人、货运代理人、管箱人以及其他关系人在相互交接时,除对箱子进行检查外,还应以设备交接单等书面形式确认箱子交接时的状态。通常,对集装箱的检查应做到:

(1)外部检查:对箱子进行六面察看,外部是否有损伤、变形、破口等异样情况,如有即做出修理部位的标志。

(2)内部检查:对箱子的内侧进行六面察看,是否漏水、漏光、有无污染、水迹等。

(3)箱门检查:门的四周是否水密,门锁是否完整,箱门能否270°开启。

(4)清洁检查:箱子内有无残留物、污染、锈蚀异味、水湿。如不符合要求,应予以清扫、甚至更换。

(5)附属件检查:对货物的加固环节,如板架式集装箱的支援、平板集装箱、敞棚集装箱上部延伸用加强结构等状态检查。

二、集装箱货物装载作业

随着适箱货的不多增加,为确保货运质量的安全,做好箱内货物的积载工作是很重要的。许多货损事故的发生都是装箱不当所造成的。货物在集装箱内的堆装、系固等工作看起来似乎比较简单,但由于集装箱货物在整个运输过程中可能涉及多种运输方式,特别是海上运输区段风险更大,货损事故难免发生。货物在箱内由于积载、装箱不当不仅会造成货损,还会给运输及装卸机械等设备造成损坏,甚至造成人身伤亡。

货物在装入集装箱内时应注意的事项有:

(1)在不同件杂货混装在同一箱内时,应根据货物的性质、重量、外包装的强度、货物的特性等情况,将货区分开。将包装牢固、重件货装在箱子底部,包装不牢、轻货则装在箱子上部。

(2)货物在箱子内的重量分布应均衡。如箱子某一部位装载的负荷过重,则有可能使箱子底部结构发生弯曲或脱开的危险。在吊机或其他机械作业时,箱子会发生倾斜,致使作业不能进行。此外,在陆上运输时,如存在上述情况,拖车前后轮的负荷因差异过大,也会在行驶中发生故障。

(3)在进行货物堆码时,应根据货物的包装强度,决定货物的堆码层数。另外,为使箱内下层货物不被压坏,应在货物堆码之间垫入缓冲材料。

(4)货物与货物之间,也应加隔板或隔垫材料,避免货物相互擦伤、沾湿、污损。

(5)货物的装载要严密整齐,货物之间不应留有空隙,这样不仅可充分利用箱内容积,也可防止货物相互碰撞而造成损坏。

(6)在目的地掏箱时,由于对靠箱门附近的货物没有采取系固措施,曾发生过货物倒塌,造成货物损坏和人身伤亡的事故。因此,在装箱完毕,关箱前应采取措施,防止箱门附近货物的倒塌。

(7)应使用清洁、干燥的垫料(胶合板、草席、缓冲器材、隔垫板),如使用潮湿的垫料,就容易发生货损事故。

(8)应根据货物的不同种类、性质、包装,选用不同规格的集装箱,选用的箱子应符合国际标准,经过严格的检查,并具有检验部门发给的合格证书。

三、装箱理货作业

(一)了解理货信息

装箱前,理货人员应提前向场站了解理货信息,作为装箱理货的依据。站内装箱,向场站索取场站装箱预配单或其他装箱资料作为理货依据。在装箱前如未能获得理货信息时,理货员可先将箱号、提单号、件数、标志、铅封号等实际装箱情况记录在装拆箱理货单上,装箱后再将资料补齐。站外装箱向场站索取厂家装箱后确认的装箱预配单(回箱单)。

(二)检查箱体状况

理货员应认真核对集装箱箱号、检查集装箱箱体是否完好。注意集装箱的密封性能、清洁度、箱内的平整程度以及是否有潮湿或异味等情况。发现箱号不符、箱体残损或异状,理货员应联系场站或发货人处理后再进行装箱理货。

(三)装箱理货

(1)理货员应核对站内装箱货物的标志、件数、包装等,进行箱边理货,逐件进行检查和核对,填制装/拆箱理货单,与场站办理交接签认手续。计算箱内货物重量,防止超重箱。

(2)理货员应协助场站指导工人做好箱内货物的积载工作。主要做好箱内货物的绑扎、加固、衬垫等工作,充分利用集装箱的有效容积,注意箱内货物的合理分布,保障货物安全。

(3)理货员应杜绝互抵性货物、性能不同的危险品同装一箱,以防止运输过程中造成货物损害或意外事故发生。

(4)理货员应做好拼箱货的装箱理货工作。核对货名,理清数字,分清标志,隔票清楚。对不同交货地拼装一箱的拼箱货物,应按先后顺序分隔清楚,先交后装,后交先装。

(5)发现装箱预配单数字与实际货物不符,以实际理货数字为准,制作装拆箱理货单,由场站人员签字认可。

(6)发现装箱预配单货名、标记与实际货物不符,通知场站不予装箱。

(7)发现场站提供的集装箱箱号与实际集装箱箱号不符,经场站确认后,以实际箱号为准。

(8)发现以空包装抵货的,一律剔除,按实际数字报数。

(9)发现货物包装不符、包装破损、货物致残,原则上需要换包装、换货,才能装箱。如发货人坚持装箱,理货员应在"装/拆箱理货单"上标明。

(10)一票货物分装多个集装箱,应按箱填制"装/拆箱理货单"。

(11)理货员应积极配合海关做好集装箱及所载货物的监管和查验工作。如发现走私违法行为,理货员应通知场站保护现场并及时报告公司通知海关处理。

(四)施封

装箱理货完毕后,理货员应及时施加铅封,施封时应与场站有关人员配合,检查箱内情况,共同防止偷渡情况发生。

对由于场站场地不平等造成无法关闭箱门及时施封的集装箱,理货员于合适时间施加铅封。

(五)办理交接

理货员应根据装箱的理货结果,正确编制装/拆箱理货单,注明装箱理货时间,将装/拆箱理货单送交场站人员签认。

(六)编制理货单、签批场站收据

(1)站内装箱,理货员按照实际理货情况编制装/拆箱理货单,与场站计算机系统联网的,可通过本地计算机系统自动打印装/拆箱理货单,由场站人员签认。

(2)对照装箱预配单(回箱单)或装箱清单签批场站收据。

(3)检查场站收据有无海关放行章及官员签字、日期,缺一不可,发现异常及时报告海关。对场站收据上仅有验讫章的不能放行走箱。

(4)检查场站收据的船名、航次、提单号、货名是否与实际相符,对于不符的不予签批、放行入港,并通知场站、货代重新更改、报关。对个别字母打错,通知场站、货代 72 小时内撤单、更改。

(5)检查场站收据的件数、重量、尺码是否与实际相符,对于不符的场站收据,应通知场站、货代撤单、重新报关。

(6)理货员对"有纸报关,无纸放行"信息,应向场站索取纸面电子放行信息清单,作为海关放行依据。

(7)理货员向场站索取站外装箱"回箱单"和站内"装箱理货单",与电子放行信息清单及装箱清单核对,数据不符,不得放行;数据一致,理货员应在入港单上加盖"已放行"章。

(七)加盖外理"已放行"章

理货员经核对海关已放行的场站收据无误后,在场站制作的入港单上加盖外理"已放行"章。并在场站收据登记表上登记、圈销。

（八）圈销场站收据登记表、填写理货台账

（1）理货员收到海关已放行的场站收据和电子放行信息清单，按船名、航次将提单号登记在场站收据登记表上，入港单上加盖外理"已放行"章后，圈销登记表上的提单号，最后，累计箱数、票数、件数。

（2）理货员在制作完各种理货单据后，应及时填写理货台账或通过本地计算机系统编制理货台账，作为当天工作纪实。

（九）汇总整理有关单据、存档

（1）所有单据制作完毕，理货员应检查核对，按船舶汇总整理装订，填写或通过本地计算机系统编制装箱明细单。

（2）理货员将已签批的场站收据一式四联（四联为装货单联、五联为大副联、五联副为外理留底联、六联为场站收据联）装箱清单、无纸放行清单、装/拆箱理货单、明细单、边检单等一并在船舶开航前送达外理装拆箱站部。

（3）站部业务员将不同场站、同一船舶的场站收据集中分类，四联、无纸放行清单及明细单留站部管理，保存满三年，作为有关单位查询或更改、增补舱单的依据；五联由三班理货组长交船方大副；五联副及装/拆箱理货单由公司计算机中心存档管理，保存满三年；六联交船代制作舱单。

（4）站部业务员将各场站送交的边检单和统计单分船整理，填写汇总单，完船前由边检单位人员取走。

（十）结算费用

计算机中心计费人员根据理货员编制的"装/拆箱理货单"按部颁费率表计算理货费，向委托方收取。

四、拆箱理货作业

（一）场站、码头、仓库理货

1.了解理货信息

（1）拆箱理货前，理货员应向场站索取进口集装箱舱单，据此制作进口集装箱拆箱货物登记表。

（2）理货员应在确认海关已放行后，才予办理拆箱理货。

2.工作安排

各班负责人根据各箱站拆箱信息和资料，合理安排理货员进行理货。

3.检查集装箱

理货员应对照舱单认真核对箱号、铅封号，检查箱体和铅封是否完好。如有异常，应及时出具集装箱货物溢短、残损单，提供给货主等单位。

4.拆箱理货

（1）CFS货拆箱入库，由理货员对照舱单核对箱号、铅封号进行监理，应认真核对提单号、品名、标志、包装，理清货物数字，分清货物残损，做好有关记录。

（2）CFS以箱代库，发货时由理货员箱边对照舱单核对箱号、铅封号，盯箱理货，发一票及时施封、锁。

(3)拼箱货物拆箱理货,理货员应认真指导工人做好箱内货物的分票工作,仔细核对各票货物的标志,理清各票数字,分清残损。

(4)CY箱在箱站拆提,理货员将参与理货,理货方法与CFS箱一致。

(5)对单货不符或有走私违法行为,理货员应通知场站保护现场并及时通知海关处理。

5.发货交接

(1)货主提货时,理货员检查提货单上是否有海关放行章,无海关放行章不能发货。

(2)发现货物标志、包装形式与舱单不符,暂不能发货,需船公司发更改后,方能发货。

(3)箱内货物多票标记一样或无标记,暂不能发货,需货主同时到场,出具证明,方能发货。

(4)CY拼箱货,原则上全部通关、货主到齐后才能发货。

6.制作集装箱货物溢短、残损单加盖业务章

(1)对拆箱理货过程中出现的实际货物比进口集装箱舱单数字溢出或短少,理货员应制作集装箱货物溢短、残损单,加盖站部业务章,提供货主等单位。

(2)对拆箱理货过程中出现的原残货物,理货员应制作集装箱货物溢短、残损单,加盖站部业务章,提供货主等单位。

7.编制日报表、圈销进口集装箱拆箱货物登记表

(1)理货员发货,按照提单号一票一圈销进口集装箱拆箱货物登记表。

(2)当天理货结束后,理货员要对照进口集装箱拆箱货物登记表编制进口拆箱日报表。

8.编制进口拆箱月度报表

(1)每月底,理货员根据进口拆箱日报表汇总编制进口拆箱月度报表,交站部。

(2)站部依据各场站上交的进口拆箱月度报表,汇总编制全站的进口拆箱月度报表。

9.理货单证存档

站部收集、整理、审核各场站的进口拆箱理货单证资料归类建档,保存满三年。

(二)场站外拆箱理货

(1)当海关提出查验要求或收货人提出到厂家拆箱理货申请时,由站部或值班主任根据就近、就快的原则合理安排理货人员前往理货,保证外出理货的顺利进行。

(2)在条件许可下提供《征求意见书》供收货人填写并回收。

(3)场站外拆箱理货作业程序同场站、码头、仓库拆箱理货作业程序。

(三)费用收取

拆箱理货之费用,由站部按有关费率标准通过理货员向委托方收取。

业务案例

集装箱致货物污染

某货代公司接受货主委托,安排一批茶叶海运出口。货代公司在提取了船公司提供的集装箱并装箱后,将整箱货交给船公司。同时,货主自行办理了货物运输保险。收货人在目的港拆箱提货时发现集装箱内异味浓重,经查明该集装箱前一航次所载货物为精萘,致使茶叶受精萘污染。

项目七　理货单证缮制

任务一　理货单证格式认知和填制规范

任务导入

本部分的主要任务是掌握现有理货单证的种类、功能和编制的基本要求。

任务分析

理货单证是理货机构在理货业务中使用和出具的单证,是船舶载运货物在港口交接当时的数量和状态的情况的原始记录,因此,具有凭证和证据的性质。

理货单证是理货业务顺利开展的前提条件,因此,理货人员应熟悉理货单证的种类、作用及编制的一般要求。

相关知识

一、理货单证的种类和格式

目前,国际上还没有统一的理货单证,各国理货机构使用的理货单证种类、格式差异比较大,但几种基本的理货单证还是大同小异。

1. 理货委托书(APPLICATION FOR TAIIY)

理货委托书是委托人委托理货机构办理理货业务的书面凭证。由于我国对国际航线的船舶实行强制性理货,故此类船舶不需要提出理货委托书,理货机构就与船方自动产生了委托与被委托的关系。在国内沿海运输中,有的船公司与理货公司签订了长期委托理货协议书,也就没有必要按航次再提出理货委托书。

理货委托书由理货机构用中文和英文印刷两种文本,中文本供国内委托方使用,英文本提供给国外委托方使用。

2. 计数单(TAIIY SHEET)

计数单是理货员理货计数的原始记录。在计数单的计数栏内,通常是按钩填写货物的数字。对于不同舱口的货物,以及进口和出口的货物,都不能合编一张计数单。

计数单是判断卸船货物数字是否有溢、短,装船货物数字是否准确的唯一根据,是填写装货单/大副收据实装件数的依据。船方对计数单比较重视,在理货过程中,要经常检查理货员编制的计数单是否准确。

为了便于理货员提供计费的依据,在计数单的备注栏内印有计费项目。

3. 现场记录(ON-THE-SPOT RECORD)

现场记录是理货人员记载货物异常状态和现场情况的原始凭证。如发现进口货物在船上有原残、混装、隔票不清等情况,以及船方原因造成的翻舱等,均应编制现场记录。现场记录是汇总编制货物残损单的依据。

4.日报单(DAILY REPORT)

日报单是理货组长向船方报告各舱货物装卸进度的单证。进口和出口货物不能合制一张日报单。日报单上的货物吨数为参考数,因为理货人员很难准确地计数出装、卸货物的吨数,但一票货物如发生溢、短,其重量应根据舱单或装货单做相应的更改。日报单上的货物件数是准确数,它是根据当班的计数单填写的。

5.待时记录(STAND-BY TIME RECORD)

待时记录是记载由于船方原因造成理货人员停工待时的证明。即非装卸工人责任造成的船舶吊机故障、电源中断、舱内打冷气、开关舱、铺垫舱、隔票、拆加固等情况,致使理货人员停工待时,均应编制待时记录。

6.货物溢短单(OVERLANDED/SHORTLANDED CARGO LIST)

货物溢短单是记载进口货物件数溢出或短少的证明。当整船进口货物件数无溢短时,仍需编制货物溢短单,在通栏内填写英文"NIL"字样。货物溢短单由理货组长累计计数单,对照进口舱单汇总编制。

货物溢短单的编制,关系到船方的经济利益,必须经大副或船长签字。货物溢短单是收货人向船公司或保险人提赔的重要凭证。

7.货物残损单(DAMAGED CARGO LIST)

货物残损单是记载进口货物原残情况的证明。由理货组长根据现场记录汇总编制。

货物残损单的编制,关系到船方的经济利益,必须经大副或船长签字。货物残损单是收货人向船公司或保险人提赔的重要凭证。

8.分港卸货单(DISCHARGING REPORT IN SEPARATE PORTS)

分港卸货单记载两港分卸的同一票货物在第一卸货港卸货件数的证明。由理货组长编作为第二卸货港理货的依据。

9.货物分舱单(CARGO HATCH LIST)

货物分舱单是分港分舱记载每票货物装舱部位的清单。一个卸货港编制一份,由理货组长根据装货单编制。

货物分舱单对卸货港制定卸船作业计划,安排车、驳衔接、库场堆存等,对卸货港理货,对船方掌握舱内货物情况都有重要作用。

10.货物积载图(STOWAGE PLAN)

货物积载图是出口货物实际装舱部位的示意图,由理货组长根据装船过程中变化,随时修改货物配载图而绘制成的。

货物积载图对船方了解货物装船情况和货物在舱内的积载部位,对卸货港安排卸船作业和卸货港理货工作,都有重要作用。

11.复查单(RECHECKING LIST)

复查单是理货机构对原理货物经过复查后出具的凭证。复查是船方或其他方要求进行的。复查的结果有两种。一种是与原结果相同,一种是与原结果不同。两种复查结果,都要对外出具复查单。

12. 更正单(CORRECTION LIST)

更正单是理货机构更改原理货物结果的凭证。更正与复查的区别是更正是理货机构发现本身理货工作失误,主动地对外更正理货结果,而复查是应他方要求进行的,如证明原理货结果错误,则就主动地对外更正理货结果。理货机构对外出具更正单或复查单,一方面表明承认理货工作有失误,另一方面也表明理货机构的实事求是精神。

13. 分标志单(LIST OF MARKS—ASSORTING)

分标志单是在卸船后分清混装货物标志的凭证。

边卸货边分清混装货物标志,或船舶离港前分清混装货物的标志,皆不编制分标志单。

14. 查询单(CARGO TRACER)

查询单是向对方调查货物情况的单证。

查询单通常是在货物发生溢短现象时,由船公司或理货机构编制查询单,向船舶停靠港口调查货物有无错卸、漏卸、错装、漏装等情况,以澄清事实,挽回损失。

15. 货物丈量单(LIST OF CARGO MEASUREMENT)

货物丈量单是记载丈量货物尺码的单证。

丈量货物尺码,计算出货物体积,有两种情况,一种是理货机构为了准确收费的需要,主动地对货物进行尺码丈量,另一种是理货机构受委托方要求,开展对货物进行尺码丈量的业务活动。我国规定货物的一立方米体积为一尺码吨。理货机构是按货物重量吨和尺码吨择大计费。

对货物的重量和体积,一般是按照进口舱单和出口装货单上的数字。但对有疑问者,理货机构可以进行实际丈量,并以丈量的数字为准。

16. 理货证明书(TALLY CERTIFICATE)

理货证明书是委托方确认理货工作的凭证。由理货组长编制。

理货证明书是理货机构向船公司或其代理人结算各项费用的依据。由于理货证明书上列明了进口或出口货物的总件数,因此,它在客观上又起到了船舶实际装卸货物总数量的交接作用。为了便于理货组长填写理货工作项目,在理货证明书上印制了各项内容。

二、理货单证的作用与应用范围

(一)理货单证的作用

根据理货单证产生的过程和所具有的凭证或证据的性质,理货单证应具有以下七点作用:

(1)承运人与托运人或提单持有人之间办理货物数字和外表状态交接的证明。

(2)承运人、托运人、提单持有人以及港方、保险人之间处理货物索赔案件的凭证。

(3)船舶发生海事时,是处理海事案件的主要参考资料(主要是指货物实际积载图的作用)。

(4)港口安排作业、收货人安排提货的主要依据(主要是指货物实际积载图和分舱单的作用)。

(5)船舶在航行途中,保管、照料货物的主要依据。

(6)买卖双方履行贸易合同情况的主要凭证。

(7)理货机构处理日常业务往来的依据。

(二)应用范围

理货单证的应用范围极为广泛,涉及货物流通领域的各个环节,包括仓储、装卸、海运、监督管理、结汇、保险、索赔等;涉及货物的各个关系人,包括发货人、港口、船舶、海关、银行、保险、收货人等;还涉及国内和国外。

我国理货单证提供的对象主要是货物交接的当事人,以及国家行政管理机关。其他有关单位是从货物交接当事人那里根据工作需要索取的。各种理货单证提供的对象是不同的,计数单、现场记录、待时记录、日报单、理货证明书、货物积载图、货物分舱单提供给船方,货物溢短单、货物残损单提供给船方、港方、货方,其中货物积载图和货物分舱单还要通过船方或其代理人提供给国外卸货港。货物溢短单和货物残损单还要通过船代提供给船公司。船代作为船公司的代理人,为及时了解货物装卸情况和便于开展工作,理货机构必须向他提供理货证明书、货物溢短单、货物残损单和货物积载图等单证。

三、理货单证的填制规范

由于理货单证应用范围和提供的对象超越了一个国家的界限,进入了国际领域,因此,理货人员编制的各种理货单证,都要使用国际海运中通用的英文字母和阿拉伯数字。

由于理货单证集中反映了一个国家的理货业务水平,因此,在一定意义上也反映了一个国家的工作水平。国际海员可以目睹一个国家的港口面貌和了解理货工作的情况,而国际上接触到理货单证的人,就会从理货单证的设计、印制,更主要地从理货单证的编制质量上,来看待这个国家的理货机构的工作质量和工作水平。

由于理货单证流转范围广泛,使用价值较高,以及在国际航运界和世界各国港口都有较大影响,因此对理货单证的编制必须有严格的要求。

(1)理货单证必须如实反映理货结果和记录有关情况。要求数字准确,内容确切,文字通顺、理货单证必须如实反映理货结果和记录有关情况精练,字迹清晰、工整,不得涂改。

(2)理货单证分英文和中文两种文本印制,对国际航线船舶和国外委托方申请的理货,填制英文本理货单证;对国内航线船舶和国内委托方申请的理货,填制中文本理货单证。

(3)在理货单证上书写内容和数字时,英文内容用英文印刷体大写字母表示(另有规定的除外);中文用印刷体正楷表示;数字用标准的(规范的)阿拉伯数字表示。数字需用大写时,用英文印刷体大写字母表示,如"5"为 FIVE。要正确使用标点符号。

(4)理货单证上的计量单位要使用国家标准名称和符号,如:吨 t,千克 kg,长度 m,立方米 m^3,日 d,小时 h,分钟 min,人民币 RMB,小数位数的保留按照具体单证要求制作。

(5)理货单证上不用的印制内容,在其中部画一横线,表示不使用。不用的单一空格,在其中部画一横线,表示该空格内没有填写的内容。不用的连续空格,从第一行左端第一个空格起划一条水平线至右端最后一格,再向左端最后一行第一个空格划一条斜线,表示这些空格不使用。当某种单证上只有一横行空格时,则从该行左端第一个空格起画一条水平线至右端最后一个空格即可。

(6)编制理货单证所使用的一切文字,不得潦草书写,但理货人员签名和船方批注除外。

(7)编制的理货单证必须保持整洁、美观,不得涂改。

(8)编制理货单证一律使用钢笔或圆珠笔,不得使用铅笔等。

(9)理货单证共性内容要求:

①理货单证上的"分公司"栏,用中文或英文填写,如"青岛"或"QINGDAO"。公司在印

刷单证时已在版上直接加进分公司名称的不需填写。

②理货单证上的"船名"栏,用中文或英文填写船名全称。

③理货单证上的"航次"栏,按该轮进口舱单或出口装货单标明的航次编号填写。

④理货单证上的"国籍"栏,按该轮注册国籍填写。

⑤理货单证上的"泊位"栏,按船舶实际停靠的泊位名称填写。

⑥理货单证上的"舱别"栏处,集装箱船用贝位(BAY)表示。

⑦理货单证上的"编号"栏,按单证顺序编号,用数字表示,在最后一页的编号后加写"结束"或"END"字样,表示编号上的数字即为该单证的全部份数;当需要编号的单证只有一页时,在编号栏内填写"全"或"ONLY"字样。

⑧理货单证上的"日期"栏(含开工、完工、制单日期),使用八位数字表示,中文顺序为年、月、日,英文顺序为日、月、年,中间用短横线连接。如:二〇一三年三月二十六日,中文表示为 2013 年 03 月 26 日,英文表示为 26-03-2013。

⑨理货单证上的"工作起讫时间"栏,按实际作业时间填写,使用四位数字加"至"或"TO"表示。如:二〇一三年三月二十六日八点至十六点工班,中文表示为 2013 年 03 月 26 日 08:00 时至 16:00 时;英文表示为 08:00 HRS TO 16:00 HRS,26-03-2013。英文版跨日月可用斜杠表示如:2012 年 12 月 31 日 20:00 至 2013 年 1 月 1 日 07:30,英文表示为 20:00 HRS TO 07:30 HRS,31/01-12/01-2012/2013(日-月-年)。

⑩理货单证上使用的数字用阿拉伯数字表示。而大于三位数时,用千分号断开。如:2,687;78,654 等。

⑪理货单证上的数字用英文大写表示时,在第一个文字前写上"SAY",在最后一个文字后写上"ONLY",英文大写数字后面加有括号和具体数字。

⑫理货单证上的理货人员"签名"栏,由当值理货人员使用中文签字表示。字迹清晰可辨。计数单、理箱单、装拆箱理货单可使用理货人员的印章。

任务二　理货单证缮制

子任务一　件杂货理货单证缮制

任务导入

本部分的主要任务是掌握件杂货理货单证缮制的一般要求,并能缮制件杂货理货单证。

任务分析

件杂货理货单证是件杂货船舶理货业务顺利开展的前提条件,因此,理货人员应熟悉理货单证的缮制要求,掌握主要单证的制作。

相关知识

一、理货单证缮制要求

理货人员在件杂货装卸船过程中,经常需要制作的单证有计数单、日报单、现场记录、待时记录、货物分舱单、货物残损单、货物溢短单、货物积载图和理货证明书以及填制装货单。

(1)选港货在积载图上的英文表示法:如在安特卫普、鹿特丹、汉堡三个港口间选择卸港,为 OPTION/ANTWERP/ROTTERDAM/HAMBURG。转港货在积载图上要用 W/T 加英文转港名称表示,如香港转港货为 W/T HONGKONG。

(2)理货单证上使用的词句和缩略语,如包装、舱位、残损、批注等,要用国际航运上通用的方法表示。

(3)理货单证上常用英文表示举例:N/N——NO NUMBER(无提单号);N/M——NO MARK(无标志);V/M——VARIOUS MARKS(各种标志);A/B——ABOVE MENTIONED(上述);N/R——NOT RESPONSIBLE(不负责任);P/L——PART OF LOT(部分货)。见下-SEE BELOW;见上-SEE ABOVE;见附单-SEE ATTACHED LIST;见备注栏-SEE REMARKS COLUMN。

(4)理货单证共性内容要求:

①理货单证上的"提单/装货单号"栏,按进口舱单或出口装货单上的实际编号填写。装货单号一般只填写数字。当实际货物上的标志丢失或与进口舱单上的标志不一致时,在提单号栏内填写"无编号"或"N/N"(NO NUMBER)。

②理货单证上的"标志"栏,按进口舱单或出口装货单上标明的主标志填写。当实际货物上的标志与进口舱单上的标志不一致时,在标志栏内填写货物的实际标志。当货物标志丢失或无标志时,在标志栏内填写"无标志"或"N/M"(NO MARK)。当因货物混装造成不能按票起卸货物时,在标志栏内填写"各种标志"或"V/M"(VARIOUS MARKS)。

③理货单证上的"货名"栏,按进口舱单或出口装货单上的主要货名填写,原则上使用名词单数形式表示。当实际货物上的标志与进口舱单上的标志不一致或丢失时,货名栏一般按"空格"的办法进行处理;但当货物名称十分明确时,货名栏内按实际货物名称填写。如:汽车为 TRUCK,钢板为 STEEL PLATE 等。

④理货单证上的"包装"栏,按照货物的实际包装形式填写,使用名词单数形式或缩略字表示。当一票货内含有两种以上的包装时,要按不同的包装形式分类填写。

⑤理货单证上的"卸货港"栏,按照载货清单或装货单上标明的港口填写,使用全称或缩略字表示。

二、计数单

计数单是装、卸两用单证,是分标志、记件数的原始记录。理货员要按不同舱口、层次,对现提、现装,进、出库场装卸船的货物分别制作。

(1)进/出:卸货应把"OUTWARD"划掉;装货应把"INWARD"划去。

(2)编号:按舱口和工班编号。

(3)船名:用英文或拼音字母填写全称。

(4)泊位:用英文或拼音字母填写船舶停靠泊位名称。锚地作业可填写"ANCHOR GROUND"或"ANCHORAGE"。

(5)舱别:不同舱别和舱位不能填在同一张计数单内。舱别分 1、2、3……,在每个舱口要分清层次、前、后、左、右部位。如 1、T、D、A 即一舱二层柜后部等。

(6)库场、车、驳号:要填明操作过程。如:

卸货:SHIP TO GODOWN　　　装货:GODOWN TO SHIP
　　　SHIP TO STACK YARD　　　　STACK YARD TO SHIP

SHIP TO LIGHTER	LIGHTER TO SHIP
SHIP TO TRUCK	TRUCK TO SHIP
SHIP TO WAGON	WAGON TO SHIP

驳船作业要分清里、外挡操作。

"TRUCK"和"WAGON"要有所区别,"TRUCK"是指卡车运输,"WAGON"是指有车厢的货车。

操作过程改变,计数内容不能填在同一张单证内。

(7)工作起讫时间:两行中如同年同月同日可填写在两行中间,同工班跨年、月、日的则须分别填写。填写年、月、日按英文习惯表示法填写。

(8)提单、装货单号:卸货用进口舱单号,把"装货单号"划掉。装货用装货单号,把"提单号"划掉。

(9)标志:装货按装货单上的主标志填写;卸货按进口舱单上主标志填写。如卸船货物实际标志与进口舱单不相符,按货物实际标志填写;货物无标志,按"NO MARK"填写,此时提单号栏内,应空白。

(10)包装:指包装式样,一律用英文缩写和英文单数填写。如 CASE:(C-)、BALE(B-)、DRUM(D-)、CARTON(C'TON)、BUNDLE(B'DLE)、PIECE(P'CE)、CONTAINER(CONT.)。

(11)计数:每空格填写每钩货物件数。一票货物数字结束后,在其最后一钩数字后面用一个⊗符号,表示截止。在小计栏内填上累计数。如有空格余下,则用>符号划去,表示以下空格不计数了。

(12)总计:只填写计数的总件数,不必填写包装名称。

(13)计数单上的"备注"栏,在所发生的项目前划一个"△"并记录发生的有关内容。

(14)备注:

①节假日:在我国法定节假日和每日后半夜工班,对外籍船舶、租船、中外合营船舶进行理货时,理货员应在"节假日""夜班"后面,分别写明所理货物的单号和件数。

②非一般货舱:指船舶吨井舱、油柜、水柜、行李舱、甲板房、邮件间、保险房、冷藏舱、首楼、尾楼、走廊等地方装卸货物时,理货员应在"非一般货舱"后面,分别写明所理货物的单号和件数。

③锚地:在港口检疫锚地、防波堤外或港池外各水域进行理货时,理货员应在"锚地"后面写明所理货物的单号和件数。

④融化、冻结、凝固、粘连货物和海事货物:在卸船作业中需要进行敲、铲、刨、拉等辅助作业的货物以及遇难船舶装载的货物,或从遇难船舶转卸到其他船上的货物进行理货时,理货员应在"融化、冻结、凝固、粘连货""海事货物"后面,分别写明说理货物的单号和件数。

⑤舱内或出舱翻舱:对于船方原因造成舱内货物翻舱时和由船方申请理货出舱翻舱时,理货员应在"舱内或出舱翻舱"后面,写明所理货物的单号和件数。

⑥分标志:由于船舶装舱混乱、隔票不清,使货物在卸船当时无法分清标志,只能卸船后在库场进行分标志时,理货员应在"分标志"后面,写明所理货物的单号和件数。

⑦待时:在船舶装卸过程中,由于船方原因造成理货人员待时.理货员应在"待时"后面写明待时原因和起讫时间。

填制份数:一式两份,理货和船方/委托方各执一份。

三、日报单

1.填写要求

日报单由理货长根据每工班的计数单填制而成。

进出、船名、工作起讫时间等各栏的填写要求与计数单相同。

(1)编号:由于此单是从装货或卸货开始起至结束时为止,每工班连续使用。因此,其编号要用 L1、L2、L3……表示装货编号。反之,用 D1、D2、D3……表示卸货编号。

(2)货名:要根据每工班所装卸的货种,选择几种有代表性的货物名称填写。对零星杂货,则可归纳填写,对大宗货、散装货、冷藏货、危险品、重大件、贵重品等特殊货物,则要单独填写。

(3)舱、件/吨:根据各舱计数单上的总计数,分别填写,不分舱口层次。对非一般货舱的货物,则应在空白格内填写所装/卸舱位,EL 相应填写件数和吨位。

(4)本日小计:是填写本班各舱累计的数,要求横格和竖格的数字相一致。

(5)前日累计:是把前一工班日报单上各舱总计的各栏数字转抄在本工班日报单上的前日累计各栏内。

(6)总计:是填写本日小计和前日累计之和数字,要求横格和竖格的数字相一致。

(7)备注:主要填写需要说明的事宜。

2.几点说明

(1)注意跨年度的年月日制单英文方法:

例:31/01-12/01—2013/2014,(日)-(月)-(年)。

(2)卸船后物发生溢短时,最后一份日报单的总件数必须根据溢短货的件数做相应的调整,对溢短货物的重量亦做相应的增减。

(3)装船货物发生退关时,应根据装货单上的退关件数和重量在日报单上做相应的更改。

四、现场记录

(1)船名、泊位、舱别、编号、工作起讫时间等各栏的填写要求与计数单相同。

(2)提单号、标志、货名:根据进口舱单,填写原残货物的提单号、标志和货名等内容。

(3)件数及包装:填写原残货物的件数和包装式样。

(4)情况说明:填写原残货物的受损情况和程度。

五、待时记录

1.填写要求

(1)单证各项内容的填写要求与计数单相同。

(2)舱别:是指停工待时的舱口,每次每舱口填写一项。

(3)人数:是填写停工待时的舱口理货员人数。原则上只能一个舱填写 2 人,其他舱填写 1 人,特殊情况除外。各作业舱口同时停工待时,方可计算理货长的待时人数。

(4)起讫时间:是指发生待时的当日,填写何时开始到何时终止,待时作业时间段跨越白、夜班或节假日时,需填制具体分段时间。

(5)时间:是填写待时从开始到终止,共计几小时几分。

(6)原因:是指船舶在装卸过程中,由于船方原因造成理货人员停工待时。包括:非工人责任造成的船舶吊机故障、起落吊杆、舱内打冷气、开关舱、平舱、铺垫、隔票、拆加固,或由于船方原因舱内翻舱等,致使装卸停止和理货人员待时,CAUSE 栏中应用现在分词形式。

2.几点说明

(1)待时累计不足半小时不计。

(2)各作业舱口理货员皆待时,方可计理货长的待时时间。

(3)全船待时时间汇总以后,尾数不足一小时的,按一小时进整。

(4)待时时间计算到船舶装卸工作终了为止。

六、货物分舱单

1.填写要求

(1)船名、航次、国籍、卸货港:根据载货清单相对应的内容填写。

(2)编号:根据单证的先后顺序填写 1、2、3…。

(3)开工日期:根据第一份计数单的开工日期填写。

(4)制单日期:根据制单完毕日期填写。

(5)装货单号、标志、货名、件数和包装、重量、容积:根据载货清单上相对应的内容填写。

(6)一舱至五舱的件数和积载位置:根据装货单上签注的实装数量和装舱位置填写。非一般货舱的货物,在空白的格内填写。

(7)小计:填写各舱货物的累计件数。

2.几点说明

(1)装货单上所列内容有更改,包括短装和退关,货物分舱单上要做相应的更改。

(2)货物分舱单上各舱的累计总件数必须与日报单和积载图上各舱总件数相一致。

(3)货物分舱单上各卸货港的累计总件数必须与积载图上各卸货港的总件数相一致。

(4)货物分舱单上各舱汇总的总件数必须与载货清单上的总件数相一致。

七、理货证明书

(1)进/出:装船理货把"进"划掉,卸船理货把"出"划掉。

(2)船名、航次、国籍:装船理货长根据载货清单填写,卸船理货长根据进口舱单填写。

(3)开工日期:根据第一份计数单上的日期填写。

(4)制单日期:根据制单完毕日期填写。

(5)理件货、数量、单位:按实际理货结果填写所理货物名称、数量和包装。

(6)办理散货单证、手续业务、数量、单位:散装出口货按装货单上列明的吨位填写数量和重量单位。散装进口货按进口舱单上列明吨位填写数量和重量单位。

(7)重箱和空箱、数量、单位:理集装箱时,按实际理箱结果将 20 英尺和 40 英尺空、重箱分别填入各自的箱数和单位。

(8)装或拆箱、数量、单位:装箱理货把"拆"划掉,拆箱理货把"装"划掉,且根据装或拆箱理货结果填写数量和包装。

(9)UNIT 栏用单数表示。

(10)件杂货有附加项,若主栏不足,可在附加栏体现。如超长、超重等。

(11)批注:填写与理货收费有关的事宜。

子任务二 积载图绘制

任务导入

本部分的主要任务是掌握件杂货物配积载的技术与方法,并能绘制货物积载图。

任务分析

货物积载图是船方进行货物运输、保管和卸货工作的参考资料,也是卸货港据以理货、安排泊位、货物进舱的文件。装货港理货组长或理货员通常在装货结束后,按货物实际装舱情况编制船舶积载图。

相关知识

一、积载图的绘制原因

装船前,理货机构已从船方或其代理人处取得配载图,理货人员根据配载图来指导和监督工人装舱。但是,在装船过程中,经常会发生调整和变更配载图,其主要原因是:

(1)由于货物的实际尺码与装货清单上记载的理论尺码不一致,造成部分货物不能按原配载图要求装船,于是,需要调整或变更货物的原装舱位置。有时甚至因舱位不够而不得不退关。

(2)由于货物未能按计划集中到港,以致造成部分货物不能按配载计划装船,只能调整货物装船顺序和变更货物装舱位置。

(3)由于各舱装货进度不平衡,港口为了调整作业计划,缩短船舶在港时间,就向船方提出调整或变更个别舱的计划。

(4)由于港口库场管理不善,或与外运等运输部门配合不协调,或其他意外原因,造成部分货物无法按配载计划装船,从而改变了原配载图的计划。

(5)有些港口的港池浅,大船只有在海水高潮时才能顺利离港。为了抢时间,临时改变作业计划,增加作业舱口,这样就迫使船方调整和变更配载计划。

因此,在装货过程中,调整和变更配载图是常有的事,但有一条原则,即凡要调整或变更配载图,均需征得大副同意,任何人都无权擅自调整或变更配载图。但是,理货组长必须参与配载图的调整和变更事宜,协助船方大副做好此项工作。为此,提出几点与理货工作有关的注意事项:

(1)调整或变更的货物必须是同一卸货港的,港口顺序不能颠倒。

(2)调整或变更的货物,不能破票,必须整票货物一起移动。

(3)调整或变更的货物数量,必须根据货舱的舱容而定,宁少勿多,以防舱容不够而退关。

(4)调整或变更的货物不能与原舱的货物发生性质互抵的现象,也不能造成重压轻的情况。

(5)调整或变更后货物必须在配载图上用明显的颜色加以标明,同时,在装货进度表上也要注明部分调整或变更货物的装货单号、件数、重量和舱位。

这样做的目的,一是为了配合船方和港方做好货物装舱积载工作;二是为了有计划、有步骤地指导装船理货工作,真实反映货物实际装载位置,为绘制货物积载图打好基础。

二、积载图的绘制原则

装船结束时,理货组长要绘制货物实际装船位置的示意图,即实际货物积载图。在图上要标明卸货港、装货单号、货名、件数、包装和重量等内容。绘制积载图的一般原则是:

(1)积载图反映的船舶方向为船舶的首尾方向,船首为右,船尾为左。

(2)积载图反映的船舶底舱为侧面图。所谓侧面图,就是站在船舶右舷的前面,观看底舱货物装载部位,以此绘制而成的示意图。在侧面图上,用竖线表示货物的前、后舱位,即右边为前舱位,左边为后舱位。用横线表示货物的上、下舱位,即上部为上舱位,下部为下舱位。用斜线表示货物的左、右舱位,即左上位为左舷舱位,右下位为右舷舱位。

(3)积载图反映的船舶二层舱及二层舱以上舱位为平面图。所谓平面图,就是站在船体甲板上,俯首观看二层舱以上货物装载部位,以此绘制而成的示意图。在平面图上,用竖线表示货物的前、后舱位,即右边为前舱位,左边为后舱位。用横线表示货物的左、右舱位,即左上位为左舷舱位,右下位为右舷舱位。用斜线表示货物的上、下舱位,即上部为上舱位,下部为下舱位。

(4)积载图反映的货位大小是按货物的容积大小比例绘制而成。

(5)平面图远离舱口位正中越远,表示所装货物越在下面或里面。

(6)积载图的船型图用实线"———"表示;同一卸货港的货物之间用虚线(点线)"………"表示;不同卸货港的货物之间用锁线(点划线)"—··—··—"表示。

三、积载图的绘制要求

(1)研究绘图技术,掌握绘图原则,字迹工整、清晰、线条明确、易懂。

(2)绘制积载图时,用英文标明卸货港、装货单号、货名和包装,用阿拉伯数字标明件数和重量。小票零星货物的货名可笼统用杂货名称。

(3)准确地使用通用的线条和符号表示货物的实装舱位。

(4)积载图上内容要填写齐全,包括船名、航次、国籍、装货港、中途港、目的港、装货完毕日期、货名、各卸货港、各舱、各层的货物件数和重量,以及总件数和总重量。

(5)积载图的备注栏内应写明卸货注意事项和要求。

四、积载图的货位表示法

(一)侧面图

1.示例1(图2-7-1)

图2-7-1说明:

(1)从前舱壁起至第二节舱盖止的中心线的左侧部分,高度约1/3。

(2)从前舱壁起至第二节舱盖止的中心线的右侧部分,高度约1/3。

(3)从前舱壁起至第二节舱盖止全部装满,其中在前两节舱口位正下方,约1/4高度的地方留有空位。

(4)从后舱壁起至第三节舱盖止,1/3舱口位正下方的左侧部分,高度约2/3。

(5)从后舱壁起至第三节舱盖止,1/3舱口位正下方的右侧部分,高度约2/3。

(6)从后舱壁起至第三节舱盖止,1/3舱口位正下方,即(4)、(5)左右两侧的中间,高度约 1/2。

(7) 从后舱壁起至第三节舱盖止,1/3 舱口位正下方,即(6)的上面,高度与(4)、(5)持平。

(8) 从后舱壁起至第三节舱盖止,即(4)、(5)、(7)的上面,装满。

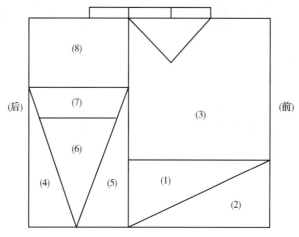

图 2-7-1　侧面图(一)

积载状态的分解图如图 2-7-2~图 2-7-5 所示。

图 2-7-1 中的(1)、(2)分解图见图 2-7-2。

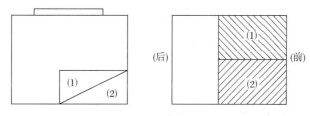

图 2-7-2　分解图之一

图 2-7-1 中的(1)、(2)、(3)分解图见图 2-7-3。

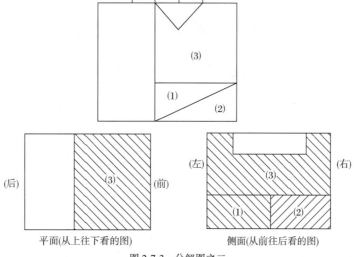

图 2-7-3　分解图之二

图 2-7-1 中的(4)、(5)、(6)、(7)分解图见图 2-7-4。

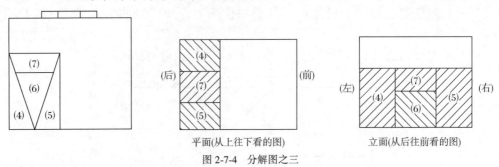

图 2-7-4　分解图之三

图 2-7-1 中的(8)分解图见图 2-7-5。

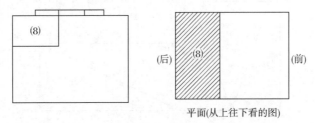

图 2-7-5　分解图之四

2. 示例 2(图 2-7-6)

图 2-7-6 说明：

(1)从前舱壁起至舱口位处止(不出舱口位)的下部,高度约 1/2。

(2)从前舱壁起至舱口位处止(不出舱口位),(1)的上面,装满。

(3)一部分在 1/2 舱口位正下方,一部分在整个舱口位正下方,(7)的上面,高度约 2/3。

(4)舱口位正下方的左内侧,(3)的上面,装满。

(5)舱口位正下方的右内侧,(3)的上面,装满。

(6)舱口位的正下方,(4)、(5)左右两侧中间,(3)的上面,装满。

(7)从后舱壁起至 1/2 舱口位正下方的下部,高度约 1/2。

(8)从后舱壁起至舱口位处止(不出舱口位)的左内侧,装满。

(9)从后舱壁起至舱口位处止(不出舱口位)的右内侧,装满。

(10)从后舱壁起至舱口位处止(不出舱口位),(8)、(9)左右两侧的中间,装满。

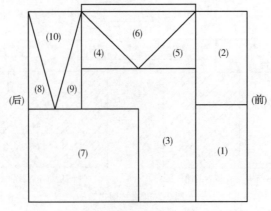

图 2-7-6　侧面图(二)

(二)平面图

1.示例 1(图 2-7-7)

图 2-7-7 说明:

(1)从前舱壁起至舱口位处止(不出舱口位)的下部,高度约 1/2。

(2)从前舱壁起至舱口位处止(不出舱口位),(1)的上面,装满。

(3)从左舷起至舱口位处止(不出舱口位)的下部,高度约 1/2。

(4)从前 1/2 右舷壁起至右舷内侧 1/2 空间止,装满。

(5)从前 1/2 右舷外侧,即从外部起至舱口位处止(不出舱口位),高度 1/2。

(6)从前 1/2 右舷外侧,即(4)的外部起至舱口位处止(不出舱口位),(5)的上面,装满。

(7)从后舱壁起至舱口位处止(不出舱口位),及延长后 1/2 右舷,高度均约 1/2。

(8)从后舱壁起至舱口位处止(不出舱口位),(7)的上面,装满。

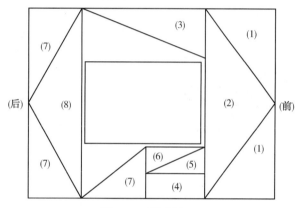

图 2-7-7 平面图(一)

2.示例 2(图 2-7-8)

图 2-7-8 说明:

(1)从前舱壁起至舱口位处止,右侧一半位置,装满。

(2)从前舱壁起至舱口位处止,左侧一半位置,装满。

(3)舱口位左舷位置,装满。

(4)舱口位右舷位置,高度约 1/2。

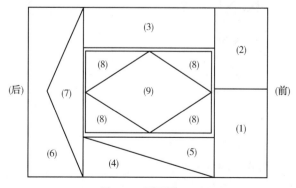

图 2-7-8 平面图(二)

(5)舱口位右舷位置,(4)的上面,装满。
(6)从后舱壁起至舱口位处止,高度约2/3。
(7)从后舱壁起至舱口位处止,(6)的上面,装满。
(8)舱口位正下方,高度1/2。
(9)舱口位正下方,(8)的上面,装满。
积载状态分解图,如图2-7-9~图2-7-13所示。
图2-7-8中的(1)、(2)分解图见图2-7-9。

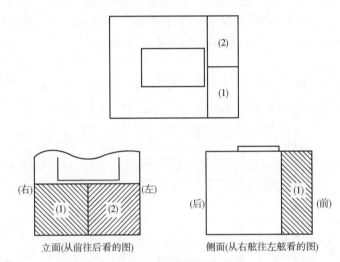

图2-7-9 分解图之一

图2-7-8中的(3)分解图见图2-7-10。

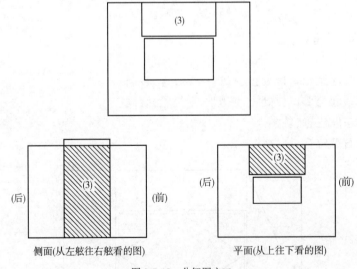

图2-7-10 分解图之二

图2-7-8中的(4)、(5)分解图见图2-7-11。
图2-7-8中的(6)、(7)分解图见图2-7-12。
图2-7-8中的(8)、(9)分解图见图2-7-13。

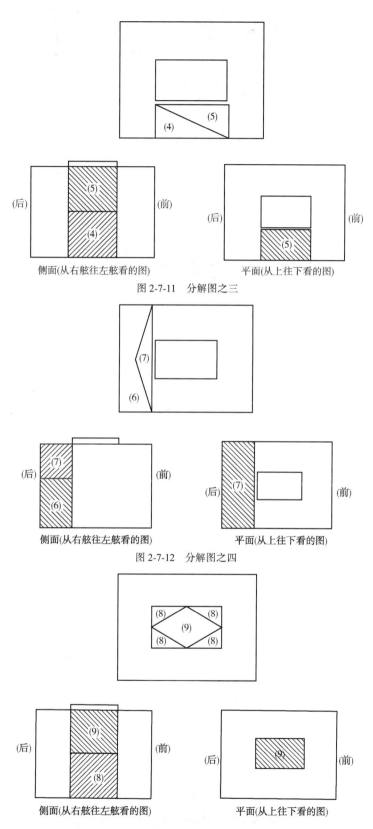

图 2-7-11　分解图之三

图 2-7-12　分解图之四

图 2-7-13　分解图之五

· 263 ·

3.示例3 双舱盖货位平面图(图 2-7-14)

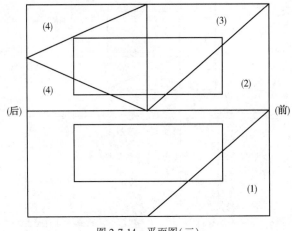

图 2-7-14　平面图(三)

(三)有关其他舱位的表示方法

1.冷藏舱(图 2-7-15)

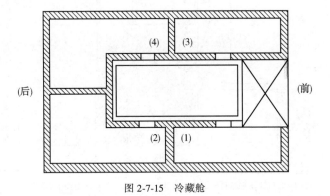

图 2-7-15　冷藏舱

2.保险房(图 2-7-16)

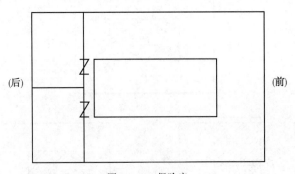

图 2-7-16　保险房

3.杂货船甲板上装载集装箱的货位表示法

(1)甲板上装一层集装箱的表示法(图 2-7-17)。

(2)甲板上装二层集装箱的表示法(图 2-7-18)。

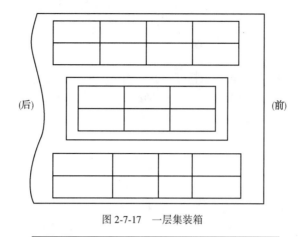

图 2-7-17 一层集装箱

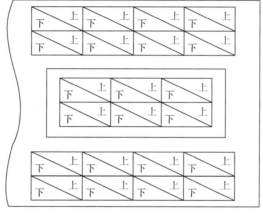

图 2-7-18 二层集装箱

五、积载图的绘制步骤

(一)绘制草图

绘制正式积载图之前,一般要先绘制草图,再根据草图绘制正式积载图。这样绘制出来的积载图,既准确,又整洁、美观。绘制的步骤是:

1.绘制船型图

船舶的舱室布置不完全相同,我们要根据作业船舶的实际舱室,在积载图上用实线正确地绘制出机舱和不同层次货舱的位置。机舱不装货,一般用交叉的实线来表示。除了各货舱用来装货外,还有油舱(DEEP TANK)、吨井舱(TONNAGE WELL)、保险房(LOCK)、首楼(FORECASTLE)、尾房(POOP CABIN)等也可用来装货,这些舱位也应在积载图上表示出来。货舱一般分为底舱和二层舱。三层舱的,最上层称为上二层舱、中间称为下二层舱。它们舱容大小根据实际舱容大小用实线正确地绘制出来。

2.绘制货位图

货位图要按上一节货位表示法来绘制。然后在货位图上标明目的港、装货单号、货名、包装、件数和重量等内容,它们通常用英文印刷体大写和阿拉伯数字正楷书写。

例如:HONGKONG(目的港)

S/O 75-80(装货单号)

TOYS(货名)
580 C'TNS(件数和包装)
G:18.711t(重量)

如一票货物分装在两个货位上,则应在两个货位上分别填明目的港、装货单号、货名、包装、实际装载的件数和重量。如所画的货位图形较小,文字内容一处写不下,则可把文字内容分两处填写,并标上同一符号。

在绘制货位图时,要注意以下几点:

(1)整票货物画入草图。理货组长在每工班装货结束后,应对照装货进度表和装货单(S/O),按先下后上,先右后左的原则,把已装船的货物绘制在草图上,要写上收S/O多少份。由于理货工作是四班作业,为了使每一班都能明白上一班货物画入草图的情况,避免重复或遗漏,一般采用在装货进度表的重量栏上画个圈,以表示该票货物已画入草图。各舱的S/O用红笔圈。每票货物开始作业要用蓝笔在红圈上划一点,此票货完后用蓝笔打叉。

(2)破票变动舱位货物画入草图。装货过程中,有时因故需要变更整票货物中一部分货物的舱位,这要先在配载图和装货进度表上用文字和记号标明变更货物的装货单号、件数、重量和舱位,然后,根据变更后的货物实际情况,画入草图。

(3)整票变更舱位货物画入草图。装货过程中,因故将整票货物变更舱位时,在配载图和装货进度表上要先标明变更舱位,然后,根据实际舱位画入草图,要切实防止重复或遗漏。

(4)残损货物画入草图。装货过程中,因货物受损无法按原计划装载时,应先在装货进度表上标明该票残损货物的件数和重量,然后,待残损货物修整或调换后,按它实际装载舱位画入草图,防止重复或漏画。

(5)船方提供的出口配载图上不要写开工时间,只加盖SHEET NO.ONLY即可。

(6)根据船方提供的配载图制作的积载草图,要写明开工时间年月日。

3.汇总货物件数和重量

货物积载图上方两侧有两栏表格,一栏是各舱、层货物件数和重量汇总表,一栏是各卸货港货物件数和重量汇总表。我们在绘制草图时,做到以下几点:

(1)每日画入草图的各舱货物件数和重量必须与日报单上各舱货物件数和重量相一致。

(2)画入草图的各卸货港货物总件数和总重量必须与出口舱单上的各卸货港货物总件数和总重量相一致。

(3)两栏表格的汇总货物总件数和总重量必须相一致,同时要与出口舱单的全船货物总件数和总重量相一致,与最后一份日报单上的总件数和总重量相一致。

若是出现草图上数字与日报单或出口舱单上的数字不一致,则说明不是草图上数字有问题,就是出口舱单或日报单上数字有差错,此时,务必查个水落石出,不能随意处理。

4.全面检查草图

草图绘制成之后,应对照装货进度表进行全面检查,以防漏、重画和其他差错。检查内容主要有:

(1)检查各票货物的舱位是否正确,所画线条是否符合规定。

(2)对照装货清单检查各票货物的货名和卸货港是否正确。

(3)对照装货进度表检查各票货物的装货单号是否有遗漏和重复。

(4)检查各舱货物的件数和重量是否正确。

(二)绘制正式图

在绘制的过程中,要注意以下几点:

(1)正式积载图主要使用计算机绘制。装货过程中,因货物受损无法按原计划装载时,应先在装货进度表上标明该票残损货物的件数和重量,然后,待残损货物修整或调换后,按它实际装载舱位画入草图,防止重复或漏画。

(2)绘制的实装舱位和空舱位之间的比例要与实际情况相符。

(3)货位图内所需填写内容写不下时,可用较小字号或用箭头线引向附近地方填写。

(4)如需要在卸货过程中加以注意的事项,如重大件的体积或重量,备用袋的数量等,可记载在备注栏内。

(5)积载图绘制成后,再仔细地检查一遍,所有的数字都要认真地计算一遍,在没有任何异议的情况下,可打印出来提请船方大副签字。

子任务三 集装箱理货单证的缮制

任务导入

本部分的主要任务是掌握集装箱理货单证缮制的要求,并能缮制集装箱理货单证。

任务分析

集装箱理箱和装拆箱理货单证是集装箱船舶和装拆箱理货业务顺利开展的前提条件,因此,理货人员应熟悉理货单证的制作要求,掌握主要单证的缮制。

相关知识

集装箱理箱和理货单证的缮制要求遵守理货单证缮制的一般要求,前述已经学习了件杂货理货单证的缮制要求,在此不再赘述。

一、理箱单(Tally Sheet for Containers)

理箱单是船舶装卸集装箱时理货员记载箱数的原始凭证,是理货组长编制集装箱积载图、理货证明书和理货结果汇总证明的原始依据。

(1)理箱单上的"箱号"栏,按实际装卸的集装箱箱号填写,内容包括箱主代号、顺序号和核对数。

(2)理箱单上的"铅封"栏,进口箱可根据实际情况分别填写:完好(OK)、断落(BROKEN)、丢失(MISS)。

(3)理箱单上的"尺寸"栏,按集装箱实际规格分40尺(40′)和20尺(20′)分别填写。对非标准的集装箱,按实际尺寸规格填写。

(4)理箱单上的"重/空箱"栏,按集装箱实际情况分重箱(F)和空箱(E)分别填写。

(5)理箱单上的"备注"栏,在单证下方统计总数、细数,并注明夜班、节假日等附加作业项目。

(6)集装箱理箱单一般由电子制单室根据终端确认信息统计打印,无法打印的按照上述要求手工编制。

填制份数:一式两份,理货和船方/委托方各一份。

二、现场记录(on-the-Spot Record)

现场记录是理货人员记录货物异常状况和现场情况的原始凭证。
(1)现场记录上的"情况说明"栏,填写集装箱的残损部位和状况等。
(2)现场记录上的"值班驾驶员"栏,由船舶值班驾驶员或责任方负责人签字确认。
填制份数:一式两份,理货和船方/委托方各一份。

三、日报表(Daily Report)

日报表是理货组长向船方报告货物、集装箱装卸进度的单证,由理货组长依据舱口理货员填制的计数单和理箱单汇总编制,每24小时向船方提供一次(也可根据委托方的要求补充提供)。进口和出口的货物、集装箱不能合填一张日报表。
日报表提供的吨数仅供参考。
(1)本地装卸箱的日报表由电子制单室打印。
(2)对出舱翻舱和重装的集装箱,另行填制日报表,并分别列明"出舱翻舱"或"Shifting"和"重装"或"Reloading"或"Loaded"。
(3)日报表填制完毕,由理货组长签字即可,无需船方签认。
填制份数:一式两份,理货和船方/委托方各一份。

四、集装箱溢短残损单

集装箱溢短残损单是记载集装箱箱数溢短和箱体残损情况的证明,由理货组长根据理箱单和现场记录对照舱单汇总编制,此单为一单两用。当整船进口集装箱无溢短残损时,仍需编制集装箱溢短残损单。
(1)泊位栏如未干完移泊,按照完船所在泊位填写,如有特殊情况及时汇报。
(2)Nil写于斜线中间。仅有溢或短时,短或溢栏应划销,不加Nil。如无溢短而又因残损箱多,需做几份溢短残损单时,每份单证溢短栏都要写上Nil。
(3)溢短箱均需注明空重大小;短卸箱注明提单号;溢卸重箱需注明铅封号(特殊情况及时汇报)。
(4)卸前无舱单,溢短栏划销,不加Nil。Remarks栏表述:No Manifest Before Discharging。对国内船舶(含挂方便旗的)可酌情使用中文。
(5)溢短需加附表时,首先要用英文在溢短栏中表明溢短细数,并划销剩余格。Remarks栏中表述:See Attached List,对国内船舶(含挂方便旗的)可酌情使用中文。附表中也应包含第(3)项内容。
(6)进/出口溢短残损单在与港方核对后,在第二页右上角请调度员签字。
(7)进口溢短残损单第三页右上角要写上"船舶靠港时间,×年×月×日×点×分"字样。内支线船舶需在前面注明。

五、待时记录

待时记录是记录由于船方原因造成理货人员停工待时的证明,由理货组长根据计数单备注栏内的待时内容汇总编制。
(1)Cause栏中应用英文现在分词形式。

（2）Person 栏中人数一般不要超过 2 人，单个时间原则上不超过 2 小时，中货代理的中远船舶单个时间原则上不超过 1 小时，特殊情况除外。

（3）一般情况下，在日期栏下方注明总时间段，此时间段需覆盖待时长度，也可在起止栏分时段填写。

（4）待时作业时间段跨越白夜班或节假日时，需分多份单填制。

六、理货证明书

理货证明书是船方/委托方确认所完成理货工作的证明，是外轮理货分公司向船公司或其代理人结算各项费用的依据。

（1）开工、完船日期按照主栏项目（包含翻捣箱）的最早和最晚日期填写。

（2）UNIT 栏用单数表示。

（3）件杂货有附加项，若主栏不足，可在附加栏体现，主、附栏一定要分清。

（4）Stuffing/Stripping of containers 栏卸货划去 Stuffing，其余保留；装货全部划去。

（5）RESEAL 需在证明书中体现，RESEAL 没有附加项。

（6）翻捣箱在主栏和附加栏中，都应表明其相应的大小空重细数，如翻捣箱全在一个时间段，附栏中可不注明细数。

（7）装箱时如装上船后又退关，作 LOADED&SHIFTING，其表示法同（5）。

（8）节假日、夜班作业英文要写全。如：HOLIDAY_CONT'S，NIGHT SHIFT_CONT'S。

（9）与调度对数后在理货组长签名下让调度签字。

七、理货结果汇总证明（Certificate of Summary on Tally）

理货结果汇总证明是记载全船货物/集装箱经理货（箱）后最终反映全船理货结果的汇总证明，除反映理货结果外，还可对货物的数量、质量及有关情况，在情况说明处加以说明。

填制份数：一式三份，理货、海关和船舶代理人各一份。

八、集装箱积载图（Container Stowage Plan）

集装箱积载图由三个部分组成，即"贝位图"（Bay Plan）、"综合明细单"（Conteiner Summary）和"总积载图"（General Stowage Plan）。

1. 贝位图

贝位图是记录每个集装箱的实际箱号、重量等内容的分位置图，是填制"综合明细单"和"总积载图"的原始依据。正确标明卸箱港，按照国际航运惯例，每个箱位都要标明装箱港和卸箱港，卸箱港在前，装箱港在后，港口名称可用简略字表示。如：青岛-香港用"HKG EX QIN"表示。

（1）填写箱号要规范。箱主代号、顺序号和核对数之间稍留空隙。

（2）集装箱的重量填写在箱号下一行位置上。

（3）20 英尺的集装箱一般采用奇数贝位表示，偶数贝位则表示 40 英尺的集装箱，相对应的单数箱位用"×"划去。

（4）标明特殊规格或装有特殊货物的集装箱。除常规干货箱外，其他各种规格或箱型的集装箱均在贝位图上用相应的缩略字表明，如框架箱用 FR 表示；开顶集装箱用 OT 表示；超长、超宽、超高的集装箱也要注明。对箱内装有特殊货物的集装箱，如冷藏货用 RF 标明；危险品用 IMO 标明等。

（5）正确标明航次。按进口舱单或出口装货单（场站收据）标明航次号填写。

（6）结清各贝位的累计数字，便于填制"综合明细单"。

（7）贝位图上的同类内容或数据要保持在同一水平线或同一垂直线上。

2.综合明细单

综合明细单中应分清各卸货港的空重大小、特种箱（冻柜、危险品箱等）的箱数、吨数以及总箱数，吨数等内容。

3.总积载图

总积载图是全船总箱位分布图，能反映箱位总数和装卸港箱量分布情况，便于卸箱港安排作业计划。除了具体箱号之外，其他一切数据都能从总积载图上反映出来。

（1）标明受载箱位。原则上对定港支线集装箱船舶采用"F"或"E"字样表示，对干线集装箱船舶，一律用卸箱港英文第一个字母标明受载箱位。

（2）标明危险品集装箱。在总积载图上除了标上"IMO"，并用实线连接积载箱位外，还要根据"装箱单"和"装货单"，标明危险品货物的类别和国际危规的统一编号"UN"。

（3）标明冷藏货物集装箱。除了标上"RF"，并用实线连结积载箱位外，还要根据"装箱单"和"装货单"，标明要求保持的温度，如要求保持零下 18 度，用 T-18℃ 表示。

（4）标明超常规尺寸的集装箱。对超长、超宽、超高集装箱，如果就受载箱位而言属超常规尺寸那部分，则用实线三角标明，此三角的底线要与受载箱位的一端连结。

（5）在全集装箱船运输中，如该船除集装箱外要捎带件货时，在总积载图上要用"B/B"字样标明，直线要指向积载位置，同时标明货物重量。

（6）集装箱空箱用英文大写字母"E"表示。

（7）总积载图上用"×"划去的箱位要与"贝位图上划去的箱位相一致。"

填制份数：根据需要确定填制份数，主要提供船方和船舶代理人。

九、单船报告表

（1）单船报告表中，在填报日期后加上：航次。如 VOY.0258W；右侧编号前填写代理公司和船公司名称，代理公司名称在前，船公司名称在后。

（2）国外装卸港栏填写航线。内支线标明装卸港；烟海船公司、金泉代理的釜山线船舶，航线要注明釜山。

（3）件数、吨数一栏按实际装/卸数填写。吨数栏保留一位小数；若有件杂货，件数和吨数的合计栏应包含件杂货（合计栏吨数及件杂货重量保留小数点后三位）；合计栏不含翻捣箱的件数和重量。

（4）如有件杂货，票数栏填写件杂货票数，只有集装箱的不填。

（5）在情况说明栏左方填写的内容有：A 理进（出）口集装箱（细数）；B 有件杂货的需填写：理件杂货××件/吨数，如超长超重件杂货，需标清超长超重的件数、尺码和重量（或见计数单、尺码单）；C 如重施封，如：RESEAL：3 P'CS；D 有翻捣箱的填写：SHIFTING、RELOADING、（LOADED）、SHIFTING/RELOADING：箱数（细数）/总吨数。

（6）在情况说明栏右方填写的内容有：A 残损箱数，需写明残损箱总数、队别残损数、理货员姓名、残损个数、理货组长姓名；B 翻捣箱数，需写明翻捣箱总数、队别翻捣箱数、迄止时间、细数。

(7)附两份电子打印的单船明细表,其中一份写出队别、组长(副组长)、待时情况;如有件杂货,需注明理货队、理货人员、时间等。

十、装/拆箱理货单(Tally Sheet for Stuffing/Stripping)

装/拆箱理货单是理货员记载集装箱内货物票号、数字和残损情况的原始记录,是编制集装箱货物溢短残损单的依据。在集装箱出口过程中,是集装箱堆场填制"装箱单"的参考资料。

(1)"装/拆箱地点":对门/门作业的,要填写装/拆箱地址和单位名称;对港区或理货设点货运站作业的,则要写明场站名称。

(2)"尺寸"栏:按所装/拆箱的实际集装箱尺寸规格填写(20'、40'、45')。对特种集装箱,则要标明集装箱的类型代号,如冷藏箱用"RF"表示,框架箱用"FR"表示,开顶箱用"OT"表示,开边用"OS"表示,平板箱用"PF"表示,油罐箱用"TK"表示,超高箱用"HC"表示等。

(3)"铅封号"栏:按所装/拆箱的实际铅封号填写。对拆箱时发现的铅封断落或铅封丢失的集装箱,按实际情况填写。

(4)"残损情况"栏:填写拆箱过程中发现的原残件数和残损状况。

(5)装/拆箱理货单填制完毕,要取得收发货人或其代理人交接人员的签字确认。

填制份数:一式两份,理货和船方/委托方各一份。结合公司实际,目前公司只有拆箱业务,因此只需填制拆箱理货单。

十一、集装箱货物溢短残损单(Outturn List for Conteinerized Cargo)

集装箱货物溢短残损单是记载集装箱内货物件数溢短和原残情况的凭证,是海关对箱内货物进行监管和有关方进行索赔的重要依据,此单为一单两用。集装箱货物溢短残损单根据装/拆箱理货单汇总编制,如盖分公司业务专用章后始为有效。对一票货物装多个集装箱,舱单列明分箱数字的,要按箱列明件数溢短和货物原残。

对卸船时铅封完好,拆箱前铅封断落、丢失或拆箱单位自行启封的集装箱,箱内货物件数短少和残损,由拆箱单位自行负责,理货人员不得为其填制含有上述短少或残损内容的集装箱货物溢短残损单。

集装箱货物溢短残损单内的各栏内容,其填制要求和方法与其他集装箱单证的填制相同。

填制份数:一式四份,理货、委托方各二份。

十二、集装箱验封/施封记录(Record of Container Scaling/Seal-Examining)

集装箱验封/施封记录是记载集装箱封志完好状况和施封情况的凭证,是收取验封/施封费和封志费的凭证。

(1)"箱号"和"原铅封号"栏,根据舱单或收(发)货人提供的资料填写。

(2)"原铅封完好情况"栏,按铅封实际存在状况填写完好(OK)、断落(BROKEN)、丢失(MISS)等情况。

(3)"新加铅封号"栏,按重新施封的铅封号填写。

(4)单证填制完毕,要取得船方/委托方的签字确认。

填制份数:一式两份,理货和船方/委托方各一份。

项目八　检验鉴定

任务一　船舶水尺计重

任务导入

作为水尺计重人员，为了对船舶货物进行正确的水尺计重，得到较为准确的货物重量，需要事先对水尺计重计算所需要的正确数据进行收集、观测和测定。

任务分析

水尺计重是目前对进口海运大宗散货运用最多、最频繁的一种计量方式。随着船运散装货市场的发展，内贸中许多船运装货也需要做水尺计重，特别是江河中的船舶，亟须规范散装货装运的计量。相对其他计量方法，水尺计重以其机动速度快、简单易行、成本低而在海上贸易得到广泛应用。其中相关数据资料的收集、观测和测定是进行水尺计重的前提条件，因此本任务的目标是要求水尺公估人员掌握观测与测定原始数据的知识与技能。

相关知识

一、水尺计重概述

水尺计重：俗称"公估"（Checking Draft、Draft Survey），是通过对承运船舶的吃水及船用物料（包括压载水等）的测定，根据船舶准确图表，测算船舶的排水量和有关物料重量，以计算载运货物重量的一种方式。

水尺计重是一项技术性较强的工作，要求水尺鉴定人员必须具备相当的数学、物理、船舶结构原理、航运等专业科学知识，以及一定的外语知识；要有公正立场、实事求是的工作态度，认真细致的工作作风。

水尺计重是一种比较科学的计重方法，被普遍采用。用于交接结算、处理索赔、通关计税、计算运费。

1.基本原理

依据"阿基米德定律"原理：凡浸在液体里的物体，受到向上的浮力作用，浮力的大小等于物体所排开液体的重量。就是把船当作一个衡器，船上的水尺线就是刻度，但是必须校正。

2.水尺计重的特点和适用范围

（1）特点：简便、迅速、免除装卸货物损耗计算、鉴定费用较低。

（2）精确度：±5‰以内（影响因素有：船舶图表的误差；风浪对观测水尺的影响；船体变形的影响；船舶大纵倾对测定压载水、燃料油、淡水的影响；主观因素）。

(3)适用范围:价值较低、过磅困难、大宗干散货物。

二、船舶基础常识

(一)船舶主尺度

船舶主尺度是表示船体外形大小的主要尺度,通常包括船长、船宽、船深、吃水和干舷(图 2-8-1、图 2-8-2)。是计算船舶各种性能参数、衡量船舶大小、核收各种费用以及检查船舶能否通过船闸、运河等限制航道的依据。

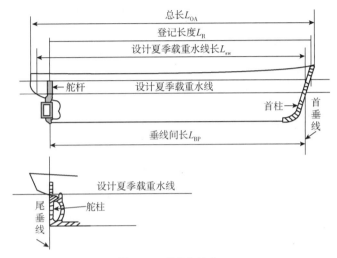

图 2-8-1　船舶主尺度 1

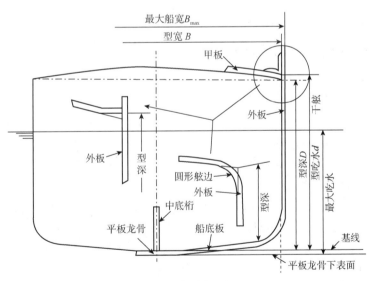

图 2-8-2　船舶主尺度 2

根据不同用途,船舶主尺度又分为船型尺度(即设计尺度)最大尺度和登记尺度:

1.船型尺度

为量至船体型表面的尺度,钢船的型表面是外壳的内表面,型尺度不计船壳板和甲板厚度。是计算船舶干舷、稳性吃水差等依据的尺度,是水尺计重主要资料之一。包括以下几种:

(1)夏季满载水线长度(Length on Summer Load Water Line,L_{sw}):指通过夏季满载水线,从首柱前缘至尾舵轮廓线后缘的长度,也叫设计满载吃水线。

(2)两垂线间长度(Length Between Perpendicular,L_{BP}):指平行于基线,通过夏季满载水线,自首柱前缘至尾舵轮廓线后缘的长度,也叫设计满载吃水线。

(3)首垂线(Fore Perpendicular,FP):指通过首柱前缘与夏季满载水线相交一点引垂直于基线的线。

(4)尾垂线(After Perpendicular,AP):指通过尾柱后缘和夏季满载水线相交一点引垂直于基线的线。

(5)基线(Base Line,BL):指通过龙骨上缘与设计水线平行的直线。

(6)型宽 B(Moulded Breath):指船中处两线肋骨外缘间的水平距离(不包括船壳铁板)型宽也叫设计宽度。

(7)型深 D(Moulded Depth):指船中处的船舶深度,即从龙骨上缘(基线)指露天甲板衡量上缘的垂直距离。

(8)型吃水 d(Moulded Draft):指船中处自龙骨上缘(基线)至夏季满载水线的垂直距离,也叫设计吃水。

2.最大尺度

为包括各种附属结构在内的,从一端点到另一端点的总尺度,包括总长度(L_{OA})、最大宽度(B_{max})、最大吃水、水线上最大高度等。它是船舶在营运中停靠泊位,通过船闸、船坞、桥梁外界条件的主要参考数据。

3.登记尺度

为船舶注册国丈量船舶,决定船舶大小的尺度,包括登记长度(L_R)、登记宽度、登记深度。它是专门作为计算吨位、丈量登记和交纳费用依据的数据。

(二)船舶干舷,载重线及水尺标志

1.船舶干舷(Free Board)

法定干舷高度是指:船中处从甲板线上缘向下量至载重线的上缘的垂直距离。船舶干舷的作用在于为使船舶既能装载尽可能多的货物、又能保证船舶安全,船舶满载后,水线上仍有一部分水密空间,也就是具备一定的储备浮力,一般情况下约占船舶满载排水量的 20%~50%。

2.载重线标志(图 2-8-3)

为了保证船舶在不同航区、不同季节航行的安全,而又能最大限度地利用其载重能力,规定了最低干舷高度(即最大限度吃水),在船舶两舷按规定刻绘载重线标志。

(1)甲板线:是一条与甲板重合,长 300mm,宽 25mm 的水平线。甲板线勘画在船中两舷,其上边缘一般应通过主甲板上表面向外延伸与船壳板外表面相交点。对于散装船,因其舷缘为圆弧,勘画困难,其甲板线可勘画在船中两舷某一适当位置。

(2)载重线圈和横线:载重线圈亦称为保险圈。圆环半径为 300mm,圆环线宽 25mm;与圆环相交的一条水平横线,长为 450mm、宽为 25mm,水平线的上边缘通过圆环的中心。圆环的中心位于船中,从圆环的中心到位于甲板线上边缘的垂直距离,等于所核定的夏季干舷,在圆环两边加汇"Z""C"表示勘定干舷的主管机关是"中华人民共和国船舶检验局"。

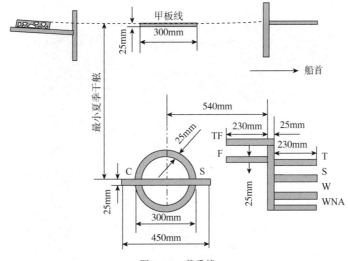

图 2-8-3 载重线

（3）载重线：船舶按其航行区带、区域和季节确定了各种载重水线，每一载重水线均为长 230mm、宽为 25mm 的水平线，与一根位于圆环中心前方，长 540mm、宽为 25mm 的垂直线相垂直。各载重线的上缘，就是船舶在不同区带、不同区域和季节期中所允许的最大装载吃水限定线，也表示相应情况下船舶所允许的最小干舷。各载重线名称如下：

①热带载重线：以标有"R"或"T"的水平线段来表示。

②夏季载重线：是以标有"X"或"S"的水平线段表示。该水平线的上边缘延长舷通过圆环中心。

③冬季载重线：以标有"D"或"S"的水平线来表示。

④冬季北大西洋载重线：以标有"BDD"或"WNA"的水平线段来表示。对于船长超过 100m 的船舶，不必勘画此线。

⑤夏季淡水载重线：以标有"Q"或"F"的水平线段表示。

⑥热带淡水载重线：以标有"RQ"或"TF"的水平线段表示。

以上①~④条线段画于垂直线的船首方向。

以上⑤~⑥条线段画于垂直线的船尾方向。

3. 水尺标志（DRAFT MARKS）

船舶吃水标志（水尺标志）如图 2-8-4 所示。

船舶吃水是指船舶进入水中的深度，其入水深度随货物装载重量的大小而变化，一般海船在首、尾的左右两舷对称的绘有吃水标志，水尺标志是以数字（公制一般以阿拉伯数字、英制以罗马数字）表示船舶吃水大小的一种记号，公制每个数字高 10cm，英制每字高 6in，船舶水尺（图 2-8-5）的精确读数均以字体的底缘为准。

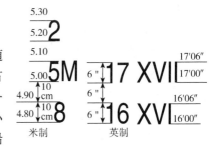

图 2-8-4 船舶水尺标志

（三）排水量及载重量

运输船舶的重量性能包括以吨计的船舶满载排水量、轻载排水量、总载重量和净载重量。船舶排水量 W 是指船舶在任意水线下排开同体积水的重量，也等于该水线时的船舶总重量 WL 和总载重量 DW 之和，其关系用下式表示：

275

$$W = WL + DW$$

图 2-8-5 船舶水尺

1. 排水量

排水量可分为如下几种：

（1）满载排水量：Δ_S 指船舶满载时吃水达到某一满载线时的排水量。

（2）轻载排水量：Δ_L 指船舶装备齐全但无载重时的排水量，即空船排水量（不包括水油舱内的燃料、淡水、压舱水）。

2. 载重量

（1）总载重量 DW：即任何装载水线时的排水量。

（2）船舶的载重量：是指船舶满载时，所在的客、货、油、水和其他消耗品的重量的总和。显然，船舶总载重量等于满载排水量减去轻载排水量。

$$DW = \Delta_S - \Delta_L$$

（3）净载重量 NDW：是指船舶在具体航次中所装货物的重量。即从总载重量中扣除燃料、淡水、压载水及常数。这些重量随航行距离和补给方式而异。因此，常称为可变载荷。

3. 船舶常数

船舶常数是指经过营运以后的空船重量与新船出厂时的空船重量的差值。即测定时的空船排水量减去出厂时的空船排水量。包括：

（1）粮食及备品、船员及行李；

（2）库存机件、器材、废旧物；

（3）污油、积水、污泥、沉淀物；

（4）船体附着物。

4. 船舶的重量组成

满载排水量 Δ_S（船舶总重量 W）包括：

（1）空船排水量 Δ_L（空船重量 WL）；

（2）总载重量 DW：

①净重量 NDW；

②燃料、淡水、压舱水等；
③常数 C。

(四)有关图表及使用

1.静水力曲线图(Hydrostatic Curves Plan)

静水力曲线图(图 2-8-6)是综合地提供在静止正浮状态下任何吃水时的有关船舶特性的一组曲线，因此又称船性曲线图。是由船舶设计部门绘制，供船员使用的一种重要技术资料。

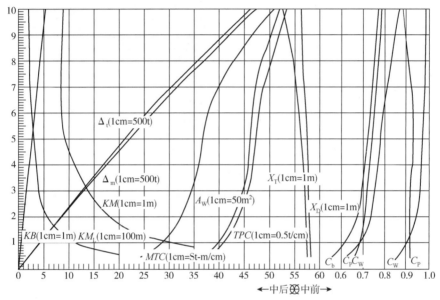

图 2-8-6 静水力曲线图

在曲线图中，纵坐标表示船舶不同的平均吃水，横坐标表示各项静力性能的标尺，用每厘米表示一定的数值，主要有如下几条曲线：

(1)排水量曲线：表示船舶排水量随吃水的增加而增大的规律。分为淡水和海水排水量曲线。

(2)漂心距船中距离(Longitudinal Center of Floatation From Midship)曲线：表示水线面积中心距船中的距离。

(3)厘米吃水吨数(Metric Ton Per Centimetre)曲线：简称 T.P.C 曲线，表示船舶在某一吃水中，每增加或减少 1cm 吃水所能增加或减少的载重吨数。

以上曲线在水尺计量中经常使用。此外还有：排水体积(Volume of Displacement)曲线、水线面面积(Areas of Waterplanes)曲线、横稳心距基线高度(Trans Verse Metacenter Above Base Line)曲线、纵稳心距基线高度(Long Ludine Metacenter Above Base Line)曲线等。

静水力特性参数表如表 2-8-1 所示。

2.载重量表(Dead Weight Scale)

它是船舶建造时，根据排水量曲线图汇成的在不同吃水下的排水量及载重量的数值。

简单的载重量表只列明水尺、干舷、海水载重量、每厘米吃水吨数。详细的载重量表除上述外，还列明排水量、纵倾力距、横稳心距基线高度以及海水或淡水、长吨或短吨等。载重表实际上是船舶静水力曲线的补充附件资料便于使用，如表 2-8-2 所示。

静水力特性参数表 表 2-8-1

型吃水 d (m)	排水量 Δ (t)	总载重量 DW (t)	厘米吃水吨数 TPC (t/m)	厘米纵倾力矩 MTC (9.81kN·m/cm)	横稳心距基线高度 KM (m)	浮心距船中距离 X_b (m)	漂心距船中距离 X_f (m)
6.00	11860	6295	23.02	177.25	8.840	+0.164	-0.880
6.20	12340	6776	23.17	179.60	8.800	+0.120	-1.130
6.40	12820	7255	23.32	182.00	8.760	+0.068	-1.400
6.60	13280	7715	23.46	184.50	8.738	+0.015	-1.710
6.80	13760	8195	23.63	187.00	8.720	-0.048	-2.040
7.00	14240	8675	23.78	189.75	8.710	-0.114	-2.400
7.20	14710	9145	23.95	192.50	8.710	-0.192	-2.750
7.40	15200	9635	24.11	196.00	8.714	-0.280	-3.135
7.60	15680	10115	24.29	198.50	8.720	-0.370	-3.510
7.80	16180	10615	24.46	202.00	8.740	-0.483	-3.895
8.80	18680	13115	25.39	222.50	8.894	-1.050	-5.450

载 重 量 表 表 2-8-2

平均吃水 (m)	海水排水量 (t)	淡水排水量 (t)	海水总载重量 (t)	淡水总载重量 (t)	厘米吃水吨数 (t/cm)	厘米纵倾质量矩 (t·m/cm)	横稳心距基线高度 (m)	浮心距中距离 (m)	浮心距基线高度 (m)	漂心距船中距离 (m)	平均吃水 (m)
900	23000 / 22000 / 21000 / 20000 / 19000	22000 / 21000 / 20000 / 19000 / 18000	17000 / 16000 / 15000 / 14000 / 13000	17000 / 16000 / 15000 / 14000 / 13000	26.0 / 25.5 / 25.0	240 / 230 / 220	8.8 / 8.7 / 8.6	12 / 13 / 14 / 15 / 16 / 17	5.0 / 4.5	-2.5 / -2.0 / -1.5	900
800	19000 / 18000 / 17000 / 16000	18000 / 17000 / 16000	13000 / 12000 / 11000	12000 / 11000 / 10000	25.0 / 24.5	210 / 200	8.529	18 / 19 / 20 / 21	4.0	-1.0 / -0.5 / 0	800
700	16000										

3. 容积图（Capcity Plan）

容积图或船舶布置图（Arrangement Plan）上有纵剖面各层甲板，平面剖面的船舶外貌、主要舱室，并列明船舶的主要尺度，各货船及油水舱的名称部位、舱容等。在水尺计量中，主要用于纵倾状态下的垂线校正。

4. 水油舱计量表（Tanks Scale）

指用于根据水油舱存水油的不同深度来确定容量，然后换算成重量的表。

5. 油舱校正表（Trim Correction Tarle of Tank）

主要用于水油舱纵倾状态下的修正。

6.纵倾排水量修正表(Trim Correction Table of Displacement)

用于纵倾状态下,排水量的修正。

(五)有关舱位及管道

船舶的舱位构造和布置十分繁杂,现只介绍与水尺计量有关的部分。

1.首尖舱(Fore Peak Tank)

自船舶首柱起至第一道舱壁,形成一个前部尖、后部宽、顶宽底窄的舱位,叫船首尖舱。

2.尾尖舱(After Peak Tank)

自船尾起至船最末的一道舱壁,形成一个后部尖、前部宽、顶宽底窄的舱位,叫尾尖舱。

3.双层底舱(Double Bottom Tank)

在船体内部距离龙骨线 3~4ft 的底部装置了第二层水密内底,它的长度从首尖舱后壁起至尾尖舱前壁止,通过货舱和机舱下部。这两个底的空间又被隔成若干水密的横舱壁和纵舱壁,均称双层底舱。

4.顶边舱(Top Side Tank)

是散装船特有的舱位,其侧部从舱框成斜坡伸至两舷,舱面即露天甲板,构成一类似三角形的舱位。类似结构的顶边舱还有漏斗舱(Topper Tank)、翼舱(Wing Tank)等。

5.深舱(Deep Tank)

一般设在干货船的3舱、4舱下部,在双层底舱至上货舱之下。

6.隔离舱(Cofferdam)

在水舱与燃油舱之间,通常设置一个狭小的夹道,称为隔离柜。以防油、水舱渗漏混质。

7.箱形龙骨(Duct Keel)

又称管子隧道,是散装船特有的装置,在双层底舱的中间部分。主要用于布置双层底舱的管道,便于进行修理。

8.地底隧道(Shaft Tunnel)

机舱设置在船中部的船舶,为使地轴延伸到船尾,在地轴上设置的高约 10ft,宽约 6~7ft 的水密防护罩。

9.机舱(Engine Room)

机舱内除安装船舶动力枢纽外,还有与水尺计量有关的水池舱,如日用舱、锅炉水舱、滤油舱、备用油柜等。

10.污水道(Belge)和(Belge Well)

主要用于积集和排放污水之用。

11.测量管(Sounding Pipe)

用于测量各种水油管处的水油深度,计量容积。

三、水尺计重操作程序

(一)水尺计重的条件

(1)水尺、载重线标志,字迹要清晰、正规、分度正确。
(2)具备下列本船有效、正规的图表:
①排水量/载重量表。

②静水力曲线图或可供排水量纵倾校正的有关图表。
③水油舱计量表,水油舱纵倾校正表。
④船型图(容积图)或可供首尾纵倾校正的有关图表。不具备有关纵倾校正图表者,吃水差应调整或保持在 0.3m 或 1ft 以内。

(二)准备工作

登船前,水尺计重人员应备妥下列器具:精确为万分之五的铅锤密度计,容量在 5000mL 以上的港水采样器和玻璃量筒,以及电子计算器钢板尺、三角尺、钢卷尺、分规等测量器具。

登船后,水尺计重人员应及时与船方取得联系,并做好以下工作:

(1)检查船舶有关水尺计重图表,确认其规范与否。不具备有关纵倾校正图表者,应要求船方把吃水差调整或保持在 0.3m 或 1ft 以内。

(2)了解各项图表上的计算单位、比例倍数、公英制、海淡水、容量和重量等,以及装(卸)港有关情况。

(3)了解淡水、压载水、燃油等舱位的分布情况和贮存量以及压载水密度。

(4)了解船舶近期修船、清淤及污水储存情况。

(5)了解燃油、淡水的每日消耗量和装卸期间的变化。

(三)做好水尺计重数据的记录及校正

(1)观测船舶吃水,测定港水密度,测量各项水舱、污水井、燃油舱深度并做好记录。
(2)进行纵倾状态的观测水尺校正。
(3)计算平均吃水同时进行中拱中陷校正。
(4)进行排水量纵倾校正。
(5)进行港水密度校正。
(6)计算淡水、压舱水、燃油等的存量。
(7)净载重量的计算。

四、水尺计重数据测定

1. 船舶吃水测定

用目力观测或用量具实测首、尾、中的左右吃水数,如船舶无中水尺标记或不能直接观测中吃水读数者,可由以下方法确定:中左(右)吃水等于法定干舷加夏季载重线高度减左(右)舷实测干舷高度,或者中左(右)吃水等于夏季载重线高度减左(右)舷实测干舷高度。

2. 港水密度测定

观测水尺的同时,用港水取样器,从船中舷外吃水深度一半处,取得港水样品,用密度计测定其密度。

3. 淡水、压载水测定

用量水尺逐舱测量淡水和压载水的液深、测量管总深度,要注意左右两舱的测量管总深度应基本一致。

4. 污水测定

货舱污水沟、尾轴隧道和隔离柜等处存有较多污水且在装卸货期间有所变动,可按其实际形状进行测定。

5.燃油测定

用量油尺逐舱测量燃油的油深,每日消耗量在 3t 以下,亦可由船方自行测定,并提供贮油量。

五、船舶的各种校正及净载重量的计算

(一)船舶纵倾时的观测水尺校正

船舶纵倾时的观测水尺校正,亦称垂线校正。船舶吃水差在 0.3m 以上或 1ft 以上,且吃水点不在船首船尾垂线上时,观测水尺时会产生一定的差值,就必须进行观测水尺校正。这是因为船舶排水量的计算都是以船首船尾垂线间的距离为标准,而排水表又是根据船舶呈平浮状态或接近平浮时制成的,因此当船舶水尺不在标志船首船尾垂线上时,观察时就产生一定的差值。

1.吃水校正

(1)船舶具备首、尾、中水尺纵倾校正表,可据以校正,必要时予以核对。

(2)首吃水校正值:首倾时为正,尾倾时为负。

(3)尾吃水校正值:吃水点在垂线前,尾倾时为正,首倾时为负;吃水点在垂线后,尾倾时为负,首倾时为正。

2.吃水点至垂线间距离的确定

船图上未标明吃水点至垂线间距离,则应由以下方法确定:

(1)首吃水点至首垂线间距离:将首吃水按船图上的比例缩小,用分规量出首吃水点,并测量该点至首垂线间距离,再按比例放大即得首吃水点到首垂线的实际距离 d_F。

(2)尾吃水点至尾垂线间距离:船图上标明尾水尺标记,则可按求 d_F 之方法量出尾吃水点至尾垂线的距离。如船图上未标明尾水尺标记,则可在船舷侧以目测或实测确定尾吃水点至舵杆中心之间的实际距离。

(3)吃水点至相应垂线距离值:在垂线前为正,在垂线后为负。

3.首尾垂线的确定

船图上无两垂线时,可将夏季载重线高度,按船图比例缩小,作一平行于基线的水线与船首相交,并以此相交点作一垂直于基线的垂线为首垂线,以舵杆中心线作为尾垂线。

根据数学方法推导(省略)求得如下关系式:

$$F_C = \frac{T}{L_{bp}-(d_F+d_A)} \times d_F$$

$$A_C = \frac{T}{L_{bp}-(d_F+d_A)} \times d_A$$

式中:d_F——船首吃水点到船首垂线的距离;

　　　d_A——船尾吃水点到船尾垂线的距离;

　　　T——吃水差;

　　　F_C——船首吃水校正值;

　　　A_C——船尾吃水校正值。

4.求校正后的船首船尾实际吃水值:

船首实际吃水值=船首吃水观测值+F_C

船尾实际吃水值=船尾吃水观测值+A_C

(二)船舶的"拱""陷"校正

船舶受载时,船体各段重力与浮力不平衡时,会造成船舶变形,因而发生船舶的"拱"和"陷"的状态。出现"拱""陷"时必须进行矫正。

根据"庞勤"曲线图计算,得出拱陷系数为3/4。

若具备其他纵倾排水量表(如菲尔索夫曲线图等),亦可据以校正。但应先作首尾水尺纵倾校正,后进行查算,然后再作拱陷校正,其公式如下:

$$\Delta\sigma=(M_{ps}-M_{FA})\times 3/4$$

式中:M_{ps}——船中平均吃水;

$\Delta\sigma$——拱陷修正值中拱时取负值,中陷时取正值;

M_{FA}——总平均吃水。

为方便计算,亦可用下式,在计算6面平均吃水同时,进行拱陷的修正,求得:

总平均吃水=(船首平均+6船中平均+船尾平均)/8

(三)水尺的观测方法及平均吃水的计算

观测水尺时,应尽量降低视线的角度,接近平视,以免造成误差。遇有波浪时,可反复观测波峰吃水与波谷吃水,然后两数相加折半,求平均值。

平均吃水的计算公式如下:

船首平均=(船首左+船首右)/2
船尾平均=(船尾左+船尾右)/2
船中平均=(船中左+船中右)/2
总平均吃水=(船首平均+6船中平均+船尾平均)/8

即:

$$F_{PS}=(F_P+F_S)/2$$
$$A_{PS}=(A_P+A_S)/2$$
$$M_{PS}=(M_P+M_S)/2$$
$$M_{FA}=(F_{PS}+6M_{PS}+A_{PS})/8$$

(四)船舶纵倾排水量校正

船舶排水量是根据船舶在平浮状态下的平均吃水为基础求得的,但大部分货船的首尾的形状不同,当船舶产生纵倾时,(吃水差超过0.3m或1ft以上)船舶倾斜的中心不会在船舶长度的中心上,而在前或后的F点上。

当船舶从平浮水线W_0L_0改变为纵倾水线WL时,倾斜中心在W_1L_1水线的漂心F点上,这时平均吃水高度等于C_1K和平浮时的吃水高度CK之间产生一个差值为CC_1的水层,为使船舶首尾平均水尺相当于原来的水线高度,就必须校正CC_1的高度,并计算排水量的变化。

根据数学式推导(省略)得到校正公式如下:

$$Z=CF\times\frac{T}{L_{bp}}\times 100\times \text{T.P.C(t)}$$
$$\triangle_2=\triangle_1+Z$$

式中:CF——漂心距船中距离;

T——吃水差;

L_{bp}——船长；

T.P.C——每厘米吃水吨数。

校正值正负的确定：

仰时：漂心在船中前为(-)，在船中后为(+)；

俯时：漂心在船中前为(+)，在船中后为(-)。

漂心距船中距离(CF)可从静水力曲线图中(CF)曲线上查得。

如使用英制则：

$$Z_1 = CF \times \frac{T}{L_{bp}} \times 12 \times \text{T.P.I(lt)}$$

式中：T.P.I——每英寸吃水吨数。

(五)港水密度的校正

1.港水密度的测定

港水密度一般采用比重计加以测定。方法是：在船舶吃水处中间一半深度处取样水一桶，将比重计平稳地放入水中，等其浮稳后，观测时眼睛要和水面一样平，读取刻度杆上与水面相切的数字，即是水的密度。

2.港水密度校正的计算方法

船舶吃水不仅与船舶载重有关，而且与所在的水域密度有密切的关系。当船在一水域时，只要它的荷重不变，则它的排水量也不变；但它的排水体积起变化，吃水也随之变化。因为，在通常情况下，船舶的排水量表(尺)/载重量表(尺)的制作均是以标准海水(密度1.025)为基础制作的，这样，当船舶所处水域的密度不是1.025时，其排水量必须进行水密度的校正，才能得出准确的排水量值，它们之间的关系如下式：

$$\Delta = \Delta_2 \times r_1 / r$$

式中：Δ——港水密度校正后的排水量；

Δ_2——纵倾校正后的排水量；

r_1——实测港水密度；

r——制表水密度。

如在查表时使用载重吨数，在作港水密度校正时，必须加上空船，先变成重量，再变成排水量数，然后按上式计算。

(六)净载重量的计算

船舶净载重量在上述各种校正后求得。在准确的排水量和相应的总载重量的基础上取得的，它们的关系是：

$$总载重量 = 满载排水量 - 空船排水量$$

1.用载重量计算时

$$净载重量 = 总载重量 - 燃油 - 淡水 - 压舱水 - 常数$$

2.用排水量计算时

计算公式：

$$W_L = (B-b) - (A-a) \quad (装货)$$

$$W_D = (A-a) - (B-b) \quad (卸货)$$

式中：A——装/卸货前实际排水量；

B——装/卸或后实际排水量；
a——装/卸货前船存物料总重量；
b——装/卸货后船存物料总重量。

六、水尺计重操作中常见问题的处理

1. 水尺标记模糊不清

遇有水尺标记模糊不清或不规则时，可采取以下措施之一解决：

（1）建议船方清除黏附物或重新漆绘。

（2）以尺从上部有依据处测至水面计算船舶吃水高度。对船中左、右水尺可采取以水尺测量仪测量干舷的方式确定实际水尺。

2. 因船舶纵倾过大，船首水尺脱离水面

可依次采取以下措施解决：

（1）建议船方对有关水舱或油舱内水、油进行调整，改变船舶纵倾差，使船首水尺达到可测视的状态。

（2）从船舶的龙骨下缘或其他明显水尺标记处，以尺测至水面的距离，求出船首负吃水（测量时与基线不垂直的误差可忽略不计）。对船首负吃水经船首修正后，可与修正后船首吃水计算首尾平均吃水。

（3）按比例在船图上从船尾、船中水尺画延长线与船首垂线相交并以此点测出船首的负吃水（拱陷误差可忽略不计）。

3. 寒冷气候水面结冰

在寒冷气候地区，一般是船舶里舷靠岸处结冰。采取以下措施之一解决：

（1）如风向是从岸边吹向港湾，可建议船方将船首或船尾的缆绳适当放松，使船中里舷水尺标记脱离冰面，以达到观测水尺目的。

（2）使用工具将船舶里舷船中水尺标记处的浮冰清除，直至可观测港水水面。

（3）如冰层太厚难以清除，可在船中水尺标记处的冰面钻孔至水面，然后测量冰层厚度，以船中冰面所在的吃水数减掉冰层厚度即为船中实际吃水。如水面低于冰层下沿，则须再扣除水面至冰层下沿高度。

4. 压载水测量管内结冰

（1）使压载水保持不变

装货时，前尺压冒，后尺排空。

卸货时，前尺：DBT 一般可测，TST 可根据装货港末次水尺计重时压载水数据，同时要求船方将 TST 人孔逐舱打开予以检视，如发现舱内有大型冰块，可以实际测量其尺寸予以计算；后尺：压冒，按满舱计。

（2）上边舱压载水的测量与计算

由于船舶主甲板呈弧形和倾斜，其上边舱的压载水虽从测量管溢出，但也不能作为满舱水处理，应按实测深度进行修正计算。测量的有效方法是在测量口处加"延长管"，使液面处于"延长管"内某一位置，以测量这一位置时的压载水总高计算容积（测水头）。

5. 两批或两种以上散装货物同装一船的水尺计重

（1）有条件分舱装载的，可分别计重。

(2)如各批货物的数量相差悬殊,可将数量最大的一、二批进行水尺计重,其他少量各批货物按衡重办理。

(3)如不能分舱装载,单品质相同、在同一地区卸货或同一收货人在不同地区卸货者,在取得收货人确认后,可合并水尺计重。

(4)进口水尺计重同船载有其他货物。

(5)进口水尺计重的船舶,同船载有其他货物时,原则上应将其卸下后再做水尺计重。但遇特殊情况时,申请人对其他货物能提供证据确凿的重量或申请衡器鉴重,且在不影响水尺计重时间的前提下,可做整船水尺计重扣除其他货物重量。

6. 遇船方自制排水量表和水舱计量表

船方提供的排水量表和水舱计量表如系自制,应予审核。发现不准确时,排水量可以静水力曲线图查算;水舱计量表如与船舶容积图上的总容积相符,可考虑使用,否则可按实际情况要求船方将水排空、泵满或保持原状。

7. 对于数字有差异的同类图表的选择

如船方持有两份以上有差异的同类图表,应以最近的经过鉴定的为准。

船舶常数与前几航次常数出现不正常减少或增多的处理:

(1)进口水尺计重在末次水尺后发现船舶常数出现不正常的减少时,应尽量查找原因(如船体有否改建等)。如因压载水数量过大,并且压载水舱的前端无空气管或空气管距前舱壁较远,受压缩空气的影响,压载水数量计算不准时,可与船方协商,对压舱水数量作适当修正。

(2)进口水尺计重在末次水尺后发现船舶常数出现不正常的增加时,亦应查找原因(如有否漏测、漏算等),经核查无误后可按实际结果签证。

(3)出口水尺计重如出现上述情况,应建议船方将压载水排空或保持原状。

8. 水尺计重各项数据测算精度确定(表2-8-3)

水尺计重各项数据测算精度确定　　　　表2-8-3

项 目	准确度(±)			
	公制		英制	
	单位	精确度	单位	精确度
测看水尺	m	0.01	in	0.5
长度测量	m	0.01	in	0.5
图测量	m	0.0005		
密度测量	g/cm^3	0.0005		
吃水计算	m	0.001	in	0.01
长度计算	m	0.01	in	0.5
重量计算	t	0.1	tn	0.1
容积计算	m^3	0.1	ft^3	1
L_{bp}	m	0.1	ft	1
XF	m	0.01	in	0.5
TPC(TPI)	t/cm	0.01	tn/in	0.01
MTC(MTI)	m·t/cm	0.01	ft·tn/in	0.01
货物重量	t	1	tn	1

七、水尺计重计算中有关问题的处理

（1）对于只具备总容量数而无具体计量表的水舱，可泵满、排空或保持相同状态。

（2）对于有些水舱容量表，当测量深度为0时，表中还标明一定数值（即呆存量），如数值不大，可按表上所列数值计算。若数值较大，则需向船方查明原因，或下舱查看水舱内实况；如原因不明，可建议船方泵水至测出水的深度为止。

（3）燃油的测定、修正与计算。计算用标准密度由船方提供，必要时查阅相关供油单证核实。

（4）如果装卸期间没有加油，后尺可采取计算消耗量（Consumption）的方法得到。

（5）核算船舶常数。该重量在装或卸货期间一般不变，通常也是验证水尺计重准确与否的一个重要因素。计算出的船舶常数应与船方提供的沿用常数进行核对，如相差较大，应进一步查核各项测算数据。如经查核无任何差错，则以计算出的常数为准。在装或卸货期间，常数重量如有变动，应据实核算。

（6）其他货物的计算。同时装或卸的其他货物，其重量必须核实所提供的有可靠依据之单证（如检验鉴定机构签发之重量证书）。

（7）过境货因保留在船上，不影响水尺计重的准确，可凭提单申报重量予以核定。

（8）出口货物水尺计重时，应该扣减经核实后之其他货物重量，列明在装后的水尺计重记录单内的"其他货物重量"栏内。进口货物水尺计重时，列在卸前水尺计重记录单上。

（9）货物重量计算。水尺计重所计算出的载货重量，系货物毛重或湿态重量，未包括计算净重或干态重量。可依申请在水尺计重时扣除杂质、皮重或水分重量。例如：废钢杂质、铁矿水分。

任务二　易流态化固体散货取样监装

任务导入

本部分的主要任务是根据有关规定和理货公司的实际情况，制定理货机构从事水路运输易流态化固体散装货物取样和监装操作流程；介绍理货人员如何办理包括取样、制样、送检在内的水路运输货物的取样工作，对原船货物形态检查和监测，在装船作业现场对货物含水率实施全程监装。

任务分析

取样、制样、送检是确保水路运输运输固体散装货物安全的基础。取样是一项艰苦的工作，取样点多，一次取样，子样少了几十个，多则上百个，有些货物表面结硬，很难取样，一干要半天时间，劳动强度大。同时，现场取样粉尘大、抵寒风抗酷暑，比较辛苦，要求取样人员要有吃苦耐劳的精神。为确保业务开展高起点、规范化、可追溯，需要理货公司高度重视，不断修正、完善业务流程，并与海事主管部门紧密协作，针对雨雪天气的变化，及时提醒委托方配合取样。雨雪过后，之前的含水率证书自动失效，需重新取样和送检。

相关知识

一、易流态化固体散装货物的定义

易流态化固体散装货物,是指本身含有部分细颗粒和一定量水分、当其含水率超过适运水分极限时可能形成自由液面或固液两相流动层的固体散装货物,包括铁精矿、高岭土、红土镍矿和其他具有类似物理性质的货物。

适运水分极限,是指易流态化固体散装货物安全运输最大含水率,通常按其流动水分点的80%~90%确定。

流动水分点,是指易流态化固体散装货物发生流动时的最小含水率。

二、易流态化固体散装货物的分类

由于水路运输易流态化固体散装货物的种类较多,我国对其实行目录管理,并由交通运输部适时更新和公布。按照交通运输部《水路运输易流态化固体散装货物安全管理规定》(交水发〔2011〕638号)(以下简称《安全管理规定》)附件1《水路运输易流态化固体散装货物目录》(2011版),水路运输易流态化固体散装货物分为55种。该目录所列的货物,除个别品种外,均为国际海事组织2008年通过的《国际海运固体散装货物规则》(IMSBC规则)中标记为A类的易流态化固体散货。水路运输易流态化固体散装货物目录(2011版)见表2-8-4。

水路运输易流态化固体散装货物目录(2011版)　　　　表2-8-4

序号	中文名	英文名
1	沉积铜	Cement Copper
2	红砷镍矿	Nickeline
3	红土镍矿	Laterite-nickel Ore
4	黄铁矿	Pyrites
5	黄铁矿(含铜、细粒、浮选或硫)	Pyrites(Cupreous, Fine, Flotation or Sulphur)
6	黄铁矿,经过煅烧	Pyrites, Calcined
7	黄铁矿粉	Pyritic Ash
8	黄铁矿粉(铁)	Pyritic Ashes(Iron)
9	黄铁矿渣	Pyritic Cinders
10	黄铜矿	Chalcopyrite
11	焦炭渣	Coke Breeze
12	金属硫化精矿	Metal Sulphide Concentrate
13	精矿	Mineral Concentrates
14	硫化铅	Lead Sulphide
15	硫化铅(方铅矿)	Lead Sulphide(Galena)
16	硫化锌	Zinc Sulphide
17	硫化锌(闪锌矿)	Zinc Sulphide(Blende)
18	煤泥	Coal Slurry
19	锰精矿	Manganese Concentrate
20	泥煤苔	Peat Moss

续上表

序号	中 文 名	英 文 名
21	镍精矿	Nickel Concentrate
22	镍矿	Nickel Ore
23	铅精矿	Lead Concentrate
24	铅矿石精矿	Lead Ore Concentrate
25	铅矿尾矿	Lead Ore Residue
26	铅锌煅砂(混合)	Lead and Zinc Calcines(Mixed)
27	铅锌中矿	Lead and Zinc Middlings
28	闪锌矿(硫化锌)	Blende(Zinc sulphide)
29	烧结矿	Sinter(Mixed)
30	矿渣	Slag
31	钛铁矿砂	Ilmenite Sand
32	钛铁矿黏土	Ilmenite Clay
33	高岭土(陶土)	China clay
34	铁精矿	Iron Concentrate
35	铁精矿(球团料)	Iron Concentrate(Pellet Feed)
36	铁精矿(烧结料)	Iron Concentrate(Sinter Feed)
37	原矿	Iron Ore
38	铜精矿	Copper Concentrate
39	铜矿石精矿	Copper Ore Concentrate
40	铜泥	Copper Precipitate
41	五水合物原矿	Pentahydrate Crude
42	霞石正长岩(矿物)	Nefeline Syenite(Mineral)
43	锌精矿	Zinc Concentrate
44	锌矿、煅烧的	Zinc Ore,Burnt
45	锌矿、精矿	Zinc Ore,Concentrates
46	锌矿、菱锌矿	Zinc Ore,Calamine
47	锌矿、原矿	Zinc Ore,Crude
48	锌铅煅砂(混合)	Zinc and Lead Calcined(Mixed)
49	锌烧结矿	Zinc Sinter
50	锌淤渣	Zinc Sludge
51	银铅精矿	Lead Silver Concentrate
52	银铅精矿	Silver Lead Concentrate A See Mineral Concentrates Schedule
53	银铅矿精矿	Silver Lead Ore Concentrate
54	银铅矿石	Lead Silver Ore
55	氟石	Fluorspar

三、易流态化固体散装货物运输的危险性

在易流态化固体散装货物含水率超过其适运水分极限的状态下进行水路运输时,由于载运船舶在航行途中遇到大风大浪,长时间颠簸和振动(左右摇摆和前后摇动),舱内货物会

出现流态化表层而滑向或流向货舱一侧,但在回摇时却不能完全流回,如此反复,致使船舶严重倾斜,不能恢复原态而倾覆沉没。

近年来,我国水路运输易流态化固体散装货物业务发展迅速,但是载运这类货物船舶沉船事故屡有发生,造成了重大人员伤亡和财产损失,也给水上交通运输安全监管工作带来了沉重压力。据有关调查分析,发生这类沉船事故的主要原因之一是易流态化固体散装货物含水率超标(超过了适运水分极限),而造成货物含水率超标的主要原因是货物取样监装等工作开展不到位。

易流态化固体散装货物本身具有流态化、密度大(积载因数小)等特性,因此水路运输这类货物的危险性很大,必须采取有效措施,强化货物取样监装等工作,严控货物含水率,加强安全装运管理。

四、易流态化固体散装货物水路运输安全装运的管理要求

由于易流态化固体散装货物本身具有流态化、密度大等特性,水路运输这类货物的危险性很大,因此应按照国家有关规定要求进行货物水路运输安全装运管理。有关安全装运管理要求如下:

1.理货和检测机构应提供货物取样检测等技术服务

装船前,托运人或其代理人应按照国家有关规定委托经交通运输部批准的理货机构进行易流态化固体散装货物取样、制样、送检并委托具有国家资质的检测机构进行货物适运水分极限、颗粒分布、积载因数、平均含水率检测,出具相应的货物检测报告。

2.船方应进行货物适运性现场简易检测

装船前,船方可采用交通运输部《安全管理规定》之附件2《易流态化固体散装货物适运性现场检测简易方法》检测易流态化固体散装货物含水率是否符合运输要求。如发现货物含水率不符合要求,船方可委托其他检测机构对货物含水率进行重新检测。

3.船方应核对检测报告单证确认货物适运

船舶装载易流态化固体散装货物前24h,船方或其代理人应核对托运人或其代理人提交的易流态化固体散装货物检测报告、含水率检测报告等相关单证和资料,确认货物适运,并在船舶开航前向海事管理机构和港口行政管理部门报备。

4.港口经营人应核对检测报告和相关单证

船舶装载易流态化固体散装货物前12h,作业委托人应将易流态化固体散装货物检测报告等相关单证提供给港口经营人,港口经营人应及时对货物检测报告等相关单证进行核对,经核对无误后方可作业。

5.港口经营人应报告作业计划和核对情况

港口经营人应在作业前12h,用传真或电子邮件将作业计划和有关核对情况报告港口行政管理部门和海事管理机构。

6.高密度货物应在各舱及同舱内均匀分布

船舶载运积载因数小于0.56m^3/t的高密度易流态化固体散装货物时,应在各舱及同一舱内均匀分布,避免重量过分集中于局部,以防止船舶结构变形而影响船舶强度。

7.船方与港口经营人应共同进行安全检查

在易流态化固体散装货物作业前,船方应对照交通运输部《安全管理规定》之附件3《散

货船装卸船/岸安全检查项目表》进行安全检查,并与港口经营人共同确认。

8.堆场和港口经营人应防止堆场货物含水率增加

港区内外露天储存易流态化固体散装货物,所用堆场应具备良好的排水功能。堆场经营人和港口经营人应根据气候情况和货物性质加以苫盖,或采取适当措施,防止货物含水率增加。堆场经营人和港口经营人应当将堆场位置及规模等情况报港口行政管理部门备案。

9.港口经营人应告知船方不符合规定的货物

港口经营人在装船前或装船过程中发现货物不符合规定要求的,应告知船方并配合船方不予装载或停止装载,同时报告港口行政管理部门和海事管理机构。装船过程遇降水天气,应停止装船作业并关闭舱盖。

10.港口经营人应按船方配积载要求装载货物

港口经营人应根据船舶提供的配载、积载要求装载货物。装载完毕后,港口经营人按船方要求做好平舱工作,船方对装载质量给予确认。

11.船方应确保船舶货舱内污水井和管系畅通

装船前,船方应做好货舱内污水井、管系等的维修保护工作,并进行污水测量及抽水试验,以防堵塞或受损,确保畅通。

12.船方应观测装船作业发现问题有权拒装

船舶应对装船作业进行全过程观测。如发现问题,船长有权提出拒装或要求重新检测。

装船过程中,船舶可委托理货机构落实船舶装载和积载要求。理货机构应当派专人监测装船过程并做好记录,发现问题应当及时报告船舶和港口经营人。

13.船舶应合理积载禁止超载确保安全航行

船舶应合理积载,满足安全航行要求。如发现超载,海事管理机构应禁止船舶离港。

14.港口行政管理部门和海事管理机构应加强监管

港口行政管理部门和海事管理机构应加强对装卸易流态化固体散装货物的监管。如发现与原始单证不符或违反国际规则的,应依照有关规定进行处理。

15.船方应按要求积载静止角小于35°干燥货物

对静止角小于35°干燥易流态化固体散装货物,船方应严格按照积载要求积载,港口经营人应当按照积载要求装舱,装舱完毕及时平舱,平舱效果应经船方认可。

16.船方应按要求制定操作规程及应急预案

船方应根据装运易流态化固体散装货物的要求,制定操作规程及应急预案,建立定期演练制度,完善各项处置措施。

17.船方应制订船舶航行货舱定期巡查计划

在航行过程中,船方应根据所装载货物的特性和航行区域特点制订货舱定期巡查计划,并将定期巡查情况记入航海日志。巡查时如发现水分游离、货物流动或船舶发生倾斜等情况,应采取排水等应急措施,并就近向海事管理机构报告。

18.船舶经营人或管理人应对船员加强培训考核

船舶经营人或管理人应对船员加强有关专业知识的培训和考核,使其熟悉易流态化固体散装货物的特性、操作规程及应急预案。

五、水路运输易流态化固体散装货物取样

(一)理货机构和检测机构从业要求

从事易流态化固体散装货取样的理货机构和从事货物样品检测的检测机构除应具有国家有关部门批准的资质并符合国家相关规定外,还应符合下列要求:

(1)理货机构取样、制样、送检人员(以下简称取样人员)应具备货物抽样与检验基础知识,经由中国理货协会培训考核合格,并取得证书后,方可上岗。取样人员对送检样品真实性负责,并负责在样品送检单上签字。

(2)检测机构应当具备高效、便捷的检测服务能力,满足港口装卸生产连续性和及时性的要求。

(二)货物取样委托

1.货物适运水分极限检测所需的取样委托

货物交付船舶运输前6个月内,托运人或其代理人应书面委托理货机构进行货物适运水分极限、颗粒分布、积载因数检测所需的取样、制样和送检。

2.货物含水率检测所需的取样委托

货物装船前7日,托运人应书面委托理货机构进行货物平均含水率检测所需的取样、制样和送检。

货物取样和监装委托书见表2-8-5。

水路运输易流态化固体散装货物取样和监装委托书　　表 2-8-5

编号:

托运人	名称			
	地址			
	经办人		电话	
委托办理项目	货物适运水分极限检测所需的取样、制样、送检			□
	货物含水率检测所需的取样、制样、送检和监装			□
	原船货物形态检查和监测			□
货物信息	货物名称			
	货物数/重量			
	货物堆存地点			
	有关货物资料			
项目实施时间				
理货机构	名称			
	通讯地址			
	经办人		电话	
资料审核意见				
现场审查意见				
受理意见				
备注				

托运人(签章):　　　　　　　　　　　　　理货机构(签章):
　　　　年　月　日　　　　　　　　　　　　　　　年　月　日

(三)货物取样、制样、送检操作

1. 参考标准

固体散装货物取样、制样的主要参考标准有:《国际海运固体散装货物规则》(IMSBC 规则)、《散装矿产品取样、制样通则手工取样方法》(GB 2007.1—87)、《散装矿产品取样、制样通则手工制样方法》(GB 2007.2—87)。

2. 取样

(1) 取样工具。包括:尖头钢锹、取样铲、钢锤、铁镐、铁板、取样探子、带盖盛样桶或内衬塑料薄膜的盛样袋、磅秤、其他。

(2) 取样量。原则上,拟装船同一等级货物为一批,每批为一个取样单位。

货物适运水分极限、含水率检测所需取样量一般按照国际规则或国家标准确定。特殊情况下,可按下述标准确定:

①拟装船货物重量不超过 15000t:每 125t 货物应取一个不少于 200g 份样。

②拟装船货物重量超过 15000t 但不超过 60000t:每 250t 货物应取一个不少于 200g 份样。

③拟装船货物重量超过 60000t:每 500t 货物应取一个不少于 200g 份样。

对于外观差异明显或粒度分布不均以及由两种以上货物混合而成货物的取样,可根据实际情况增加份样数或最小份样重量。

(3) 取样方法。

①取样方法按《散装矿产品取样、制样通则手工取样方法》(GB 2007.1—87)规定执行。

②根据货物特性、状态、粒度以及样品的用途确定取样程序。

在平整的货堆中取样,份样应在均布的格点上采集。具体步骤:先画出货堆平面图,并将货堆平面分区,然后根据拟装船货物重量大小,按 125t、250t 或 500t 标准得出分区数量,从而得出取样份数。此平面图将为采样人员指出所需份样的数量以及每一份样的采集点。每一份样应从指定区域的表层以下约 50cm 处提取。

上述所取份样粒度比例应符合取样间隔或取样部位的粒度比例要求,所得大样的粒度比例应与整批货物的粒度分布要求大体相符。

在实际取样操作中,可按货物实际转运情况,择优选择取样方法。取样方法应按均匀性、代表性、准确性要求,使所取得的样品偏差最小化。

(4) 取样要求。理货机构会同托运人在堆场或装卸现场对拟装船货物分批取样,严格执行取样操作程序及要求,并做好相关取样记录。理货机构、托运人和堆场经营人均应在取样记录单上签字。取样记录单格式见表 2-8-6。

为保证取样客观、真实和准确,托运人应全程参与取样过程。

(四)制样

1. 制样工具

制样工具包括:

(1) 颚式破碎机;

(2) 对辊破碎机;

(3) 圆盘粉碎机;

水路运输易流态化固体散装货物取样记录单　　　　　　　　　　表 2-8-6

编号：

委托书编号	
货物名称	
货物数/重量	
取样理货机构	
取样人	签字：　　　　　　　　证书号码
复核人	签字：　　　　　　　　证书号码
取样时间	
取样地点	
取样用途	货物适运水分极限、颗粒分布、积载因数检测　　□ 货物平均含水率检测　　□ 原船货物形态检查和监测　　□
取样方法	传送带取样□;船舱取样□;货堆取样□;货车取样□;其他方法□ (请注明：　　　　　　　　　　　　　　)
子样/份样数重量	子样/份样_____份,每份_____克
子样/份样容器名称	
子样/份样标签编号	
备注	

理货机构(签章)：　　　　　托运人(签章)：　　　　　堆场经营人(签章)：
　　年　月　日　　　　　　　年　月　日　　　　　　　年　月　日

(4)密封式振荡研磨机；

(5)三头研磨机(附玛瑙研钵)；

(6)二分器；

(7)份样铲及挡板；

(8)钢板；

(9)盛样容器；

(10)干燥箱(能调节温度,使箱内任一点的温度在设定温度±5℃之间)；

(11)不锈金属十字分样板；

(12)分样筛(22.4mm×22.4mm、10mm×10mm、1mm×1mm、180μm 筛)；

(13)其他。

2.试样量

(1)货物适运水分极限检测所需的试样量：

①采用"流盘试验法"检测货物适运水分极限时,一般需要按照操作指南规定的取样、制样方法制备好的试样至少 3 份,每份 5~6kg。

②采用"插入度试验法"检测货物适运水分极限时,一般需要按照操作指南规定的取样、

制样方法制备好的试样至少3份,每份30~40kg。

③采用"葡式/樊式试验法"检测货物适运水分极限时,一般需要按照操作指南规定的取样、制样方法制备好的试样至少3份,每份60~70kg。

当货物颗粒大于各试验方法允许的最大粒径较多时,视情况相应增加试样量。

(2)货物含水率检测所需的试样量,见表2-8-7。

每个水分试样的最小重量 表2-8-7

最大粒度(mm)	最小重量(kg)
22.4	2
10.0	1

3.制样方法

制样方法按《散装矿产品取样、制样通则手工制样方法》(GB 2007.2—87)规定执行。货物制样记录单见表2-8-8。

水路运输易流态化固体散装货物制样记录单 表2-8-8

编号:

委托书编号				
货物名称				
货物数/重量				
制样理货机构				
制样人	签字:		证书号码	
复核人	签字:		证书号码	
制样时间				
制样地点				
制样用途	货物适运水分极限、颗粒分布、积载因数检测			□
	货物平均含水率检测			□
制样工具				
制样方法	GB 2007.2—87(手工制样方法)□;其他方法□			
样品数/重量	保留样品_____份,送检样品_____份,每份____克			
样品容器名称				
样品标签编号				
备注				

理货机构(签章):

年 月 日

(五)送检

1.样品容器和标签

(1)送检的样品应装入不吸水、密封容器内,并附以标签。

(2)标签上注明以下内容:
① 编号;
② 货物名、等级、产地;
③ 批量或取样单元量;
④ 样品种类(如适运水分极限检测样品、含水率检测样品等);
⑤ 船名或车号;
⑥ 取样、制样人员;
⑦ 取样、制样地点、日期和天气;
⑧ 其他。

2.送交样品

理货机构应将粘贴标签的样品及时送交检测机构检测。理货机构应保留一份送检样品。送检样品应保留到货物安全运抵目的港并卸船完毕为止。

理货机构的送样人员与检测机构的接样人员均应在样品送检单上签字。货物样品送检单见表2-8-9。

水路运输易流态化固体散装货物样品送检单　　　　　　　　表2-8-9

编号:

理货机构		地址	
送样人	签字: 证书号码:	电话	
检测机构		地址	
接样人	签字:	电话	
委托书编号			
货物名称			
货物数/重量			
样品交接时间			
样品交接地点			
样品用途	货物适运水分极限、颗粒分布、积载因数检测		□
	货物平均含水率检测		□
样品状态			
样品数/重量	成分分析样品_____份,保留样品_____份,每份_____克		
样品容器名称			
样品标签编号			
备注			

理货机构(签章):　　　　　　　　　　　　　　　检测机构(签章):
　　年　月　日　　　　　　　　　　　　　　　　　　年　月　日

六、易流态化固体散装货物装船过程监装

(一)监装标准

根据我国交通运输部《水路运输易流态化固体散装货物取样和监装操作指南(试行)》(厅水字〔2012〕32号)(以下简称《操作指南》),理货机构监装标准(或依据)主要是:交通运输部及相关部门颁布的有关管理规定及标准。

(二)监装委托

货物装船前2日,托运人应委托理货机构对货物装船过程实施现场监装。

(三)监装范围

根据我国交通运输部《操作指南》,理货机构监装业务范围主要包括:现场货物含水率检查及监测,检测结果汇总,出具已装船货物含水率汇总报告等。

(四)监装内容

1.监装主要内容

根据我国交通运输部《操作指南》,为保证装船前送检货样与装船货物实际状态的一致性,在货物装船过程中,理货机构根据托运人的委托派出监装人员在装船作业现场对货物含水率实施全程监装。理货机构监装人员监装主要内容如下:

(1)了解有关货物在集港运输和码头堆存过程中的苫盖、天气变化等情况。

(2)如遇下雨、下雪情况,及时联系并督促港口经营人和船方进行妥善应急处理,并做好相关记录。

(3)如出现可能改变货物含水率的情况,会同托运人按《操作指南》规定的程序及要求对货物进行重新取样、制样,并送交检测机构进行重新检测。

(4)做好有关全程监装作业、天气等情况的记录,保留记录资料。

2.监装情况记录

理货机构监装人员在装船作业现场对货物含水率实施全程监装,应重点了解并如实记录下列监装情况:

(1)取样后的货物在货主堆场堆存期间苫盖、天气变化等情况;

(2)取样后的货物在集港运输存过程中苫盖、天气变化等情况;

(3)取样后的货物在码头堆存过程中苫盖、天气变化等情况;

(4)取样后的货物在装船过程中天气变化等情况;

(5)取样后的货物在装船过程中如遇下雨、下雪情况,港口经营人和船方进行妥善应急处理情况;

(6)在装船过程中如出现可能改变货物含水率的情况,对货物进行重新取样、制样、检测情况。

(五)汇总出证

根据我国交通运输部《操作指南》,理货机构监装人员应依据检测机构出具的货物含水率检测报告和自己亲自全程监装了解到的情况,对装船货物含水率检测结果进行汇总。然后,理货机构依据监装人员的汇总情况,出具《已装船货物含水率汇总报告》(表2-8-10)。

已装船货物含水率汇总报告　　　　　　　　　　表 2-8-10

编号：_____

装船起讫时间：　　年　月　日　时至　月　日　时

装货船名：

航次：

泊位：

装货港：

卸货港：

托运人：

收货人：

通知方：

装货单号：

货物名称：

货物数/重量：

货物堆存地点：

货物装舱位置：

根据本理货机构对货物装船过程监装情况和_____（检测机构）出具的货物含水率检测报告，上述货物已装船，其加权平均含水率汇总报告如下：

检测报告编号	样品编号	样品名称	项目名称	检测结果	结果单位	检测方法
已装船货物加权平均含水率						
备注						

理货机构（签章）：

年　月　日

（六）监装记录单及汇总报告

1.监装记录单

我国交通运输部《操作指南》对《水路运输易流态化固体散装货物监装记录单》的格式和内容规定见表 2-8-11。

《水路运输易流态化固体散装货物监装记录单》是从取样后到装船期间货物堆存苫盖、天气变化、应急处理、含水率变化、重新取制样、重新检测等情况的真实记录，是保证送检货样状态与装船货物实际状态相一致的法定依据。

理货机构监装人员应按时认真逐项如实填制《水路运输易流态化固体散装货物监装记录单》，为理货机构出具《已装船货物含水率汇总报告》提供重要依据。

水路运输易流态化固体散装货物监装记录单　　　　　　　表 2-8-11

编号：

理货机构				地址	
监装人	签字：		证书号码：	电话	
复核人	签字：		证书号码：	电话	
托运人				地址	
联系人				电话	
装货港					
船名		航次		泊位	
	舱别				
货物名称					
	数/重量				
	堆存地点				
装船方式			作业起讫时间		
监装标准	交通运输部及相关单位颁布、制定的有关管理规定及标准				
监装情况	取样后的货物在货主堆场堆存期间苫盖、天气变化等情况：				
	取样后的货物在集港运输过程中苫盖、天气变化等情况：				
	取样后的货物在码头堆存过程中苫盖、天气变化等情况：				
	取样后的货物在装船过程中天气变化等情况：				
	取样后的货物在装船过程中如遇下雨、下雪情况，港口经营人和船方进行妥善应急处理情况：				
	在装船过程中如出现可能改变货物含水率的情况，对货物进行重新取样、制样、检测情况：				
备注					

理货机构（签章）：

年　月　日

2.汇总报告

《已装船货物含水率汇总报告》是对检测机构出具的货物含水率检测报告和理货机构监装人员全程监装情况的汇总报告，是全面反映已装船货物含水率情况的重要报告，是港口行政管理部门、海事管理机构、船方、港口经营人等有关单位进行货物安全适运性审核把关的法定依据。

理货机构应依据监装人员对货物含水率检测报告和全程监装情况的汇总，认真审核、编制并出具《已装船货物含水率汇总报告》，按规定向托运人等有关方提供。

七、易流态化固体散装货物过驳转运检查监测

(一)原船货物形态检查监测标准

(1)交通运输部《水路运输易流态化固体散装货物安全管理规定》;
(2)《水路运输易流态化固体散装货物取样和监装操作指南(试行)》;
(3)交通运输部及相关部门颁布的有关管理规定及标准;
(4)托运人提供的货物原始资料。

(二)原船货物形态检查和监测委托

对于通过船舶直接过驳方式转运货物,托运人应于货物过驳作业前2日提供货物原始资料并委托检测机构和理货机构对原船易流态化固体散装货物形态进行检查和监测。货物原始资料包括但不限于货物适运水分极限、平均含水率、积载因数、粒度分布的检验证书等。

(三)检查和监测范围

对于通过船舶直接过驳方式转运货物,由于货物在转运之前已做过含水率检测,但不保证货物在运输途中含水率是否已发生变化。为了保证货物运输的安全,托运人应于货物过驳作业前2日提供货物原始资料并委托检测机构和理货机构对原船易流态化固体散装货物形态进行检查和监测,并出具检查和监测记录单等。

(四)检查和监测方法

原船货物形态检查和监测方法按照《水路运输易流态化固体散装货物安全管理规定》(交水发〔2011〕638号)之附件2《易流态化固体散装货物适运性现场检测简易方法》执行。

1.适用于吸水性弱的固体散货

(1)用坚固圆筒或类似的容器(容积为0.5~1L)装半罐样品,从离地面约0.2m高处猛力摔在坚硬的地面上,重复做25次,每次间隔1~2s,如样品表面游离出水分或液化时,则需要重新检验。

(2)手抓一把样品,从1.5m高处自由落到坚硬地面或甲板上,若样品崩散,则适运,若样品仍为一团,则不适运。

(3)手抓样品成团后,即松开,发现样品散开,则适运;若样品抱团不散,需要重新检验。

2.适用于吸水性强的固体散货

(1)用坚固圆筒或类似的容器(容积为0.5~1L)装半罐样品,从离地面约0.2m高处猛力摔在坚硬的地面上,重复做25次,每次间隔1~2s,如样品表面游离出水分或液化时,则需要重新检验。

(2)样品放入平底玻璃杯或小容器内,来回不停摇动5min,如有明显液体浮在表面,表明不适运。

(3)脚踏在样品上,如出现松软现象,显流沙样流动,表明不适运。

(4)样品放在平盘里,堆成圆锥状后,不断用平盘击桌面,如样品塌成饼状,表明不适运。如样品成碎块或裂开,则适运。

(5)将样品先充分揉捏均匀,然后在平板上用手掌慢慢搓滚成细条,用力均匀,当样品条搓成直径正好为3mm时,如产生横向裂缝并开始断裂,则适运。

(五)检查和监测程序

据托运人的委托和提供的货物原始资料,检测机构和理货机构对原船货物形态进行现场检查和监测。

如原船货物形态无变化,经检测机构、理货机构、托运人和内贸承运方均在《原船易流态化固体散装货物形态检查和监测记录单》(表 2-8-12)上签字后,方可过驳作业;如原船货物形态有变化,由理货机构按《安全管理规定》进行货物取样并送交检测机构进行货物含水率检测。

原船易流态化固体散装货物形态检查和监测记录单　　　　表 2-8-12

编号:

检测机构		地址	
检查监测人	签字:	电话	
理货机构		地址	
检查监测人	签字: 证书号码:	电话	
托运人		地址	
检查监测人	签字:	电话	
内贸承运人		地址	
检查监测人	签字:	电话	
原船货物原始资料	托运人提供:		
原船船名/航次			
原船货物名称			
原船货物数/重量			
检查监测时间			
检查监测地点			
检查监测标准	交通运输部及相关单位颁布、制定的有关管理规定及标准;托运人提供的货物原始资料		
检查监测方法	《易流态化固体散装货物适运性现场检测简易方法》(即交通运输部 2011 年 11 月 10 日公布的《水路运输易流态化固体散装货物安全管理规定》附件 2)		
检查监测结果	原船货物形态无变化□;原船货物形态有变化□		
检查监测意见			
备注			

检测机构(签章):　　　理货机构(签章):　　　托运人(签章):　　　内贸承运人(签章):
　　年　月　日　　　　　　年　月　日　　　　　　年　月　日　　　　　　年　月　日

项目九　智　能　理　货

任务一　港口理货数字化与智能化

任务导入

本部分的主要任务是掌握智能理货的发展趋势、主要技术模块,了解智能理货系统的规划、设计与应用。

任务分析

智能理货作为港口服务中不可或缺的环节,实现数字化、智能化,理货的公正性得到进一步体现。在智能理货作业过程中,理货人员对系统的理解关系到理货作业的效率和质量。因此,理货人员应该掌握智能理货的发展趋势、主要技术模块,了解智能理货系统的规划、设计与应用。

相关知识

一、传统理货方式带来的弊端

劳动强度大。一线码头箱管员和理货员要配合码头不间断作业要求,必须全天候 24h 在现场人工采集数据,包括集装箱箱号核对、箱体检查、残损确认、积载位确认等操作,按目前我国码头每小时平均 25~30 个 MOVE 的效率,以及不同堆场,不同贝位十几列、层的装卸位置,一线码头箱管员和理货员每个工班的劳动强度非常大。

劳动生产效率低。在传统理货模式下,每条集装箱作业线都必须配备一名理货员以及箱管员,码头现场和船边的理货需要使用大量的劳动力,人工及管理成本很难降低,同时由于码头一线人员的素质参差不齐和工作强度大,产生差错不可避免,劳动生产效率较低,目前理货工种也是码头工程中差错率较高的岗位。

安全生产风险大。传统理货模式下,理货人员长期在室外工作,处于人、机、船、货混合作业的复杂环境中。如从前的船边作业理货现场,理货员与码头作业人员均需要在船上或吊机下看柜,离本质安全管理的要求尚有相当的距离,存在着一定的安全隐患。

面临新的挑战和国家政策的不断调整。我国传统理货行业随着外部发展环境的变化,面临集装箱船舶大型化、监装理货效率不足等问题。随着港口自动化水平不断提升,相关领域技术不断创新,传统理货工艺面临亟须改进等新的挑战。由于国家深化改革,"放管服"政策的深入推进,理货行政审批已改为备案,理货市场放开已成定局。同时,海运贸易需求近年呈下降趋势,对理货行业也将带来深远影响。在以上压力和挑战下,每个传统理货行业都面临着转型升级的巨大压力,如何走可持续发展之路、提升企业核心竞争力是每个传统理货企业都要面临的重要抉择。因此,通过信息化技术、智能互联手段来改造和提升传统理货业务,建设智能理货系统应用于未来的智慧港口业务,是传统理货行业未来发展的大势所趋。

二、国内智慧理货发展现状

交通运输部、国家发展改革委、财政部、自然资源部等九部门联合印发《关于建设世界一流港口的指导意见》,提出加快智慧港口建设,建设安全便捷、智慧绿色、经济高效、支撑有力、世界先进的世界一流港口,更好服务人民群众、服务国家重大战略,为社会主义现代化强国建设提供重要支撑,谱写交通强国建设港口篇章。

广州港:集装箱智能视频理货系统项目是广州港建设绿色循环低碳示范港口的重点项目之一,于2013年7月正式立项,2014年9月集装箱视频理货技术研发成功,2014年12月集装箱理货OCR识别技术研发成功,2015年5月广州港集装箱智慧理货系统平台1.0正式投入使用,近日,广州港基于5G的集装箱码头智能理货平台正式在广州港集装箱码头公司投入使用,2020年10月,5G+智能理货项目在传统码头率先落地,成为广州港"5G+智慧港口"融合发展的又一成功实践。

深圳港:2016年,深圳中理与深圳中联理货联合投资600多万元在大铲湾建设智能理货系统,2017年12台桥吊全部安装智能理货系统并投入运行。

厦门港:2014年,厦门外理在海润码头的8台桥吊上安装了智能理货系统,总共在27台桥吊上安装了系统。厦门外理的智能理货系统项目向政府申请了补贴,大约获得补贴款150万元,另外向税务局申请新科技研发费用减免税,获得税务减免约100万元。

上海港:2016年8月上港集团对上海外理的智能理货系统项目正式立项,当月就开始在第1台桥吊上安装设备,到现在为止已经在15台桥吊上安装智能理货系统,计划在未来的3年内完成100多台桥吊的安装。

宁波舟山港:2016年5月完成43台桥吊的智能理货系统安装和实施,宁波舟山港梅山码头率先完成20台桥吊全覆盖,同时全新的智能理货生产组织模式同步推广。至2019年,宁波舟山港全港116台桥吊实现智能理货全覆盖,在全国港口率先进入全智能理货新时代。

此外,青岛、福州、湛江等港口的理货公司也已完成或正在建设智能理货系统。智慧理货紧跟智慧港口的建设步伐,正在各港口全面推进。

三、智能理货主要技术模块

五大技术模块包括视频采集、PLC控制、OCR光学字符识别、光纤信号传输、集装箱装船贝位识别,通过将OCR(光学字符识别)技术和现代信息传播技术相结合,高度融合码头TOS系统,整合港口与理货生产流程,实现港口装卸自动化与理货智能化,智能理货系统网络架构见图2-9-1。

(一)视频采集

视频采集(Video Capture)把模拟视频转换成数字视频,并按数字视频文件的格式保存下来。所谓视频采集就是将模拟摄像机、录像机、LD视盘机、电视机输出的视频信号,通过专用的模拟、数字转换设备,转换为二进制数字信息的过程。在视频采集工作中,视频采集卡是主要设备,它分为专业和家用两个级别。专业级视频采集卡不仅可以进行视频采集,并且还可以实现硬件级的视频压缩和视频编辑。家用级的视频采集卡只能做到视频采集和初步的硬件级压缩,而更为"低端的电视卡,虽可进行视频的采集,但它通常都省却了硬件级的视频压缩功能。

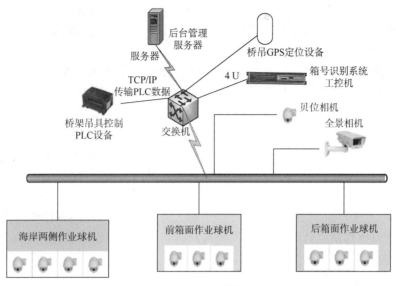

图 2-9-1 智能理货系统网络架构图

（二）PLC 控制

PLC 控制系统是在传统的顺序控制器的基础上引入了微电子技术、计算机技术、自动控制技术和通讯技术而形成的一代新型工业控制装置，目的是用来取代继电器、执行逻辑、记时、计数等顺序控制功能，建立柔性的远程控制系统。具有通用性强、使用方便、适应面广、可靠性高、抗干扰能力强、编程简单等特点。PLC 内部工作方式一般是采用循环扫描工作方式，在一些大、中型的 PLC 中增加了中断工作方式。当用户将用户程序调试完成后，通过编程器将其程序写入 PLC 存储器中，同时将现场的输入信号和被控制的执行元件相应的连接在输入模块的输入端和输出模块的输出端，接着将 PLC 工作方式选择为运行工作方式，后面的工作就由 PLC 根据用户程序去完成。

（三）光学字符识别

光学字符识别（Optical Character Recognition，OCR）是指电子设备（例如扫描仪或数码相机）检查纸上打印的字符，通过检测暗、亮的模式确定其形状，然后用字符识别方法将形状翻译成计算机文字的过程；即，针对印刷体字符，采用光学的方式将纸质文档中的文字转换成为黑白点阵的图像文件，并通过识别软件将图像中的文字转换成文本格式，供文字处理软件进一步编辑加工的技术。如何除错或利用辅助信息提高识别正确率，是 OCR 最重要的课题，智能字符识别（Intelligent Character Recognition，ICR）的名词也因此而产生。衡量一个 OCR 系统性能好坏的主要指标有：拒识率、误识率、识别速度、用户界面的友好性，产品的稳定性，易用性及可行性等。

一个 OCR 识别系统，其目的很简单，只是要把影像作一个转换，使影像内的图形继续保存、有表格则表格内资料及影像内的文字，一律变成计算机文字，使能达到影像资料的储存量减少、识别出的文字可再使用及分析，当然也可节省因键盘输入的人力与时间。从影像到结果输出，须经过影像输入、影像前处理、文字特征抽取、比对识别、最后经人工校正将认错的文字更正，将结果输出。

1.影像输入

欲经过 OCR 处理的标的物须透过光学仪器，如影像扫描仪、传真机或任何摄影器材，将影像转入计算机。科技的进步,扫描仪等的输入装置已制作的愈来愈精致,轻薄短小、品质也高,对 OCR 有相当大的帮助,扫描仪的分辨率使影像更清晰、扫除速度更增进 OCR 处理的效率。

影像预处理:影像预处理是 OCR 系统中,须解决问题最多的一个模块。影像须先将图片、表格及文字区域分离出来,甚至可将文章的编排方向、文章的提纲及内容主体区分开,而文字的大小及文字的字体亦可如原始文件一样的判断出来。对待识别图像进行如下预处理,可以降低特征提取算法的难度,并能提高识别的精度。

二值化:由于彩色图像所含信息量过于巨大,在对图像中印刷体字符进行识别处理前,需要对图像进行二值化处理,使图像只包含黑色的前景信息和白色的背景信息,提升识别处理的效率和精确度。

图像降噪:由于待识别图像的品质受限于输入设备、环境、以及文档的印刷质量,在对图像中印刷体字符进行识别处理前,需要根据噪声的特征对待识别图像进行去噪处理,提升识别处理的精确度。

倾斜校正:由于扫描和拍摄过程涉及人工操作,输入计算机的待识别图像或多或少都会存在一些倾斜,在对图像中印刷体字符进行识别处理前,就需要进行图像方向检测,并校正图像方向。

文字特征抽取:单以识别率而言,特征抽取可说是 OCR 的核心,用什么特征、怎么抽取,直接影响识别的好坏,也所以在 OCR 研究初期,特征抽取的研究报告特别的多。而特征可说是识别的筹码,简易的区分可分为两类:一为统计的特征,如文字区域内的黑/白点数比,当文字区分成好几个区域时,这一个个区域黑/白点数比之联合,就成了空间的一个数值向量,在比对时,基本的数学理论就足以应付了。而另一类特征为结构的特征,如文字影像细线化后,取得字的笔画端点、交叉点之数量及位置,或以笔画段为特征,配合特殊的比对方法,进行比对,市面上的线上手写输入软件的识别方法多以此种结构的方法为主。

对比数据库:当输入文字算完特征后,不管是用统计或结构的特征,都须有一比对数据库或特征数据库来进行比对,数据库的内容应包含所有欲识别的字集文字,根据与输入文字一样的特征抽取方法所得的特征群组。

2. 对比识别

这是可充分发挥数学运算理论的一个模块,根据不同的特征特性,选用不同的数学距离函数,较有名的比对方法有,欧式空间的比对方法、松弛比对法(Relaxation)、动态程序比对法(Dynamic Programming,DP),以及类神经网络的数据库建立及比对、隐马尔可夫模型(Hidden Markov Model,HMM)等著名的方法,为了使识别的结果更稳定,也有所谓的专家系统(Experts System)被提出,利用各种特征比对方法的相异互补性,使识别出的结果,其信心度特别的高。

字词后处理:由于 OCR 的识别率并无法达到百分之百,或想加强比对的正确性及信心值,一些除错或甚至帮忙更正的功能,也成为 OCR 系统中必要的一个模块。字词后处理就是一例,利用比对后的识别文字与其可能的相似候选字群中,根据前后的识别文字找出最合乎逻辑的词,做更正的功能。

字词数据库:为字词后处理所建立的词库。

3. 人工校正

OCR 最后的关卡,在此之前,使用者可能只是拿支鼠标,跟着软件设计的节奏操作或仅是观看,而在此有可能须特别花使用者的精神及时间,去更正甚至找寻可能是 OCR 出错的地方。一个好的 OCR 软件,除了有一个稳定的影像处理及识别核心,以降低错误率外,人工校正的操作流程及其功能,亦影响 OCR 的处理效率,因此,文字影像与识别文字的对照,及其屏幕信息摆放的位置、还有每一识别文字的候选字功能、拒认字的功能、及字词后处理后特意标示出可能有问题的字词,都是为使用者设计尽量少使用键盘的一种功能,当然,不是说系统没显示出的文字就一定正确,就像完全由键盘输入的工作人员也会有出错的时候,这时要重新校正一次或能允许些许的错,就完全看使用单位的需求了。

4.结果输出

有人只要文本文件作部分文字的再使用之用,所以只要一般的文字文件、有人要漂漂亮亮的和输入文件一模一样,所以有原文重现的功能、有人注重表格内的文字,所以要和 Excel 等软件结合。无论怎么变化,都只是输出档案格式的变化而已。如果需要还原成原文一样格式,则在识别后,需要人工排版,耗时耗力。

(四)光纤信号传输

光纤信号传输,即以光导纤维为介质进行的数据、信号传输。光导纤维,不仅可用来传输模拟信号和数字信号,而且可以满足视频传输的需求。光纤传输一般使用光缆进行,单根光导纤维的数据传输速率能达几千兆/秒,在不使用中继器的情况下,传输距离能达几十公里。

(五)集装箱装船贝位识别

集装箱装船贝位自动识别,可编程逻辑控制器(plc)通过局域网与计算机连接,传输自动采集的集装箱走行小车的位置数据;视频采集装置安装在集装箱走行小车上,通过局域网与计算机连接,传输实时拍摄的集装箱装船视频数据;计算机设有处理单元、显示屏、输入装置,计算预设贝位,显示处理得到的预设贝位可视化界面与集装箱装船视频,输入重置的贝位信息。视频采集装置与信号转换装置连接,将实时拍摄的集装箱装船视频数据转换成电信号,传输至计算机;计算机通过信号转换装置将接收的电信号还原成集装箱装船视频数据。按下述步骤进行:

(1)启动集装箱装船作业;

(2)如果是首箱,则执行步骤(3);否则执行步骤(4);

(3)根据集装箱行走小车的位置信息,通过算法计算首箱贝位;

(4)根据当前集装箱与前一集装箱行走小车的相对位移,以前一集装箱的贝位作为相对基准,通过算法计算该集装箱的贝位,依次类推第 n 箱则以第 $n-1$ 箱的贝位作为相对基准坐标计算贝位;

(5)在"贝图"上自动填充当前集装箱的位置,同时播放集装箱装船视频;

(6)返回步骤(4),直至最后一个集装箱装载完成,作业结束。

系统设置自动校验机制,在步骤(3)和(4)计算贝位结果之后,如果判为正确,则继续执行步骤(5),否则执行贝位修正过程,例如弹出贝位修正对话框,同时进行语音提示。

系统设置人工校验机制,步骤(5)中,在"贝图"上填充集装箱位置后,进行人工核验贝位的准确性,如果核验通过则继续执行下一集装箱贝位计算过程,否则执行贝位修正过程。

自动识别贝位方法主要包括下列关键环节:

(1)首箱定位,集装箱装船开始作业后,根据集装箱走行小车运行的轨迹和枪机拍摄装船视频,系统根据算法规则,将预设贝位以可视化界面展示给理货员,理货员查看同时传输的视频流,将人工确认贝位号后发送给系统,系统将该箱积载贝位号作为基准坐标,作为以后贝位计算依据。

(2)位移确定,第二个装载的集装箱根据第一箱基准坐标位置,相对位移坐标确定该箱位移距离,根据一个集装箱标准宽度和高度确定该箱位移多少个箱位。实际装船作业中,行走小车增幅或者减幅非标准的一个或几个集装箱标准宽度与高度,可能会超过或者不足,本方法通过独特逻辑合理判断行走小车运行幅度,结合前箱位置,准确判断第2箱与第1箱的位移距离。

(3)定位:船的首尾方向为集装箱贝位,船的宽度方向集装箱的水平位置,船的高度方向为集装箱的高度位置,每一个方向由两个阿拉伯数字代表,一个集装箱则由六位数字定位而成,即对应船舱空间中的一个三维立体点。根据第一箱的三维立体点,结合步骤二位移距离,确定第二装箱位置。

(4)系统自动校验:若系统默认判断识别准确,将自动在贝图上填充位置,同时后台界面采用图形化处理,装船箱子在该船贝位图上模拟显示,并自动通过。

(5)贝位修改,若系统默认识别不准确,将弹出对话框,同时语音播报提示,界面采用图形化处理,装船箱子在该贝位图上模拟显示,人工结合装箱视频,查看实际位置,与系统给出位置不符时,用鼠标在生成的模拟图上进行拖拽箱位即可完成录入。

(6)第 n 箱位移确定,第 n 个装载的集装箱根据第 $n-1$ 箱基准坐标位置,相对位移坐标确定该箱位移距离,根据一个集装箱标准宽度和高度确定该箱位移多少个箱位。实际装船作业中,行走小车增幅或者减幅非标准的一个或几个集装箱标准宽度与高度,可能会超过或者不足,本方法通过独特逻辑合理判断行走小车运行幅度,结合前箱位置,准确判断第 n 箱与第 $n-1$ 箱的位移距离。

(7)第 n 箱定位:船的首尾方向为集装箱贝位,船的宽度方向集装箱的水平位置,船的高度方向为集装箱的高度位置,每一个方向由两个阿拉伯数字代表,一个集装箱则由六位数字定位而成,即对应船舱空间中的一个三维立体点。根据第一箱的三维立体点,结合环节(6)位移距离,确定第 n 箱装箱位置。

四、智能理货系统规划和设计

(一)规划定位

智能理货系统能够合理处理智能理货数据、分析系统故障,综合运用5G数据通信设备识别技术、4K图像监视技术等,整合港口上下游流程,推进数字化转型,助力打造智慧绿色港口,更好地为客户提供服务,为服务供应链发展提供支撑。智能理货系统规划定位示意图见图2-9-2。

(二)主要功能模块设计

智能理货系统主要功能模块包括智能识别、智能指挥和互联互通等3部分。智能理货系统功能模块见图2-9-3。智能识别系统可自动识别集装箱号、集卡车号、ISO码、箱型和危险货物标识等,传送图像到智能识别模块,然后综合输出识别箱号和ISO码,再传送综合识别结果至智能指挥系统。智能指挥系统进行精准的智能装箱指挥、入场指挥、空重辨别、集装箱残损检测,如有异常启动语音报警。智能理货系统采用电子签证认证技术实时将识别结果通过专用数据接口传送到识别系统、码头 TOS、港口 EDI 公共平台和中国理货大数据平台等。智能识别作业照片和录像可在系统中保存 3 个月以上，并可随时查询调阅。

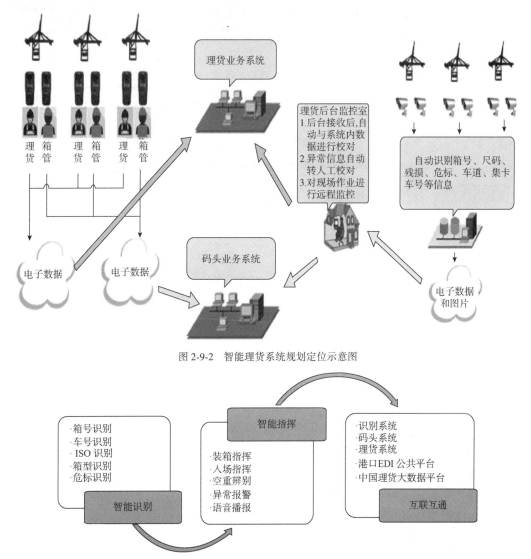

图 2-9-2　智能理货系统规划定位示意图

图 2-9-3　智能理货系统功能模块

五、智能理货系统的实践应用

(一)智能装卸船系统

为实现集装箱码头的自动化运转和智能装卸船，智能理货系统的智能装卸船系统利用光学字符识别(OCR)技术、人工智能信息传播技术、大数据技术、人工智能逻辑转换技术等，在其实时监控程序中设计装卸船任务计划，通过该计划界面操作人员可完成集装箱码头智能装卸船任务计划，极大提升船舶装卸自动化控制效率。智能装卸船系统还可以对智能装卸船故障情况进行自动记录，从而提高作业自动化水平和安全稳定性。

(二)智能抓拍系统

人工智能理货系统的智能抓拍系统要做到毫秒级反馈识别结果，除了设计联动精巧的整体视频流方案外,还必须基于人工智能识别算法和高精度视觉识别技术进行不同光照和气候环境影响条件下的高清高速字符甄别。智能抓拍系统通过在岸桥作业区部署的高清高速球机自动抓拍集装箱箱面、集卡车顶号的图像,并依靠 OCR 技术和深度学习技术进行智能识别,然后综合输出箱号、车号、ISO 码和箱体残损图片,再将这些综合识别结果传送到后端管理平台。平台进行数据核销后,会将核销的数据传送到码头生产作业管理系统(TOS)和智能理货业务系统。智能抓拍系统高清高速球机布置示意图见图 2-9-4。

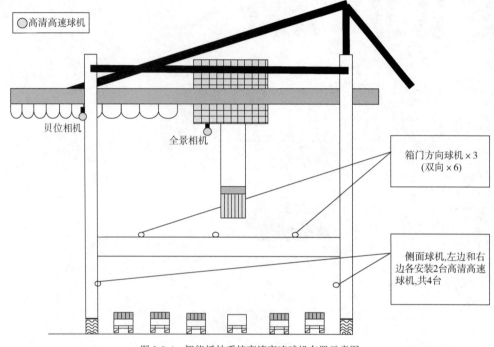

图 2-9-4　智能抓拍系统高清高速球机布置示意图

1. 装船智能抓拍

吊具锁住集装箱时触发智能抓拍系统,系统根据 PLC 数据获取集装箱类型、车道号等信息并控制车道前后方的球机抓拍车号。然后,系统控制球机转动到预设位置,当集装箱通过设定高度时,控制球机进行抓拍。

2. 卸船智能抓拍

吊具锁住集装箱时触发智能抓拍系统,系统根据 PLC 数据获取集装箱类型等信息。然后,系统控制球机转动到预设位置,当集装箱通过设定高度时,控制球机进行抓拍。

3. 集装箱和集卡车顶号智能全景抓拍

吊具锁住集装箱时触发智能抓拍系统,系统根据 PLC 数据精准识别集装箱实时位置,集装箱落地时系统对集装箱侧面全景进行智能抓拍。集装箱卡车通过按车辆前进方向的设备作业识别集卡车顶号,对集卡车顶号进行智能抓拍。集区时触发智能抓拍系统,系统根据 PLC 数据精准卡车顶号智能抓拍。

(三)智能理货系统的港口服务供应链管理

智能理货系统实现理货员的后撤。通过改进智能理货系统后台操作方式,理货员劳动强度大幅降低,理货精确度大幅提高。为更好地满足码头、船公司和货主企业的需求,充分发挥港口服务供应链的集成功能,创新性地在智能理货系统的后台识别操作系统中采用大数据电子签证认证、视频流人工智能算法和人工介入系统等技术,进一步优化客户质量管理系统界面。

任务二　集装箱智能理货

任务导入

本部分的主要任务是掌握智能理货的相关术语、要求与操作流程及具体作业实施内容,熟悉智能理货各个岗位的职责。

任务分析

集装箱智能理货是应用信息化技术手段,实现集装箱理货的集成化、规范化、智能化升级,降低理货劳动强度、提升理货质量。

过去,理货员只能在室外抄箱号、验残损,恶劣天气下必须付出大量人力、物力才能保证理货工作的正常进行。如今,码头前沿理货作业已实现无人化,后台的一名理货员足不出户即可全面了解码头岸边作业动态,轻点鼠标就可完成理货作业。智能理货是未来发展的必然趋势,理货人员应掌握智能理货的相关知识,适应时代的发展。

相关知识

一、术语和定义

(一)智能理货(intelligence tally)

应用信息化技术手段,对码头岸边装卸作业的集装箱,进行实时抓拍,自动识别箱号、箱型等信息、计算装船积载位置、与船图数据比对等功能,实现集装箱理货的集成化、规范化、智能化升级,为降低理货劳动强度、提升理货质量、创新理货服务创造条件。

(二)智能理货人员(Intelligent tally workers)

智能理货人员分值班组长、现场组长和智能理货员。值班组长负责处理业务信息、报文发送、异常情况以及协助部门主管对智能理货中心进行管理;现场组长负责验残、签证等现场问题的处理以及对智能理货出现的异常情况进行人工辅助;智能理货员负责核对、审核、确认智能理货系统识别的箱号、箱型尺寸及积载位等信息。

(三)捣箱(restow container)

船上装载的集装箱,由于船舶挂靠港口发生变更或影响装卸作业,需要进行翻出、重装作业。

(四)码头临时捣箱(temporary restow container)

码头方为了方便作业而临时采取的捣箱。

(五)工锁具箱(gear box/tool box)

收集、堆存集装箱锁、销子等的工具箱。

(六)舱盖板(hatch cover)

船舶露天甲板上货舱开口处的盖子,通常为钢制,又称大舱盖。是保证船体水密和船舱内货物安全的一种封闭设备，同时还具有一定的抵抗压力的能力。

(七)解捆箱(solution bundle box)

码头为方便装卸工人对集装箱进行解锁作业的一种框架平台。

二、智能理货要求

(1)智能理货人员应符合公司要求的上岗条件，立场公正，作风正派，掌握必要的相关专业和英语知识，本着"严守公正立场，遵守实事求是的原则，维护委托方的正当权益"的理货宗旨，认真负责地进行理货工作。

(2)智能理货人员在作业过程中严禁私自离开工作岗位，因特殊情况须暂离，必须经值班组长同意并安排好顶岗人员后，方可离开。

(3)操作部门应按照质量体系运作要求，强化操作管理，按规范开展智能理货工作。

三、智能理货操作流程

(一)智能理货准备

1.接受理货任务

操作部门根据当日的装卸船作业计划或港区生产作业计划，明确集装箱作业计划及注意事项；操作部门接受理货任务后，根据作业特点配备智能理货员及现场应急处理人员，确保各班次人员配备充足，能力条件适宜。

2.收集理货资料

值班组长向船代理或船公司索取进口集装箱舱单、国际中转清单、空箱调拨清单、集装箱积载图、危险品清单、冷冻箱清单、捣箱清单等单证资料并接收有关电子数据；值班组长向码头索取船舶配载计划、出口集装箱预配图、大副收据/场站收据、装载清单、中转清单等单证资料；若该轮初靠本港，值班组长应向码头、船公司或船舶代理索取船舶规范图录入理货业务系统。

3.核单

值班组长审查、核对收集的进口舱单和积载图、出口舱单和电子放行信息、装载清单、集装箱预配图、中转清单等单证资料，以确保其内容相一致，准确无误，并把核对情况告知智能理货员和现场组长，根据理货依据进行理箱操作；值班组长对核对的异常情况及时联系船代理或船公司，落实原因，做好记录；值班组长审核预配的全船箱量、各卸货港箱量和空重状态。

①若发现不符或误差，应及时联系码头中控或船公司的码头操作解决；②涉及需要更改卸货港、箱重等信息应由码头中控或船公司的码头操作发出更改指令，理货人员无权更改卸货港。

4.派工

值班组长作业前及时联系码头中控、现场督导，确认具体作业线路安排等码头作业事项，指派后台和现场智能理货员，布置任务要求和安全质量注意事项；理货人员派工坚持择优上岗，及时到岗，值班组长发现理货人员有不适宜情况，应及时调换。

5.开工准备

智能理货员查阅、校验作业船舶数据，对特殊箱应标注提示。智能理货员作业前，应主动了解和掌握理货资料审核情况及安全质量注意事项。智能理货员开工作业前应检查有关资料的完整、设备设施的完好,备齐必要理货单证和理货用具。①智能理货员作业前应检查电脑、网络及系统运行情况;②现场组长应按公司规定穿戴劳动防护用品,带齐理货资料、工具。

智能理货员应在智能理货操作客户端中进行数据准备,并核对相关作业信息的准确性。现场组长上船后应及时联系船方或船公司码头操作,了解船舶航行情况、集装箱装载情况和装货港残损情况,征求船方或船公司码头操作对特殊箱(危险品箱、冷藏箱等)装载要求和装卸船注意事项,对获得的注意事项应及时记录、汇报。①智能理货员对船方/船公司操作提出的理货职责范围内的其他委托和服务要求及时汇报,相关信息如实记录;②现场组长应将船方/船公司操作对集装箱装卸作业要求及时告知码头,并做好记录。

(二)智能理货作业

(1)智能理货系统平台(QCM)完成理货数据的采集、提交,智能理货员根据 QCM 提供的实时作业图片及影像,监控理货作业情况,对异常情况和残损箱进行处理。

(2)现场组长应掌握及核查各作业线的实际作业情况,并与控制中心保持信息畅通,处理各种异常情况。

(3)现场组长按商定的方法对原残、工残及时作出处理,并编制残损记录提交责任方签认。

(4)交接班按规定在作业岗位上进行交接,交接内容应清晰明确,交接班人员必须双方签认。

(三)装卸完船

(1)作业完毕后,现场组长应及时打印单证,并交船方签名确认。

(2)值班组长校验相关数据准确无误后,根据海关172号令要求及相关规定发送理货报告,并向代理、船公司等发送电子数据交换(EDI)报文。

(3)值班组长对完船资料进行复核、登记,并将相关资料和理货单证移交业务统计人员。

(4)业务统计人员对船舶理箱依据、相关资料和理货单证立档保管。

(四)奖惩处理

(1)船舶作业过程中由于人为失误没有及时处理异常作业信息,该失误或异常被接班人员发现并处理或者在装卸完船后才发现并处理的,将对直接责任人员按工作质量差错处理。

(2)装卸完船后,值班组长没有发现问题导致理货差错质量事故发生并造成不良影响的,直接责任人员按一类差错处理,并追究相关管理人员的连带责任。

(3)操作人员发现系统严重漏洞(BUG)并及时向上级汇报,有效防止理货差错发生的,由部门按规定给予奖励。

(4)操作人员对智能理货流程提出优化建议并获得采纳的,由部门按规定给予奖励。

四、智能理货实施

(一)卸船理箱

(1)智能理货系统完成理货数据的采集、提交。智能理货系统对箱号、箱型等信息识别正确的箱子自动提交。智能理货员应根据智能理货系统提示的异常信息进行人工修正并提交。

(2)智能理货员根据智能理货系统提供的现场实时作业照片和影像,监控理货作业情况;现场组长应掌握各作业线实际作业情况,并与智能理货员保持信息畅通。

(3)异常情况处理。①捣箱处理:智能理货员应根据箱识图片、卸船作业的视频信息,现场组长辅助确认等方式,确认箱号、箱位,在智能理货系统中做出相应操作;②工锁具箱、舱盖板、解捆箱处理:智能理货员应根据箱识图片、卸船作业的视频信息,现场组辅助确认等方式,在智能理货系统中做出相应操作;③成捆平板箱处理:智能理货员应结合箱识图片,在理货业务系统确认未识别的箱号;④同贝位捣箱处理:智能理货员应根据作业计划和系统提示,在理货业务系统及时进行确认。

(4)残损箱处理。现场组长应对原残、工残根据商定的方法及时处理,并编制残损记录提交责任方签认。

(二)装船理箱

(1)智能理货系统将箱号、箱型、积载位等信息识别正确的箱子自动提交。智能理货员应根据智能理货系统提示的异常信息进行人工修正并提交。

(2)智能理货员根据智能理货系统提供的现场实时作业照片和影像,监控理货作业情况;现场组长应掌握各作业线实际作业情况,并与智能理货员保持信息畅通。

(3)智能理货员应确认实际积载位置,必要时需要相关方出具相关证明并如实记录。①在每个贝位作业开始时,智能理货员应确保首箱准确定位,如不能确定首箱位置,应通知现场组长协助定位;②智能理货员在智能理货系统中实时进行箱子积载位的校正;③现场组长随时核查现场作业情况,一个贝位舱内、甲板装箱结束后检查已装箱数量及装载形状是否与预配图上一致,并与智能理货员联系核对。

(4)异常情况处理。①捣箱处理:智能理货员应根据箱识图片、装船作业的视频信息,现场组长辅助确认等方式,确认箱号、箱位,并标注为捣箱、码头临时捣箱;②工锁具箱、舱盖板、解捆箱处理:智能理货员应根据箱识图片、装船作业的视频信息,现场组长辅助确认等方式,在智能理货系统中作出相应操作;③成捆平板箱处理:智能理货员应结合箱识图片,及时在理货业务系统确认未识别的箱号;④同贝位捣箱处理:智能理货员应根据作业计划和系统提示,在理货业务系统及时进行确认。

(5)残损箱处理:现场组长对原残、工残根据商定的方法及时处理,并编制残损记录提交责任方签认。

(6)遇有调整、加载箱或退关箱等情况,值班组长应在理货业务操作系统、智能理货系统中录入,及时更新理货数据,必要时需要相关方出具相关证明并如实记录。

(三)交接班

(1)交接班内容:安全事项、验残方法、装卸船要求、已装卸和待装卸集装箱情况、单证资料、理货设备等。

(2)交接应在作业岗位上进行,按规定交接内容执行,交接班人员必须双方签认。交接完毕后,接班人员应对交班人员的工作进行核查。

五、岗位职责

(一)智能理货值班组长

(1)向船方/代理/码头索取理货资料并录入系统。

(2)根据作业情况合理安排人员并交代注意事项,保持与相关各方联系的畅通。
(3)随时掌握作业情况,发生异常情况及时跟进处理。
(4)对理货数据进行审核,确保理货结果不出错。
(5)发生严重故障时及时启动应急预案并向上级汇报。

(二)智能理货现场组长

(1)负责验残、签单等现场问题的处理以及对出现的异常情况进行人工辅助。
(2)作业前应与相关方确认装卸船注意事项并保持信息畅通。
(3)对各作业线进行巡查,掌握实际作业情况,核对装载位置是否与预配图一致。
(4)装卸完船应及时打印单证,并交船方签名盖章确认。
(5)作业过程中未经批准严禁离开工作岗位。

(三)智能理货员

(1)作业前应检查电脑、网络及系统运行情况,掌握理货作业资料。
(2)作业过程中负责确认箱号、尺码、残损、积载位置等信息,发现异常情况及时处理和上报。
(3)作业过程中未经批准严禁离开工作岗位。

六、签证与归结整理

完船前,值班组长应与码头、船公司加强联系,确定有无加载箱、退关箱等情况,检查智能理货系统的数据提交情况,发现异常及时进行处理。作业完毕后,现场组长应及时打印单证,并交船方签名确认。如船方坚持在理货单证上加放批注时,应按实事求是的原则处理。如遇船方拒绝签字或有重大疑难问题时,应及时汇报、处理。签证工作一般要求在船舶作业结束时完成。

值班组长应对完船资料进行复核、登记,并将相关资料和理货单证移交业务统计人员。业务统计人员应该根据上述船舶理箱依据和理箱单证及时开列"理货账单",对外提供。对船舶理箱依据、相关资料和理箱单证,操作部门应按船舶、航次立档保管。保管年限为3年。

思政案例

无人化港口门机人工智能理货

2020年8月28日,珠海国际货柜码头(洪湾),全球首套"无人化港口门机人工智能理货系统"正式上线,创新性解决了因门机作业特殊性迟迟无法实现智慧理货的难题。

"散改集"门机智能理货势在必行。门座式起重机(图2-9-5),是一种典型的旋回转臂架类型有轨运行式起重机,因外形像一座门而简称门机。门机因其用途多样、性价比高,可装散货,也可配备集装箱用伸缩吊具,被大量应用于内河港以及大宗散货码头。近年来,在绿色物流的理念下,越来越多的港口开发"散改集"业务,焦炭、煤炭、矿石、玉米、大豆等大宗货物被装入集装箱进行运输。2019年,珠海港全港完成货物吞吐量1.38亿吨、集装箱吞吐量256万标准箱,在全球经济发展不确定性增强的情况下,集装箱吞吐量实现10.8%的快速增长,这与"散改集"趋势下内贸集装箱吞吐量增加不无关系。珠海国际货柜码头(洪湾)码头操作部陈经理介绍,门机因为特殊的构造和作业流程,一直采用最原始的人工理货方式,不利于码头的安全管控,且人工理货的速度和准确度无法保证,效率一直无法快速提升。在此背景下,门机智能理货被提上创新日程。

图 2-9-5　门座式起重机

三大难点致门机智能理货迟上岗。尽管 2016 年起岸桥人工智能理货已兴起,并陆续推出堆场、闸口等人工智能识别模块。但在门机理货领域,因作业特殊性,迟迟无法实现高准快的智慧理货。西井科技产品总监张先生介绍,相对岸桥、场桥等吊装机械,门机智慧理货的技术难点主要包括以下三方面:首先,门机摄像头抓拍角度大,识别最佳画面转瞬即逝。门机无法像岸桥等设备有充裕的摄像机安装位置,仅能通过 2~3 个摄像头进行大角度图像识别,且作业过程中吊具大幅旋转,箱门面最好的识别角度在摄像头画面中仅出现 1~2 秒的时间。其次,门机集装箱作业位置不固定。集装箱装卸时以门机为中心、吊臂变幅为半径的环形区域,在一些内河码头的门机下,经常存在多辆集装箱货车同时作业,直接遮挡摄像头视线,加大了机器的识别难度。再次,门机作业随机性高,难以通过可编程逻辑控制器(PLC)预制位判断吊装的准确位置,还需综合考虑集装箱的角度、吊臂的变幅、吊具高度等信息,因此需要引入新技术以识别集装箱箱号等关键信息。图 2-9-6 为门座式起重机在吊装集装箱。

图 2-9-6　门座式起重机在吊装集装箱

门机理货用上了自动驾驶技术。2016 年,人工智能技术最先应用于岸桥。2019 年 12 月,门机智能理货项目正式进入测试阶段。技术人员克服疫情影响,深扎在港口,运用人工智能技术攻坚克难,特别是将自动驾驶技术成果用在门机理货上,创造性解决了一系列难题。项目使用人工智能技术,特别是引入自动驾驶技术,实现前端视频采集、图片采集、球机联动抓拍及字符自动识别功能,最终实现门机作业的智能化生产。试运营期间,门机理货箱号和箱型的识别率达到98%。在人工智能大兴的趋势下,高科技的加入让码头理货员变成"白领"。通过应用智能理货,一方面消除了高空掉物、集装箱货车撞人等安全隐患,提高了工作效率;另一方面,数据自动采集智能比对、作业全程监控、装卸信息实时比对,能更好地为相关各方及时提供全过程、多方位的监装、监卸,并动态记录装卸船全过程。

构建"一带一路"全要素智慧港口新标准。以人工智能芯片和算法起步,西井科技作为一家全局化人工智能港口方案供应商,抓住了应用场景对人工智能(AI)技术落地的商业痛点,深耕于港口和工业物流行业,在自动驾驶技术、港口人工智能全局化方案等方面领跑全球智慧港口市场。珠海港则是"一带一路"沿线的重要港口城市和珠江—西江经济带发展规划的出海口。2020年4月,上海国际航运研究中心发布"2019年全球投资与规模增速最快的集装箱港口"排名,珠海港的集装箱增速名列全球第15位,在中国港口中位列第4位。2018年1月,西井科技与珠海港集团首次合作成果——全球首辆港区作业无人驾驶集装箱卡车首发珠海港,作为改革开放40周年献礼,宣告着中国企业凭借人工智能技术在港口行业历史上的重大突破,开启了港口行业创新发展的新征程。此后,智慧港口人工智能解决方案的边界得到不断拓展。

参 考 文 献

[1] 王忠.船舶结构与设备[M].大连:大连海事大学出版社,2015.
[2] 张晓.海上货物运输[M].大连:大连海事大学出版社,2006.
[3] 王捷.海上货物运输[M].大连:大连海事大学出版社,2012.
[4] 李锡蔚.集装箱船舶积载[M].北京:人民交通出版社,1997.
[5] 陈戌源.集装箱码头业务管理[M].大连:大连海事大学出版社,2015.
[6] 杨茅甄.集装箱运输实务[M].北京:高等教育出版社,2015.
[7] 于汝民.现代集装箱码头经营管理[M].北京:人民交通出版社,2007.
[8] 范育军.船舶原理与积载[M].哈尔滨:哈尔滨工程大学出版社,2008.
[9] 邱文昌.船舶货运[M].上海:上海交通大学出版社,2015.
[10] 黄萍.浅析企业运营成本的控制方法[J].科学与财富,2016年第24期.
[11] 孙迎,王鑫.企业运营成本影响因素及管理策略[J].商场现代化,2018年第03期.
[12] 刘晓雪.绩效管理对企业经营管理的影响[J].科学与财富,2018年第15期.
[13] 杨琼.绩效管理对企业经营管理的影响来源[J].财经界·上旬刊,2020年第02期.
[14] 旷强军.物流仓储与配送[M].上海:上海交通大学出版社,2016.
[15] 杨茅甄.件杂货港口管理实务[M].上海:上海人民出版社,2009.
[16] 李君楠.港口库场业务[M].北京:人民交通出版社股份有限公司,2015.
[17] 许立新.我国对外贸易管理与出口管制法律制度[OL].中国对外贸易,2000.
[18] 徐道文.海关货运监管[M].北京:中国海关出版社,2002.